あるくみるきく双書

田村善次郎・宮本千晴【監修】

宮本常一とあるいた昭和の日本

25

青春彷徨

農文協

はじめに
――そこはぼくらの「発見」の場であった――

「私にとって旅は発見であった。私自身の発見であり、日本の発見であった。書物の中で得られないものを得た。歩いてみると、その印象は実にひろく深いものであり、体験はまた多くのことを反省させてくれる。」これは『私の日本地図』の第一巻「天竜川にそって」の付録に書かれた宮本常一の「旅に学ぶ」という文章の一節である。これは宮本先生の持論でもあった。近畿日本ツーリスト・日本観光文化研究所に集まる若者の誰もが幾度となく聞かされ、旅ゆくことを奨められた。そして「どうじゃー、面白かったろうが」というのが旅から帰った者への先生の第一声であった。一生を旅に過ごしたといっても過言ではないほど、旅を続けた宮本先生にとって、旅は面白いものに決まっていた。それは発見があるからであった。発見は人を昂奮させ、魅了する。

この双書に収録された文章の多くは宮本常一に魅せられ、けしかけられて旅に出、旅に学ぶ楽しみと、発見の喜びを知った若者達の旅の記録である。一編一編は限られた村や町の紀行文であるが、こうして地域ごとに集めてみると、期せずして「昭和の風土記日本」と言ってもよいものになっている。

日本観光文化研究所は、宮本常一の私的な大学院みたいなものだといった人がいるが、この大学院は学歴も職歴も年齢も一切を問わない、皆平等で来るものを拒まないところであった。それだけに旺盛な好奇心と情熱をもった多様な性向の若者が出入りしていた。『あるく みる きく』は、この研究所の機関誌的な性格を持った月刊誌であり、所員、同人が写真を撮り、原稿を書き、レイアウトも編集もすることを原則としていた。編集者もデザイナーも筆者もカメラマンも、当時は皆まだ若かったし、素人であった。公刊が前提の原稿を書くのは初めてという人も少なくなかった。発見の喜び、感激を素直に表現し、紙面に定着させるのは容易なことではない。何回も写真を選び直し、原稿を書き改め、練り直す。徹夜は日常であった。素人の手作りからの出発であったが、この初心、発見の喜びと感激を素直に表現しようという姿勢、は最後まで貫かれていた。

月刊誌であるから毎月の刊行は義務である。多少のずれは許されても、欠号は許されない。特集の幾つかに宮本先生の古くからのお仲間や友人の執筆があるし、宮本先生も特集の何本かを執筆されているが、これらは欠号を出さず月刊を維持する苦心を物語るものである。

『あるく みる きく』の各号には、いま改めて読み返してみて、瑞々しい情熱と問題意識を感ずるものが多い。それは、私の贔屓目だけではなく、最後まで持ち続けられた初心、の故であるに違いない。

田村善次郎　宮本千晴

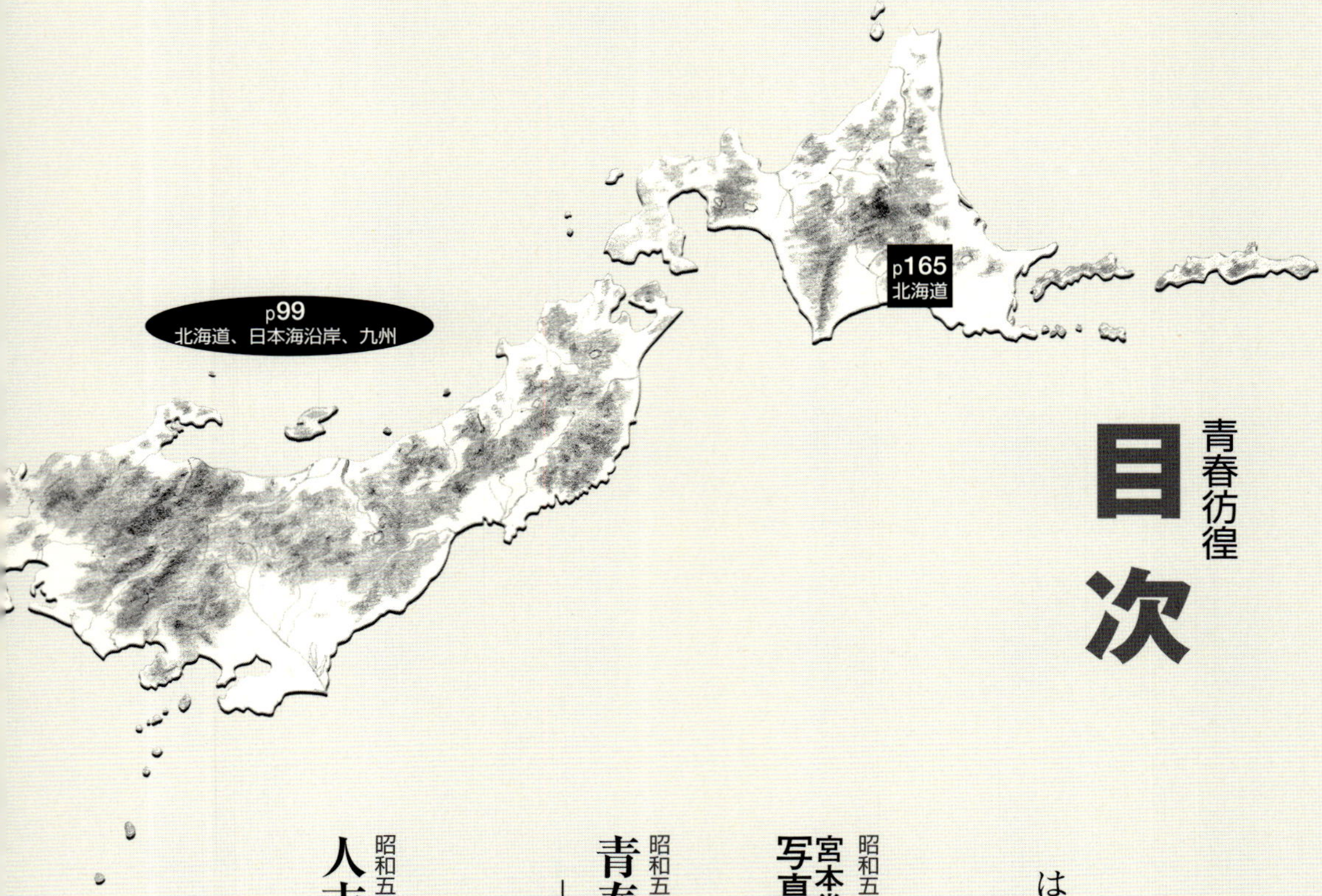

青春彷徨 目次

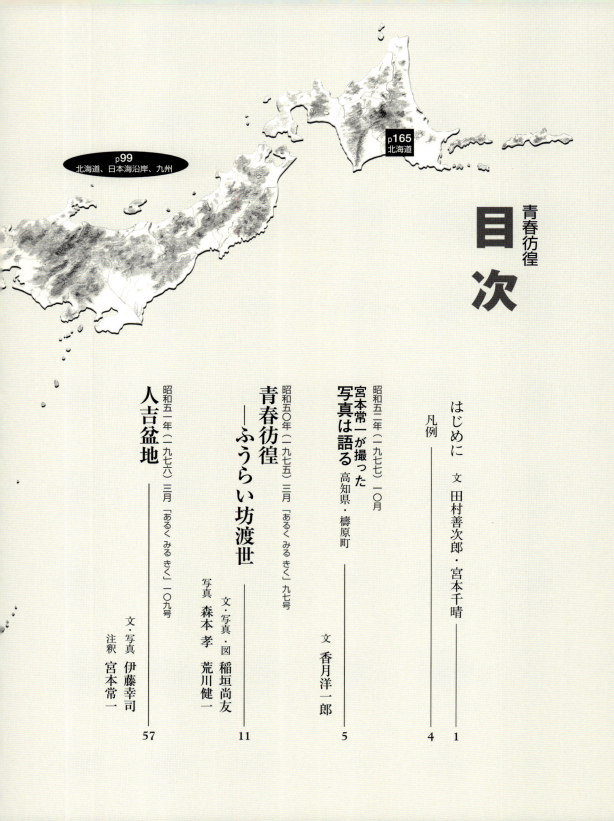

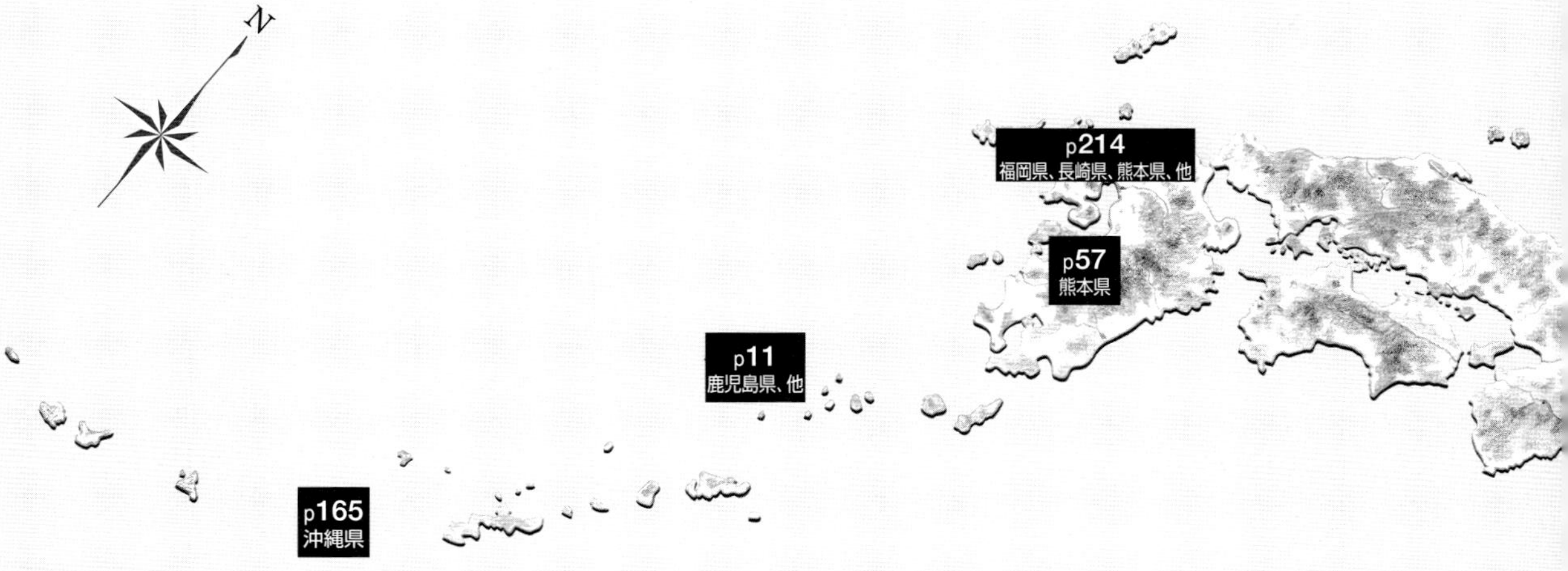
N
p214
福岡県、長崎県、熊本県、他
p57
熊本県
p11
鹿児島県、他
p165
沖縄県

日本縦断徒歩旅行—宗谷岬から佐多岬まで
昭和五三年（一九七八）八月「あるく みる きく」一三八号
文・スケッチ 田中雄次郎
イラスト 富田清子 —— 99

百姓志願にしひがし
昭和五六年（一九八一）七月「あるく みる きく」一七三号
文・イラスト 山口清彦
イラスト 松村牧子
写真 森本 孝 工藤員功 —— 165

琵琶・忘れられた音の世界
昭和五三年（一九七八）五月「あるく みる きく」一三五号
文・写真 村山道宣
写真 杉本喜世恵 森本 孝 —— 214

著者あとがき —— 251

著者・写真撮影者略歴 —— 254

凡例

＊この双書は『あるくみるきく』全二六三号のうち、日本国内の旅、地方の歴史・文化、祭礼行事などを特集したものを選出し、それを原本として地域および題目ごとに編集し合冊したものである。
＊原本の『あるくみるきく』は、近畿日本ツーリストが開設した「日本観光文化研究所」の所長、民俗学者の宮本常一監修のもとに編集し昭和四二年（一九六七）三月創刊、昭和六三年（一九八八）一二月に終刊した月刊誌である。
＊原本の『あるくみるきく』は一号ごとに特集の形を取り、表紙にその特集名を記した。合冊の中扉はその特集名を表題にした。
＊編集にあたり、それぞれの執筆者に原本の原稿に加筆および訂正を入れてもらった。ただし文体は個性を尊重し、使用漢字、数字、送仮名などの統一はしていない。
＊印字の都合により原本の旧字体を新字体におきかえたものもある。
＊写真は原本の『あるくみるきく』に掲載のものもあれば、あらたに組み替えたものもある。また、原本の写真を複写して使用したものもある。
＊図版、表は原本を複写して使用した。また収録に際し省いたもの、新たに作成したものもある。
＊掲載写真の多くは原本の発行時の少し前に撮られているので、撮影年月は特に記載していないものもある。
＊市町村名は原本の発行時のままで、合併によって市町村名の変わったものもある。
＊収録にあたって原本の小見出しを整理し、削除または改変したものもある。
＊この巻は森本孝が編集した。

宮本常一が撮った

写真は語る

高知県・須崎市～高岡郡檮原町

宮本常一先生の写真
——思い出すこと、いくつか——

手首用の短いストラップでカメラを右手にかけ、ゆっくりと路地をあるく宮本先生の後姿は見慣れた光景のひとつだった。ときどき立ち止まってはファインダーをのぞいてシャッターを切り、またあるきだす。

あるとき、ファインダーをのぞいたまま、そのアングルから人がはずれるまでしばらく待ってシャッターを切ったことがある。シャッターを切って私のほうを向いて言ったことは——表現としては正確におぼえていないのだが——写したい画面に写したいものを直截に切り取った絵面《えづら》にしたい。そこに人がはいるとなんとはなく情感が加味され、画面の情報のありかたが弱くなりそうだから。そんな意味の言葉だった。

生の人の表情や動きや存在ではなく、形としてすくい取り得る「人の意思」を、日常的風景のなかからまず切り取りたい。そのときの私は、

須崎の町。檮原行きのバスを待つ間、宮本先生とすこし町をあるいた。私が覚えているのは、駅前のかまぼこ屋で、その製造作業を見学したことと、あるきながら宮本先生が「上流に豊かな山林があって、その木材の集散地ということでこれだけの街ができるんやなあ」と言ったこと。昭和52年10月撮影（以下同）

須崎－檮原間のバスの窓から。山間部にはいると、みごとな茶畑が窓の外に広がる。西日本では、焼畑のあとに茶が自生した。こうした栽培茶に先行する形で、自生茶を利用してきた時代があったはずである。茶畑の両側の木は桜であり、これはのちに植えられたものであろうが、この山間では山桜の開花を春先の農作業を行なう目安のひとつとするところが多い。その開花時期にここに来ると、植林や雑木林の中に点在して咲いている山桜の多さに驚くことがある。下部の黒い帯は窓の縁。

この言葉をそんなふうに受け取った。人が生きてきて意志を積み重ねてきた場所がそこであるという明証が、景観のなかにありふれて、かつこまやかに存在し、それを拾いあつめ、重ね、つながり方を見ていくことでひとつの視点が確立できるのではないか。そしてそこからその土地の抱えもつ可能性も限界も合わせて読み取ることができ、過去のあゆみのなかから未来への展望を引き出すことができるのではないか。だとするとそれはひとつの「方法」への模索ではなかろうか。そうした問題意識を折にふれて宮本先生からうかがっていたからである。

「新しくできた林道を利用する人たちもまるでかわってきた。（中略）山林や山林労務とは何らかかわりを持たない人びとが、木の植えられている山々を風景として眺めるために通りすぎていくようになってきたのである。私はただ風景を風景として見るだけでなく、ひとつの風景を作り出してきた人びとが、自然とどのようにかかわりあってきたかに目をとめて見ていただきたいと思う。」

そんな宮本先生の文章がある。（「杉皮を積んだ山」『空からの民俗学』所収）ここで見ようとしているのは、しばしば社会思想的な意味で指摘される「風景の発見」という概念や文脈においての「風景」とはかなりかけはなれたものになろう。そうした「発見」は、まず文学というジャンルが先行してひとつの風景概念を浮き彫りにし定着させ

同。茶畑と集落。手前のガードレールの道と、集落の右手にカーブして走っている道とつながっている。つまり山の斜面をヘアピンカーブを描いて走る道をバスが通っていることになる。こうした道を上から下に突っ切る形で山の斜面を踏みわけ道の旧道が通っている。水平な茶畑は、おそらくもと水田であろう。正面に見える山の杉林の樹齢はまだ若い。もと茅場か畑だったのであろう。ひとつ前の暮らしのありかたの痕跡やその重層をこの画面の中からいくらでもすくいだすことができる。

たと位置づけられることが多いようである。御自身も和歌を詠まれ、万葉集を愛読され、また武蔵野についての文章にはしばしば国木田独歩の名が登場することを思えば、宮本先生にそうした発想に向けての鋭いセンサーがなかったとは考えにくい。だから多分、宮本先生が残された膨大な写真群は、見る人が自分の立場に応じて、自由にメッセージを読み取っていいのだと思う。あるときは自分の思いいれをたっぷりとこめて、あるときは自分の関心に沿って食い込みすぎるほどの深読みをして。それだけの豊饒さは、十分その内に存在していよう。

ここに示した九枚の写真は、宮本先生が昭和五十二年十月に高知県の須崎《すさき》から高岡郡檮原《ゆすはら》町に行った折のものになる。檮原への旅は、影浦富吉さんという鍛冶職人に会うためだった。この方については『あるくみるきく』一九三号に「鍬の輿入れ」という特集でとりあげられている（本双書五巻所収）。打つ鍬ひとつひとつを、使い手の身長、体力、利き腕、その人の持っている耕地の傾斜や土質にあわせて、大きさ、ヒツの具合、鋼ののせ加減、焼入れ加減などをこまかく調整して鍛造するというとんでもない鍛冶職人だった。宮本先生は、影浦さんのレパートリーをしぼりにしぼりこんで、八十種類ほどにして、それを当時勤めていた武蔵野美術大学の資料として打ってもらっていた。その御礼を兼ねての訪問だった。土佐清水か

檮原の中心集落は山に囲まれている低地にある。ここはかつて「高知のチベット」と言われた時期があったが、それは単に城が置かれ、のちに県庁が置かれた高知の町から見た距離感覚にすぎない。この地はむしろ北からの文化の影響を強く受け、瀬戸内文化の奥座敷とでもいっていいような場所である。この中心集落の多くが、明治以降に伊予から移り住んだひとを祖にもつか、伊予に係累をもつひとたちから成っている。周囲の山はこの写真で見る限り、パッチワーク的に樹齢や樹種の違う区画が入り混じっている。ほとんどが個人所有の山であろう。

らのぼってこられる宮本先生と須崎の駅で合流し、バスで檮原に向った。檮原で一泊し、そのあと宮本先生は再び土佐清水に戻られ、さらにそれから長岡郡大豊町に長州大工の調査にはいられたはずである。

檮原では、市吉屋《いちょしゃ》という商人宿に泊まった。ここは私がたびたびお世話になっていた商人宿である。通常、一般客は断り行商人しか泊めてくれないのだが、私は学生時代に妙な偶然から宿泊を許され、檮原に行くたびにここに泊まっていた。まわりの宿が一泊二食で千五百円から千八百円だったころ、ここは四百円で泊まれた。ただし食事は宿の台所で宿のおばさんと一緒におばさんと同じものを食べる。

ここは幕末からの宿屋である。「にいちゃんが夕べ泊まった部屋なあ、昔、坂本竜馬が泊まったんよ。私は姑さんに聞いて知っちょるんやが」はじめて泊った時、朝食を食べながらおばさんはそう話した。竜馬が寝るときに眺めた天井板を自分も眺めつつ眠りについたことになる。次、ここに来た時も、あの部屋予約するよ、そう言ってその後私は度々そこに泊まった。この時、宮本先生と泊まったのもその部屋である。ここに示した写真を見ると、棚田、山の斜面に広がる茶畑、杉林の濃い緑とともに、そうした記憶が次々とほどけてくる。

話をもとにもどしたい。

檮原の商人宿、市吉屋。幕末からの宿屋だが、もとはこの場所にはなかった。明治になって引き家をしてこの場所に移ったという。入口の軒の右下に「旅館市吉屋」の看板がかかっている。軒下の左、ガラス戸がはまっているところは、この宿を定宿とする行商人の商品を陳列している場所。行商人が来ていない時でも、宿のおばさんが商品を売ってあげていた。高知から桶職人が来て、しばらく逗留してここで桶作りをしていたこともある。彼は昭和20年代前半に水あめの行商でもこの山間に来ており、この宿を利用していたという。二階の右の部屋が坂本竜馬が泊まったという部屋。今、この建物はない。

宮本先生は、写真の現像とベタ焼きを、都下武蔵境にある写真店に出していた。そこのご主人は、昭和三十年頃に一流新聞社のカメラマンを辞し、当時としては破格の費用をかけて諸設備を整えた暗室を造り、ご自身もカメラマンとして動きつつ、店を経営されていた。私たち——宮本先生のまわりにいた若い連中——も、よくそこへ現像とベタ焼きを頼みに行っていた。できあがった写真をとりに行くと、そのあがったベタ焼き一コマ一コマについて、そのご主人はコメントをされ、それは短い時で三十分、長い時はほかの客の対応もしつつ二時間近く続いた。大半は大変きつい説教だった。今ふり返ると、ただただ頭がさがることなのだが、申しわけないことに、時にはその熱心さに多少へきえきしてしまうこともあった。だから私は今もって写真がヘタである。バチアタリとはこういうことを言うのだろう。自業自得である。

そのご主人が、宮本先生の写真については、ほとんどなにも言わなかった。「撮り流しの写真が多いんだろうけど、宮本先生の写真には、なにかひとつの趣というか感覚がきちんと出てるんだよね。」ある時、どこか不思議そうにそう話していたことがある。宮本常一的感性とでもいうものがベタ焼きの一コマ一コマに息吹きとして定着しているのだろう。その息吹きの向こうには、まだ形をなしていないコアとしての「方

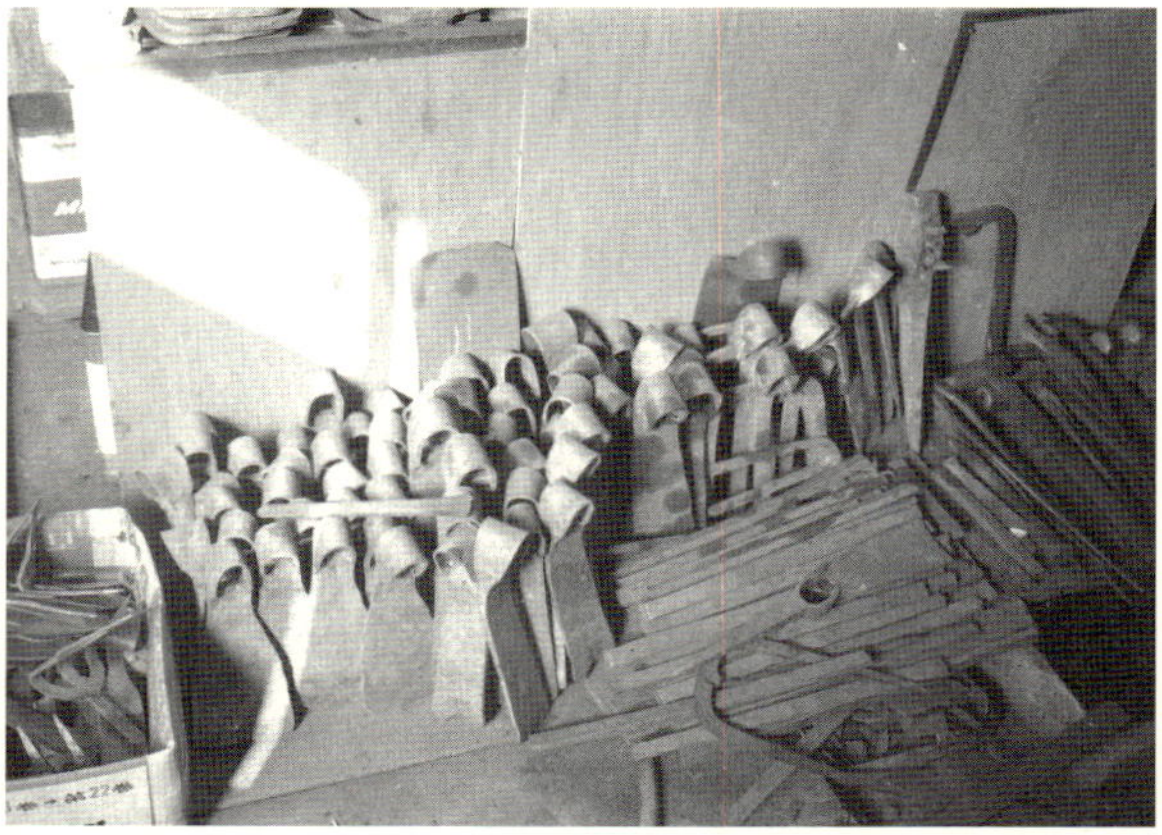

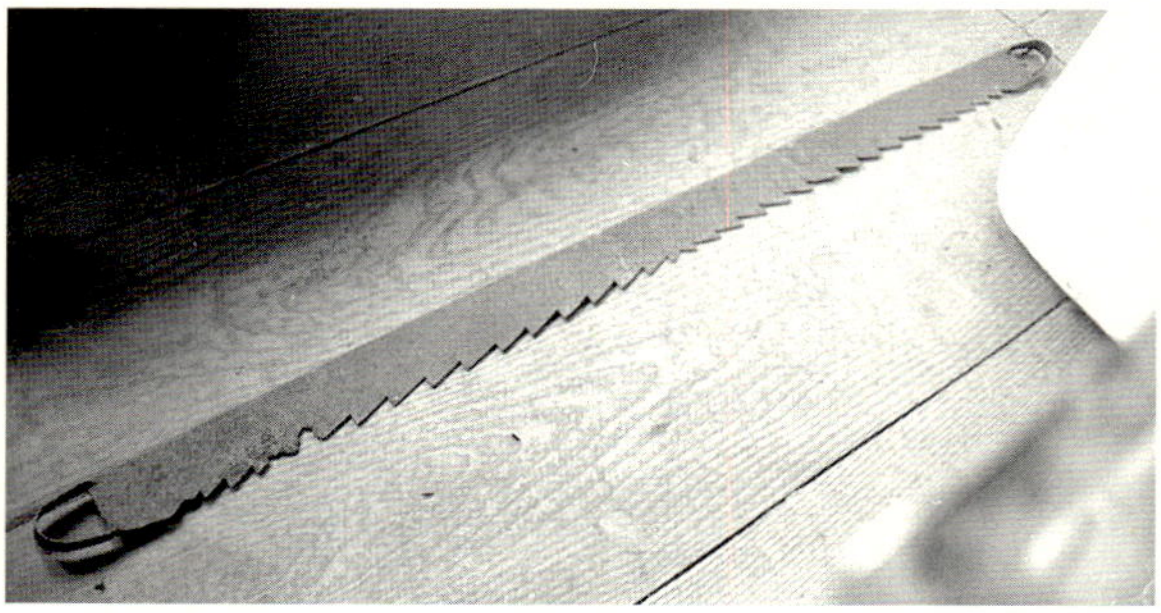

法」が埋まってもいいよう。

　だからまたくり返すことになるけれど、その写真群に対して——誤読の自由まで含めて——その受けとり方は自由でいいように思う。自分自身の問題意識を基点として向き合うのであれば。私はただ私にとって切実なものだけを背負ってこれに向き合ってきたたし、これからもそうしていくと思う。実は切実なことだけで人生は手いっぱいなのである。あのころも、そして六十年以上生きてきた今も。

（香月洋一郎）

写真提供＊周防大島文化交流センター

右上　影浦富吉さんの鍛冶場。「影浦農具病院」と看板をかけていた。かつては新調の注文よりはるかに修理の注文の方が多かったからである。
左上　影浦富吉さんの鍛冶場。並んでいるのは、ビンダレグワという影浦さん考案の鍬。トウグワの頑丈さと、ヒラグワの平らさを併せ持たせた鍬。ビンダレというのは怠け者のことで、二丁必要なところを一丁ですませる鍬のため、そう名づけたという。ヒツのつけ方はこの地方の鍬の特色のひとつ。
左中、下　檮原町の民俗資料館で。宮本先生は資料館の民具をざっと流し撮りしていたが、この二点の民具だけは、個別に写していた。二人用の縦引鋸と在来の長床犂。前者は全国的にも20点弱しか残っていない。形としては、中世に明から伝わったものとされている。

青春彷徨 ふうらい坊渡世

文・写真・図　稲垣尚友
写真　森本 孝　荒川健一

トカラ列島中之島を離岸し鹿児島に向け航行する村営船第2としま丸　昭和49年4月　撮影・森本　孝

平島の住家で速記した島内放送を清書する著者

私は、いま『平島放送速記録』という本を作っている。どんな内容かというと、平島《たいらじま》というトカラ諸島の一小島で、ほぼ毎夜行なわれている有線放送の全「番組」を速記したものである。いや、しているのである。

昨昭和四九年五月から始めたが、途中、数ヵ月の休みがある。これは私自身の事情で島を留守したからである。こういうたぐいのものは、できるなら、一年なり、二年なり、連続した方がいい。その方が時間の動きを読みとり易いからである。

そこで、というといささか宣言めいているが、五〇年春からは、可能なかぎり休みなく続けてみようと思っている。可能なかぎり、といっても、私は、無理をしない、というのが信条だから、予定はたたない。ともあれこの仕事は、私のこの一〇年間の、いわば、総決算である。

島の放送を速記することが、なぜ総決算なのか。それで金もうけできるわけではない。でも、本人はこれにまさる「出世」はないと信じ切っているわけである。私は出世欲にみちみちているのだ。

大風呂敷を広げきってしまう前に、年々激しくなっていくばかりの、この「出世欲」はいったいどこから生まれてきたものなのか、少々白状してみたい。

ホーローのはてに

昭和三七年、並の人間より二年おくれて大学に入った。どうしても入学試験に受からなかったのである。通っていた予備校では常に上位にいたというのに。

三回目にしてやっと入った大学は、英語の頭文字をとれば、ICU、日本語で国際基督教大学、コクサイキリストキョウ大学と読む。世界各国、といってもアメリカがほとんどだが、各国のキリスト教信者の寄付金で建てられた大学である。開校は昭和二八年と新しい。その大学には三年の一学期まで在籍した。が、実際は、二年で「卒業」し、あとは通わなかった。なんで四年制大学を二年で「自主卒業」したかというと、もう充分に大学から学んだからである。逆をいうと、それ以上いても学ぶものがなかったわけである。

学ぶものがなかった、などというとカッコイイが、私にはどうしてもいられる所ではなかったまでである。

大学本館前には、広びろと芝生が植えてある。そこでは、日本人学生と世界十数ヵ国からの留学生たちが車座になって、英語で、あるいは日本語で、できのいいのはフランス語で、語りあっている。

学舎の後庭には、これまた広びろとした雑木林が続く。野川という名の川あり、橋あり、両岸には田圃あり、乳牛の牧場ありで、すべてを合わせて三五万坪の広大なキャンパスを誇っていた。思索、学問をするには申し分ない環境、と大学当局は太鼓判を押す。

たしかに、私がこの大学に入ったのも、授業料の安いこともさることながら、あの雑木林に惚れたからでもある。それが、私には、これらの三五万坪と、そこに出入りする人間が、しだいに耐えがたいものとなっていった。

　それは、なにもＩＣＵだったからではないかもしれない。どこの大学に入ってもそうだったろう。要するに、大学にいるだけならいいが、進級とか卒業とかになると、自分の好き勝手だけでは日々を過ごせないのである。当り前の話だが、私はそういう制約が、逆に異常に映ったのである。三三歳になる今もって定職についたことがないのも、根は同じであろう。

　それでも他の大学構内に足を踏み入れると、ホッとするものをおぼえたのだから、やはり、ＩＣＵ独特の体臭があったわけである。バター臭さだけではない。とにかく、私には、顔を見るだけでヘドの出るような人間集団だったのである。会う人ごとに一見友好的なあいさつをかわす。が、その裏には何のやさしさもない。むしろ、無言、無愛想でもいいから、笑うときは腹をかかえろ！といいたかったわけである。

　やさしさがなかったから私はやめた、のではない。二枚舌集団だったからだ。これは、キリスト教とは無縁の学生、教師にもいた。口では「反大学だ」「反体制だ」と叫んでいるが、そういう彼らを私は冷ややかにみていた。「人間に帰ろう」というところでは、彼ら、つまり人民とか連帯とかいうコトバを軽々と口にする輩《やから》と同じであった。が、私には、わが日常身辺を見ずしていう「人間回復」は考えられなかった。彼らはテキと同じ土俵にいるわけだ。

　私は別の土俵、大げさにいえば別の「大学」を作りたかったのである。

　私の求めた「人間の原型」は、極端に時代をさかのぼって、狩猟時代にあった。下宿の三畳間ですることもなく、天井のフシ穴を数えながら、頭の中では、腰みの一つに矢尻を握り、獲物を追うわが姿を想像していた。それが原型と決めていた。だから「原始生活を楽しもう」などという世の中の遊びも、私は認めなかった。宝貝の授受をやらずして、原始はありえない。現世の金では「原始」は、買うことはおろか、楽しむこともできないのだ、というふうに思いつめていた。

　そういう原型希求のタビをするには、大学は不向きであった。かといって、急には退学する勇気もない。不向きを感じてから、やめるまでの半年は、それこそ、小さなわが胸は掻きむしられる思いであった。それまでの二二年間の私の受けてきた教育が、一貫して「二枚舌」だったからである。

　私は、大学周辺の人間のみならず、あらゆる人間、あらゆるモノゴトを疑ってかかっていた。身辺のひとつひとつ、すべてに白黒をつけずにはすまさないすさまじさである。

　まず気に入らないのが、自分の吐くコトバのかずかず。誰が何といおうと、ゆるがすことのできない事実や経験。そんなものは一語も吐かれていない。自分なりにコトバをつないではみるが、どれも歯ぐきの浮くような内容ばかりではないか。歯を痛めずに自分が語れることといえば、教科書をいかに暗記するかということと、その術を修得するまでの苦楽しかない。

　これでは淋しい。いや、ダルマのように、口もきけない。自分のコトバで語れるようになろう。

それにはまず白紙にならねばならぬ。そして、耳目に入るすべての事象は、まず第一義的に自分の感性を反応させることだ。つまり、好きだとか、嫌いだとかを、かけ値なし、先入観なしに、その場その場で決めていく。自分が手を下した経験、その時に湧いてきた思い、そういうものだけを自分の中に蓄えていくしかないのだ。

白紙になりたい。先入観なしに反応したい。これまた、ずいぶんと欲深い話である。が、当人は本気なのである。

読書はどうか。これは経験のうちには入らないのではないか。活字の羅列ではないか。それ以上の意味があるとしても、著者の考えに聞き耳を立てることは、白紙還元作用にとって、害こそあれ、益はない。そうだ、書を捨てて町に出よう。

これまたどこかで聞いたような文句である。が、町でも、村でも、どこでもいい。書を捨てよう。こう考えて、私はまず、今まで買い集めた百冊ほどの書を、全部処分してしまった。法律や経済の本が半分ぐらいで、あとは単行本や岩波新書の類であった。「焚書」である。といっても、実際は捨てはしなかった。もったいないから、一部は友人にあげ、大部分は古本屋に売った。

つまり、私にとって白紙になるということは、あらゆるものごとに目を向けるということではなく、すべての情報をシャットアウトして、山深くに生きることであった。シャットアウトしたあとに、自分の中から何かを求め始めるものがあったなら、その時は身をまかそうという手法である。

この考えは今も尾を引いている。いまだに本を通して好んで新知識を求めることもせず、肉声を聞き、肉眼で見ることをよしとしている。さらに、学校教育を受ける期間の少ない人間ほど、より自由な発想ができるのではないか、文《もん》無し人間ほど、より豊かな自由を持っているのではないかとも考えつづけている。文無しとは、貧乏人という意味ではない。本も、学士号も三文ぐらいには数えているわけである。

こう書いてみて自分で気づきはじめたのだが、私は自由を求めていたのである。ほかに言い方がわからないので、自由といったが、さして気負っているわけでも、気どっているわけでもないから、気持悪くなど思わないでいただきたい。

さて、いざ書を捨て、大学という組織を離れてみると、今度は何をしていいかわからなくなってしまった。すべてをシャットアウトしたものの、純粋無垢な内なる欲求など、そうやたらにつかめるものではない。いや、これを三畳の下宿でやったのだから、どうみても、逆に息の苦しくなるような閉塞状態にわが身を置くことになったのである。

十円玉は重かった

こうなったら、もう何でもやってみて、その場その場で自分の好みをさぐるしかない。やむをえないことだったが、それさえ頭ごなしな求め方だった。つまり、考えが先行して、体はあとからついていくわけである。

「金がなくなった。俺はいま金が欲しい。これはウソではない。よし!金もうけをやってみよう」

稲垣尚友タビ年譜

昭和39年5月～6月
尾瀬登山。帰路カルピス売りを思いたち、峠手前の通称「見晴台」に開店。売上金を忘れ、沼田で小使いさんに布施をうける。

カルピス露店の店先で
（著者・所蔵）

というわけで、自作自演の露店商をはじめた。カルピスをうんと水で薄めて、尾瀬に越える峠で登山客に売りつけるわけだ。汗をダラダラたらしながら、ヒーハーいって登ってくるハイカーをつかまえて、

「冷たいカルピスですよ、いかがですか」

といって売りつける。これは成功だった。よく売れたのである。

　私が店を張ったところは、峠より二、三百メートル下にあり、通称「見晴台」と呼ばれている。が、いくら見晴しが良くても、ほとんどの客はここでは休まない。やはり峠で一ぷくする。それで、クロウトは以前から峠で露店を張っていた。売上げが桁はずれに違うらしい。そこで先着のアイスクリーム屋に、オレも張らしてくれっていいだしたら、

「お前が見晴台で張ってるから、オレたちは黙っててやったんじゃないか。ここで商売やりたきゃ、行商の仁義ってものがあっぺ」

と上州弁でさとされた。

　私はけちょんとしながらも、くすぐったかった。私はこのとき、すでに、自分の「シマ」を認められていたのである。小さいながらも、いっぱしの露店商に数えられていたのである。

　が、金もうけといっても、掴めばそれまでである。それ以上の欲はわかない。一か月余であっさりやめてしまった。掴んだ金も原料仕入れに下山してくる途中、ここかしこの温泉場で使いはたした。余談だが、カルピスは一パイが二〇円だったので、一〇円銅貨で払う客が多い。一万円もあると肩にズッシリと重みを感じる。銭とはこんなに重いものか、と思ったほどである。

　当然、数千円の宿代も一〇円玉で払うことになる。一枚一枚を数えていては大変だから、はじめに一〇円玉一〇枚、つまり一〇〇円の高さを作る。あとは右へならえで、高さをそろえる。

　そんなことを膳の上でやっていれば、仲居だっていぶかしがるのも無理はない。

尾瀬への入口、群馬県三平峠（1760m）の下の見晴台でカルピスを売りをはじめた（著者・所蔵）　昭和39年5月

「お客さん、何の商売なの？」

とくる。気分がよければ、すかさずいささか得意になって、

「なに、山でちょいと商いをしてるもんでね」

となるが、気が乗らないとはなはだしんどい。

　私には、どうころんでも真にせまった答えは出てこなかったのである。「気まぐれのアルバイトさ」と口にする軽さも持ちあわせてはいなかった。だから、自分は学生ではないのだ、何かを求めてさまよっているのだ、ということを表現できたときには、うれしくてしかたがなかった。

一宿一飯恩義の旅

　一か月余りでサッと行商から手を引けたのは、頭先行型体験派だったからであるが、新潟に地震があったからだともいえる。震災直後の新潟に飛んで、ひとさまの世話をすることにしたわけである。なぜそうしたかは後で話そう。

　店をたたみ、世帯道具をリュックにつめて、麓に降りたったとき、私は金をもっていないのに気がついた。売上代金を入れた袋を、そっくりそのまま露店のわきに置き忘れてきたのである。しまったと思ったがもう遅い。一時間の山道を、汗をダラダラかきながら、他の登山客をゴボウ抜きにして戻ってみたが、やはり、なかった。

　もう、バス代もない。上越線の走っている街までは歩いたらどのくらいかかることになるだろう。バスでも二時間はゆうにかかる距離である。そのうえ背中には大きなリュックを背負っている。

　私はふもとからテクテクと歩きはじめた。歩くことは苦ではなかった。少なくとも最初はである。「犬も歩けば棒に当る」の「歩く」というのは、文字どおりの意味に解していたので、車や汽車に乗る移動は「歩く」うちに入れてなかった。歩いていればいろんなおもしろいこともあるだろう。かわいい娘にも、もしかしたら出会うかもしれない。その娘がオレに惚れてくれて、オレも惚れて、その娘のムコになったりして、その土地に住みついたりして、なんて考えてもいたのである。それをするには、銭がないのは都合がいい。道みちで、一宿一飯の恩義に泣きながら渡り歩くことは夢であった。

　だが、何キロ歩いたころからか、アキレス鍵が痛み出した。六〇キロの世帯道具が、この時ほど荷物に思えたことはない。幅三尺という、その当時、店頭で求められるもっとも大きなリュックサックに、生活必需品がすべて入っているのである。衣類はむろん、テント、寝袋、飯盒《はんごう》、茶碗、バーナー、食糧品、はたまた、針、糸、ウチワ、雑誌の切り抜きまで入っている。これは、これぞと思った女の子、多くは女優や歌手であったが、彼女らの顔写真の切り抜きである。そのころ山陽女学院の高校生で、水泳で活躍していた木原美知子嬢の水着姿もしのばせていた。露店の合間に調達した熊笹の竹の子も荷のひとつであった。朝の味噌汁に入れたり、醤油で煮こんだりすれば、充分にオカズになる。これでは重いはずである。

　片品《かたしな》という村に辿り着いた。道脇に腰をおろし、土地の人たちの田植えを見るとはなしに眺めていた。ここい

らは山間部なので暖かくなるのが遅いのだろう。六月下旬というのに、まだ田植も終らない。

近くで働いていたジイさまに話しかけてみる。

「ここから、沼田までどのくらいかかるかなあ」

沼田とは、私がいま目ざしている上越線のかよう街である。

「そうさなあ、若いもんの足で四、五時間てとこだろう」

よくも気安くいうものだ。このジイさま、私が歩いてきたのを見ていたのか、バスで何時間かかるとはいわなかった。バスで行けよ、ともいわない。私も、銭がないから歩いているとはいわなかった。が、内心では、もう疲れて、通りすがりの車があれば、今すぐにでも便乗したい気持であった。

追い討ちがかかった。

「若《わけ》えもんが歩くのはいいこった。オレの若いころは、沼田なんか日帰りで歩いたもんだ。前橋へいく時には、朝二時か三時に出て、夜帰ってくるけどな」

こうまでいわれると、ジイさまの目の前で車を止めるわけにはいかない。で、また歩きはじめた。こんどはトボトボと力なく歩く。私の後姿に同情して、介抱してくれるかわいい娘を待ちかねながら。歩くしかないのだ。

歩くには歩いたが、やはり、ジイさまを裏切ってしまう結果になった。ジイさまから見えないところまでくると、心ならずも通りすがりのトラックに手が挙がり、足が運転台に走り寄った。

「銭落しちまって、沼田の方に行きたいんだけど、乗せてもらえないだろうか」

と、これはもう二枚腰になって泣きつく。

「銭落しちまって」は余計なセリフだが、より深い同情を買うための方便であった。私は荷台におさまって、息をついた。

こう書くと、ありふれた話なのだが、この交渉、私にとってはひと決心がいった。

「自分は原始を求めているのだ。車など利用するのはもってのほかではないか。もっと責めれば、背中に背負っているリュックサックもけしからん」

というわけだ。ではどんなものを背負えばよかったのかは答が出なかったが、先年、ジャングルの中で発見された、小野田元少尉の手編みリュックなら、まだ許されたのかもしれない。それでも、もとはといえば、近くの米軍キャンプのゴミ箱から拾ったものであったり、ナイロン製の魚網を改良したものかもしれないのだ。けっして「原始」のものではない。

ヒッチハイク、というコトバも使いたくなかった。私のしたことはそれと同じだったが、自分から堂々と親指をつき出して便乗を求める国際ルールなどとは気分が違う。願うことなら、先方から「乗らないか」と声をかけてくれるのを待ちたかった。ずいぶん虫のいい「便乗」である。あくまでハイクしているのではなく、移動の手助けとして便乗する——とにかく、ひどくこだわっていたのである。

沼田でおろしてもらうと、私はすぐ街をブラブラ歩きはじめた。いや、虎視たんたんと、である。

これは散歩ではない。その日の寝ぐらを捜しているのである。だから、同じ歩行者同士でも、心安らかに散策する人や、夕飯のオカズを求めて買物カゴをさげている人たちとは、まったく別のところで私は生きていた。

街の南はずれを流れている利根川にたどり着く手前に学校があった。門からすぐ続いて広がる校庭に目が走る。庭の周囲には、それとなく木も茂っていて、人目も避けられる。おまけに水道もあった。

放課後だったのか休みだったのかは記憶にないが、人影はなかった。でも用心にこしたことはない。私は門近くの木陰に荷をおろしはしたが、腰はまだおろさなかった。明るいうちにナベカマ出したり、テントを張って、見つかってしまったら元も子もない。そこで、夕方暗くなる寸前まで待とうと考えた。まったくの闇になってからでは、これまた不都合なことになる。で、どこでどう間違ったかズボンのポケットに数十円入っていたので、それを持って銭湯に出かけた。二円残った。

翌朝目がさめたとき、すでにあたりは明るかった。時計がないので何時かはわからなかったが、陽はまだ昇ってはいなかった。久しぶりの風呂で疲れが一気に出たものとみえる。

目に見えぬ何かにせきたてられて、あわてて竹の子入りの味噌汁をつくる。メシは昨夜炊いておいた。食事はいつもながら、楽しみではなく作業である。食わないと動けない。一刻を急いでかき込み、テントをたたんだ。

道具一式を順序よくリュックに詰め、さてそのへんのヤブのなかで用足しをしてから、出発しようかと思ったその瞬間、背中に男の声を浴びた。しまった、と思ったがもう遅い。

「あんた、ここで何してるの」

きのうの夜の早じまい、今朝の流し込むような食事作業。それらが一切、ムダに帰するような一言であった。

「ここは学校だよ！　黙って入っていいと思っているのかい」

私がここに泊まろうと決めたとき、内心でおそれていたのは「不法占拠」という罪状であった。

「すみません」

の一言しか返せない。

荷づくりする姿勢で中腰になったままふりかえると、小柄でがっちりした初老の男が立っていた。見るからに警戒心丸出しのポーズでこちらをうかがっている。

「すみません、寝るところがなかったもんで」

と弁解する。なぜ、この人にあやまらなければならないのだろうかと思ったが、そこは年の功、目をすえられただけで私の動きは封じられた。バツの悪さを打ち消すために、こんどは私の方から話しかけてみる。

「山で金落したもんで。これから新潟に行くんだけど……職安はどこにあるんですか」

「職安で何するんだ？」

私の話に乗ってきた。

「アルバイトでもして、汽車賃ぐらい手に入れようと思って」

とあわれんでみせる。が、

「職安はあるが、アルバイトなんかないさ」

「地方」には就職口までムダがない。これでは取りつくシマがない。もう何をいっても同じだと思って、私はふたたび男に背を向けて、残りの作業にとりかかった。男はどこかに姿を消した。

「それ！　いまだ！」と荷をかつぎ、立ち去ろうとするところへまたあの男がやってきた。もうどうにでもなれである。

「これを持っていきなさい」

五百円札が目の前にある。私は驚いた。説教かと思えば、お布施であった。

私も黙って手を出した。背に腹はかえられない。が、私にしてみれば、貰ったのではなく、一時借りたのである。まだそのころはおごりおごられの関係がわからなかったので、貸借だけははっきりさせようと気がせいていた。

この男、少し待ちな、といってまた校舎の陰に消えた。どうもここの小使いさんらしい。そして今度は千円札を持ってきた。五百円じゃぁ心細かろうというのである。私はただただうれしくなり、礼をいって駅に向かった。借りた金は二か月後、北九州で稼いで返した。あつい「連帯」のあいさつをそえて。

人助けで食う

こうして私は震災直後の新潟に着いた。いよいよ人助けの番である。といって、本心は自分を助けてもらいたくて、はるばるおもむいたというにすぎない。なぜに震災の跡かたづけと、わが身の救助と関係があるのかというと、こうだ。

先にお話ししたように、私は白紙になりたいがために大学をやめ、身辺のひとつひとつに白黒をつけようとした。その結果、友人からも離れていった。一緒にはしゃぐこともできなくなったのである。

それでもどっかで会ったジイさまがいっていたように「ヒトはヒト中へ」というわけで、人恋しくて仕方がない。夜、友人の下宿を訪ねようと部屋を出る。が、その友人宅で交わすであろう会話のすべてを想像してしまう。そうするともう彼には会えない。自分が吐く空言のかずかずを想像しては滅入ってしまうのである。会いたくて、何かを語りたくて部屋を出たのに、結果は、真夜中友人の下宿のまわりをウロチョロして帰ってくる。相手が恋人ならよくある話だが、私の場合、まぎれもなく男の友人であった。別にホモでもない。

人恋しくはあるが、何も語り出せない。まるでダルマである。山にこもっていても治らない。そういう「自閉症」の治療に新潟地震を使うことになったわけである。

震災の跡片づけといえば、世間は人助けと見る。そうすればこっちの存在をけっしてうっとうしいとは思わない。いや、思ったらバチが当ると思うはずである。そういう環境の中でじっとしていれば、先方から声が掛かるはずである。たとえば「ありがとう」くらいはいわれるはずだ。そうなればこっちからわざわざ夜の夜中に飛び起きて、友人の下宿のまわりをまわらないですむ。どれだけ楽になることか。

もうひとつ、跡片づけをしていれば、どっかで炊出しのニギリメシぐらいにはありつけ

地震で倒壊した新潟市内の家屋　撮影・著者
昭和39年6月

るはず、という私なりの計算があった。私は生来貧乏性であるから、ジッとはしていられない。だが、時間を制限されたり、上司がいたりする職場はゴメンである。人助けならそういう制約がないうえに、飢え死にすまいと思っていたのである。

この目算は当った。三週間がとてもしのぎやすかった。私は震災のもっともひどい臨港町に入って、毎日せっせと働いた。案の定いろいろの差入れがあった。ニギリ飯どころか、現ナマまでも握らされた。ひと様には喜ばれ、食うにもこまらない。夜の夜中の訪問をはぶけただけでも助かった。喉のかわくような人恋しさは、体を動かしている中で、少しはいやすことができたというわけだ。

だが、私の求めるものは腰みの一丁の「原型」であって、やはり跡片づけではなかったのである。

流れ流れて西へいく

新潟を出てから、道みちで路銀を稼ぎながら、木曽、名古屋、大阪、琵琶湖、山陽道、北九州、筑豊、鹿児島と渡り歩いた。

この子の家の壁の油落としを手伝った　撮影・著者

大阪では、新潟で知り合った大学生の下宿にころがりこんで、酒屋の小僧をなりわいとした。ちょうど、中元大売出しの時期に入っていて、忙しかった。一日八〇〇円の安い賃金だったが、二週間ほど働いた。稼いだ金は友人と共に琵琶湖に遊んで、三日で使いはたしてしまったと記憶している。

居心地も良かったのだが、もうそろそろ別のところに移ろうと思うようになった。一か所にジッとしていられないのである。先行きのない不安をまぎらわすには、「移動」が一番いい。動いてさえいれば目新しい事件に出会い、それにどう対処するかを考えていれば、不安を感じる暇もないというわけである。

金はなくなったし、例の友人にあり金全部をめぐんでもらった。あり金といっても、相手も貧乏人で、一日千円のアルバイトを「オレのは単価がいい」と自慢していたぐらいだから、私がもぎとったのも、百円札数枚でしかなかった。

大阪から一〇〇円の国電キップを買い、神戸までいく。そこからは市電に乗って須磨浦に出、浜にテントを張った。というと簡単だが、いつもながら、私は何時間も自問自答したのである。そして、しぶしぶ乗ることにした。道みちでゆっくり心を休ませながら歩ければ文句はなかった。が、後方から迫まってくるトラックの轟音にゆっくりよそ見もできなかったし、重いリュックを背負って、排気ガスを浴びながらアスファルト道をいくのは、さすがの私にも腑におちなかったわけである。

須磨浦には三日いた。浦の海は汚れてドブ色をしていたが、狭い浜辺にはギッシリと休憩小屋が並んで繁昌していた。私はというと、浜の小さな岩場からカキを飯盒に何杯もとってきて、毎日それを食べていたのである。

ある時、海水で米をたいたことがある。それまでは毎日近くのポリスボックスまで水を貰いに行っていたのだが、それが面倒に思われたからだった。そうしたら飯盒の底が、岩石がへばりついたようにデコボコになってしまった。その上、炊けたメシの苦かったことといったらなかった。が、舌の曲がりそうなのをこらえて、私はとうとう捨てずに食べた。

余談になるが、私は今日にいたるも、こういう食物への尊敬の念は変わっていない。銭を、といってもほとんど数千円止まりであるが、それを手にするとすぐさま食料品に換えてしまう。食いものさえあれば、銭がなくとも大丈夫という習性が身についてしまったようである。なにしろ、今日までこの習性のおかげで生きてこられたようなものなのだ。そのくせ、さらなる銭が入ると「たまにはうまいものでも」と自分に誘いをかけて、食いもの屋ののれんをくぐってしまう。それが、無一文になるまで続き、その間、せっかく買いためた食糧は腐っていくということになるのである。貯蔵のきくものを、と思いはするのだが、一度店先で食料品の山を見ると、頭に血がのぼり、夢はあれこれふくらんで、自制はきかない。あるいは、この習性がなかったら、私も金持ちになっていたのかもしれない。

さて、浦からは徳山にいった。ほんの通りすがりの街であったにもかかわらず記憶にのこっているのは、ビールがうまかったからである。

朝九時に、浦近くの国道二号線からトラックをひろい、五台乗り継いで翌日の夜七時か八時、つまり三四、五時間かかって着いた。途中、真夜中の網干《あぼし》を歩いたり、相生《あいおい》駅の待合室で仮眠したりした。

徳山に着いたとき、むしょうに酔いたくなった。初めは大ジョッキ一杯のビールでとどめをさすつもりだったから、少々おごっておつまみも注文した。まさに、美酒だった。この何か月間のわが身をふりかえって、私は陶酔した。「自分はタビをしているんだ」という実感。「えい！ 全部使っちまえ！」と思いなおして、もう一杯注文する。

この時、このように酔えたのも、日々の自分がせっぱつまっていたからである。何をするあてもない不安が、酒とともに大風呂敷に変わっていったわけである。

それから、お袋にハガキを一通したためた。「生きている」と四文字書いただけである。それでも、後になって、出しといてよかったと思った。なにせこの三か月、どこでどうしているのか、生きているのか死んでいるのか、親にはまったく知らせてなかったのである。

翌朝、さらに五台の車を乗り継いで、本州の西端下関に着いた。ここから、できて間もない関門国道トンネルを歩いて九州に渡る。一〇円の歩行料をとられた。そして北九州のイトコの家にころがりこんだ。

ここに滞在中、といっても三日間にすぎなかったが、私は土方の口を見つけた。電

昭和39年6月〜7月
震災直後の新潟に潜行。タキダシにありつき安堵す。

昭和39年7月〜8月
あてどなく西へ。トラックに便乗して新潟—長岡—木曽—名古屋—大阪。友人下宿に泊まり、酒屋小僧。琵琶湖で京娘に会う。—須磨浦—徳山—関門国道—北九州。八幡で土方の三連勤。沼田の小使いさんに送金。筑豊からはじめての汽車旅—鹿児島。

流れ流れて西へ。光市で瀬戸内海をバックに（著者・所蔵）昭和39年8月

柱の貼り紙がきっかけである。
「求む土工さん。軽作業、手取り三千円上」

それがきつい仕事で「三連勤」というやつである。八幡製鉄の下請けの山九《さんきゅう》運輸、そのまた下請けの会社が雇主だった。会社といっても、事務机がひとつあるだけのものである。人夫たちは会社とは呼ばず、組といっていた。親方の名をとって○○組という。

三重にピンをはねられているから、我々の手に入る日当は、七〇〇円であった。それでは食えないというので、三回連続勤務する。朝八時から夕方五時までが初勤。そのあと三時間仮眠して、夜八時から翌朝五時まで。そこでまた三時間休み、夕方五時まで勤める。二日間に三日分働くわけである。途中、初勤の夕方からは弁当が支給される。真夜中一二時の「昼メシ」も初めて食った。

これをやると連勤手当がついて、三〇五〇円となる。私は飛び飛びに三連勤を三回勤めたが、睡魔に襲われ、苦痛の連続であった。三勤目も午後の四時をすぎると、もう、秒読みがはじまる。最後の五分の長いことといったらない。が、常連人夫はなれたもので、わずか三時間の休み時間に体力を回復している。二日目の夕方帰宅してから、次の朝また三連勤に通ってきて、
「一発やってきたけん、元気が出るたい」
といって笑いこけている。紙やアタマを捨て、汗とカラダの世界に生きようとする私には、絶望的なほどに高い境地だ。

それにしても安すぎる。同じ年、私は尼崎で土方をしたが、一日一二〇〇円になった。残業すると一時間に三〇〇円つく。また、その直後東京でやった沖仲仕は一五〇〇円、夜の十二時を五分でもすぎれば三〇〇〇円、つまり二日分もらえた。同じ土方でも九州は特に安い。これも石炭産業の不振で、ヤマには人夫があふれていたからである。こんな低賃金でも、毎朝トラックには何十台もの人夫が満載されていた。私は八幡製鉄が九州に腰をすえるメリットを理解した。

原初の島で娘にほれる

鹿児島と沖縄の間に沖永良部《おきえらぶ》島という島がある。奄美の島々のうち、南から二番目にある。北九州で三連勤をやった一週間後、この島に私は渡った。九州で偶然に出会った大学時代の友人の誘いに乗ってみたのである。それまでは島の名前すら知らなかった。

八月初めのある日、鹿児島から船に乗った。もちろん千円なにがしという船賃はなかったから、友人に三千円借りた。

夕方、港に着いて驚いた。待合室にたむろする客たちが、私とは違う人種であると感じた。外国人というのとは違う。日本にもいろいろの人種がいると思ったわけである。みどりの黒髪、という形容がピッタリする。あくまでも黒くつややかな髪。瞳は黒く、うるむがごとくに輝いている。

が、もっと驚いたのは、彼らが交わすコトバである。私には、さっぱり解せない。あのカン高い声、強い抑揚、こんなコトバが日本にあったのか、という驚きでいっぱいであった。島は地理的にも大陸に近い。もしかしたら、中国語の影響を受けているのではないか、とすら思った。

昭和39年8月
沖永良部島伊延浜に夜半上陸。はじめての奄美。星の多さに驚く。芦清良部落で作男となり「地方」と「歴史」に目覚める。月末に離島。船中、徳之島生まれのキュラムン＝清ら娘に出合い、胸高鳴る。

沖永良部島の子供ら。全く言葉が通じなかった　撮影・著者

いや、そう思いたかった。

　この当時、すでに私の中には「確かな好み」が生まれていたのである。中央文化を無視するがごとくに生きている「地方」を目のあたりにすると、底知れぬ喜びを感じたのである。それと同時に、自分が子供のころに馴染んでいた静けさやテンポを絶えず求めていたのである。

　エラブ（沖永良部島）は予感を裏切らなかった。一口にいえば、すばらしかった。私は行きずりの農家の居候をきめこみ、毎日海や山に遊んだ。すき透るようなサンゴ礁の海。私には一語も解せない島口《しまぐち》。芭蕉葉で葺いた屋根。ホタル。それらはすべて私を充たしてくれた。島で目にするもの、島で聞くどの話にも、私は「地方」を感じた。その「地方」のかなたに、私は「原型」を垣間見さえしたのである。

　が、美しい奄美の島には、どこかに怨嗟《えんさ》の念がこもっていた。哀調をおびたあの島蛇皮線は、曲が進むほどにため息がでていく。それが家の中に充満していくと、年老いた聞き手は目に熱いものすら浮かべるのである。主人にせめられ、逃げ場のなくなったヤンチュ娘が自らの命をたつカンツェメ節など、絶句して唄えない人もいる。だれもが、主人公をわが身に置きかえ、節とともに打ちのめされていく。島では、歴史が生きていたのである。

　島津藩の砂糖キビ政策などという、ヒトさまの遠い過去が私の頭に焼きついてしまったのは、それが、島民の心の奥底に、いまも熱く生きていたからである。

　手短にいうと、話はこうだ。その昔、一六〇〇年代のはじめ、島津の殿様は奄美大島を征服したという。征服地では、たまたま前後して作られるようになった砂糖キビに目をつけ、徹底的にこれを栽培させた。当時、日本で砂糖キビのとれる土地は、奄美だけだったのである。そして砂糖を藩の専売品と定め、一手に市場を独占した。維新前後、薩摩が雄藩の一つにのしあがれたのも、その後の西南戦役で官軍相手に五か月も戦争することができたのも、三〇〇年に近い砂糖のもうけの蓄積があったからに他ならない。

　だが、その裏に、奄美の人間を絞れるだけ絞る策があった。それも並たいていのものではない。労働を強化するために、「家人《やんちゅう》」という、人身売買のできる階級もこしらえた。

　その圧政の爪跡はいまも島々に生々しく残っていたのである。

　エラブの田皆《たみな》という部落は、実に排他的なところである。それだけに内部の結束も固い。町議選などの票割りのみごとさは、他の部落と比較にならない。ここには、その昔部落の百姓が、砂糖の切り株をなめたかどで、一七人が見せしめのために打首になったという過去がある。

「自分らは今の島津さんには何のうらみもないのだけれど」

といいながら、実際には、いまだにシマヅと聞くだけで額に血筋が走る島人が多いのだという。

そういえば、島のどの家にも天皇一家の写真と、西郷南洲の肖像画とが飾られていた。別に、天皇専制支配の徹底でも何でもない。天皇は、島民にしてみれば、いわば「解放者」なのである。ヤンチュ制度を廃止し、藩のキビ政策を終らせたのは、維新政府だったからである。

一方、西郷は幕末に三度島に流されているが、いずれの場合も島津にたてつく政治犯としてであった。服役中は島民に読み書きを教え、生活を共にし、キビ政策を非難

沖永良部島のサンゴの海岸

している。いずれも、島民の命の恩人なのであった。

奄美の若者の就職希望先で多いのは、警察官と弁護士である。どちらも、権力を志向し、シマヅを忘れようとしている。

私は、島津に支配される前の島は、一体どんなだったろうと思いをはせるようになった。もしかしたら、そこに「原型」があったかもしれない。はじめて私は歴史に興味をもった。なにしろ、それまでの私の中には、現代の前には、狩猟時代しかなかったのである。

が、だからといって、そうやすやすと文献あさりなどに乗出すような私ではなかった。それでも、焚書以後はじめて私は本を手にした。最初の一冊は琉球タイムス社の『沖縄の旅』であり、二冊目はさらに二年後に手に入れた『奄美に生きる日本古代文化』（金久正）というやつである。ともに、背表紙がすり切れるほどにくりかえして読むことになった。

さて、エラブの農家の居候は、残念ながら永くは続かなかった。作男としては使いものにならない、と主人が見切ったのだろう。遠巻きに退去を命ぜられた。私は、一応エラブを離れ、鹿児島に戻ることにした。

船はエラブを出ると、徳之島、奄美大島本島の古仁屋、名瀬に寄って北上していく。

徳之島からはひとりの女学生が乗りこんできた。その子が、また、南島独特のみどりの黒髪、うるむ瞳、そしてすらっとした肢体。セーラー服姿もよかった。私はこの子に一目惚れしてしまったのである。


彼女は沖縄のコザ高校の二年生であるという。私が二二で、相手が一七、いい年齢差である。徳之島が郷里で、夏休みを利用しておばあちゃんに会いに来たわけだ。名瀬から沖縄行きに乗換えるという。

名瀬では停泊時間があったので、すかさずお茶に誘う。そのころ名瀬にはコーヒー店はなかったと思う。私たちが入った店は食堂というか、レストランというか、そこである。

別れぎわには写真も一緒にとった。エラブからは東京の美大生（男）と同乗してきたのだが、彼を無視して、私はその子と一緒につれだっていた。

東京に帰ってからは、せっせと手紙を出した。返事もきた。一緒にとった写真も同封してあった。私はそれを引き伸ばして、こっそり懐中にしのばせ、電車の中であれ、どこであれ、ことあるごとに取りだしてはニタニタ

ブーゲンビリアの花咲く奄美大島

したものである。そばにいた人はさぞ薄気味が悪かったことだろう。

私は南島にかぶれてしまった。思いこがれた。まだ行ったことのない沖縄を思っては『沖縄の旅』を何度も何度も読みかえした。私は、はじめて肉声を聞くに近い思いで本を読んだのである。

奄美大島名瀬港で沖縄の女子高生と記念写真（著者・所蔵）

港で「那覇世《なはんせ》」をこがれる

それから三か月後、私はまた鹿児島にいた。尼崎で飯場暮らしをしたあと、いったんは東京に戻ったのだが、南の島に渡りたくて、また南下してしまったのである。ふところには、芝浦で沖仲仕をやってためた金が、七、八千円残っていた。世間はまだ東京オリンピックの夢さめやらぬころである。が、宮崎、青島、桜島を経て鹿児島に辿り着いたときには、すでに船賃もない。毎日港にたたずんでは、ポケーッと沖縄や奄美に通う船の出入りをながめていた。ポケーッとしていても、食わなければならない。そこで、駅裏の百円ベッドに寝起きしては、毎朝、駅前の日通（日本通運）の日雇い仕事に通った。

百円ベッドといっても、実際は一五〇円であった。が、ともかくそれを払う金もないから、日通には日払い計算にしてもらう。八〇〇円の日当から一五〇円を払い、残りで米やオカズを買う。飯盒、バーナーは持参していたので、二畳間のわが城で朝晩自炊した。いや、三食である。昼飯を外で食っていたのではいつになっても這い上れないと思い、弁当をもって通っていたのである。といっても、弁当箱があるわけではないから、飯盒をそのままぶらさげていく。オカズは駅前の乾物屋でサツマ揚げを一〇円分買った。それでも、パチンコをしたり、映画を見たりする余裕は全くなかった。

こうなると、毎日まったくすることがない。するにこと欠いて何をしたかというと、沖縄タイムズ紙を買ってきて、毎日隅から隅まで読んだ。紙の論調がどうの、内容がこうのなどということは考えにものぼらない。ただ、沖縄の新聞というだけで安心し、沖縄とか、琉球、奄美、南島、などという文字やコトバに接するだけで恍惚としていたわけだ。

それでも、私の南島に関する知識が増えたことは確かだ。私ははるかな南島にいっそう恋いこがれ、南島の遠い時代をまざまざと思い描いた。

一六世紀以前、奄美の島々は琉球の中山《ちゅうざん》王朝の配下にあった。配下といっても、島津時代とは違い、自由があった。内陸では四つの豪族が互いに覇を競いあっていた時代である。

一方、海を舞台にしては糸満《いとまん》漁民が自由奔放に活躍していた。くり舟ひとつに身を託し、北は日本海から、南は東シナ海まで、素もぐりで魚をとっては売り歩いた。彼らの泳ぎの達者なことは定評がある。航海の術にいたっては神業に近い。

琉球列島は島から島への遠望が効く。だから、凪《なぎ》さえたしかめて出航すれば、次の島へは無事に渡れる。ところが、一か所だけその遠望のきかないところがある。沖縄本島西部の慶良間《けらま》諸島からは、次の島の宮古を、どんなに晴れた日でも見通せない。それほど離れているのである。そこを糸満の民は難なく渡ってのける。動物的ともいえる方向感覚を身につけているのであろう。日々のあくなき観察があったことも見のがせない。

夏の暴風雨は一気に襲って、さっと通りすぎる。それは西方海上に黒いものが一点浮かんだとき察知できるという。彼らはその黒点をみると、急いで舟を自分からひっくりかえしてしまう。持参の弁当やら獲物は舟の横棒にくくりつけて、本人は水に浮かんだままで舟を頭からすっぽりかぶる。こうして風雨が通りすぎるまでの何十分かをすごす。そして嵐が通過したことを見定めると、舟を持ちあげ、水をかい出してもとのように浮かべるという。これを二、三人の男が泳ぎながらやるわけだ。こうして、また、舟タビを続ける。まさに、琉球の誇る海洋民族である。そうした技の裏には、漁民の多くが幼いころに親方に買われた貧困家庭の出身者で、虐待に近い特訓を受けていたことは知るよしもない。

島津に治められるようになった「大和世《やまとんせ》」に入ってから、島民たちは海に陸に自由に生きられた中山の時代をなつかしんだ。「那覇世」という。このコトバには琉球の主邑たる那覇に、生きているうちに一度は訪ねてみたいという強い願いがこめられている。

私もまた「那覇世」をなつかしんだ。琉球と奄美は、なにもヤマトになぞ組み入れられることはないんだ、独立してしかるべきなんだと思うようになった。

せっかく鹿児島で毎日海を見ながら、そして、その海のかなたに黒くうるんだ瞳を感じながら、結局島に渡れるだけの金はたまらなかった。私はまたすごすごと東京に戻った。昭和三九年の初冬である。

昭和39年9月

鹿児島―尼崎。日当1,200円で飯場暮し。甲子園沖の堤防を作り、義理人情に泣く。琵琶湖の京娘とデイト。何も起こらず。

昭和39年10月

帰京。芝浦で沖仲仕。船室でオリンピックのテレビ中継を垣間見る。円谷三位。「土方こそ間違いない」と信じ切った日々。

昭和39年11月

七、八千円をため、急行で青島へ。あてのない旅再開。ただ南へ向かっていれば安心。青島―桜島―鹿児島。

昭和39年11月～12月

鹿児島で百円ベッド暮し。日通で働く。日当800円。港にたたずんでは毎日あこがれの奄美、沖縄航路をポケーッとながめるも、丸木を漕いで南下する自信なし。はじめてオカマの催いをうける。

昭和39年12月～昭和40年3月

なすすべもなく帰京。沖縄に渡る銭をためようと思いたつ。はじめて事務のバイト。人を雇って倍かせぐ。

南島通いの拠点となった鹿児島市の街

「沖縄を返せ」と歌って失恋する

たしかに東京は稼ぎやすい。土地カンがあるといえばそれまでだが、いろんな仕事があるのである。この時も、私は学生を装って、学徒援護会で割りのいいバイトを見つけた。「自動車ジャーナル」という雑誌の下請け、というか、頭をつかう仕事であった。沖縄にいくには、土方では手間がかかりすぎると思ったからだ。さらに私は頭を使って友人を雇い、もうけを二倍にする工夫をした。

加計呂麻島。村々の地名を採取して歩いた。向いの島影は奄美大島本島。左はガジュマルの樹

昭和40年4月
52ドル（19,000円余）をもって沖縄へ。ついに徳之島キュラムンの手を握る。夢想していたほどの受入れ態勢先方にはなく、沖縄祖国復帰要求行進団に加わる。沖縄代表として海上集会にも参加。タキダシつきで島を見て回った。いわば、初の公費出張。

昭和40年4月～5月
八重山に渡り、開拓農家で生まれてはじめて馬に乗る。尻の皮一枚失う。

那覇市首里《しゅり》の街の石畳

その結果、三月までに旅費――といってもドルに換えたのは、わずか五二ドル、一九〇〇〇円にすぎなかったが――をためている。やはり東京の方がまとまりやすい。

なんだ、それっぽっち、とお思いの方もあろうが、そうではない。タビをはじめてから、私にとっては東京も旅先のようなものであったが、それでも帰るたびに居をかまえている。つまり、部屋を借りているのである。が、永居することはまれであった。一度出ると、いつ帰るかも分からないのだから、借りっぱなしにはできない。離京するたびに部屋を引きはらい、帰京のたびに新しくさがして契約する。そういうかかりが大きいのである。東京は、金のかかる旅先なのである。

昭和四〇年四月はじめ、この金をもって私は沖縄に渡った。もちろん、まっすぐにコザ高校のうるんだ瞳に会いにいったわけである。が、先方の受け入れ態勢は、こっちが勝手にのぼせて期待していたようではなかった。第一、相手は高校生。そうそうヒマがない。私は、石垣島をたずねてから沖縄本島に戻ってきたのだが、いよいよすることがない。憧れの沖縄に来ながら、私はすっかり手もちぶさたになってしまった。

当時、沖縄はまだ「外国」であった。そして沖縄でも、ヤマトでも「沖縄を返せ」の運動が盛んであった。毎年四月二八日を沖縄デーと決め、その日にはヤマトの南端与論《よろん》島と、沖縄の北端辺土《へど》岬との間三〇キロに舟を浮かべ、北から、南から境界の北緯二四度線に向かう。復帰要求海上集会である。また、この集会に備えて、沖縄本島を縦断する行進団も組織されていた。

私は新聞でこの記事を見て、さっそく参加することにした。

「これに加われば、炊きだしにありつけるはずだ。しかもみすぼらしい思いもせずに村々を訪ね歩ける」

と、思ったわけだ。行進団は東海岸の金屋武《きやん》村でつかまえることができた。

四月といえば、沖縄ではもう夏の日ざしである。ちょっと歩くだけで汗がだらだら出てくる。そして通り道の集落ごとに集会を開くわけである。といっても、団員も部落の人も、苦しまぎれにやるところも多い。毎日毎日のことで、私には何の興味もわかない。いや、党や組織に属する人たちのやることにうんざりしていたから、これは私の昼寝の時間であった。それでも「沖縄を返せ！」の歌を歌っていれば、その日の寝ぐらとメシは保障されたのである。

私はなにもこの政治運動をバカにしているのではない。本心を吐露するなら、どこかにひっかかりさえつかめれば、腹の底からこの歌を歌いたかったのである。が、現実の運動は党派の勢力争いに終始していた。四・二八沖縄デーの前夜、与論島と辺土岬とで火はたかれたが、与論の火は二つであった。沖縄はどちらの火に向かって帰れというのか。

せっかく歩きながら、この行進は一度も「原初」へのひっかかりのないまま終ってしまった。私は沖縄に失恋し、翌四一年の夏、奄美の加計呂麻《かけろま》島へ渡るまで、南島には足を向けなかった。

加計呂麻、与路《よろ》、請《うけ》、の三つの島は、私の二度目の奄美である。が、詳しいことはここでは省こう。私はこのとき、はじめてテーマをもって旅をした。三〇近い部落を一つ一つ、たんねんに地名を採集しながら歩いたのである。田一枚、路傍の石一つにも名があって、土地土地の歴史がしのばれておもしろかった。その結果は、四か月後に私のはじめての「著書」となって刊行された。といっても、自分でガリ版を切り、自分で製本したまでである。『加計呂麻島、与路島および請島の地名』という。

地名だけでなくさまざまな話がきけた。老翁の「もう一度三尺耕す百姓をしたい」という話に感動し、水面に耳をあてて魚の居所を探ったという漁師の話に胸をおどらせた。さそわれて漁にいき、まねかれて蛇皮線を聞き、かわいい娘と連れだって歩いた

こうして、南島はやはり、私の飢えた心をもっともよく充たしてくれたのである。が、ここではもう一度沖縄から帰ったときに話をもどそう。

土方渡世に酔う

内地に戻った私は、また、やみくもに歩きまわった。六月から七月は甲州路から佐渡まで足をのばし、途中甲府から上諏訪までは二日半で歩いている。

帰京して、小銭をためると、すぐに四国に渡って、新居浜では現地で知り合った娘と海水浴を楽しむ。その後、九州に渡ってまた三連勤。東京に戻って「新聞少年」になったと思うと、運転免許をとって木場で稼ぎ、年があけるとまた新居浜を訪ねた。

春には雑穀商の運転手で稼ぎ、伊豆山中に小屋を建てはじめている。それを途中で投げ出すと、五〇CCのバイクで大阪をへて九州まで、めちゃくちゃなスピードのトンボ帰り。これは白バイの警官も信用しなかったほどの記録である。さらに夏まで大阪でブロック工をやっている。

私は原則として、道みちで路銀を稼いで渡り歩いた。その方法はいまも踏襲している。もっとも近年はえり好みをして、東京に出稼ぎにくることが多くなったが、かけ出しのころは、やはり行き着く先が稼ぎ場だった。仕事も、手あたりしだいというように近い。

カルピス売りを振りだしに、各種の土方、沖仲士、商店の小僧、作男、運送屋、薬剤散布、新聞配達、ブロック工、店員、ゴミ屋、メッキ工、プレス工、旋盤工、旅館の下男、トビ職、大工、家庭教師、印刷工、セールスマン、クラブのボーイ、牧童見習い、漁師、テレビ

の演出助手……図にのってテキヤの子分になりかけて、夜中、雪道をはだしで逃げだしたこともある。要は、その場をしのげれば、それでよかったのである。

とはいえ、原型はやはり土方であった。体を動かすことが何よりも好きだからではない。体を張っていれば間違いない、土方にはコトバが先行することはないのだ、体が納得したことしかコトバにならないはずだと信じていたのである。ただ、土方仕事は好きであったが、共同作業は肌に合わなかった。気乗りしない仲間との作業では、その道の先輩からはどなられることもあった。それでも、「お前ほどの体があれば、オレが仕込めばいい土方になるのになあ」と惜しまれたこともある。そう見られることに、いいしれぬ快感を味わった。

が、やはり一か所に永居はできなかった。要るだけの銭をつかめば、それまでである。なまじっか銭など手にすると、それに頼って、ヒトさまの人情にありつけない。そうすれば義理も生まれてこないではないか。そう私は思っていた。

尼崎でのことである。小銭を手にした私が飯場を出ようとすると、人夫の一人が、

「早く帰ってこいよ」

と、焼酎焼けした赤ら顔を私に向けた。私は飯場一番の若僧で、人夫たちにかわいがられていた。私は、彼とまた飯場に戻って飲みあかした。やみくもに渡り歩きながら、私は義理と人情の渡世に、時として陶酔できたのである。共同作業が嫌いであり、単独行を好んでいながら、自分の性癖がどんなものなのかという自覚がいまだあいまいであった。

昭和40年5月
ふたたび東京三鷹の下宿へ。

昭和40年6月～7月
ひそかに下宿をぬけ、あてどなく甲州に出る。甲府─須玉─日野春─茅野─上諏訪。この間100キロを一日半で歩き、アキレス腱痛む。汽車で新潟へ。佐渡にも渡るが当る棒なし。金のないまま夜汽車に乗り、車中を逃げまわって、三鷹のホームから飛びおりる。やはり、わが下宿はいい。

昭和40年7月～8月
三鷹市衛生局の下請けで、ドブに薬剤散布をする。1日1,200円。

昭和40年8月～9月
四国の新居浜で海水浴。グラマー娘と出合い、肉躍る。その後博多─北九州。また三連勤に泣く。銭がうらめしい。帰京。

昭和40年10月～12月
新聞少年。月収14,000円。土方をするのがいやになり、運転免許をとる。4万円はスネかじり。

昭和40年12月
新聞少年から木場の運転手に出世。失敗の連続。この前後横内晴夫という男を知る。30過ぎてその日暮しの世界に入った元エリートサラリーマン。目がむしょうにキラキラ輝いた男。

昭和41年1月～2月
クラマー娘にひかれて新居浜へ。はじめてスキーをする。

昭和41年2月～3月
東京で雑穀商の運転手暮し。月収4万。

昭和41年4月
伊豆山中に小屋を建てるべく40本の柱を東京から運びこむが、息切れして中断。

昭和41年4月
50CCオートバイで大阪へ。そこから16時間走りづめで九州へ。ポンコツになったオートバイでまた大阪へ。白バイの警官の絶賛を浴びる。猪突猛進とはこのこと。

昭和41年5月～7月
大阪の友人下宿に居候再開。1,200円のブロック工で食いつなぐ。『奄美に生きる日本古代文化』熟読。

昭和41年7月～9月
月末、2回目の奄美行。加計呂麻島内の部落をくまなく歩き、キュラムン二人に会う。4か月後、第1冊目のガリ版本『加計呂麻島、与路島、および、請島の地名』を刊行。

加計呂麻島諸鈍の集落

中之島から望む小臥蛇島（手前）と臥蛇島。昭和45年に無人島になった　撮影・荒川健一

安住の地を求めてハシを倒す

私は、いつの間にか、どっか一か所に住んでみようと思うようになった。いままでの旅は、あまりにも通りすがりであった。「安住の地」が欲しかったのである。それに、その日その日、新しい寝ぐらを求めて歩くのが、いささかしんどくなってきていた。

あちこちに「地方」を求めて歩きながらも、絶えず頭から離れなかったのは、やはり、南の島のことである。そして、耳目に入るものは、知らず知らずのうちに島のものと対比させて考えていた。「島だったら……」という具合にである。住みつくなら、南島であった。

「島なら、人の出入りも少なく、たとえ通りすがりの人間でも、強い興味を示してくれるだろう。そうすれば、

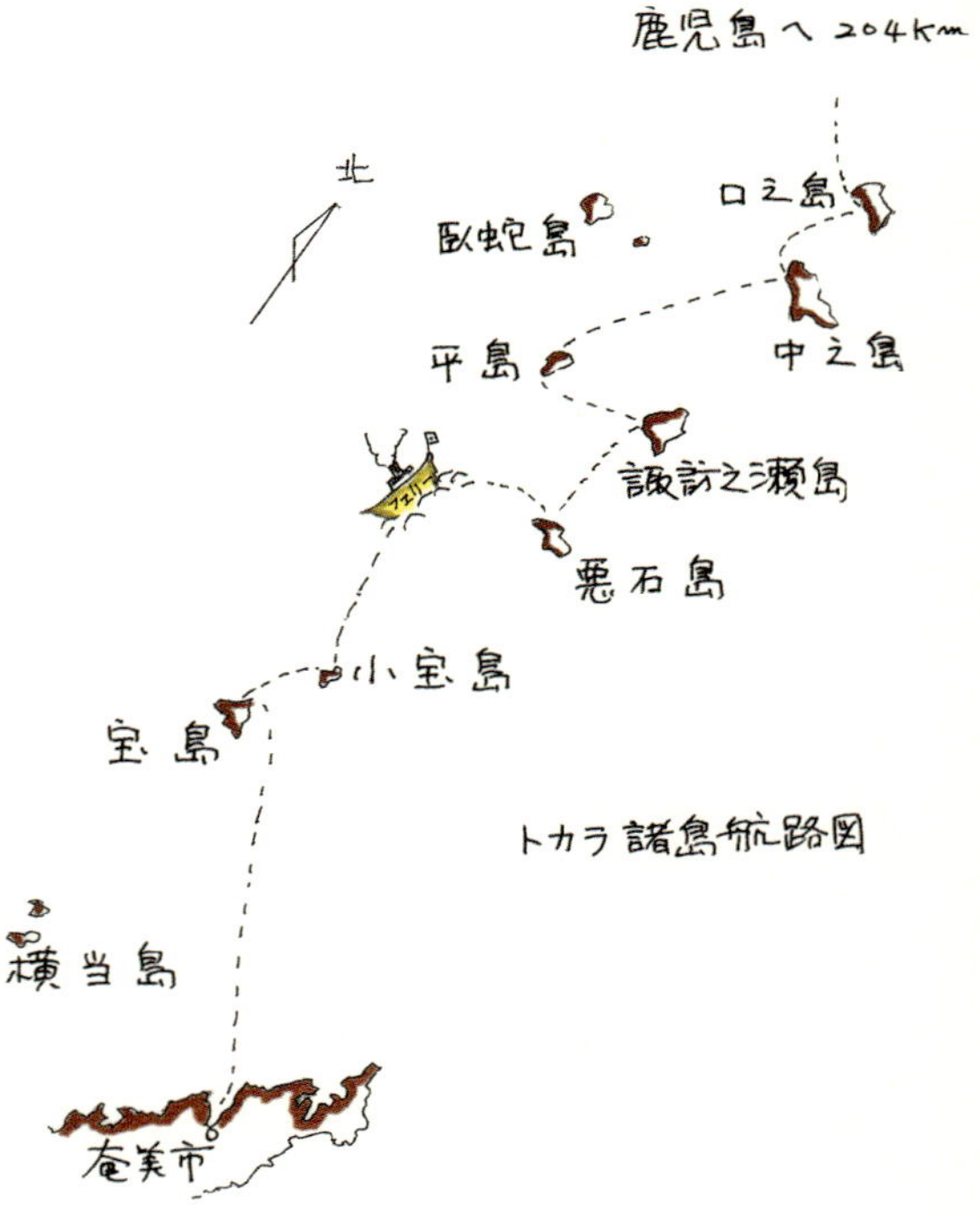

昭和41年9月〜12月
帰阪、帰京、何を思ったか大学に復学。ただしつづかず。銭もうけと親孝行をかねて、母親の洋装店手伝い。

昭和42年1月〜3月
安住の地をさがしはじめる。はじめてトカラへ。口之島、中之島、諏訪之瀬島、平島、臥蛇島と渡りながら、地名採集。野良仕事や共同作業にもはげむ。が、腕を故障し帰京。

飢え死にだけはしないだろう」

という期待もあった。

やがて私は一つの島を選んだ。トカラ諸島の臥蛇《がじゃ》島であるが、これはまったく偶然にすぎない。ハシを倒して行先をきめるようにこの島を選んだといった方がいい。

実は、加計呂麻島から帰ったあと、私は一度大学に復学している。島でいかに医者を欲しがっているかを知り、しかも医者になり手がないのを聞いた。離島の学校の教員もなり手がいないという。島の人々に求められながら島に住みつく。これははなはだ気分のいい話である。医者になるのは時間がかかるから、せめて教員ぐらいになれたらと思ったわけである。

だが、しょせんは一時の気の迷い。私は一週間しか通うことができなかった。やはり、行き当りばったりの生き方が性に合っている。で、さしあたって「南島」と呼ばれるところを、北から順にしらみつぶしに渡ってみることにした。ついでに、地名も全部採集しよう。

昭和四二年一月、私はまずトカラに渡った。が、うかつにも、そのトカラで釘付けにされてしまったわけである。いまにして思えば、けっしてトカラに惚れていたわけではない。むしろ、同じ南の島なのに、こうも違うものかと期待はずれであった。奄美で味わった、あの抜けるような空の青さ、誰かれとなく話しかけてくるおおらかさ、そんなものはトカラにはなかった。訪ねた季節が冬だったこともあるが、ずいぶん薄暗く、湿っぽい所だなとすら感じた。「安住の地」とはほど遠い島だったのである。

私はトカラの島々を、口之島、中之島、諏訪之瀬島、平島、臥蛇島の順に渡っていった。渡りながら地名を採集する他に、ハシケ作業や野良仕事に精を出していた。いや、路銀を稼ぎながらの旅であるから、そっちの方こそ本業だったわけである。ところが、島の製糖工場でキビをしぼっている時、無理な力を入れすぎた左腕が、突然しびれて、どうにも動きがとれなくなった。

これは、いわば古傷だった。大学時代、草ラグビーをやっていて、腕関節を逆にねじったことがある。それで関節周辺の神経系に支障をきたしたのだと医者はいう。私は三月末に東京に帰り、四月に入院することになった。一七針をぬう手術であった。

こうなっては「安住の地」さがしはしばらく休む他はない。この年から翌年の夏ふたたびトカラに向かうまで、二冊目のガリ版本『十島村の地名と民俗』は出しているが、ほとんど出歩いていない。大部分は東京にいて、転々と職だけ変えている。尻の落着かない私にはめずらしいことである。

本当のことを言おう。新しい自著をひとりの娘に渡したくて都内で会った。娘は、

「島で暮らすとはすばらしい。自分もかねがねそんな生活がしたいと思っていた」

という。その娘の口にする島というのは、臥蛇島のことである。しかも私より三年も前に渡っている。あの離島にひとりで渡ったのかと想像しただけで、急に身近な人に思えた。それからは、何度も会い、島の人たちの噂もした。私はこの娘に次第に心惹かれ、遠くに出かける気持ちがそがれてしまった。

娘は私に島暮しをけしかけもした。だが、一緒に渡る気配はない。それでも同一の話題がもてる喜びで、私は会うのが楽しかった。それそんな会話が後押しをしてくれたのであろう、ひとりで臥蛇島に渡ることにした。自分の動きを気に掛けてくれる人がいると思うと、臥蛇島に渡ると思うと、寂しさにのたうち回ることも避けられるのではないかと、期待した。

先ほど、ハシを倒すようにして行き先を決めていたといったが、ハシを倒すとき、臥蛇島の方へ倒れるように手を放したというのが正しい。だが肝心の娘の方は私の方にたやすくはなびいてくる様子はなかった。ここで話を少し戻そう。

タダで湯治を楽しむ術

外科の術後の回復は早い。ケガといった方がいいかもしれない。五月に退院。一週間後にはもうアルバイトをはじめていた。入院費四万円を親につごうしてもらっていたからである。

朝八時から五時までは下宿近くにあった清掃業者の運転手。これは昼食付きで一四〇〇円になる。午後六時から夜の一一時半まではメッキ工で一一〇〇円。一日に一三時間半働いて二五〇〇円というわけだ。コーヒー一杯が八〇円、土方の日当が一二〇〇円ないし一五〇〇円の頃である。

私は時間をしばられて働くのが好きでないかわりに、短時間に金を貯めて、その後ブラブラして暮らそうという計算も立てられる。が、無理がたたって、思ったほどは永続きしなかった。一か月ちょっと働いたと思う。

借金をかえして、二万円ほど手もとに残った。これを

もって、私は湯治に出かけることにした。手術後の腕を温泉にひたそうということだが、当時、腕のしびれは全くなくなっていたのだから、自分を甘やかす口実にすぎなかったといえる。この頃はまだ何のあてもなく日々を過ごすことに、時おり不安を抱いたりしていたのである。目的を設定してタビに出ることは、はやる自分をだます、よい術であった。

私はひと夏ゆっくりしていられるところを探した。どこにしようか。まったくあてはない。

で、とりあえず上野駅に行ってみる。そこから上越線に乗ることにした。無意識のうちに、三年前の新潟を思っていたのかもしれない。私はいつも知らない土地にひかれているくせに、なぜか、一度訪ねた土地にまず戻ってしまう。前に訪ねたところには、何となく安心感があるからであろう。顔見知りがいたり、知った喫茶店があったりする。

新潟の手前の新津という町で降りる。ここで旅館に泊まった。カルピスの露店商の帰りを除いて、それまで私は旅館に泊まることはほとんどなかった。せっかくケチケチためた金を一挙に散財するのがしのびなかったのである。それに、銭を媒介としたタビなど、タビとも思わなかった。それは旅行というものである。

が、このときはタビをお休みにした。財布は先細りではあったが、適当な土地を見つけたら、費用は現地で調達しようと決めていたので、財布の中味を心配することはない。とはいえ、旅館に一泊するかしないか、内心大騒動するわけであるから、毎度のことながら、宿に泊まるのはくたびれる。

安宿を見つけ、ホッとする。次は宿の高校生の娘を呼びとめて地図帳を借りる。地図をひろげて、温泉場をさがす。どうせいくなら海の近くがいい。私は小学校六年まで海の近くで育った。久しぶりで思う存分海に親しんでみたい。県北の海岸線に目を走らせて、村上市の瀬波温泉というのはどうかと思った。

翌朝、ディーゼルカーに二時間揺られ、村上駅に着いた。七月はじめ、日ざしは強かった。じっとしているだけで汗ばんでくる。駅前の狭い道を小型ダンプが砂けむりをあげて疾走していく。なぜか、カラカラに乾いた砂けむりが、異様になつかしかった。

三〇分歩いて温泉のある海に着いた。まだ陽も高かったので、その日の寝ぐらさがしをあとにまわして、海にひと浸かりする。人影もまばらである。日ざしこそ夏であったが、水はまだ冷たかった。

それから一番安い旅館をさがした。一泊二食付一二〇

昭和42年4月
入院。腕を17針ぬう。

昭和42年5月〜6月
退院。ゴミ屋とメッキ工の二連勤で借金を返す。

昭和42年7月〜9月
新潟県瀬波で湯治。温泉番頭見習い兼皿洗いでゆうゆうと遊び、情深き仲居の世話を受ける。途中、県北と山形に小旅行。変わった娘に追いかけられ、あやうく逃亡。多忙。

昭和42年9月〜11月
帰京。ゴミ屋で働く。後に奥方となる娘に出合い、いっそうトカラにあおられる。

昭和42年11月〜12月
日当2,000円にひかれて、トビ職に弟子入り「カシラ」と呼ばれる。適性あり。

昭和42年12月
第2冊目のガリ版本『十島村の地名と民俗』完成。

昭和43年1月
奥方となるべき娘微動だにせず、失意のうちに瀬波へ。秋田で豪遊。五能線をへて青森へ、ついでに札幌まで。

昭和43年2月
東京荻窪に下宿を移す。10回目である。離京のたびに下宿を解約、帰京して宿さがしのくりかえし。フトン、ナベ、カマ、皿しかないから楽だが、頭金類の確保に苦労。尺八はじめる。

昭和43年2月〜7月
運送屋で運転手稼業。月35,000円。

昭和43年7月〜8月
割のいいプレス工に転進。

○円。二泊して、まだ残金があった。で、宿に荷を置いて、県北部のタビに出ることにした。金のあるうちは、どうしても食いぶちさがしがあと回しになるのである。

荷といっても、もうリュックではない。カタツムリの移動みたいなタビはこりている。寝ぐら、食事はすべてあなたまかせという、一大政策転換をしていた。小さなサブザックに、下着、ハブラシ、石けんなどをしのばせていたにすぎない。もう、木原美知子嬢がいなくても、一人で歩けるようになっていた。

そのくらいの荷なら持ち歩けばいいものを、瀬波の宿に置いて出たのは、何日か、何十日かしたら、またここに戻ってこなければならないという目的を作っておけば気持ちが楽だったからである。私は、まったくあてなしに歩きつづけることが、精神的に苦痛になっていた。

宿でニギリメシをつくってもらう。これは、あくまでも仲居たちの好意であったが、別に、特別なことではない。私は宿に入ってからは、なにくわぬ顔で仲居たちと雑談したり、皿洗いの手伝いをしたりしていたのである。スキあらば宿代をロハにしてやろうという、当方の計算が働いている。居候ができるのなら、路銀確保にやっきとならないですむ。

それなら「働かしてくれないか」「泊めてくれれば金はいらないから」といえばよさそうなものだが、それはしない。そんな早まったことをすれば、好き勝手に振舞えない。存分に海を楽しみ、ひまをみては皿を洗う。そしてズルズルともぐりこんでいく。それで宿代がロハにならなくても、これは仕方のないことである。その時はまた別をさがす。「好き勝手」の方が先なのである。

この術に関しては、私は相当の使い手であると自負している。この数年、タダ飯は食っていなかったわけだ。それでもニギリメシをもらって、玄関を出ながら聞いた「イッテラッシャイ」が、どんなに私の気分を楽にしてくれたかはお察しいただけよう。

まず、海岸線を歩いてみようと思い、砂浜を歩きだした。このときのタビは、荷もなく、気分にも余裕があったので、文字通りほとんどを歩いた。もっとも帰りはバスを使った。

新潟の海岸線はどこでも侵蝕が激しい。瀬波の浜も同じである。ひと雨ごとに砂がけずりとられていく。それでも、以前は、大きな砂丘地帯だっただけあって、何十キロも続く白砂は美しかった。

私は、川にさえぎられ、道に引っぱられて、ジグザグに北上していった。道みちで何人かの人と雑談もした。珍しい風物を見た。アラブゲリラのコマンドのように、目だけ出して顔全面に覆面をした女たちに驚いた。

山形との県境近くの勝木まできて、道を東に折れ、そこから山北町を通り、国道八号線の旧道を歩いて南に下った。新道ができてからこの道は車一台通らない。農作業の手を休めた百姓が、道にゴザを敷いて、大の字になって昼寝していた。

三日目、私は瀬波に戻った。もう、ロハで迎えられる身になっていた。ほどなく、親しく口をきいてくれる若い仲居もできた。私はいま、「ほどなく……」と、いとも簡単にいったが、実はここまでになるには、かなりの紆余曲折があった。「原型」の中には当然女性も含まれていた。「野娘」である。つまりトラの皮だかイノシシの皮だか知らないが、それひとつに身をつつみ、野を駆けずりまわっているような娘がいたら、山の向こうまでも追いかけて行こうと夢想していた。が、そういう娘はなかなか現われなかった。こちらが野男でないのだから、当然の結果である。

もともと私は不精者だし、それに淋しがり屋なのである。それらを充たしてくれる相手は求めていながら、心をあけわたす余裕がなかったわけである。わたしのなかの「野娘」は少しずつ変質していったようだ。

ともかく、こうして、私はこの夏二か月間、温泉と海を楽しんだ。瀬波には、その後もこの仲居を頼って三回滞在している。

片思いの島は無人島

昭和四三年八月、私は二度目のトカラに向かった。行先は、もちろん、ハシを倒した臥蛇島である。

トカラは「南島」ではなかったが、「地方」には違いなかった。二度目ともなると、しだいに知己もでき、義理と人情を丸出しにした島の生活が楽しめるようになった。しかし、通りすがりの時は義理も人情も楽しめるものだが、住んでみるとそうは問屋が卸さない。わずか数か月の滞在で音をあげてしまったのである。私は、私の求めていた「地方」は、認識の対象ではあっても、自らの血肉として摂取するのは不向きであるということにやっと気付いた。

もう少し順をおって話すとこうだ。島暮しのはじめは、とにかく、島の青年になりきること夢みていた。島と自分とが一心同体になって、はじめて「地方」を体得できる。そう信じて疑わなかった。

島との一体化、かみくだいていえば、猿真似に私は体を張ったわけである。山仕事であれ、漁であれ、日が増すにつれ自分が一人前扱いされることに、いい知れぬ快感を味わっていた。島には相対的な「青年」はいても、本当の青年はいないので、私はなにかにつけて重宝がられた。

「お前は尻が軽か、島の青年のごとある」

という評価まで引き出したほどである。けっして無理をしない、というのが私の信条なのだが、この時はまだ若さにものをいわせて、意地を張って生きていたわけである。

それでも、そこまではよかった。何とか体がついていったが、ある日、突然いうことをきかなくなった。やはり、二〇過ぎての付け焼き刃では、一人前の島の労働は

昭和43年8月～11月
2回目のトカラ。悪石島に寄って臥蛇島に渡る。

昭和43年11月
島に同化するための努力でクタクタになって離島。長期間の無理のせいか食欲不振になり、全身の力が抜けていく。それでも途中京娘とのデイトは忘れず帰京。体力回復に2週間を要す。

昭和43年12月～44年1月
下宿を奥方となるべき娘の住いに近い大田区に移すもさしたる効果なし。失意のうちに三菱重工下丸子工場で40日間6トントラックのシャフトを削る。100分の1ミリを難なくこなす。健保で虫歯を治してからやめる。

昭和44年1月～3月
数学の家庭教師で暮らす。生徒にパチンコを教え、尺八とフルートの合奏で、自閉症の治療に多大な成果をあげるも、数学は教えずクビ。『種子島遭難記』完成。

昭和44年6月
10日間韮崎の農家で働く。が、窮状を聞かされ、床屋代をもらっただけで、あとはタダ働き。親と同居するため世田谷に移る。

昭和44年7月～8月
やっと奥方となるべき娘をつれ出して3度目の瀬波。情深き仲居の姿なし。韮崎に寄り帰京。

昭和44年10月
ガリ版本4冊目『悪石島の地名』刊行。

昭和44年11月～12月
3回目のトカラ。臥蛇島、中之島で土方。帰京。

昭和45年1月
親孝行のため洋装店手伝い。

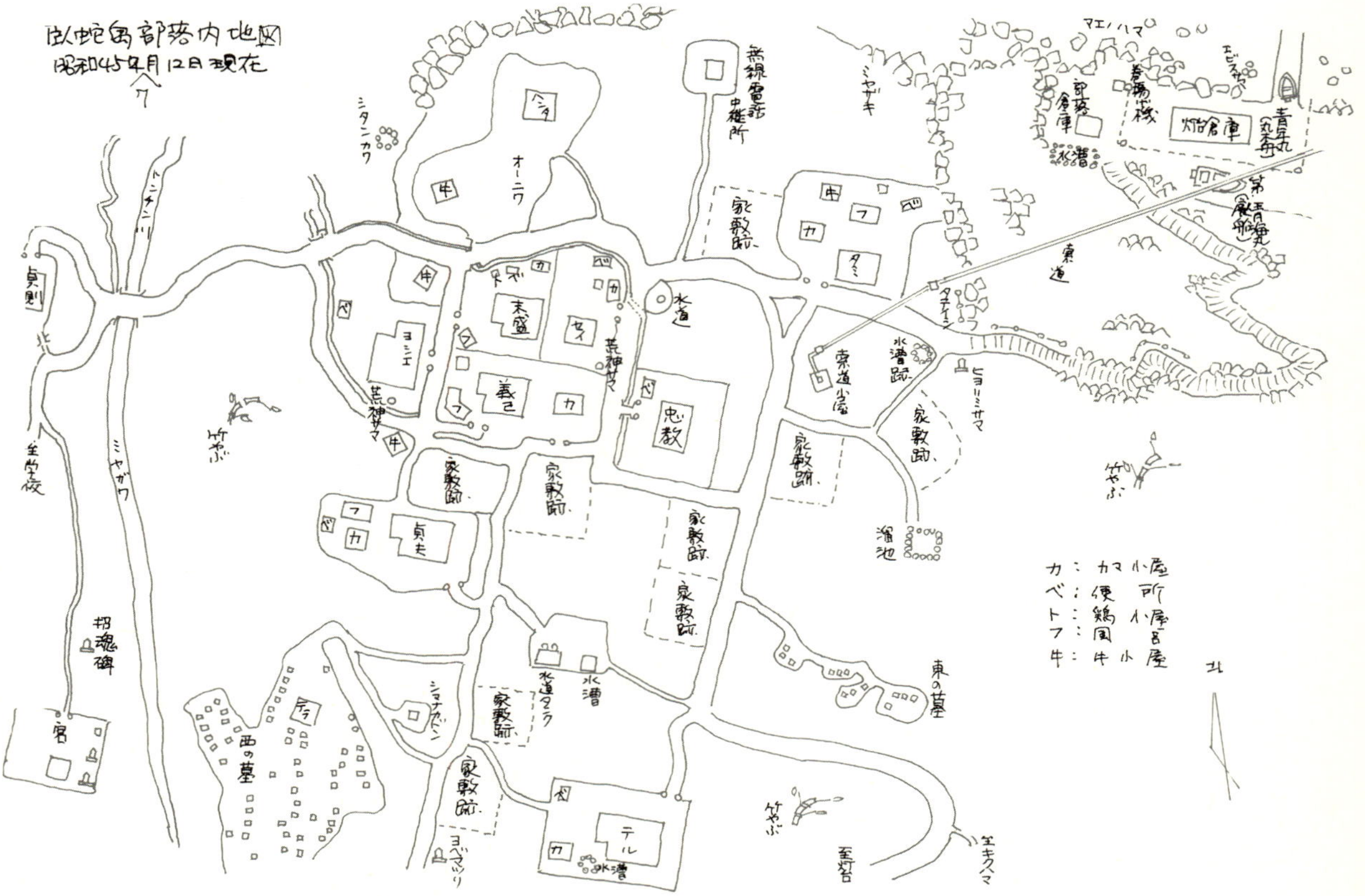

無理だったようだ。一〇年後の今では、体のあちこちが神経痛だらけになっている。そのころに、いまだ動かしたこともないような筋肉を、急に使ったためではないかと思う。もっとも近代医学では、気管支の弱い人は、神経痛にもなりやすいというデータが出ているという。私はタバコを一、二本吸うだけで喉があれるほど気管支が弱い。

体が動かなくなると、すべてに狂いが生じてくる。今まで何とか築きあげてきた島民との共有感覚までが、音をたてて崩れていった。

島の青年は総代にはけしてさからわない。私も猿真似する以上、青年たちを見習っていた。が、どうしても納得がいかないことがあった。その時、私は思いあまって総代に建議した。そうしたら、そばにいた一人の青年が、

「総代さんのいう通りにしとかんか」

と私をさとした。この時、私はすでに島との一体化を、実質上放棄したのである。

体がついていかなくなるにつれ、こういう島との違和は、うっとうしさに変わっていった。それがつのると、息苦しくて、居ても立ってもいられなくなる。

島民たちは私の離島を必死で止めようとした。体が疲れているなら休めともいった。私も彼らの情けを感じた。が、どうすることもできない。私には、島を離れるしか手がなくなった。私は疲れきって初冬の東京にたどりついた。

春と秋にはガリ版本『種子島遭難記』と『悪石島の地名』を出したが、島には年末と翌春顔を出すにとどめた。そして昭和四五年七月、私の五回目の訪問のとき、

臥蛇島は全員が島を離れていった。無人島になったわけである。

　私はその時の離島劇を克明におぼえている。先祖伝来の墳墓の地を捨てるかなしさを、誰もが全身で表現していた。毎日、アルコールにひたって、

「先祖さまの墓を置いていくっちゃ、済まんがこれは、仕方の無かことじゃが」

と、半狂乱になって泣き叫ぶものたちを、私はジッと見ていた。

　結局、七月二八日、一戸平均百万円の見舞金とやらを手にした島民たちは、見知らぬ土地へ放り出されていった。今になってはどの島民たちも「村にだまされた」という。為政者は、いま、無人になった島の観光開発に乗り出している。その方が金になったからである。

　一方、その場に居あわせた私は、半狂乱の島民を見ながら自分をも見つめていた。そして思った。

「自分は、やはり、通りすがりの人間である。島民の怒りも他人《ひと》ごとである」

　さらに、

「安っぽい怒りなど口にしてはならない。それは意味のない同情である。怒りたければ、自分にふりかかった問題に、まず目をすえてからにしろ」

と、自分にいい聞かせもした。

　マスコミは口をそろえて、行政の一方的な無人島政策を非難する。が、彼らは商売でやっているのである。ドラマが一段落すれば、すぐに忘れることだってできる連中である。そこにいくと、私は違う。怒りこそしなかったが、あのドラマは、おいそれと忘れるわけにはいかない。なにせ、私は島以外のことに、関心が向かないのだ。自分にのしかかった問題が、鮮明に感じられるようになったとき、あらためてあのドラマを見直そうと思ったわけである。そして、島のかたみに、一箱の部落の書きつけをゆずりうけた。

　だが、そのかたみの整理でさえ、九州、北海道と、半年のウォーミングアップのタビを要し、さらに本拠を鹿児島に移すという、ものものしい準備が必要であった。私は牛のような人間なのである。

『金銭入出帳』に語らせた島のヒミツ

　臥蛇島の離島劇からちょうど一年後、私は鹿児島で『臥蛇島金銭入出帳』という本を書いた。島が無人島に

昭和45年2月～3月
またまた臥蛇島にいく。4回目のトカラ行。離島の話はじまる。

昭和45年3月～6月
帰京し、洋装店を手伝う。全国デパート出張販売で2回目の北海道。大阪で臥蛇島の旧総代を訪ね、臥蛇島の無人島化決定を知る。

昭和45年7月～8月
臥蛇島に急ぎ渡る。五回目のトカラ。7月28日までの離島ドラマをつぶさに見つめる。自分の位置を知る。帰京。

昭和45年9月～11月
九州に旅し、五島の椛島で土方。帰りに親方とケンカ別れ。都会人の自由は地方では身勝手となると気づくがゆずれず。帰京。

昭和45年12月～昭和46年1月
3回目の北海道に向かう。テキ屋に拾われ世話になるも、抜けられなくなりそうになり、夜半逃亡。53台のトラックの世話になって帰りつく。人情に泣く。

昭和46年2月～4月
奥方になるべき娘との仲に絶望、本拠を島に近い鹿児島に移す。地方都市を楽しみ、臥蛇島の遺産刊行をおのれに課す。以後1年2か月の間、南島に渡る風来坊の基地と化し、連夜のご乱行。

昭和46年4月
第6回目のトカラ。悪石島に1週間遊ぶ。帰鹿。

昭和46年5月
鹿児島のクラブのボーイとなり、女をエサに酔客を骨までしゃぶる術を観察。なぜか長崎から足しげく通ってくる女あり、左ウチワ。一方、これまたなぜか、あきらめていた奥方となるべき娘からひたひたと満ちてくる潮。

昭和46年7月
ガリ版本5冊目の大著『臥蛇島金銭入出帳』完成。全268頁。

なるときもらいうけた島の大福帳を、ガリ版で復刻したものである。大正一二年に島で失火があり、それ以前のものは焼けているから、私がまとめたのは大正一二年以後のものである。B5版で、びっしり二六八頁ある。

島は都会とは違って、いわば、ひとつの「独立国」である。そこには、全島民の直接選挙で選ばれる「首相」もいれば「外相」も「蔵相」もいる。島の生活に必要な機関もすべてそろっている。なにせ、年に一回、ないし二回、島の帆船で鹿児島に出向く以外は、まったく島外と没交渉の世界だったのである。島は島だけで生活を立てていかなければならなかった。

『入出帳』は、いわば島の経済白書である。その記帳も「首相」である歴代の総代が自らおこなう。どんなふうに書き入れるかというと、

「何月何日、一金、何円何銭也、焼酎何升代、誰々ヨリ購入是レ何日ノ何ノ祭ニ神酒トシテ使用」

というぐあいである。これが大正一二年から昭和二八年まで、エンエン四〇〇〇項にわたって続く。

私はこれをまず原稿用紙に写し、ガリ版に切った。並行して、四万円で手に入れた中古輪転機にかけて刷っていく。もちろん、製本も自分でやる。これは印刷屋に数か月奉公して、技術を盗んできたから間違いはない。できあがった本は、これも自分で書店や大学図書館に売りつけた。もちろん、露店も張った。カルピスがガリ版本に変わったまでのことだ。

さらに、こういった楽しみをいっそう気分よくやるために、私は鹿児島にアパートを借りて、一年余を過している。稼ぎはいうまでもなく現地主義。クラブのボーイ、土方、トラックの運転手などをして食いつなぎ、紙を買う。これまでのキャリアーを何一つムダにしなかったわけだ。ちなみに『入出帳』は私の五冊目のガリ版本である。

こういう、取材から、いや資金調達から販売までの全コースを一人でやったのも、一つにはそれ自体が目的だったからである。「出版社が見つからない」「金がない」から本が出せない、などというのは、理由にならない、と私はひとり決めしていた。「金がなくとも、作りたければいつでも作れる」という証しを自らに示したかったわけである。

それはともかく、私が、この本作りに際して、一番留意したことは、「コメント、評論は一切避ける」ということであった。その結果は、当然のように、何の盛上りもない、平板な金銭の出し入れ記録に終始した。

そんなものにどんな意味があるというのか。大方のひとは「面白くない」という。さらに「自分らの知りたいのは著者の発見であり、肉声である」「資料の羅列は、専門家には役立つかもしれないが、我々素人にはちっともおもしろくない」という。

ごもっともである。が、しばらく読んでみて欲しい。じっと見つめていると、資料の羅列の中から、何かが浮上してくるはずである。

たとえば、昭和二年の項目を見てみよう。そこに出ている二〇、三〇の項をまとめて見ていると、実にありありと島の生活が浮きぼりにされてくる。

この年の二月、一人の老婆が病に倒れた。医者がいるわけではないから、島の民間療法のあの手この手を使っ

て治療に当った。木の実も飲ます。まじないもする。ネーシ（巫女）は必死になってシオバナ（潮花）で病人の身を清める。が、どうしてもよくならない。そこで一夜、総代宅に部落の世話人たちが集まって協議した。

「このままやったら、フヂバアも先が無か。玉利先生に診てもらおうや」

ということになる。

玉利先生とは、四〇キロ離れた隣の中之島にいる医者の名である。いや、医者の免許は持っていないが、その心得がある人である。もともとは鹿児島本土の日置郡の出で、県の薬剤師をしていた。その人が寺子屋の教師として中之島に渡ってきたのである。

加えておくと、当時島々には学校はなかった。学校令が敷かれたのは昭和五年になってからである。中央におくれること、実に五八年。日本国でありながら、日本の法令が適用されていなかったのである。これは、学校令にとどまらず、徴兵令もしかりである。明治四一年になってやっと第一回目の徴兵検査が行なわれている。だから、日清、日露を経験した人は、島にはいないのではなかろうか。

玉利勇四郎は寺小屋で子どもらに読み書きを教えるかたわら、医療にも当っていて、その腕の確かなことは、周囲の島々にも知れ渡っていた。で、臥蛇島でもこの先生に往診を頼むことにしたわけである。

かといって、陸続きではない。船便もない時代であるから、往来は自前の丸木舟しか使えない。そこで、青年団に相談を持ちかけた。

「先生を丸木で連れてきてくれんやろうか」

団の中から五人の若者が選ばれた。全長五メートルほどの小舟を漕いで、一日がかりで中之島に向かう。その日は同島で泊まり、翌日の凪をみて帰ってきた。むろん先生を乗せてである。

往診の結果がどうなったかは分からない。その後に葬式を出していないところをみると、一命はとりとめたのであろう。部落では先生の労をねぎらって、一夜、総代宅で宴がもたれた。そして、後日ふたたび、先生を送り帰しに青年団は中之島まで往復している。

こういうできごとがあったわけである。『入出帳』には、その間の金の出し入れが、実にこまかく書き入れてある。たとえば、青年団が借用した丸木舟の借賃に、何円を誰に。船頭に礼として何円。中之島での滞在中に使用した米、サトウ、焼酎が各々どのくらいでいくら。当地の総代に礼として何円使う。玉利先生の宴の際に消費した焼酎何升が何円で、誰々からフトン一組を借り、その礼に何銭。総代夫人にお礼として何円何銭、というぐあいに、部落の動きが手にとるようにして分かる。

くどくど書いたが、私がいいたかったのは、一老婆の病気治療が、部落作業のひとつとして行なわれたということである。それは病気の治療にとどまらず、生活の隅々にまで行きわたっている。

部落の一五歳から六〇歳までの男子全員でやる共同漁があるが、その魚の分配に関しても、この制度というか、この思想が適用されるわけである。分け前にあずかれるのは、出漁者は当然として、漁に出られなかった病人、あるいは身体不具者、さらには男手のない後家も、まったく等しくではないが、分け前がある。

これは恩恵なのではない。当然の権利として分配されるのである。これを「与えの一丁《いっちょう》」と島ではいう。この一丁をもって、後家は子供の養育費に当てることができる。魚だけでなく、正月、祭りの花米も、後家には部落から供出している。戦時下に入った昭和一〇年代にいたっては、出征兵士の留守宅にもこの制度が適用された。

こういう徹底した相互扶助というか、保障制度を見た、ひとりの都会から渡ってきたインテリが「これぞ現代の最前衛である」といってのけた。六〇年安保で、日本中が沸きたっていた一五年前のことである。この世の中、不平等だらけなのだから、たとえドングリであれ、平等であるということは、目を見張らすに充分な材料であった。私も、このインテリのいいたい気持ちはよくわかる。肉声を聞きたいといった人も同じであろう。『入出張』のさわりを披露し、最後に「島はまさに人民共和国の一例だ」ぐらいにいえば、満足してくれたのかもしれない。

が、私にしてみれば、そういうものいいが、何の意味もないことを、逆に『入出帳』を通して教えてやりたかったのである。人民だ、連帯だ、と軽々しく口にする人間は私の相手ではなかった。そういう連中は、酒でも飲んで同志と肩を抱いて、インターでも、ワルシャワ労働歌でも歌っていれば少しは欲求不満もはれるだろう。「最前衛」で武装された臥蛇島は、四年前に無人島になった。それが行政の手で強行されたのか、島民の意志なのかは、この際どうでもいい。問題は、無人島になる前に「与えの一丁」はすでにその効能も必然性も失っていたということである。つまり、島は島だけで生きていかなければならなかったから編み出された制度であって、それ以上でも、以下でもない。島外との交通が進めば、崩されていく。青年は、タダで後家に魚を配ることに矛盾を感じはじめ、貰う方にはへつらいが出てくる。「そんなにまでいわれるなら、貰わん方がまし」ということになるのである。

私は例のインテリ氏に、無人島になるのを予想しろといいたいのではない。彼のものいいは、百害ありて一利なし、といいたかったまでである。「人民」は、もっともっと小ずるく、たくましい。ドングリ同士が、互いにギリギリまで牽制しあって、はじめて「前衛」は保たれていたのである。

小さな親切より大きなお世話

鹿児島にいるあいだ、私がトカラに渡ったのは、短期間ずつ二度だけであったが、どの島でも都会からきた若者を見かけるようになっていた。どこでも、ハシケ作業や、共同作業に精を出していた。わたしが鹿児島市内に借りていたアパートは、いつのまにか、そういう南島へ渡る風来坊の溜まり場になっていた。髪を長くしたのもいるし、短いのもいた。いずれも私と同じように腰の落ちつかない人間たちである。縁はいまも続いている。

だからといって、タビ仲間と連合して何かをやる、なんてことを私は思いつかない。徒党を組むのが好きではないのだ。酒飲んで、肩を抱き合って放歌高吟するなどというのは私の趣味ではない。

だから、鹿児島暮しの後半は、アパートを引きはらい、

昭和46年8月
第7回トカラ行。平島にちょっと渡ってみる。

昭和46年10月
ガリ版本6冊目『トカラの伝承』刊行。

昭和46年11月
以後、水俣病を告発する会鹿児島支部の連中と同居。が、やはり肌は合わない。

昭和47年1月
ガリ版本7冊目の大著『臥蛇島部落規定』完成。告発する会や風来坊の加勢大。

昭和47年2月
雑誌『日本の底流』に、「臥蛇島覚え書」を掲載。もの書きの快感を知る。

水俣病を告発する会の鹿児島支部の連中と金を出しあって、家を一軒借りていたのだが、結局は一緒に何もやらなかった。私が水俣チッソに怒りを感じないからではない。むしろ、もっともっと根の深い人間のどうしようもない浅はかさに目がいくのである。そして、それに対して、私は私なりのやり方でしか戦えないのである。私は歌うならソロである。

それでも、一人でいる不便を感じるときもある。たとえば、島にいるときなどである。私は、島にいても、島民になりきることはできなかった。都会人であることを抹殺できないのである。だから、島では入手困難なものが欲しくなる。たとえばコーヒーの豆だとか、フランスパンなどである。

そんなとき、この仲間が送ってくれる。自分も動いているから、こちらの痒いところを心得ていて、島外から手をのばしてかいてくれるわけである。私も、逆の立場になったときは、借金してでも注文の品をそろえて送る。

一見、ヤクザの世界と似ている。が、違うところは、一度面倒を見たからといって、お返しを期待する、という原則がないことである。島にいるとき送ってもらう相手と、私が都会にいて送る相手とはけして同じではない。おごられっぱなしの人もいるし、おごりっぱなしの人もいる。中にはこの何年間か、私に貢ぎどおしの不運な友人も何人かいる。でも、それだからといって、

「金では返せないけど、せめて何かこちらの気持ちを表現したい」などと思ってはならない。そうなると互いに負担がでてくる。それではもうお終りである。これは、タビ仲間だけでなく、ほとんどは一回だけしか会うことのない、旅先の人たちについてもいえる。

私は鹿児島に居を移すまえ、わずか千円なにがしかの金をもって北海道に渡り、五三台のトラックのお世話になって、冬の道南、道東を渡り歩いた。あげくのはては文無しになって、青森から東京に帰らなければならなくなった。このとき青森の三戸町でたまたま乗せてもらったダンプの運転手に、一夜の宿まで世話してもらい、翌朝、

「次の三叉路まで行けば八戸からくる鮮魚運搬車が拾いやすいから」

と、峠を越えて私を送ってくれた。なんだか松尾芭蕉が馬で峠まで送られた話に似ている。

が、私は芭蕉のように銭はないから、心づけを馬の背にくくりつけてくる、などということはできない。後日のハガキ一本が私の気持ちのあらわれである。

だが、最初から、そう割切れていたわけではない。第一それでは義理と人情が泣こうというものだ。沼田の小使いさんに金を返さねばと思い続け、九州から二か月ぶりに送金できたときの安堵感はいまも忘れがたい。が、しだいに私は義理と人情を煩わしく思うようになり、義理をよけて通るようになった。それでも、人の好意なしには私のようなタビはできない。そして、それに対しては、どうしても返せないのだと気付きはじめた。これま

で百台以上のトラックの運ちゃんに世話になったが、これだけでも、どう逆立ちしても返せる量ではない。

結局、ムリをしないということに落ちつく他ないのである。そのかわり、といってはまたムリをしているように聞こえるが、気が向いたら、自分も同じことを通りすがりの人間にしてやるわけである。ただし、あくまで気が向いたらの話である。それを間違えて、

「あんな親切にされたのは始めてです。カンゲキー!」

なんてハガキをもらうことがある。よっぽどうれしかったのか、それとも、いままで人に親切にした経験がないかの、どちらかであろう。私にしてみれば、たまたま車に乗せたまでである。私は「小さな親切」より「大きなお世話」の方が好きだ。

無駄口が長くなったが、ともかく私は鹿児島で、さまざまな人間に接しながら、臥蛇島で受けた傷をなめていた。そして、少しずつ、自分が何ものであるか、どこにいるのかを見定めていたのである。

もう一つ鹿児島で発見したことがある。それは、自分がものを書くのが好きだということである。私は南日本新聞にコラムを書き、『日本の底流』という雑誌に、はじめて少しまとまったものを書いた。「臥蛇島覚え書き」を掲載したのである。編集者にうまくおだてられて、実に気持ちよく書いた。

実は、その数年前、つまり昭和四四年夏まで、私は文字を書くことから一番遠い人間ではなかろうかと思い続けていたのである。「土方こそ間違いがない」からである。それが、四四年夏、『あるくみるきく』で、当時企画されていた「私の旅」欄に一〇枚の原稿を書いた。はじめて字を書いて金をもらったのである。が、そのときはまだ、

「自分がやってきたことを書くだけで金になる。こんな面白いことはない」

と面白がってみた程度であった。

ところが、今度は手ごたえまであった。私は書くことに快感をおぼえたのである。どうやら性に合っている。たしかに最後のどたん場になれば苦しい。それに私のさまざまな稼ぎのなかで、労働時間に対する単価は最低である。が、〆切り日まではグズグズしていられるし、終われば翌日はケロリとしていられる。第一、書くといっても、私の場合は自分のしてきたことと、見てきたことしか書かない。それを離れると、やはりコトバが先行するのではないかという純なおそれを抱いているのである。

いや、最近ではそれもあやしい。自分のことを書いていながら、コトバが先行する傾向がある。しかも先行するのを楽しんでいる向きすらあるのである。こうなるともはや、「土方こそ間違いがない」などといってはいられない。島に居つくにしても、島で土方をやり、現地調達主義に徹せねばならぬとは思わなくなってきたのである。東京に原稿の売り口をさがしておいて、可能なら、その金で島にいる。そして島では自分の気分のおもむくままに生活していく。それでいいではないかと開きなおってきたわけである。

私は自分が一歩ずつ「白紙」に近づいていることは疑わなかったが、その「白紙」は、最初思っていたのとは、かなり違った色をしていた。

『入出帳』にひきつづき『トカラの伝承』と『臥蛇島部落規定』を出しおえて、昭和四七年四月、私は鹿児島を去って東京に戻った。それから、ガリ版本作りからタタキ大工までをなりわいとする「ボン工房」を下宿の二階につくった。

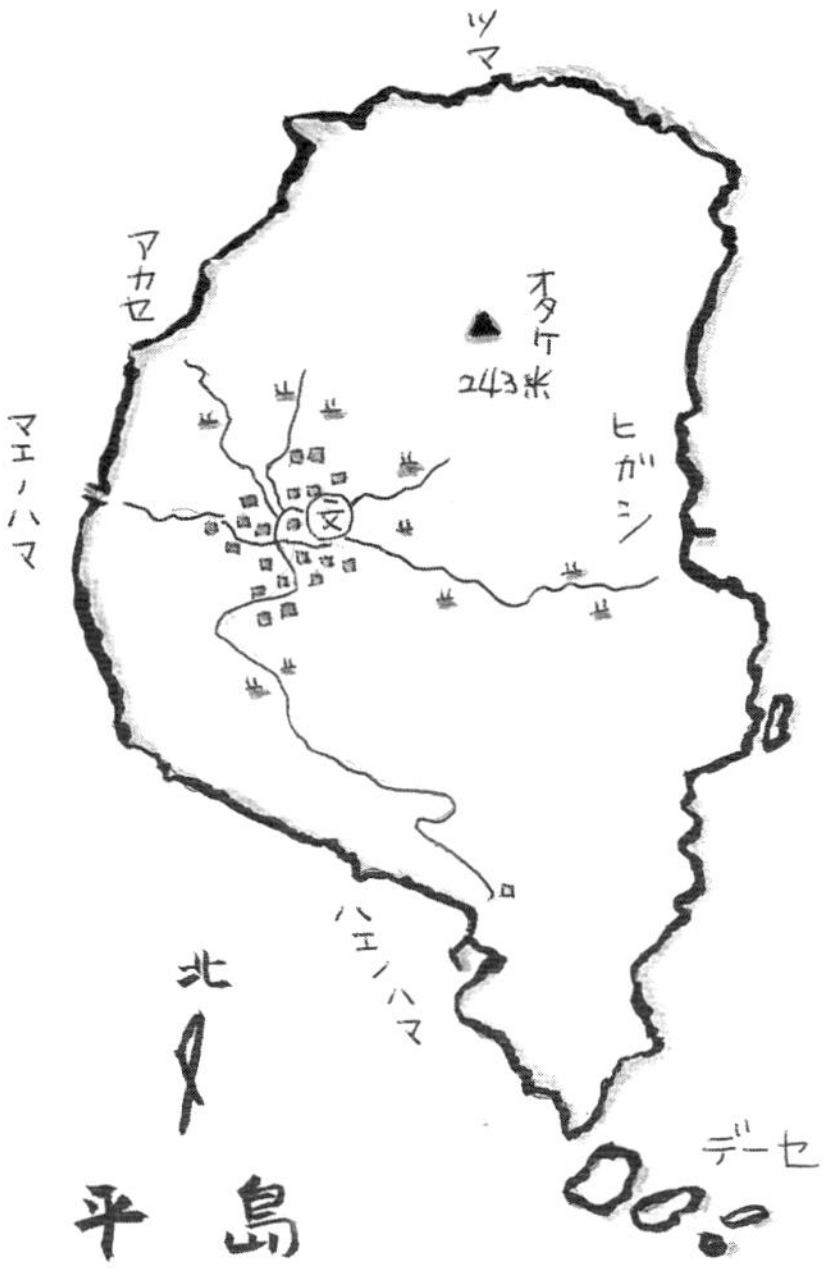

ケンカせぬなら島には来るな

臥蛇島の島民になることをあきらめてから五年後、今度は、南隣りの平島に私は住むようになった。トカラに渡りはじめて十回目のことである。家を一軒借りて、翌年春、つまり昨年には結婚してカミサンもつれていった。あの、わたしの臥蛇島行きをけしかけた娘である。

私の前にいろいろの娘が現れたが、この娘のことはずっと頭にあった。しかも最初から私は必死で追っていたのである。だが、追えば追うほど相手はゆうゆうとハンドオフを食らわしてくる。顔面がはれあがるほどハンドオフを見舞われて、しだいにバカバカしくなってきた。それはさらっと忘れられるようなバカらしさではなく、いうにいわれぬ屈曲した感情を抱くようになるものである。

もっともいいのは、もう、つき合わないことだと思いついた。それには近くにいない方がいい。せっかく新しい相手が現われても、気が散っては、また、ぶちこわしである。それで鹿児島に移り住むことを決意した。ここだと島にも通え、街のにぎわいも楽しめる。

ところが、離れると、今度は相手の方から近づいてき

昭和47年4月
上京し、ガリ版本を大学図書館などに売り歩き、その金で「ボン工房」を東京下馬の二階三畳間に設立。ガリ版本作りをなりわいとする。

昭和47年4月
4回目の北海道に渡り、日高で牧童見習いとなるも、福岡のテレビ局のデンワにくすぐられて帰京。

昭和47年5月～6月
はじめて他人のフンドシで島に渡る。8度目。30分番組「トカラの選挙」撮影。折しも沖縄の日本復帰。

昭和47年6月～8月
上京しボン工房再開。『十島村の地名と民俗』の改訂増補作業。

昭和47年8月
平島に九度目のトカラ行。奥方となるべき娘に足をとられて、もはやトカラ行は通勤の感。

昭和47年9月
ボン工房の「経営」に腐心。退学後はじめて東京に長期滞在。

昭和48年1月
おかげで、ガリ版本8冊目『トカラの地名と民俗上』完成。

48年3月
つづいて、ベストセラーをねらう『トカラの伝承』を再版。

昭和48年5月
またまたつづいて、9冊目『トカラの地名と民俗下』完成。

昭和48年6月～8月
ガリ版本の売行きに気をよくし、ボン工房を近くのアパートに移す。二間続き15,000円の家賃と仕度金7,500円はすべて本の売上げでまかなえた。

昭和48年8月～9月
10回目のトカラ行。奥方になるべき娘と島に住もうと、平島に一軒家を借りる。月3,000円。

昭和48年10月
厳粛に結婚申込み。受理さる。もの書き業多忙。といっても月収せいぜい2、3万。日本観光文化研究所の出版助成金を利用し、17万円の印刷機購入。

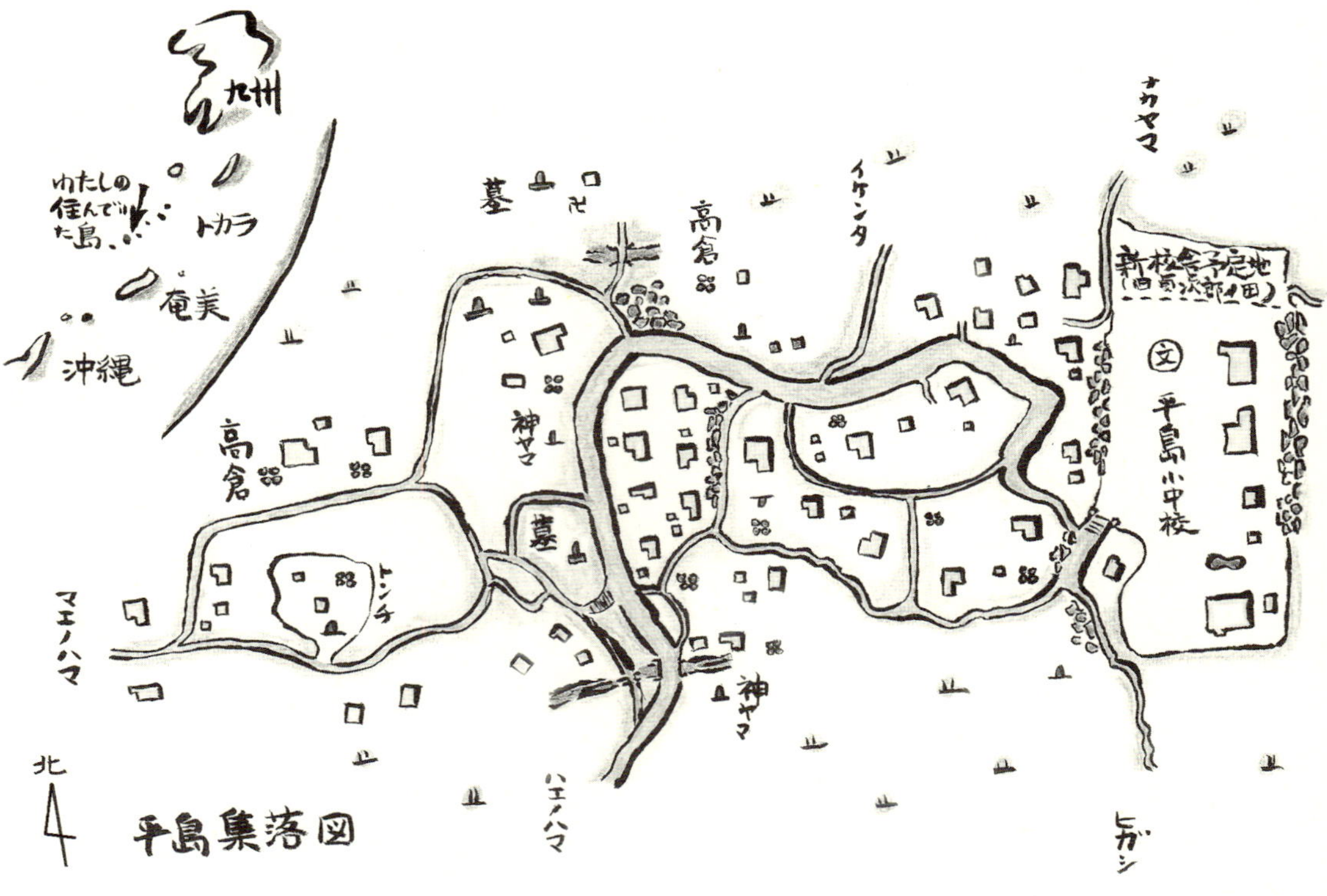

た。でも、意地を張って私は出ていかない。それが一年は続いた。もう少しで話は壊われるところであった。で、昨年二月一緒になったわけである。もちろん、二人とも住民票は島に移した。一年ほどの生活であるが「巣作り」は悪くない。子供はかわいいし、カミサンはいとしいし、家のまわりには野菜畑があって、私は自分の建てたアトリエで……平島に住むようになったいきさつである。

今回は、島との一体化など、はじめから望んでいない。島をじっくり見たいからやってきたわけだ。島の生活の血肉化など、派生的にこそあれ、第一義的には考えていない。開きなおり始めているわけである。

永滞在をする気なら、臥蛇島の二の舞を踏んではいけない。自分のペースで島にいること、たとえ、天井の節穴を数えていようがかまわない。これは島に限ったことではない。どこにいっても、どの国にいっても有効な方法であろう。

そうはいっても、マイペースでいるというのは、勇気のいることである。島とのあつれきもある。でも、それは覚悟の上である。よく、島に調査にくる学者たちは腰が低いといわれる。どこにいっても腰は低いし、聞くのもうまい。けっしてケンカなどしてこない。そんなことをすれば、せっかく聞きにきた話も聞けない、という打算が裏にある。何の「学」でも、調査でも取材でもいいのだが、島に入ってくるもののほとんどはこれである。

たしかに、それには一理ある。御用聞きが、もみ手をしながら、勝手口を入ってくるのと同じ理屈だ。いたって島民の評判はいい。すべて「友好的」雰囲気の中で仕

昭和48年12月～昭和49年2月
平島に戻り、奥方となるべき娘をつれてくるべく準備。はじめて島で正月を迎える。11回目。

昭和49年2月～3月
上京し、奥方となるべき娘がカミサンになる。気分がいい。

昭和49年4月～5月
二人共平島に住民登録。12回目の渡島で住民となる。8kgのシビと4kgのモウコイカを用意し、全島全戸をまねいて盛大な見知り祝い（村入り）兼結婚式をやる。

昭和49年5月～6月
東京に出稼ぎ。天下の外務省の印刷を請負、ボン工房はじまっていらいの大金70万円が動くが、手にした金はわずか10万。やむなくもの書きで補う。

昭和49年6月～10月
二人して帰島。以後土方で食いつなぎ、木工細工にふける。

平島小中学校へ続くコンクリート道路

事はすすめられていく。
だが、これをはじめから終りまでやっていたのでは、こんなに人をバカにした方法もない。こういう連中は、都会に帰ってから調査書を書く。そして、土地への理解

ガジュマルが茂る平島の集落

荷揚げ作業中の著者

ある発言をして終る。極端な場合は「島民のために何かをしてさしあげたい」となる。聞いている私はヘドが出てくる。自分が好んでした仕事が、結果的に島民の役に立っているならどうということはないのだが、はじめから島民のために何をしようかなどと口にする。二枚舌もはなはだしい。

　これは、実は、私自身に絶えず投げかけている問題なのである。私は二枚舌はゴメンである。だとすれば、どこまで本心を出して島にいられるか、これが私の課題であった。

　平島では、いま道路工事、港湾工事が盛んに行なわれている。私はその工事の中でかけがえのない役割をはたしている。島きっての「技術者」なのである。すなわち、ダンプの運転手である。が、私は島にいても、原稿を書き、ガリ版を切り、好きな木工細工をしている。細工をするために、小さなアトリエまで建てたほどの熱の入れようである。時には天井の節穴を数えている。そして、金のあるうちは工事には出ない。

　ところが、島では、そういう私の生活を認めようとしない。つまり、自由が許されないのである。

「島に住むとっきゃ、島の人間にならにゃ」

という注文を受ける。私以外の島の人間は、ひとが工事に出ていれば自分も出る。田植えが始まれば、こぞってそっちの方に傾く。これは別に部落作業というわけではない。要するに、皆が同じことをやっていないと気がすまないのである。

　もちろん、これにはわけがある。いまほど交通が発達していなかった時代は、島は島だけで生活を立てていかなければならなかったからである。たとえば、台風あけのまず第一番目の仕事は道普請であった。なかでも、スバタケの整備は重要であった。スバタケとは、部落の近くにある潮見所である。島民は毎朝ここに出て、その日の潮流を見る。そして、その日の漁の計画を練るわけだ。

平島ハエノハマ港。沖がかりした村営第2としま丸への通船作業　昭和49年4月

「今日は何々のシオ、何々の風だから、どの辺に漁に出たらいいか」を判断する。だから、スバタケからの眺望は常に確保されていなければならない。倒木があったり、崩れていたりしたら、すぐさま整備する必要がある。

この道普請は部落作業で行なう。一五歳から六〇歳までの男女全員の義務である。病弱老人を除いて、欠席することは許されない。つまり台風あけの島では、すでに、その日のスケジュールは組まれているわけである。勝手に別のことをやっていたり、天井の節穴数えなど論外である。

こういうスケジュールは年間を通してギッシリ詰まっている。そういうふうだから、たとえ個人の仕事であれ、皆と同じようにやっていれば文句はいわれないのである。こうなると、資本をかけてせっかく漁船を手に入れてはりきっている若者がいても、漁にも自由には行けない。

「いままで、工事の世話になっちょったくせして、勝手なまねばかりしよって」

と、ゴーゴーの非難を浴びる。

これでは、島のまわりに魚がいくらいても、専業漁家など生まれっこない。そして、いつまでも出稼ぎ暮しから抜け出せないのである。ドングリでもいいから、同じ背丈の人間しか認めない。金持ちもいないかわりに、餓死者もまたいないわけである。先にのべた臥蛇島の「与えの一丁」はまさにその好例であった。

私は、こういう島の生活が小気味よく、むず

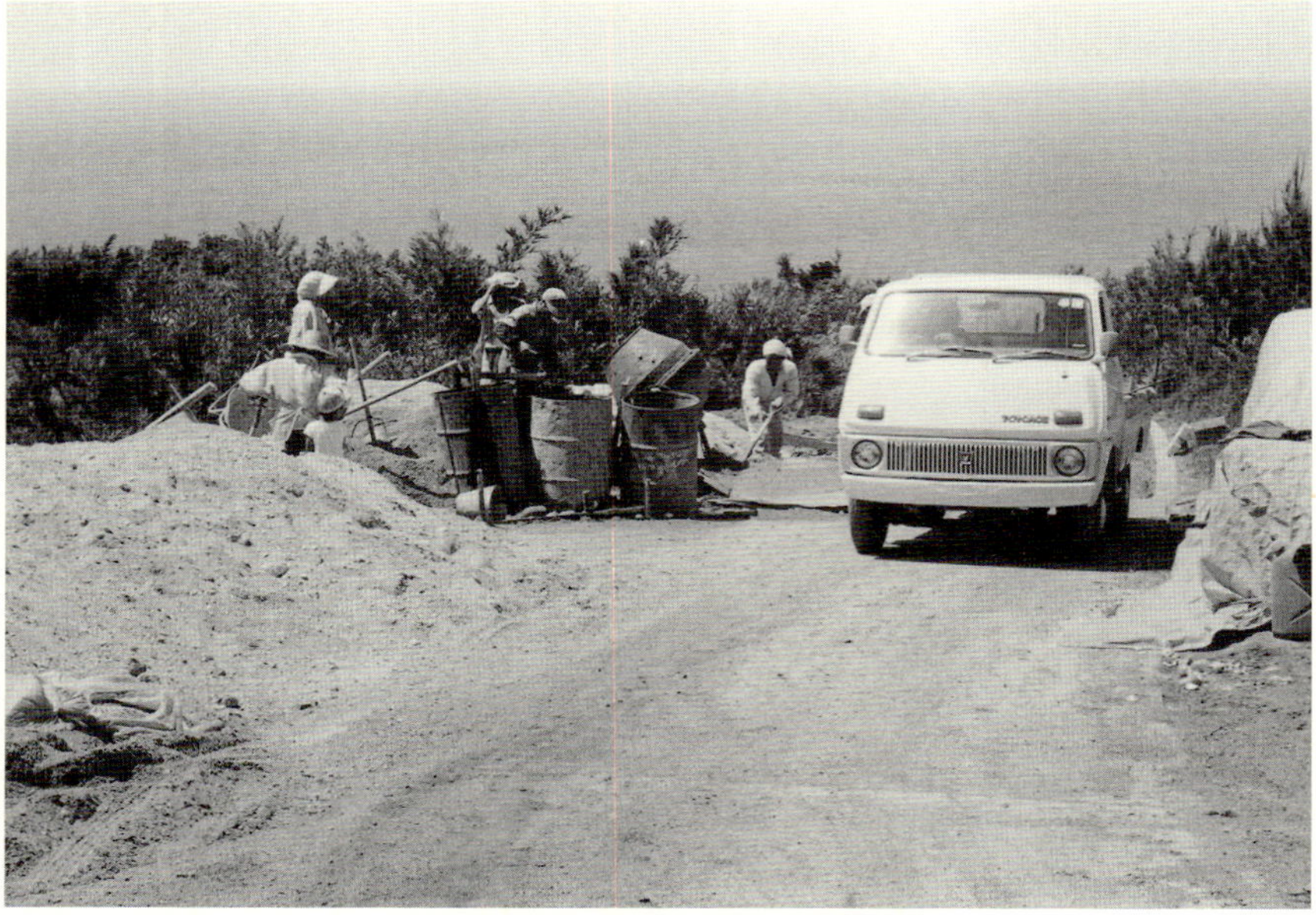

15歳から60歳までの島の男女が義務として行なう共同作業の道普請

がゆくもあるが、反面、煩わしくもある。工事たけなわのころ、朝から山に逃げて、細工原料の切り出しにいったことがある。夕方部落に帰ってきたら、

「運転する人間がおらんで、工事がでけんやったど!」

と、現場監督以下工事に出た人夫たちに詰め寄られた。

「そんなに運転手が欲しけりゃ、外から呼べばいいではないか」

と私も負けずに反論してみたが、通じない。第一多勢に無勢である。

「島におっときゃ、島の人間にならにゃ」

さんざんにいわれたはてに、

「あいつは、何の役にも立たん。もう、追い出そうや」

とまでいわれてしまった。慣れない人間なら、とてもいたたまれなかったであろう。が、そこは島である。島民にとって島を追放される、と、いうことは「死ね」ということに等しい。口では強くいっても、実際には何の手もくださない。この原則が私の場合にも適用されて、翌朝はまたニコニコとあいさつを交わして、一日が再開されたわけである。

　こういう煩わしさがあるのだが、私はやはり島にいたい。島を留守にすると、すぐに戻りたくなる。それは、島が結局は私にとって非常に居心地がよいからである。島に私を訪ねた友人は、私が島では生き生きとしているという。またゆうゆうと暮しているともいう。

　それは、島民が、私のいう「白紙」に近い人たちだったからである。「原初」の感慨を持ちあわせた人たちといってもいい。笑いも大きいが、また、悲しみも激しい。口ゲンカのパンチの効き方は、事情を知らない人が聞いたら度肝をぬかれるはずである。家がこわれんばかりの大声を出す。それぞれのカミサンも渦に加わり、激しさは時とともに増していく。

　が、島ではこれを「ニワトリゲンカ」といって、翌日は、またしれっとした顔で互いに働いている。けして忘れたわけではない。よく憶えているのだが、あるところからはグッと怒りをこらえていなければ、小さな島は成

り立たないからである。

都会人がこんなことをしていれば、しまいには発狂してしまう。島では発狂するかわりに、酒を飲んだときなど、誰もがいいたい放題をいう。人のカンにさわることもボンボンいう。相手の気持ちを考えてものをいう余裕はない。私も、また、同じようにいいたい放題をいっていいのである。どんなに通りすがりであっても、一緒に魚をとりにいけば、一人前の配当を与えられるのと同じことである。

島民と心を溶け合わすには、こうしたやりとりしかない、と私は思っている。自分を前面に出さずして、島にはいられない。それは滞在を少し永くしてみれば、誰もが分かることである。

これまでの調査者たちは、自分を出さないままで島を離れていった。だから、ケンカもせず、いいことずくめで帰っていく。それが私には気に入らない。「島にいる以上は、島づくりの加勢をせい」といって、ひとの自由を制約する島などつぶれた方がいい。専業というものが生まれない島の魅力はある。そこに私はひきつけられたのだが、生活を共にする気にはなれない。ひとを見れば加勢を頼み、ひとを利用することだけ考えて、自力更生の道をさがさない人間たちの島は、臥蛇島がそうであったように、いつか、無人島になっていくのである。

もみ手をして島に入ってくる連中が島のことを語るとき、私は彼らが何をいうだろう、ということの想像がついてしまう。調査するものと、されるものとの間に、なんら共有するコトバがないからである。調査するものはあらかじめ用意したコトバで島をとらえようとし、される側も心得たもので「学者先生とはこんなもの」と、適当に手を抜いて相手をしている。

これではせっかくの調査も水の泡。想像のつくようなレポートしか出てこない。実際の島は、もっととりとめがない。良くいえば奥深いのである。全身をこれ耳にしてソバ耳を立てること、そして、島のコトバで島を表現するしか手はないのである。もちろんここでいう「島」は、どこの土地名に置きかえても同じである。

私がなぜ出世コースの尖端にいるのか

ここにいたって、私はまたまた新たな自分を発見した。つまり、私は、島を、表現したがっているのである。それも、小間切れでなく、丸ごと表わしてみたがっているのである。

私はもともと島と一体になろうと思って島に渡った。だから、民話の語り手にはなりたいと思っていたが、民話の採集者になろうとは思っていなかった。祭りが楽しければ、その中でさわいでいればいい。その場を離れて「原初」はないと思いつづけていた。

だが、平島に居を移したときは、島の祭りは自分のものではないと知っていた。一体化などもう考えてはいなかった。だが、血肉化まですっかりあきらめていたわけではなかった。それは島を知ることによってである。もっと正確にいえば、島を丸かじりすることである。これは、あくまで丸かじりであって、記録でも、調査でもない。小間切れでなく、丸ごとである。私は島を丸かじりして、丸ごと表現したがっていたのである。それが『入出帳』であったわけだ。

私が島のあれこれを文字に書きはじめてから、何人かの友人が、私にカメラを持参するようにすすめてくれた。が、私はそのつど弁明した。

「フィルムに収めれば、たしかに像は残る。でも自分の脳裏に焼きつける作業が手薄になってしまうではないか。脳裏の方がもっと鮮明に残るのではなかろうか」

たしかに人間の記憶は不鮮明であり、時として完全に消えてしまう。が、自分がこれぞと思ったものは、消そうとしても消えないものではないか。人間の記憶とはそんなものではないか、と私は思っている。少なくとも、それは「原初」の姿だ。

が、これは半分は願望である。だから額面どおりに受けとってもらうとカッコよすぎる。いままでの経験では、おおかたはそれは夢にしか過ぎなかった。フィルムを見せてもらって、逆に記憶がよみがえってくるようなことばかりである。

それなら、もうそろそろ、シャッポをぬいだらどうだ……という気にもまだなれない。私は頑固者なのである。

カメラをかまえて、ファインダーをのぞくとき、すでに、視界は三六〇度ではない。いくら広角レンズを使っても、その半分にもいかない。

そこへいくと、ファインダーをのぞかない私は、全身これ耳であり、目であるから、真うしろのことも像として写せると思っているわけである。テープレコーダーを回し、調査項目をあらかじめ用意するといった姿勢にも同じことが言える。丸かじりには、全身をつかうほうが、はるかに適している。それに、相手との間に生まれるさまざまな感情交叉が、カメラ一台を間におくことで、ゆがめられては逆効果になってしまう。私はそれをおそれて、いまだに、人の目の前でノートやペンを持ったことがない。全身、これ耳にして、聞くだけである。

では、全身で丸かじりしてきたものを、どのようにす

田植。牛は耕作に用いるが肉牛としても鹿児島へ出す

台風銀座のトカラ諸島では秋の台風の前に収穫すべく四月末までに田植を終える

れば丸ごと表現できるのか。それは時間をかけてさぐる他ない。ただし「けっして、歯切れの良さなど求めるな」とまでは分かっている。「肉声」で語りたいときもある。若い（?）のだからカッコよさも欲しい。遊びもまた必要であろう。が、ほとぼりがさめたら、また、元に戻ることである。

こうした禁欲主義の上にできたのが『入出帳』であった。いままた『平島放送速記録』を書いている。

何月何日、何時何分、放送者誰々、で始まり、その時の放送「番組」の全容が収められている。一言のもれもない、と自認している。それこそ、酔っぱらった「アナウンサー」の「ヒクッ」などという音までのがさない。「丸ごと表現」に役立つのなら、何でも遠慮なく使わせていただく。

これもまた実にストイックな仕事である。放送時間は発電所のモーターが回っている時、と決まっている。だから、夕方、六時か七時、モーターの音が聞こえると、急いで家に帰る。外出はご法度《はっと》となるわけだ。自由の天地に生きんがために島まできたのに、いつの間にか不自由を自分に強いている。

幸い、わが家にはありがたい協力者（カミサン）がいるので、二人のうちどちらかが速記できる態勢にあればいい。それでも二人とも狩り出されることがある。そういう時はテープレコーダーをから回しして出かけることにしている。

でも、こういう毎日に疑問も残る。こうまでしないと島を丸かじりできないのだろうか、ということである。もう、こうなっては、身勝手さは許されない。つまるところは、仕事を離れては島にいられないということではないか。これではもはや「好き勝手」とはいえない。

さらにテープレコーダーである。これは勝手に空を飛んでくる声が対象だから話のじゃまにはなっていない。が、フィルムに頼らない網膜映像や、ペンに頼らない記憶、そういうものとは明らかに抵触するものである。私の鼓膜に関知しないところで、速記録がどんどんとられていく。これはどう考えても「原初」の姿ではない。とはいってみても、島の丸ごと表現をするために、重箱の隅をつつくような放送速記録は、現在最高の方法なのである。「原初の姿」と超近代的な記録とが、私の中で激しく火花を散らしている。もし、もっと自分に適した方法が見つかれば『入出帳』も「速記録」もさっさと捨てることだろう。

ともかく、こうして丸かじりしたものの消化を助けてくれるのは、何といっても、島での日々の生活である。それは決して、島民と同じではないが、同じ土俵の上に立っているという実感がある。私が島にいるのも、これが味わいたいがためである。そして「島の生活こそ、人間のあるべき姿なのではないか」と思っている。

平島の二才衆《にさいしゅう》となって2年目の著者
昭和49年4月

互いに牽制ばかりして、専業も生まれる余地のない島。それは、生活の合理化を自らが拒否している島といえる。これでは近い将来無人島にもなりかねない。が、私はそこにひかれるのである。ゆきずりの人間の無責任な楽しみ方といわれてもかまわない。それ以上のかかわり方は、私にとって二枚舌となる。

島は、もしかしたら、人間のもっとも根にして源なる感情の充ちているところではないかと、私は思う。躁うつ症や神系性胃炎など存在していない。

私は、いわば、島の中に自分の認識のモデルを求めているわけである。そのモデルが「原初」のものかどうかは分からないが、島を通して世を知ろうというわけである。針の穴からのぞく世の中が一番よく見える。ひょっとしたら最良の方法かもしれない。それもただ島の中でジッとして居さえすればいい。結構な話である。なまじっか飛び回ると、例の調査氏の二の舞になりかねない。

私はいま島にいる。丸かじりするにはもっとも条件に恵まれている。だから現在のところ私より優位に立って

タケノコを採る著者の連れあい

いる者はこの世にいないと思っている。私は出世コースの最先端にいるわけだ。

ついでにこの作業が生活の足しになればしめたものだが、その方はいまのところ考えるだけ損である。が、たとえ足しにならなくとも、もっと高見に登ろうという欲には変りはない。金は別途に稼げばいい。ともかく、私の認識モデルは私の唯一の財産なのである。

モノみなスッポかしてタビにでよう

もう何年ぐらいになるのだろう。私はタビをしていない。好き勝手な方角に、好きな日程で動くタビをである。せっかく島という財産をえたら、今度は出世に足をとられて、島に居続けることから抜けられなくなってしまった。好き勝手せずしては、自由な発想は生まれてきっこない。私はそろそろ逃げだしたくなってきた。私には、将来のために「修業時代は耐えることのみ多かりき」といって自分を説得する気はない。そういうのを貧乏性という。「ラクしていい仕事ができると思うな」などは安っぽい説諭である。ラクしてできるなら、これにこしたことはない。

よく、会社勤めもせず、自分流の仕事、それはもの書きであったり、写真家であったりするが、それをやっている人が口にするコトバに、

「食えない。でも、いい仕事をしたい」

という泣きごとがある。泣きだけならかわいい気があるが、貧乏を売りものにする人がいる。金があろうがなかろうが、いい仕事をする人は黙って続けている。

ともあれ、私は「修業時代」はなくていいと思っている。それだから、息苦しさを感じたときは、サッサと手を引くことである。無理押ししていると思考停止になってしまう。私はそれがおそろしい。ま、それをおそれるあたりが私の限界なのかもしれない。実際には、考えたりなんかしなくても、ジッと終日日なたぼっこをしていても生きられるものなのだ。

私は、いま、自分をスッポカそうと思っている。『速記録』は、できることなら何年か続けた方がいいと初めにいったが、その自分をである。だいたい、動き回らずに一か所にジッとしていられる自分ではない。内なる欲求の乏しい仕事は先が見えている。自分でも想像もつかない先を含んだ仕事を私はしたいのだ。自分で説明のつく仕事には興味がない。

そろそろホラの音が聞こえはじめた。私は、いま、自分の小屋を北国に作ろうと思っている。丸太材の小屋作りも島で何軒かやった。大工としての前歴は古いのである。中学一年のときすでに、押入れを改造してマドとドアをつけた自分の城を作っている。島でも茅葺きのアトリエをこしらえた。このときの材料は、明り取りの半透明板をのぞいて、すべて海岸で拾った流木である。

昭和49年10月～
カミサン出産のため上京。またまたゴミトラックに乗る。日当4,300円。

昭和49年11月
長女誕生。カミサンが「未知」と名付ける。平常分娩でありながら12万円の入院費。30日分の稼ぎに相当。島でサンバサンに頼めば焼酎1本。医者は私のテキである。

昭和50年1月
〆切が過ぎたので本稿の執筆開始。難行。

昭和50年2月
いまだにゴミ屋と本稿から足を洗えず。東京は楽しいが、やはり島に戻りたくなる。

昭和50年3月
原稿料20余万を入手。なのにまだ校正をしている。発行日がおくれることは確実。編集子がああでもないこうでもないと3回も書きなおさせた罰だ。ザマミロ。

振り返ってみると、これまで自分がこうしたい、と思う方向に進むような教育は何ひとつ受けなかった。お題目はいろいろあっても、結局は文部省検定の教科書を暗記することしか教えられていない。すくすくと、本人の才を伸ばす教育さえ受けていたならば、いまごろは、とうに「棟梁」と呼ばれている身なのである。こんなわけで、自力で何とか小屋は建てられると自負している。

　作業小屋を北国に建てたいという希望は連れ合いのそれでもある。そこにたどり着くまでの繋ぎに、キャンピングカーを用意するつもりだ。横文字でいうと過大に考える御仁もあろうかと思うので、私のカーをご説明しておく。

　まず、中古の一トントラックを手に入れる。できることならタダがいい。その荷台に、ワンルーム作るのである。床を高くして、その下にプロパンから寝具、その他の世帯道具をいれる。その上に床を張り、ペルシャジュータン、とまではいかなくとも、手に入る敷物を敷く。マドは二か所、前と横がいいだろう。天井は許される範囲で高くする。低いと圧迫感があって、居心地が悪い。これらをすべて古材で作る。古材は、すでに友人宅の倉庫の中のものを当てにしている。柱や梁は鉄パイプで組み立てる方が安くて軽いが、永居するには、やはり木材に限る。このカーに乗り、建築現場に向かう。道みちで好きな食い方をして、ジプシー生活を楽しむわけだ。

小屋作りの計画を話し合っているとき、私は嬉々としている。カミサンもニコニコして聞いている。しょぼくれた顔をして『速記録』を作っているより、元気な顔をしている方が、子供のためにもいいに違いない。今すぐにでも手がけたい。

　私は、おそらく、自分をスッポかして、小屋作りをはじめるであろう。が、一方では島は一生ついてまわる相手ではないかという不吉な予感もするのである。小屋作りも『速記録』の続きをやるためのワンクッションなのかとも思う。

　ともあれ私は気が多い。本文のはじめと終りでこうも違う。だから明日なにをしだすかも分からない。そんな気持ちで、ここ当分生きてみたいと思っている。

　ご精読お疲れさまでした。

半ば崩れた平島の高倉

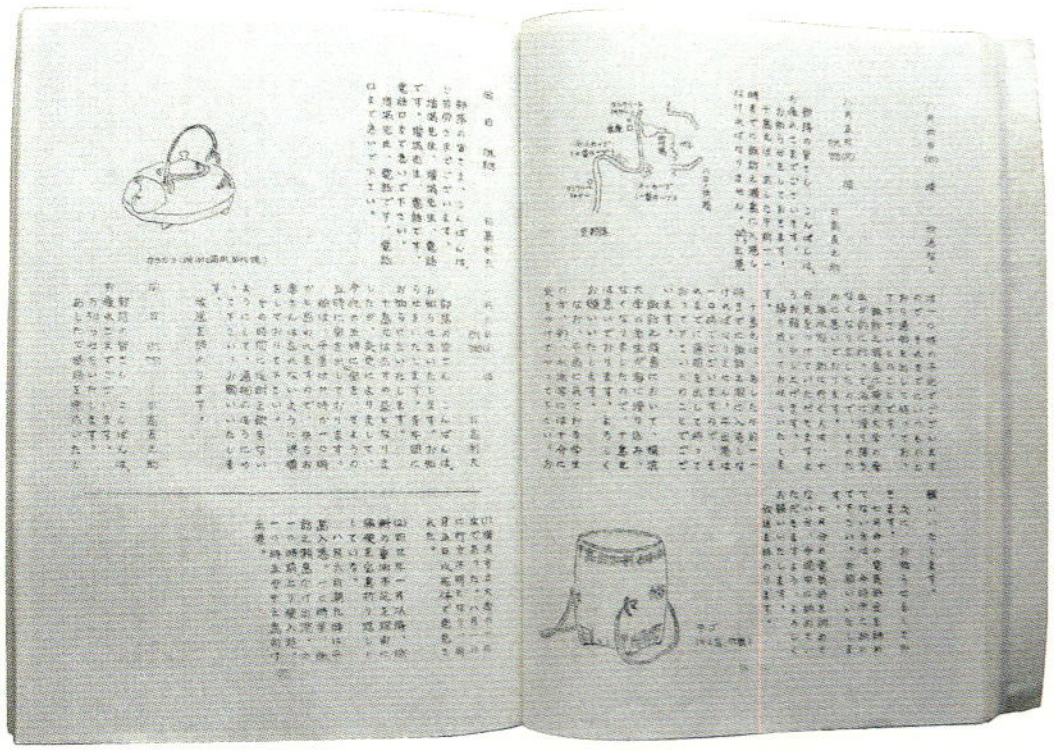

完成したガリ版本『平島放送速記録（一）』

人吉《ひとよし》盆地

文・写真●伊藤幸司

注釈●宮本常一

上　人吉城址から見た人吉のまちなみ　下　上村城址からの盆地風景

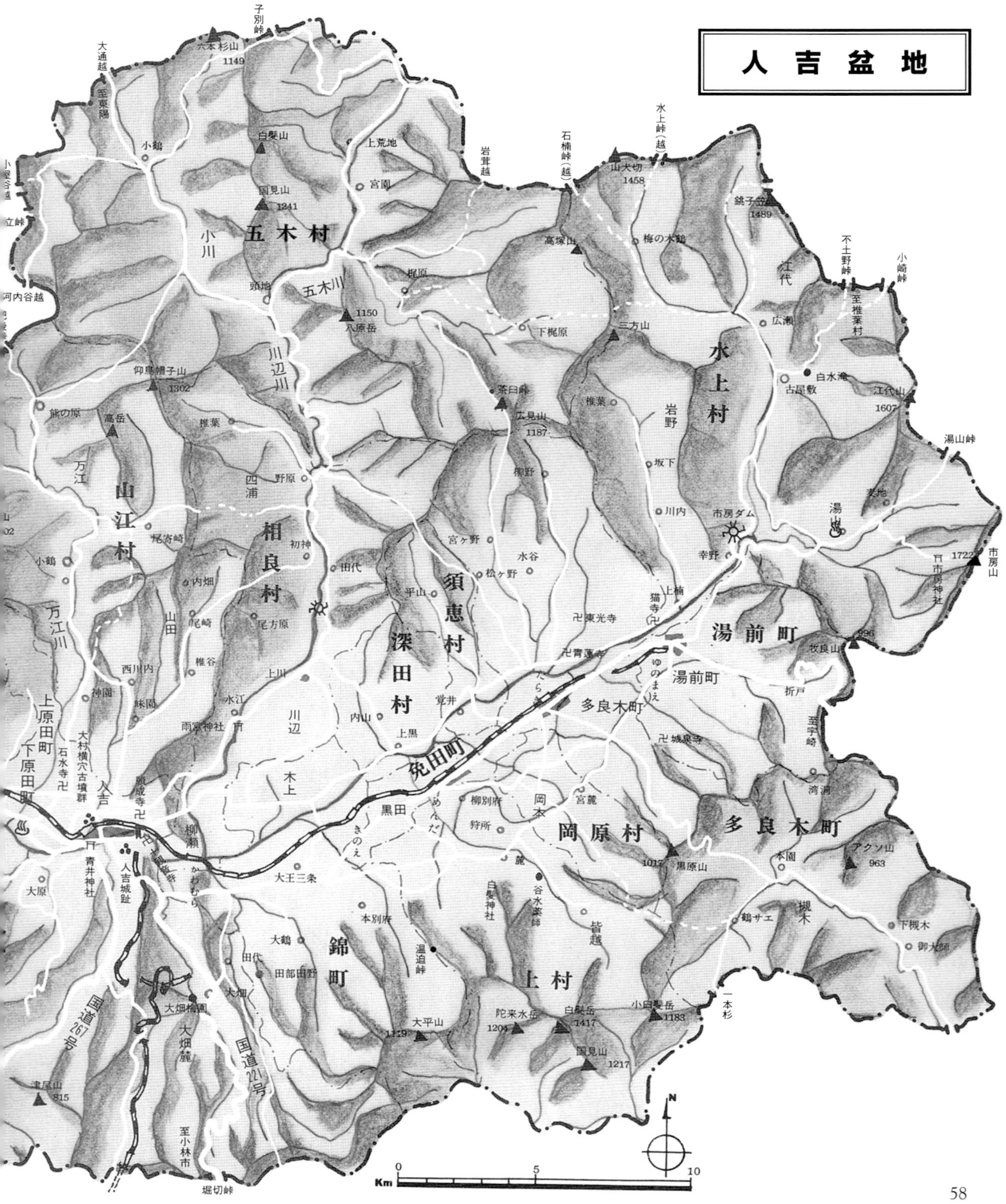
人吉盆地
五木村
水上村
山江村
相良村
須恵村
深田村
湯前町
多良木町
免田町
岡原村
錦町
上村
六本杉山 1149
子別峠
大通越
至東陽
小鶴
白髪山
上荒地
宮園
国見山 1241
岩茸越
石楠峠(越)
山犬切 1458
水上峠(越)
銚子笠 1489
梅の木鶴
高塚山
小川
五木川
頭地
梶原
1150 八原岳
下梶原
三方山
不土野峠
小崎峠
至椎葉村
江代
広瀬
白水滝
古屋敷
江代山 1607
仰烏帽子山 1302
川辺川
茶臼峠
広見山 1187
椎葉
岩野
熊の原
高岳
万江
四浦
野原
柳野
坂下
湯山峠
麦地
川内
市房ダム
湯山
幸野
市房山 1722
市房神社
尾寄崎
初神
宮ヶ野
水谷
松ヶ野
小鶴
内畑
田代
平山
上楠
猫寺
東光寺
万江川
山田
尾崎
尾方原
青蓮寺
996
牧良山
椎谷
上川
西川内
ゆのまえ
湯前町
多良木町
たらぎ
神園
覚井
川辺
上原田町
水江
折戸
秣園
雨宮神社
内山
上黒
城泉寺
至宇崎
下原田町
石水寺
大村横穴古墳群
願成寺
人吉
木上
柳別府
岡本
宮麓
湾洞
黒田
めんだ
狩所
柳瀬
十島菅原神社
青井神社
人吉城趾
かわむら
きのえ
大王三条
麓
1017 黒原山
本園
アクソ山 963
大原
白髪神社
谷水薬師
鶴サエ
槻木
下槻木
御大師
本別府
皆越
大鶴
温迫峠
田代
田部田野
大畑
大畑梅園
国道267号
大畑麓
国道221号
上村
小白髪岳 1183
一本杉
陀来水岳 1204
白髪岳 1417
大平山 1129
国見山 1217
津尾山 815
至小林市
堀切峠
河内谷越
立峠
N
Km
0
5
10

今回の人吉ゆきは三度目の九州旅行になる、と私は思った。最初はまだ学生だった八年前。そして二度目は……熊本市内で友人に会い、川のたもとでアユ料理を食わせてもらった。ひきこんだ水路のヤナに、大きなアユがはねあがっていた。

　しかしあれはいつのことか。何のために行ったのか。どうしても思いだせない。最初の旅にしてもそうだ。私はもう、九州でのそれらの体験をきちんと整理することができない。このまま時が過ぎていけば、現実にあったことかどうかもあいまいになってくる。

　むかし、地図の中におもしろそうな場所をさがし、偵察と称して現地を歩き、仲間とチームを組んで探検を気どった時代がある。旅はかなり能動的なものであったし、現場での手ごたえも大きかった。しかしそれすらも、いま鮮明によみがえってくるのは断片ばかりだ。

　ところが外国旅行の場合はちがう。ひと月が一年に思えるほどの充実感がある。外国だからといって感激ばかりしているわけではなく、特異な体験の連続でもないのだが、それでいて体験の密度がちがい、体験のすみずみまで記憶に残るのはどうしてなのか。

　昨年（昭和五〇年）の夏、宮本常一先生と東アフリカをあるく機会を与えられた。先生は何十年にもわたって、日本中をあるいておられる。そして話をしていると、日本全国、あるいた町や村の路地のありさままで思い起すことができるのではないかと思いたくなる。

　旅のあいだじゅう、先生は車窓に目をこらしておられた。あきれるほど多種多様なものごとに目をとめ、それをペンカメラやメモ帳をフルに使って記録される。記憶のシマを作っていくのだという。そうやって、見たこと、気づいたことを話しあいながら旅をつづけていくと、先生の頭の中にあるさまざまな問題のひろがりのなかに、それらのひとつひとつが放りこまれ、グングンふくらんでいくのを感じた。

　この努力だ、と私は思った。そしてひそかに真似てみたが、とても耐えられるものではなかった。

　だが、私にしても外国旅行の場合なら、日記も資料も国内のものの一〇倍はある。自分にとって未知の土地

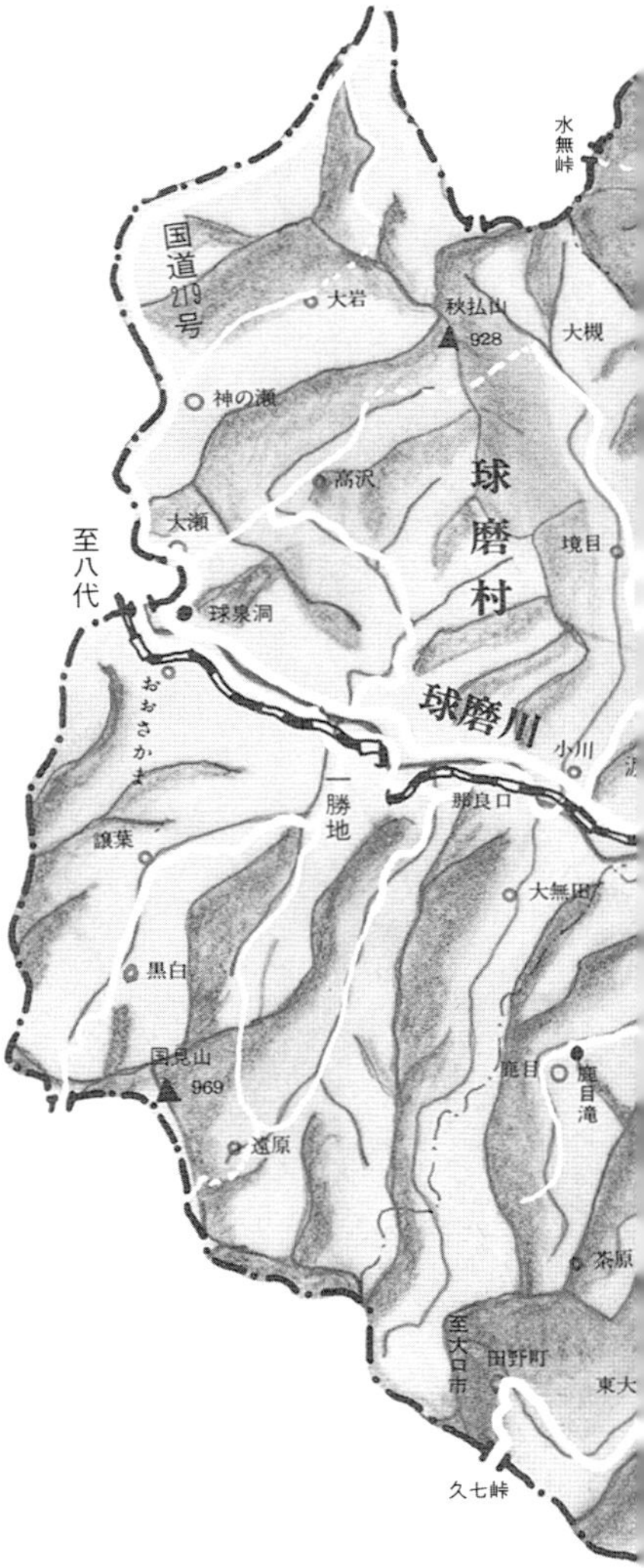

球磨川南岸に古くから開かれたといわれる免田町黒田

で、自分の旅を組みたてながら、何とか自分なりに未知の部分をとらえようとしつづける結果、目前を通りすぎていく事物や自分自身のことを、少しでも記録にとどめておこうとする努力がある。そういうときには切実な疑問もたくさん抱えこんでおり、そういう原体験と深くからみあった疑問はなかなかに消えにくい。

　ここ数年は、そんな充実感の味わえる外国旅行のチャンスだけをねらってきた。日本だって私にとっては未知であることにかわりないが、むしろことさらに無知を感じてしまうのだ。

　国内をあるくとっかかりがつかめないまま、いよいよ憶病になっていく私に「人吉《ひとよし》盆地」特集号の取材のチャンスが与えられた。期間は二週間。国内でははじめての本格的な取材旅行になる。

　初心にもどろう。そしてやみくもに歩きまわってみる他はない。はかない体験主義とキッパリと別れるために、外国に出るときと同じように、地図をひろげてみることから、この旅をはじめてみよう。

地図をながめる

おだやかな球磨川。錦町

　まず、人吉盆地というのはどこからどこまでのひろがりなのか。盆地地形を実感するために五万分一地形図を貼りあわせてみた。九枚で人吉市と球磨《くま》郡の全域が一望できる。地図の上では直径一メートルほどの、ほぼ円形の地域である。念のために二万五〇〇〇分一地形図も六枚つなげて、盆地平野部をながめられるようにしておいた。それらをひろげて勝手気ままな地図旅行を楽しもうというねらいでもあった。だがくやしいことに、私のいまの実力では実際の地形がありありと浮びあがってくるというわけにはいかない。とりあえず、五万分の一のスケールで、図式的にとらえてみた。

直径一メートルほどの円の中心を通って北端から南流してくるのが川辺《かわべ》川。東端の市房《いちふさ》ダムから南側に大きくたわんで西流し、西端から郡境の円周にそって北へ流れくだるのが球磨川《くまがわ》本流。川辺川が合流したすぐ下流に人吉のまちがある。

最高地点は市房ダムを足下に見おろす市房山（一七二二m）で、これを東端とする円周外縁には、標高六〇〇メートルから一五〇〇メートルほどの山々が連なり、そして少なくとも六つの国見山、国見岳がちらばっている。

川くだり愛好家としては、つい分水線を引いてしまう。

球磨川流域の分水界は、川辺川の源流が北どなりの五家荘《ごかのしょう》（八代郡泉村、ただし旧相良《さがら》藩領）にかかるほかは、この地方の行政境界とほぼ一致している。つまりこの地方に降った雨のほとんど全部が球磨川に注ぎ、外部から加えられる水もほとんどない。地形をかたちづくる主役を河川とすれば、この地方は地形的に完結したひろがりであるといえる。

現在の四色刷りの地形図では等高線が薄茶色になっているので、急峻な地形は茶色味がかかる。それがこの地方のほぼ全域におよび、白っぽいところ、つまり平地は川ぞいのわずかなひろがりにすぎない。地図を遠目にながめているうちに、その白っぽい部分がトンボの幼虫のヤゴの姿に見えてきた。ヤゴは下流を向いている。人吉の周辺が頭で、川辺川の合流点付近が胸になる。そのさらに上流が盆地の核心といえる大きな腹部で、球磨川がその背面の線をえがき、南側に大きくひろがって、いかにも腹らしい曲線を見せている。

そして尻にあたるのが湯前《ゆのまえ》。人吉から球磨川ぞいにのびる国鉄湯前線の終点である。人吉で標高一〇〇メートルだった川面は、当然のことながら、その高度をゆっくりと上げてきている。湯前で盆地平野部は終るといえる

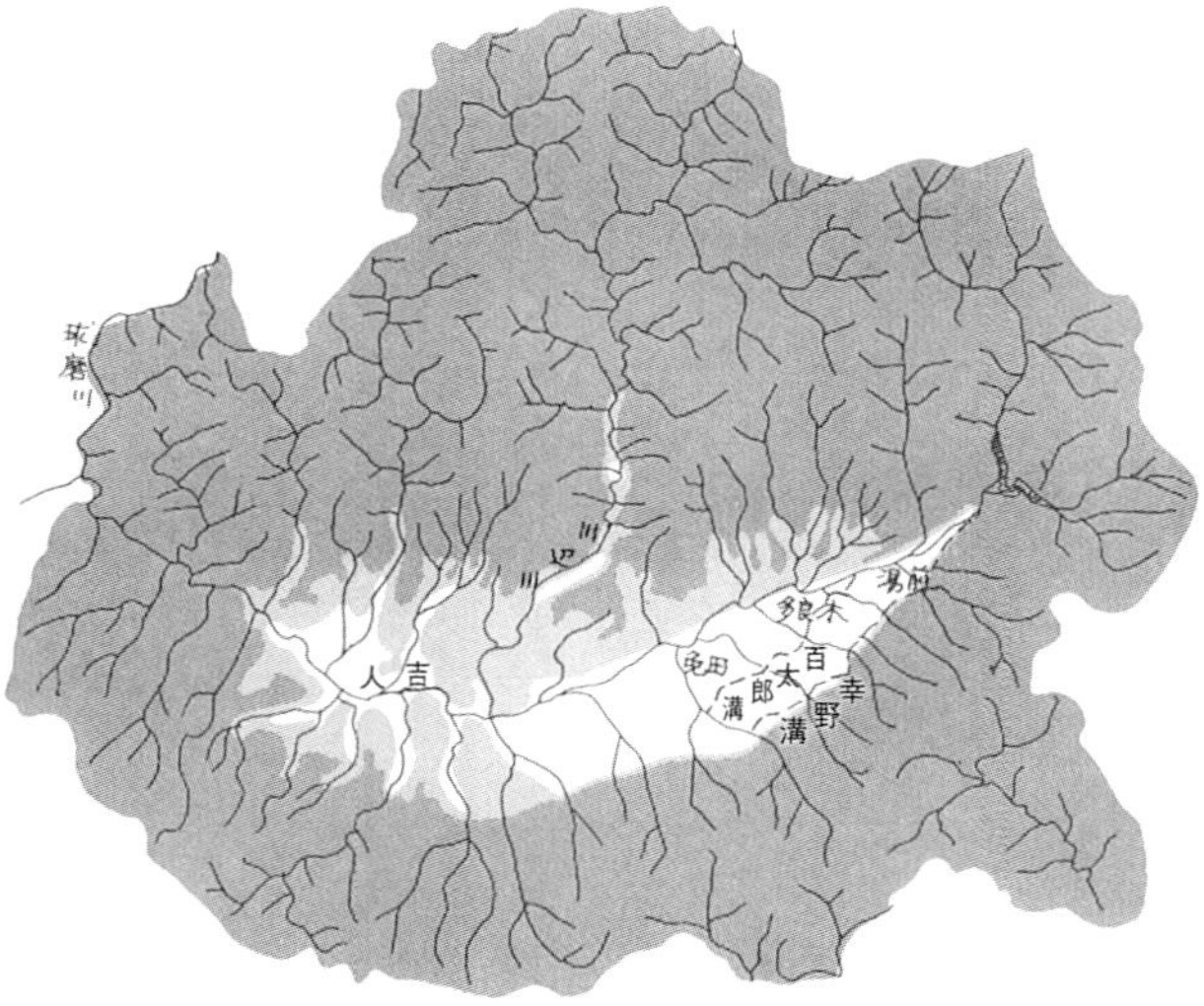

■人吉盆地水系図■
人吉盆地は球磨川本支流によってつくられた。平地の水田はかんがい水路で広げられた。そして標高150mほどの明瞭な沖積台地を含む200mあたりまでの丘陵地も山地とは若干趣を異にしている。

が、さらに上流に向かって白い小突起が見られる。その先端が標高二〇〇メートル。私はこの二〇〇メートル等高線を色エンピツでなぞってみた。

するとその線は下腹部のふくらみとほぼ一致していて、胸のあたりまでくだってもそのことはいえる。それに対して背中のほうでは細い沢すじにそって等高線ははげしく上下し、頭部にあたる人吉のあたりでは川からかなり離れてしまう。川面とは一〇〇メートルもの高度差があるので、はるか山の中にまで入りこんでしまうのだが、人吉からわずか五キロ下流でふたたび河岸に寄ってきて、そのあたりが盆地の末端になっている。二〇〇メートル線のこういう動きは、南岸の、首から頭にかけての部分でも実によく似ている。それは山地のふところが深いためでもあるのだが、よく見ると、支流の川すじにひらかれた水田地帯の上限にもなっている。

二〇〇メートル等高線と盆地地形とは、どうやら深い関係をもっているらしい。そこまでわかってくると、その等高線から平地までの斜面が、山地とはいくぶん趣のちがう低い丘陵地帯であることにも気づいてくる。

白っぽいヤゴの形に見える盆地平坦部は、人吉から湯前まで東西約三〇キロ、南北の幅最大五キロのひろがりになっている。

つぎに地名を読んでいった。別府《びゅう》、園《そん》の字のつくものがたくさんある。赤印をつけて共通性をさぐってみるが、いずれも平坦なところにあるというだけで、それ以上はわからない。山地では鶴《つる》、椎《しい》の字のつく地名が目につく。麓《ふもと》、原《ばる》なども多いが、地形的なものだろうか。上下《かみしも》、東西《ひがしにし》の方向性もチェックしてみる。すべての地名に意味づけを求めるのは危険だろうが、単純なところでは大正、昭和、平和など、明らかに新しい開拓地だろう。城《じょう》のつく名も多く、狩所《かりどころ》、馬場《ばば》などもその名にふさわしい時代

■私の気になった地名■
八重・畑・原は狩猟焼畑の時代に、別府・園は平安時代の庄園や新開地につながる可能性があるという。城・覚井・馬場・麓は山城の跡に導いてくれる。だが地名だけでの即断は危険でもある。

古い生活を伝える地名●南九州の山地の中世以前の姿を考えてみると、台湾の高地民社会などに共通するものがいくつかある。盆地には水田稲作を主とする村々がひらけていったが、山地ではそういう生活が長く残った。1244年の人吉庄のことを書いたものの中には狩倉《カクラ》（狩の領域）が27か所もあったとある。多分イノシシをとっていたものであろうが、狩と共に焼畑をおこなっていた。そういう生活に適する地は山の中腹の緩傾斜部であった。地図をひろげてみると、そういうところに三戸、五戸の家のあるところが点々とある。覚井という地名もカクラに関係があるかと思う。この地方では焼畑のことを畑《コバ》とよび、民家の屋敷まわりにひらいた永年耕作する畑は園《ソノ》といっている。このことばは平安時代に京都あたりでも使われていたが、南九州には今も広く残っている。（宮本常一）

盆地中央と思えるところで土手道にあがった。錦町から下流人吉方面を見る

があったにちがいない。

ともかく、地図を赤印で汚していく地名遊びは、地図を頭に入れるには効果的な方法といえる。最後に人吉市と球磨郡（四町九村）の行政境界を色づけした。

たそがれの球磨川

夕やみ濃い一勝地駅（球磨村）

三輌連結のディーゼルカーは午後四時二六分に八代《やつしろ》をでた。ちょうど学校のひけどきらしく、車内は高校生たちの話の輪ではなやいでいる。列車はすぐ山あいに入るが、球磨川はまだ河口のおもかげを残していて、ゆったりと広い。

段《だん》のつぎの坂本で高校生がどっとおり、かわりに中学生が乗ってきた。何そうもの川舟を岸に見たが、そのすぐ上流にダムがあって破木《はぎ》、鎌瀬《かませ》のあたりは白濁した緑の湖面が静かにひろがっているだけだ。

午後五時瀬戸石《せといし》。ようやく川幅がせばまり、山がせまってくる。沢が垂直にのびあがっていくように山が重なりあい、押しだしてくる。その山肌にポチポチとはりついているのは杉の若木だろうか。窓ガラス越しの風景に車内灯の輝きが割りこんでくるたそがれどき。それだけに、いっそう山が深く思える。こんな時刻になってしま

人吉城址と球磨川くだりの舟だまりが向かいあうあたりは、流れが淀んで堀のようだ

ったのは朝寝坊のおかげだが、夕やみをくぐりぬけて人吉に入るのも悪くない。大きな楽しみを明日まで残しておくことになる。

海路《かいじ》のあたりでも流れはまだない。対岸から車のヘッドライトが投げかけられる一瞬のほか光もない。吉尾《よしお》、白石《しろいし》をすぎてトンネルをぬけると大坂間《おおさかま》。列車はようやく球磨村（球磨郡）に入り、南から東へ進路をかえた。通学の生徒たちはすでに消えて、ほぼ満席だった車内はガランとしている。球磨川もいつのまにか岩に白波を立てている。空の反射だけが頼りの色のない景色だが、時速にして一〇キロぐらいの流れはある。落差もあってかなり速い。岩頭がかくれるくらいの水量になったら、ゴムボートでもかなりのスリルが味わえそうだ。

一勝地《いっしょうち》、那良口《ならぐち》と乗降のない停車をくりかえしたのち、渡《わたり》駅の手前で南岸から北岸に渡った。とたんに家の灯が車窓をよぎる。青白い空が急にひろがって、いよいよ盆地に達したのだと実感する。だが、西人吉をすぎても都会らしい光は見られない。市街地のはじまりかと思う家なみが何度となくあらわれては去っていった。

五時五六分終着人吉着。わずか二〇人ほどの列のうしろから改札をでた。タクシーが七～八台ならんでいるが、だれもそれには乗らないで街のほうに散っていく。

街灯の光の輪が道に点々とつづいている静かなまちだ。その光をたどって歩きながら、けっきょくは駅の近くの旅館街を通りぬけ、河岸にそった温泉旅館も素通りして、まちはずれに見つけた元は下宿屋だったという商人宿に落着いた。

まずバスに乗ってみて

翌日一一時に駅へ行ってみると、盆地内を往復する国鉄湯前線《ゆのまえせん》は午前五時から午後九時までのあいだに、たった九本しかでていない。九時一四分のあとは一二時一〇分になってしまう。列車をあきらめて駅前通りを人吉橋のほうにくだっていくと、九州産交バスのターミナルがある。

熊本、八代、水俣ゆきが外部の都市と結ぶもので、これらはきのう私が通ってきた球磨川ぞいの道をくだっていく。球磨村と人吉とをつなぐルートでもある。この路線以外に外部に出られるものは国鉄肥薩線《ひさつせん》（鹿児島へ）と国鉄バス（湯前から宮崎へ）しかない。

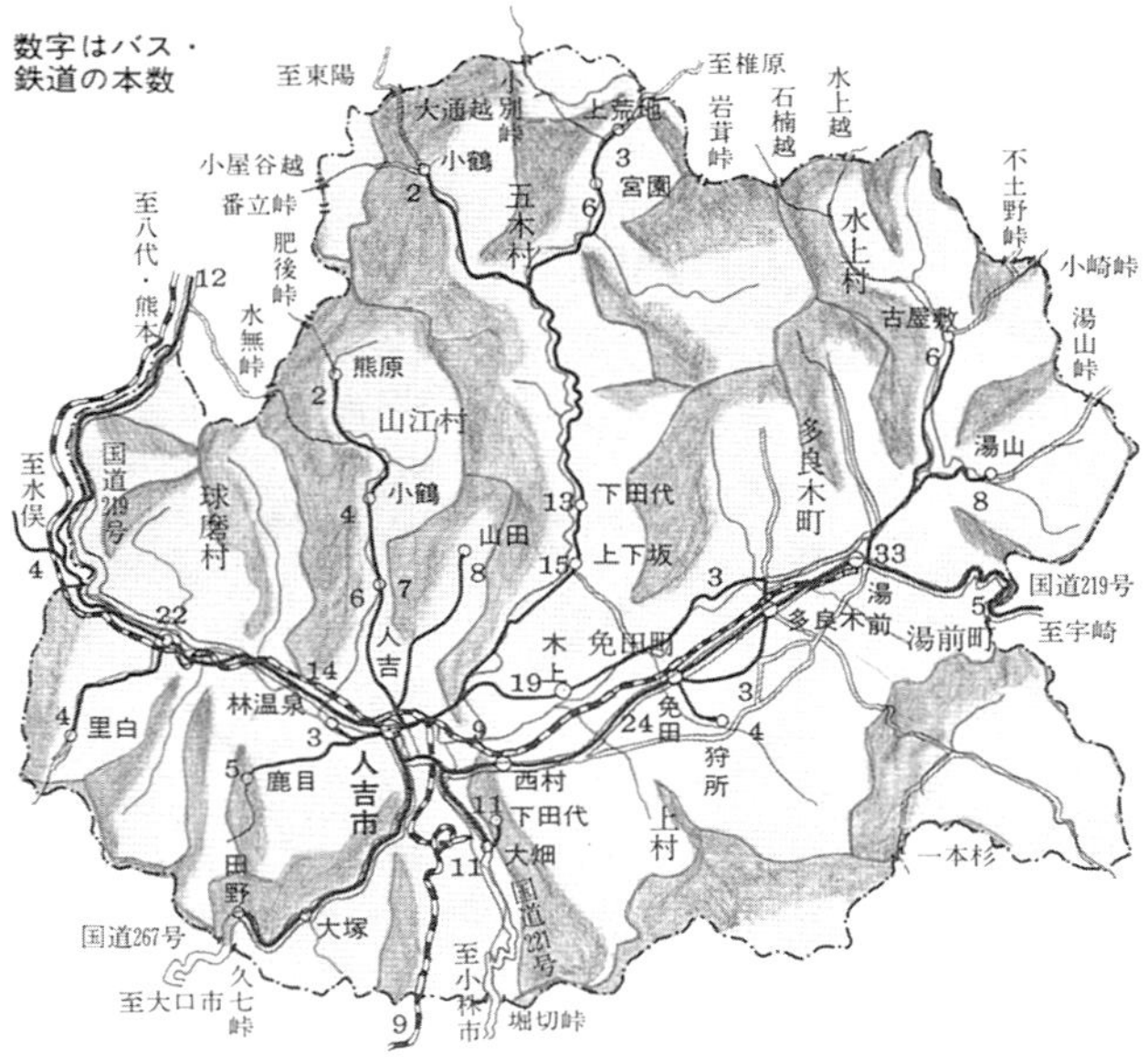

■人吉盆地のバスと鉄道■
交通網を地図におとすとこの地方が人吉を中心にしてひとつに結びついていることがよくわかる。バスの便数の多少によって人や物の移動の量の大まかな見当もつけられる。

バスの幹線路線は国鉄湯前線と同様に球磨川をさかのぼって盆地を横断するもので、行先や経由地はいろいろあるが、あわせて一日四三便もある。湯前まで行くものが三三便あるから、盆地内交通の主役はバスだといえる。球磨川にそった平地を走るだけで深田村、須恵《すえ》村、錦《にしき》町、免田《めんだ》町、上《うえ》村、岡原《おかばる》村、多良木《たらぎ》町、湯前町の四町四ヵ村の中心部、というより主要な地域をつなぎあわせ、湯前からさらに水上《みずかみ》村までのびている。

いっぽう球磨川北岸の支流にそっては、川辺川をたどるものが相良《さがら》村と五木《いつき》村を縦貫し、山田川と万江《まえ》川をさかのぼるものが人吉市北部と山江村をつないでいる。最後に南岸は、支流をさかのぼる何本かの路線が人吉市南部をカバーしている。

これらのバス路線を地図におとしてみると、この地方全体のひろがりのなかでは実に頼りない放射線に見える。しかし球磨郡四町九ヵ村は一応すべてバスによって人吉に結びつけられており、この地方の大半の人が日帰りで人吉のまちに出てこられるようにはなっている。集落のほとんどが川すじのかぎられた平地に集まっているからだ。

私は一一時三〇分発の西村経由湯前ゆきに乗ってみた。球磨川北岸に二キロほどのびている人吉のまちの中心部は想像以上ににぎやかな商店街になっていた。そこから大橋を渡って南岸にでる。大橋は三本ならぶ橋の中央のもので、中洲には消防署がある。川越しに見る南岸のたたずまいは背後の繁華街とは対照的で、中央に胸《むね》川が注ぎ、その上手は人吉城址の高い石垣と市役所や市民会館。下流側は沈んだ色調の家なみになっている。

　焼酎屋の時代がかった構えのあいだをぬけると武家屋敷の面影をわずかにとどめる住宅街で、それもまたたくまに走りぬけると新興地の趣になる。モダンな家が目につくけれど家かずは少なく、球磨郡庁舎や警察署も、ごく最近田んぼを埋めたてて建てられたように見える。

　胸川流域の水田地帯から丘陵に入ると、たちまち山の中にまぎれこんだように感じる。肥薩線と工事中の九州縦貫高速道をすぎると錦町となり、はじめて盆地らしい風景の中に走りこむ。最初の印象はすごく広いが、左右両側の窓から山の斜面がすぐそこに見えている。全山スギ山と思える単色の緑の壁にとりかこまれて、平地の水田は黒土に稲の切株が点々と並ぶだけの寒々としたものだ。

　二車線のバイパスと別れて細い旧道に入りこむと井手《いで》の口《くち》停留所のつぎが西村農協前。地図では井手《いで》ノ口《くち》、松里、内門《うちかど》とつづく集落群だが、ここがこのバスの経由地の西村であるらしい。

　西村農協前で幼稚園児がまとまっておりた。人吉のバスターミナルで五〇人ほどの園児たちを女の先生がさばいていたが、このバスにも二〇人ちかく送りこまれた。

国鉄湯前線。川村駅付近

車内でもはしゃぎまわっているチビッコたちを運転手がマイクで席につかせたりして、さながら専用の送迎バスのようだった。その子供たちがポッポッとおりていき、ここでようやく二人を残すだけになった。

　バスに三〇分も乗って毎日通う子供たちがいるとは驚きだ。たとえば、小学校の通学圏は、そこに住む人たちの生活空間をえがくときのひとつの基準になるのではないかと考えていたからだ。ともかく、小さな子を遠くに通わせる親の心配は都会ではたいへんなものだが、ここではオトナたちの目がリレーして子供たちを家まで送りとどけるのを感じる。平和というのは、そういう何気ない情景にあらわれてくるものだ。くっきりとした山々の稜線にとりかこまれたこの小盆地が、ひとつの世界に見えてきた。

　バスはさらに一武《いちぶ》と呼ばれる集落群をすぎて免田《めんだ》町に入る。人吉から湯前を経て宮崎県にぬける国道を行くことがわかってきた。その国道は、免田駅前からは国鉄湯前線と並んでのびる。そうとわかると、グングン高くなっていく運賃表示が気になってしかたない。免田からは鉄道にしよう。バスで二五〇円のところが国鉄なら一〇〇円。しかも私は周遊券をもっている。

　もっとも、湯前線の収支係数は三七七という。一〇〇円かせぐのに三七七円つぎこんでいるのだから、私営のバスが二五〇円で（たぶん）採算ベースにのせている人吉～免田を三七七円にしてトントンになるわけだ。国鉄のこういう赤字のツケがいずれは国民の側にまわされる性格のものだとすれば、バスが高いのか鉄道が高いのか

歩き疲れた足は自然に駅の方へ向いていた。錦町

わからない。

免田駅で列車を待っているとタクシーが三台やってきた。同じ会社のもので、客待ちの順番などはどうでもよいという雰囲気で駐車した。

人吉～湯前の約三〇キロに、国鉄はほぼ三キロおきに駅をならべている。バス停は数百メートルの間隔だ。これで東西のひろがりについては、まず問題はないだろう。しかし盆地の南へのひろがりは三～四キロあり、これはバスでも十分にフォローしているとは思えない。そこに登場するのがタクシーだ。国鉄は赤字幅を増やさぬために便数を減らし、バスはタクシーとの共存のためにガラ空きの大型車を走らせている。鉄道とバスとタクシーという日本全国どこでも共通のシステムが、ごくあたりまえの顔つきでここにもある。

私の体験では、大衆交通は土地がらを反映した個性をもっている。アメリカやカナダは車を持てば何の不便もないところだが、貧乏旅行者にはひどく不便なところだ。ニュージーランドもそうだった。ところがアジアやアフリカの国々は実に歩きやすい。小資本のバスが大小さまざまあり、タクシーも乗合いのものがある。どうにもならないところではトラックが客をひろう。あらゆる車を動員して人々を運んでいる。

その第一印象は貧しさの象徴であるかもしれない。しかしバスは大小を使いわけ、そのいずれにも荷物が積めるので、交通機関としての機能は高く、値段は安い。タクシーでは、東アフリカでスピードを誇る路線型や、交通地獄のテヘラン（イラン）の、方向が同じなら途中からでも相乗りできるものなど、地方色がかなり強い。満席になるまで発車しないものもあるが、経営の合理化という観点からすれば、悪口だけですますわけにはいかない。だから安いのだ。安くて便利なら利用者は増える。そういう大衆レベルの自由奔放な実験がいくらでも見られる。北ボルネオでは、鉄道にミニバスのような特急を走らせていた。

　そういう安価で柔軟な便利さの中をあるいてくると、ベラボーな金をつぎこんで高価なサービスを強要する日本の技術はおそまつに思えてならない。メンツにこだわって、私のような貧乏人を切捨てていくのが、たぶん先進国というのだろう。この小世界を感じさせる盆地でなら、真に庶民の足となる交通システムが生みだせるように思った。

　バスから鉄道にかわってまず気づいたのは、駅の裏に材木が積まれていることだ。人吉駅もそうだったが、免田、多良木、湯前と、地図で市街地区にあらわされている四つのまちのすべてが、材木や製材の搬出地になっている。

湯前での観察

人吉盆地の東端部、湯前町

湯前駅の裏にある貯木場

湯前商店街にある刃物店

湯前駅には一〇台ものタクシーが集まっていた。しかし、まちそのものは商店の数をかぞえられるくらいの規模にすぎない。駅前から国道にかけて食べもの屋や旅館があり、国道にそって、食料品や衣類、雑貨の店がある。五人ほどが忙しそうに働いているクリーニング屋が、このまちには場違いなほど大きく思えた。

　湯前を一望できそうな丘が北東にある。市房山神宮の里宮の森で、その急な石段をのぼってみた。駅前のまちなみを一歩はずれたところから、水田が山のきわまでひろがっている。学校も役場も家々も、すべて田んぼの中に散らばっていて農村らしいのびやかさを感じる。この丘は球磨川南岸に張りだした尾根の末端にあたり、下城《しもじょう》、古城《ふるじょう》という名のむらが足元にある。バカとカメラマンは高いところにのぼりたがるというセオリーにしたがってみたわけだが、さてその風景のなかから何がつかみとれるか。

　アフガニスタンの石仏で名高いバーミアン谷で、ゴルゴラのまちと呼ばれる

市房山の神宮参道の杉。水上村

子供のころ田舎で暮らしたことがある。山際の風景がなつかしい。湯前町

廃墟の丘から、迷路パズルのようにウネを切った畑を見おろしたことがある。引き入れた水がその迷路をたどることで、ようやく畑の全体をうるおすことができるのだろう。その珍しさだけで私は満足していた。

だがいま、「水田がひろがっている」と言える以外に何もない。宮本先生だったらこの風景からさまざまなことを読みとり、さまざまな推理を楽しまれるにちがいない。そういう観察のおもしろさを味わえるようになるには、どこからとりついていけばよいのか。

神社の裏手にまわってみた。台地の上なので畑作地になっている。桑の木が枝を落されてならんでいる。キャベツがある。ダイコンがある。ニンジン、ネギぐらいまでは私にもわかる。だがそれまでだ。

尾根すじの畑地から竹林の道をくだると、傾斜面が、家ごとに石垣を積んだ集落になっている。菜園ふうの一角で雑草を焼いている人がいた。いまの時期は戸外で仕事をしている人はきわめて少ない。「畑で見た丸い巨大なダイコン」の名を聞くと、飼料カブだという。「青々と茂っていた草」は何だろう。イタリアンライという牧草らしい。しかしそれに間違いないかというと、コトバだけで見たものをチェックするには、つまらぬところで気骨が折れる。牛一頭分の牧草地は一反（一〇アール）といわれても、その広さがイメージできない。

外国だったら、コトバの壁がまず最初にあるから、相手をひっぱっていっても現物の前で聞くことになる。ところが同じ日本人だと、コトバだけが先に通じてしまい、遠慮や恥かしさが先に立ってしまうのだ。

農家の生垣によく見かけて気になっていた木がそこにもあった。現物が目の前にあれば、それが茶の木だとすぐにわかる。このあたりの人たちは山に自生する茶を屋敷内に植えて、自家用分ぐらいは摘んでいるという。そういうことを聞くには、コトバが通じることが何よりもありがたい。

観察のおもしろさにのめりこむには、その第一歩が大切なように思える。野鳥の観察であれば知らない鳥を見たときに、大きさはムクドリくらいで尾は長く、色は……と、要所をコトバで説明できればしめたものだ。知識も興味もグングンひろがっていく。その一歩が、私はまだ踏みだせていないのだ。知識が先か、観察が先か。弱気になってそんなことまで考えはじめた。

雨のそぼふる五木村へ

川辺川の谷間の茶畑。五木村

その翌日は、起きてみると道路が濡れて光っていた。空がどんよりして、またいつ雨になるかもしれない。

バスターミナルに着くとすぐ、一〇時発の五木方面宮園《みやぞの》ゆきが入ってきた。このバスは川辺川をさかのぼる。相良村と五木村の集落のほとんどが川辺川の河谷に集まっているから、ふたつの村の中心部を縦貫することになる。雨になって歩くのがおっくうになっても、どんなところか見ておくだけの価値はある。

川辺川三キロ地点の柳瀬《やなせ》橋のところから西岸の道をゆき、相良村役場をすぎ、七キロ地点の永江《ながえ》橋を渡って東岸にでる。ここではじめて河岸に平地がひろがってくる。せまいけれど本格的な水田地帯で、家かずが多いためか、ひとまとまりのミニ盆地と感じられる。

バスはワイパーを動かしながら走っている。六藤《ろくつう》ではじめてあらわれる発電所は水俣のチッソ専用のもの。さらに進んで田代のあたりで、またちょっと農村らしい風景がひろがる。

相良村の最後の集落は藤田で、ここから五木村に入ると印象は一変する。もはや里ではなく、山である。峡谷の中腹をゆく道はバス一台がやっとで、見おろす流れは緑に澄んで上越の山道を思わせる。しかし切りたった谷の斜面にまでスギを植えてあるので、端正というかクールというか、とにかく山深い孤立感はあまりない。ときおりあらわれる集落は一〇軒以内のものが多く、山仕事を業とする人たちのむらだろう。それでも平地があれば一枚でも二枚でも水田をひらき、緩斜面には丸くきれいに刈りこんだ茶畑がある。

相良村から五木村への転換はこれほどはっきり意識される。その村ざかい、川辺川一八キロ地点の標高二〇〇メートル付近に、堤高一七五メートルの川辺川ダムがつくられるという。対岸上方に見えるコンクリートの土止めが、いずれは湖面をながめながら走ることになる二車線の道路である。

バスが五木村に入ると、小さな世界がさらに小さくなりながらつぎつぎに現れた

一時間一〇分で頭地《とうち》に入った。平地はほとんどないが、川辺川が五木川と小川にわかれるので、三方がひらけてパッと明るくなる。ここが五木の中心。せまい道をはさみこむ家なみが一キロほどつづき、それがおわるとまたもとの眺めにもどった。

終点宮園でバスをおりたのは私と運転手の二人だけ。だいたいこのバスは始発からガラ空きだった。日曜のせいかもしれない。ここは頭地から七キロ、さらに七キロさかのぼると郡境を越えて五家荘の椎原ダム。かなり奥まで入りこんだことになるが、五木川は谷をひろげていて、そのふところは深い。周囲をぐるりと見まわしても、全山のスギと、竹林と川と人影のない家々だけで、どうにもとっつきが悪い。しかも雨はやむようなやまぬようなあいまいさだ。運転手のあとを追って一軒屋ふうの食堂に入ってしまった。運転手は黙々と昼メシを食べ、おばさんはカラーテレビの昼のバカ騒ぎをながめている。

地図でこの旅を想像していたときには、このあたりの山里をたどって、ダイナミックに歩くはずであった。この地方全体を外側から攻めてみようなどという発想は、地図の上でなら苦もなくでてくる。人吉盆地をとりかこむ峠の名を地図でさがすとかなりある。肥後峠、河内谷越、番立《ばんたて》峠、小屋谷越、大通越《おおとりこえ》、子別《こわかれ》峠、岩茸越《いわなばごし》、石楠越《しゃくなんごし》、水上越、不土野峠、小崎峠、一里山峠、一本杉、温迫《ぬくみざこ》峠、堀切峠、久七《きゅうしち》峠……。多くは忘れられて草におおわれているだろう。

たまたま手元にあった切り抜き記事も、ドラマチックな旅へ私をひきこんでいった。それは五家荘久連子《くれこ》のおんなの半生記—「秋祭に次いで正月が迫っていた。雪が降りはじめたら、部落外には一歩も出られなくなる。産後十七日目の朝早く、トシはヒエやゴマなどの重さ三十四キロの荷を背負い、赤ん坊を前に抱いて家を出た。郡境にそびえる石楠越（一三九一メートル）を越えて、二八キロ離れた球磨郡湯前町の得意先から、今年のシシシロ（猟獣の代価）をもらってこなければならない。…チヨウチンを頼りに夜道を歩きとおして石楠越に着いたのは翌日の朝……」（「アサヒグラフ」一九七二・一・二一）

　歩くことでのみつながりあっていた世界が、ついこのあいだまで残っていたのだ。五木の頭地からなら人吉まで六時間という。

山をこえこえ　使いにきたが
　いもの一つも　くれはせぬ
森の雀も　別れをつげて
　里へ出ていく　わしゃ　ひとり
あすは山越え　どこまで行くか
　なくは裏山　蝉《せん》ばかり

山上の道●球磨へはいるためには球磨川のほとりをさかのぼる以外にはみな峠をこえなければならないが、そのほかにもうひとつ大事な道があった。尾根の道である。そういう道をたどって、やや傾斜のゆるやかなところへいってみると、もと人の住んでいた跡を見つけることが多い。この地方の山はその頂上の標高がほぼ相似ていて長い尾根になっている。そして尾根の上なら見通しのきく道を5キロも10キロもゆくことができる。そうして、その尾根から派生した小さい尾根の緩斜面に、三戸、五戸の集落が散在していたのであって、谷底から見上げて、どうしてあんな高い不便なところに人は住みついたのであろうかと思うけれど、尾根の上の道からすれば、なかなかよいところに家を作ったものだという感を深くする。広い道の多くが谷底を通るようになって山地の村は不便になっていったのである。（宮本常一）

　人吉の上村てる緒氏が採集した「挽歌・五木の子守唄」の七〇種のなかにも、娘たちの足音がペタペタと聞こえてくるようなものがある。

　しかしいま、ここから子別峠や岩茸越まで歩くだけでも大仕事に思えてくる。峠からここまでくだり二時間、ここから人吉まで八時間。久連子のトシさんのような、町におりるという感覚とはほど遠い。バスでのうのうとやってきたからだろう。

　にぎやかなテレビの音をよけながら、おばさんにダムのことを聞いてみた。五木ではダム建設に断固反対する人、バラックを建てて補償をねらうよそ者、意見はともかく工事で日銭をかせいでいる者などが入り乱れ、どうなっているのかさっぱりわからないという。ダムが本当にできるのかさえ、おばさんにはわからない。なにしろダムができると、村の中心の頭地までがすっぽりと湖底に沈む。五木村一〇〇〇戸の半分が消えて、ここがダム湖のおわった最初のむらになるというのだ。

　雨はミゾレとなり、私と運転手はまた二人だけでバスに乗りこんだ。

飛行場用水路

川辺川流域の農村。相良村

五木からの帰路、私は上松馬場《かみまつばば》でバスをおりた。そこは永江橋の上流にひろがった水田地帯で、川辺川の谷すじではやはりここが最大の農村といえる。かつては川辺村と呼ばれたところだ。といっても長さにして約三キロ、幅はバス道をはさんで二〇〇メートルあまりしかない。

集落はバス道ぎわと丘陵のへりと、川岸にそったものとにわかれており、各家ごとに母屋と作業棟と古風な倉がある。だからバスから見たときには、実際よりずっとにぎやかに感じられた。トラクターのわだちをたどって一軒一軒のぞいてみるが、そうなるとただの農村にしか見えてこない。縁側の下には脱いだはきものがあるのに、人の気配はほとんどない。田んぼももちろん干上がっている。「冬の農村はどうしようもない」とつぶやいてしまう。

それでも何か気づくことはないかと、丘の中腹までのぼってみた。風景のなかに発見はなかったが、草にかくれた水路をみつけた。コンクリートできちんとつくった幅一メートルほどのもので、斜面のスギ林の中にのびている。下の水田とのかかわりはないらしく、濡れそぼった草を踏みわけていかないと、その水路はたどれない。地図にある飛行場用水路だ。

私は平地の道におり、東岸丘陵を見上げながら歩く。けっきょく川辺川を五キロくだったことになる。境田という集落から舗装にかかわった道がのぼり勾配となり、のぼりつめたところで県道にぶつかった。柳瀬橋を渡ってこのあたりの台地をぬけ、球磨川北岸をさかのぼるバス道にもなっている。その出会いが吉野尾《よしのお》停留所で、三角地に水門がある。水路は県道の下をくぐって、松林にかこまれた開拓地にのびている。高原《たかんばる》と呼ばれる台地で、どうもそこに飛行場があったらしい。

高原開拓地の畑

停留所の前の菓子屋でカステラを食べながらおばあさんに話を聞く。八幡製鉄に勤めていたご主人が兵隊にとられ、抑留されてしまったので、戦後早々の開拓団に加わってここに来たという。当時この台地は全面の松林で、その中の海軍飛行場に飛行機が一～二機残っているのを見に行ったことがある。水路はもちろん飛行場へひかれていたが、はじめのうちは開拓の人たちもその水を飲料に使ったものだ、となつかしそうに話してくださる。

水路をたどると、そこから水をひく区画の大きな水田がひろがっている。戦後すぐに拓かれたといっても、水田化したのはここ数年というから、苦労話もさまざまあるにちがいない。茶畑や桑畑のまわりには、ススキの原も残っている。

飛行場の名残は台地のほぼ中央にあった。川原のジャリ場のような滑走路の跡だけが残っている。ここで一〇代もなかばの少年たちが、操縦や整備をたたきこまれていたのだ。その数は戦争末期のわずかな期間に一〇〇〇人を越したという。この地方に三〇軒以上の焼酎メーカーがあるのも、戦争中に飛行機に飲ませるために、アルコールをせっせと作らされたからだという。滑走路わきの茶畑では、バイクに乗ってやってきたオヤジさんがセン定バサミをふるっていた。

飛行場用水路は、その名のしめすとおり特殊ないきさつをもつものであったが、人吉盆地では溝《みぞ》と呼ばれるかんがい水路が目につく。宿にかえって地図をたんねんに見ていると、なかでも百太郎《ひゃくたろう》溝と幸野《こうの》溝がきわだって重要だとわかる。それをたどることは、師走のそっけない農村風景に直面して手も足もだせないでいる私には、盆地の核心に切りこんでゆく唯一の手がかりに思えた。

上村をあるく

上村狩所から山に分け入る道

人吉盆地ははっきり二つの地域にわかれている。上流側の錦町から湯前まで、球磨川にそった東西二〇キロほどがいかにも盆地らしいまとまった眺望をそなえている。見まわすと山々にかこまれた世界である。南側は平地からすぐ山になる明瞭さがあるが、北側と西側は山が遠い。低い丘陵が手前にあって、二段、ときには三段に盛りあがっていく。飛行場のあった高原台地もそういう丘陵地の一角で、南岸にも、ちょうどその台地に向かいあうように丘陵が張りだしている。人吉を中心とする平地は、その丘陵ではっきりと分けられている。球磨川本流というより、南北からの支流によってけずられたもうひとつの盆地である。

上流側にある盆地の、その中央部をしめているのが上《うえ》村。南の山裾まで四キロを、タテに歩いてみようと思った。

免田駅から、白髪《しらが》岳（一四一六m）の、名前にふさわしく雪のついたまろやかな山姿をあおぎながら行くと、今井、柳別府《やなぎびゅう》、石坂、狩所《かりどころ》と山のきわまで集落がつづく。柳別府のところで堂々と流れていて川と見まちがえるのが百太郎溝。さらに狩所まで進むと「上村焼窯跡」と書かれた柱があり、そのあたりから山になる。この盆地の平地から山への変化は実に明解で、それは水田からスギ山への転換である。そのちょうどさかいに、幅二メートル弱の水路がある。現在では水田地帯ならどこにでもあるような水路だが、これが川を渡り、丘をくぐってのびている。幸野溝だ。

狩所から幸野溝をたどって歩きだした私はつぎの麓で道草を食ってしまった。集落の中心に鳥居があり、その参道の奥に由緒ありげな神社があった。白髪神社と書いてある。その日は強い風が山を越えて吹きおろしていて、歩いているだけで手先がこごえてたまらない。風をさけて境内に腰をおろし、タバコに火をつけて地図をながめた。

盆地はぐるりと山にかこまれているわけだが、内側からながめてみると、東端の一番奥にピラミッドのようにそびえている市房山が容姿、スケールともにきわだって

火の見やぐらにこっそり登ってみた。免田町

いる。つぎに目をひくのが盆地中央の南側にある白髪岳で、これは列車やバスからでは山なみにまぎれている。そのくせ歩いていると目にまとわりついてくる。さして高くも思えず顕著な突起でもないが、とにかく盆地の中央にあるのでグイと迫ってくる。まろやかな山容であるために、かえって包みこんでくるような迫力がある。

市房神社と白髪神社は、どちらもこの盆地に住む人たちの信仰を古くから集めてきたものではないか。そう考えて神社の裏手にまわってみると、そこが山麓から平地にかわる台地の舌端になっていて、盆地が下にひろがっている。麓というこの集落は水田地帯とはっきりわけられているのだ。宗教的な中心としてこの集落が生まれたのか。そこまで気持がひっかかってしまうと、沢にそって山に入った所にある谷水薬師というのも見ておきたい。地形図に名をのせている神社や寺はそう多くない。

山に向かう路地に踏みこんだとたん、むらの雰囲気ががらりとかわった。幅わずか三メートルほどの路地にすぎないが、両側の家はいずれも生垣や塀をめぐらしてい

白髪（しらが）神社。上村

山と信仰●高い山をまつるのは人が平地に住み、高い山を仰ぎみて、そこを神の降臨するところと考えて神聖視したことにあるだろうが、今一つこの地方の山岳信仰はかつてその山および山の周辺が大事な生活の場であったことを忘れてはならない。山地を生活の場にした人びとにとっては山の尾根は道であり、尾根より集まる峰は同時に辻であった。そこが一番人の多く通るところであり、また目標になるところでもあった。（宮本常一）

上村氏14代の墓

る。家のつくりはともかく、庭のあしらいがこれまで見た農家のものとはあきらかにちがう。何がどうちがうか言えるだけの知識はないが、いわゆるお屋敷まちのムードがかすかにただよっている。

道は四〇〇メートルほどで突然おわって、スギ木立のざわめきにすいこまれていくような踏みあと道になる。地図を見なおすと、やっぱり道を間違えている。引返すのもシャクだから左手の急なのぼりにとりついてみる。のぼりつめたところは台地になっていて、下草はなく、植わっているのは桜の木だ。しかも公衆便所があり、「史跡・上村城址」と書いた柱が立っている。

この城は上村氏一四代、三五〇年の居城で、一七代相良晴広はここで生まれたという。上村氏はその後一五五七年（弘治三年）に謀反《むほん》の罪で没落し、犬童《いんどう》氏がそれにかわった。そして江戸時代になると、相良藩の外城としての自然城（山城）の役割も失われていったという。一本の柱に書かれた案内を、これほどありがたく読んだことはない。

古い文化●球磨の山地には古代の狩猟焼畑社会も残存しているが、平地部は早く平安時代京都蓮華王院の庄園として京都文化の影響をうけた。高寺院、青蓮寺、城泉寺、平等寺、願成寺などその仏像は京都からもたらされたと見られるものが多く、京都との交流の深さがわかる。その文化を支えたのが相良氏を中心とした七百年にわたる政権で、その間に断絶がなかったから、その文化をうけとめ、守り、発展させていくような地元の文化も育っていった。城泉寺の九重塔には京都文化のおもかげが見られる。作ったのは京都あたりから下って来た石工だったろうが、その技術はやがてこの地方におちついたのではないかと思う。各地に散在する五輪塔などにその延長が見られる。さらに後には幸野溝や百太郎溝の開さくにも生かされることになったのではなかろうか。（宮本常一）

道は来たのと反対の側についていた。ていねいにつけた道で、ゆるやかだがあきれるほどうねっている。沢すじの林に入ると、谷水薬師がヌーッとあらわれてきた。山深い趣だが、道のりからすれば、むらから城を経て一〇分ほどにすぎない。仁王門を配した構えは日本七大薬師のひとつと書かれているだけのことはある。そしてその近くには上村氏の墓地もあった。苔むした五輪塔が、きちんと数えれば七〇基あるという。

上村城址との出会いは強烈だった。私が無知であったというだけのことだが、発見の味わいさえあった。あの城に住んでいた支配者にとっては、山を背にして平地を見おろすことがすなわちこの盆地のながめであり、世界であったにちがいない。それは田に働く領民の姿まではっきりととらえることのできる、生活と密着したながめでもあったはずだ。

人吉のまちなみ

上村をあるいた前日、つまり到着三日目には人吉市街を集中的にぶらついてみた。人吉は旅の拠点なので、何となく見たつもりになってしまうとまずいからだ。

まず、南岸上流側の人吉城址の石段をのぼる。対岸の

人吉市街の古いまちなみ

人吉のまちには旅行者むけの粉飾はない。好きな家並みを見つけだす楽しみがある

まちなみは一望のもとだし、こちら側の胸《むね》川流域もさえぎるものは何もない。当然、北岸の万江《まえ》川流域も見わたせてよいはずだが、人吉駅が背負うかたちになっている台地の断崖が、その展望をさえぎっている。城は球磨川の下流に向いていることになる。背後は丘陵になっていて、そこに切り通しをひらいて城山を独立したものにしているのだ。背後、つまり東方の展望はまったくない。

北岸のまちなみでは、岸辺に温泉旅館がならんでいて、こちら側に窓を大きく開いているのがまず目につく。人吉橋、大橋、水の手橋の三本のさらに上流地域が城と向かいあわせになっていて、川面には球磨川くだりの川舟が三〇そうほどもやってある。

私の目にまちなみと見えているのは北岸にそって約二キロ、奥行きは国鉄の線路まで五〇〇メートルほどの区域だ。線路を越えてさらに奥にも家なみはつづいていくが、それは明らかに近郊住宅街で、南岸一帯と同様に、これからの発展の余地を存分に残している。

これくらいの大きさの、足で歩いてつかみとれそうなまちが私は好きだ。見おろしながら、さらにいくつかの部分にわけてみる。人吉駅からはじまる下流側三分の一ほどは、まち割りがゆったりしている。三〜四階建てのビルでも大きなものが多い。それが市内に流れこむ山田川を渡って中央の繁華街になると、そこにも目をひくビルはあるが、さまざまな大きさの屋根がびっしりとつづいている。舟だまりから奥へ上流側のまちだてを見ると、学校や寺があるためでもあるが樹木が多く、そのあいだに時代がかった家が見られる。川岸に近い表通りはすで

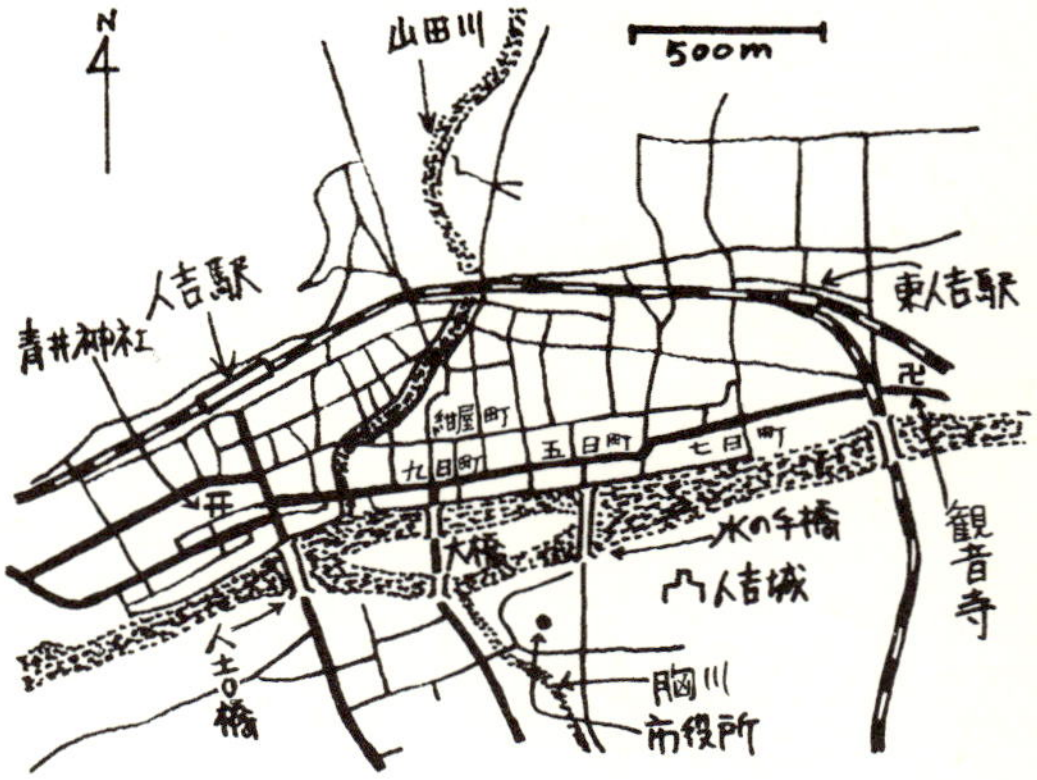

にすこしは歩いているし、バスの窓からながめている。しかし線路ぎわの奥の方はこれからだ。

　人吉のまちのひろがりは、下流側は青井神社から、上流は観音寺までと言ってもよい。青井神社からバスターミナルの前を通って川岸に一番近い県道を行くと、山田川を渡ったところから商店街がはじまる。大型店舗が多く、それも洋品、呉服、日用品、化粧品、本、事務用品、レコード……とウインドウを飾った専門店ばかりで、レストランや喫茶店は、あっても二階に押しあげられている。九日町商店街と呼ばれて、大橋のたもとの札《ふだ》の辻がその中心だ。

　道はそのまま五日町につづく。すると商店街は少なくなり、銀行やガソリンスタンドが目についてくる。思いかえしてみると、九日町には商店だけしかなかったようだ。水の手橋のたもとをすぎると住宅街の趣が強くなる。魚屋や酒屋は周囲の主婦を相手にするような構えである。

　県道が左へ二〇〇メートルほどくいちがいに折れ曲っていて、その先から七日町になる。それは一時代さかのぼったような家なみで、木造二階建ての家はかっては商家だったと思うが、石屋があったり駄菓子屋があったりする。正面に観音寺の山門、路地すじには土蔵や古い屋敷もあって、むしろ情緒たっぷりのたたずまいがうれしい。

　私は九日町から五日町、七日町への商店の変化に興味をひかれ、つぎは一本裏の通りをたどってみた。話をわかりやすくするために駅前通りにもどってみる。

　バスターミナルから一区画駅寄りに新しいミニデパートがある。その前を通って二条橋で山田川をわたると、やはりそこから商店街がはじまる。紺屋町《こうやまち》商店街で、カメラ屋、酒屋、呉服屋など、入口は九日町と似たムードだ。しかしこの通りには食べもの屋やスナック、喫茶店

昔の人吉●『新球磨風土記』によると「天保の頃（1830〜43）までの農民生活はわびしいもので、小皿というものがなく、行灯や提灯もなく、みな松明をとぼしていた。天保6（1835）年に五日町へ千歳屋金助というものが初めて反物店をだした。その頃、家は戸ばかりで障子がなく、みな板壁であった。膳椀はみな木地屋椀で、茶碗は城本焼の土焼茶碗であった。どの品も地元でできた物ばかりを用いた」とある。当時の人吉の人口は2749人で町筋は九筋、町に住む武士は少なく、多くは村々に住んでいた。そして中世以来の村の姿がそこに見られた。したがってもとは城下町としての繁栄は見られず、町人は周囲の農村を相手にして生活をたて、その商売も市日を中心にしておこなわれた。五日町・七日町・九日町というのも市日によって名付けられたものであり、人吉の東方に十日市というところもある。（宮本常一）

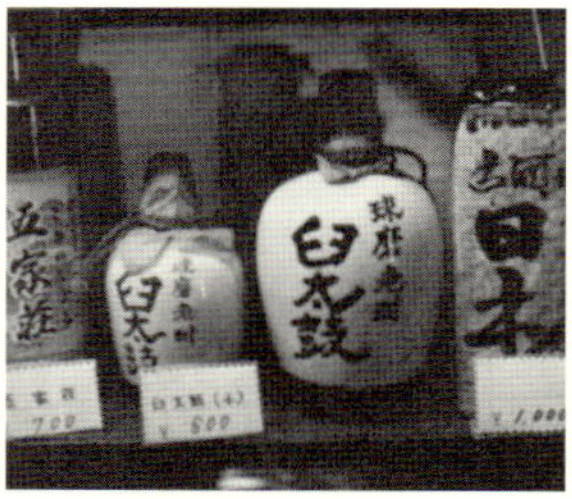
球磨焼酎の銘柄は実に多い

人吉らしい店といおうか

人吉の店構は表情が豊かだ。どこでどのように修業した仕立屋だろうか。七日町

がかなりある。間口の広いパチンコ屋があるかと思うと、魚屋、肉屋、八百屋など小さな店もある。雑貨屋や靴屋にしても、免田や湯前で見た店の構えと同じようで、ウインドー・ショッピングを楽しめる九日町とはかなりちがう。そしてこの通りも、五日町の裏あたりで尻すぼみになっていく。

紺屋町通りのさらに奥にも平行する道が二本ある。しかしむしろ、県道から奥へタテに入ってくる路地がまち割りの主役で、飲み屋や料理屋が軒をつらねている。

つまりこうだ。九日町商店街の五〇軒ほどの店がひとつのセンターをかたちづくり、そこから五日町、七日町へと落差が見られる。奥へ向っても商店の性格がかわり、飲食店街への変化が見られる。ふらふらと歩いてみれば、ありとあらゆる都会的なものが混在していて、路地裏好きの私などはとりとめなくさまよってしまう。しかしいま、北岸のこのまちなみを商店だけにしぼって見てみると、思いのほか小さく単純な構造になっている。

何かうまい方法で、このまちをとらえることはできないものか。手はじめに、夕暮れの、店の内と外とが同時に写しとれる時刻をねらって、商店の一軒一軒を写真にとってみようと思った。パキスタンのペシャワールという古いまちが気に入って、地図を描きながら歩いたときの衝動がよみがえってきた。

ひとつのひろがりが自分の手でつかみとれるとすれば、それこそ旅の醍醐味だ。だがやはり、その種の作業はとりかかってみると際限なく拡大していく、カメラのシャッターを切りながら、さてこれをどう処理したらいいだろうと考えると、次第に心は重くなってくるのである。おまけに警察官に見とがめられて、後進国でスパイあつかいされたような、湿っぽい気分になってしまった。

数字を読んでみる

むらの道で。湯前町

四日間で一応の土地カンをつかんだ私は、かんがい水路や城あとをたどって歩きまわるのと平行して、資料をさがしたり話を聞きまわったりしはじめた。

まず、素手の旅行者が堂々と入っていけそうに思えるのは役所である。市役所では観光課、郡庁舎では町村会が私にふさわしい窓口に思えた。Gパン族の突然の訪問であったが、実に気持よく迎えてくださった。もっとも結果的には、市や郡の概要を要領よくまとめたものはなく、数字をならべた各種統計の断片が集まったにすぎない。おかげで、それからは毎晩、数字の羅列に悩まされることになってしまった。

最初に、この地方の経済的な位置を、人口ひとりあたりの個人所得で見てみる。昭和四七年度の全国平均は六七万円で、熊本県平均はその四分の三の五〇万円となっている。人吉市は県平均を上まわって五六万円だが、球磨郡は県の八割、国の六割の四十万円にすぎない。なかでも深田村、須恵村はわずか三二万円ほどで全国平均の半分を割っている。

季節が悪くて寒々とした風景ばかりながめてきたとはいえ、こういう数字になっているとは考えてもみなかった。東京のゼロメートル地帯にある私の家の周囲より、はるかにおだやかでのびのびした生活をかいま見てきたというのに……。

四七年度のこの所得統計表は、行政指導の教科書にもなっている。それだけに、統計に対する疑問が大きく湧きあがってくる。所得統計のこういう読ませかたには、GNPと同じ落し穴が隠されているのではないか。GNP一辺倒への疑惑も石油ショックの予感も、海外をあるきまわっている旅人のあいだでは早くから語られていたものだ。だから私は肌で感じた現実を尊重するし、統計の数字と現実のあいだのギャップのほうに興味がある。それはたぶん、寒暖計の目盛りと、体で感じる暑さ寒さの差のようなものだ。不快指数というのもあるが、それでも体感温度をうまくあらわしているとは言い難い。た

どこでも大根を干していた

キャベツのとりいれ。錦町

農家の周囲にはみだしている生活の匂いを私は嗅ぎまわっていた

とえば北極圏でより熱帯で寒さに耐えられない思いをする。そのギャップにその土地土地の人びとの生活の仕方の個性や問題があらわれてくる。

「生活しやすいところではないか」――これが、この地方をあるいての第一印象であった。ささやかな実例をあげれば、人吉のレストランの五〇〇円から一〇〇〇円のメニューが驚くほど格安になっている。価格ではなく実質の評価である。土地の人たちの食べるものが四〇〇円あたりを基準にした限られた値幅のなかにひととおりそろっている。

大衆食堂だからごはんがまずいということはないし、料理屋だからといって高くなることもない。これまで歩いたかぎりでは、すばらしい御殿も、その反対の掘立小屋も見ていない。自家用車にしても服装にしてもそのことはいえる。食いつめ者や、サツびらで他人を張りたおしていく金権主義者が多ければ、こうはいかない。

ただ、統計にあらわれる所得水準が低いと、地方財政は苦しくなるにちがいない。国や県の金が多量に食われることになり、自治体としては、けっきょく所得の数字を高めることを第一にしなければならなくなる。

人吉市は面積二〇〇平方キロで人口四万。市といっても農林業も多く、耕地が五〇平方キロもある。それに対する球磨郡は面積が六倍の一三〇〇平方キロ、人口は二倍の八万人。ただし大半が山地で人口のほとんどが盆地内の一〇〇平方キロほどの平地（耕地）に集まっているから、両者の人口配分は平地面積にほぼ比例しているといえる。もともと同じような基盤に立った地域だといえるだろう。

ところが昭和四七年度の純生産額（地域内生産における労働、資本、土地など生産要素提供のみかえりとしての純利益）をみると、人吉市が就業者二万人で二二〇億円、球磨郡が四万人で二九〇億円になっている。球磨郡の生産性はかなり低いということになる。その差が個人所得にもあらわれていたわけだ。

統計では、その原因を産業構造にもとめている。第一次～第三次産業における純生産額と就業人口（カッコ内）のそれぞれの地域における比率はつぎのようになっている。

人吉市＝①10％（26％）　②16％（17％）　③74％（57％）

球磨郡＝①37％（58％）　②23％（16％）　③40％（26％）

人吉市では五七％の人が第三次産業に従事して全体の七四％の生産をあげ、球磨郡ではほぼ同じ比率の五八％の人が、第一次産業で三七％を生産しているにすぎない。単純に、就業者一人あたりの純生産額をだしてみると、人吉市の第三次産業が一四〇万円、球磨郡の第一次産業が五〇万円と大幅にちがっている。

もし、私たちのもっとも素朴な幸福感をささそうものが自然の恵みにあふれた食卓にあり、木肌の香りただようマイホームであるなら、これはやりきれない数字ではないか。

統計は、この地方（実際には県全体）の第一次産業地帯からの脱皮の必要を説いている。企業の誘致で第二次産業従事者が増え、それが所得水準の上昇につながっていく。また第一次産業に資本を投入して、工業的、ないしは商業的な方向に近づける。これは大国ニッポンの農政の姿勢でもある。それらが成功すれば、統計上の所得水準は確かにあがっていくだろう。だが私は、ここのところで、きわめて単純で素朴な疑問にとりつかれた。

第一次産業は農（林）、林（狩猟）、水産となっている。これは、作物や木を育て、魚をとることだと子供のころに理解したレベルで不都合はない。人類の誕生以前からすでにあった自然採集に、人類だけが獲得した知的能力を注ぎこんで改良に改良を加えながら、連綿として現代につづいてきた基本的な生産活動であるからだ。

第二次産業は鉱物資源採取を含めた鉱業と、建設業、製造業になっている。「工業」と解釈するだけでは不十分で、素材（原材料）に付加価値（加工）を加える生産と考えなければならないだろう。

第三次産業とは何か。私にはバケモノに見えてならない。たとえば一年かけて米をつくった農民が一〇〇円の金を手にしたとする。その一〇〇円がぐるぐるまわって三百円にも四百円にもなってゆく。同じものがである。逆に一〇〇円分しか手に入れなかった農民が農機具を買う場合には三割ほどの流通マージン（第三次産業への配

私が見た最大の工場。錦町

農村には私の知らぬものがいろいろあった。蔵かと思ったこのタバコ乾燥場もその一つ

分）と、米よりは高水準の、第二次産業の取りぶんが含まれることになる。

統計表では卸小売業・金融・保険・不動産業・運輸・通信業・電気・ガス・水道業・サービス業・公務の六つにわかれている。

第三次産業を見ていくと、この地方ではその半分をサービス業がしめている。人吉市で純生産全体の三〇％、球磨郡で二〇％にもなっている。第一次産業は人吉で一〇％、球磨で三七％だから、巨大な数字といわざるをえない。金額にしてそれぞれ六〇億円ほどにもなる。

つぎに重要なのが卸小売業で、人吉市で三七億円、球磨郡で一六億円。このうち郡部の一〇億円は多良木町、免田町、湯前町でしめている。つまり、第三次産業の生産場所は、国鉄の人吉、免田、多良木、湯前各駅の駅前市街地に集中していると言ってよい。これら四つのまちは、私が実際に目で見たよりも、はるかに大きくて重要な存在であるらしい。

私の理解の仕方には、トンチンカンなところがあると言われるかもしれない。しかし第三次産業の生産性が高いのか、第一次産業の生産性が低いのか、とかくこれほどの大きな差が事実であるなら恐ろしい。たちまち一億総サービス業化が起り、サービス業同士がサービスしあうことになると、何に基づいて経済がなりたつのか。ネズミ講とどう違うか。

やはり第一次生産物こそが経済の基礎のように思えてならない。ではどうすればその可産性を高められるのだろう。省力のために機械は導入しないわけにはいかないのだろう。しかしそれが増産化につながるのだろうか。それを無理につなげるには「借金のムチ」しかない。資本主義経済の泥沼の部分がここに見えてくる。

私には、これまでの旅のなかでつかんできた強烈な印象がある。いま世界では、第一次産品の生産（所有）についての新しい価値観が生まれつつある。どれだけのオリジナル産品があるかということは、単純なドル計算ではあらわせなくなっている。

アラブの産油国がみずからの論理で石油の価値を主張したときに、世界は大きな混乱にまきこまれた。世界経済の秩序を乱したと口で言うのは簡単だが、では、世界経済の秩序というのは先進国が作りだしたしくみに開発途上国も期待されるとおりに組みこまれていくことか。それらの国々が独自の価値観をもったしくみをつくりはじめたときに、日本のような付価価値輸出で食っている国は何を売ればよいのか。スポーツカーも新幹線もいりません、とどの国もがいいはじめたらどうなるだろう。

豊かさというものが、ドルだけでなりたっているわけでないことにも多くの人たちが気づきはじめているように思う。たとえば私が読んでいる統計では都市の住人のように住宅や食事に所得の大半が消えていく人と、それらにほとんど金をかけずにすむ球磨の村人との区別はつかない。

世界は一つになるほうがいい。日本もひとつになるほうがよい。しかしそれは人吉盆地の統計表が求めているような方向でよいのだろうか。私は東アフリカを宮本先生とあるきながら、人間が生きるということの原型をつかみかけた気がした。そして人吉の盆地をあるきながら、しょっちゅう日本人の暮し方の原型のことを考えた。

江戸時代の相良藩は二万二〇〇〇石であったが、さらに二万石以上の隠し財産があったという。現在とくらべれば農民ひとりひとりの生活は貧しくても、この地方全体としてはけしてみじめなものではなかった。しかも、ここはここだけで安定した世界であった。それなら、封建的な支配体制から民主主義の世の中となり、しかも生産技術が飛躍的に発展した現在、なぜそのころよりあせらなければならないのだろうか。

日本はいま、第三次産業の天国だ。昭和三〇年をさかいにして日本はガラリとかわったという。一般には朝鮮戦争やベトナム戦争をジャンプ台にし、さらにあらゆる企業が多角経営と称して第三次産業に手をのばした。モノを動かすより、カネを動かすほうがぼろい儲けができる。金持がいよいよ大金持になっていく時代になった。カネを回転させるほど、日本は経済大国になっていく。そしてみんなが儲けたいと思う。

球磨の村々●自給的な経済の面や、共同体内の助けあいを無視した数字だけで見ていくと、その生活はいかにも低いように見える。しかし球磨盆地はそれなりに実によくまとまった盆地であり、上村のように、共有林の経営がみごとで、実に安定した村も見られる。エンブリー博士が須恵村を日本の平均的な農村として調査の対象にえらんだのも決して偶然ではなかった。いわば球磨盆地の村々は日本の平均的農村の典型であるといっていい。（宮本常一）

食べごろの干柿。湯前町

270年もの昔、流れはじめたばかりの百太郎溝はどんなものであったのか。免田町

世界の経済が新しい方向を模索している現在、もしそれが私の予感する方向に進むとしたら、最初に転げるのは私の祖国にほかならない。地元の人たちは閉鎖性というが、相良藩時代以来の独立性をまだ保っているこの地方は、新しい地についた生き方を、なんとか見つけだせる可能性を考えさせる。

歴史をさかのぼる

丘をくぐり川を渡る幸野溝

足で歩くことについては、かんがい水路がとりあえずの手がかりになっていた。上村の柳別府《やなぎびゅう》ではじめて見た百太郎溝《ひゃくたろうみぞ》を、今度はきちんとたどってみることにした。幅四メートルほどのその水路は下流の錦町になると川底までコンクリートがうたれていて、ごく最近、大改修されたのがひと目でわかる。しかし上流にたどると、農家の竹垣やススキの穂なみととけあって延々とつづいている。湯前の下流五キロで球磨川から取水し、多良木の市街をかすめて上村の中心部を通り、錦町の一武小学校の真中を横切って原田川という小川に落されるまで一八キロ。球磨川南岸の平地部の、ほぼ中央を走っている。標高は一七〇メートルから一五〇メートルまで。　現在一

四〇〇ヘクタールをうるおしているというこの水路は、おそらく一六〇〇年代のはじめには上流の一部がすでに通水していたといわれる。それ以後、村ごとに開発されていったようだ。たとえば上村では、水不足に悩まされていた農民たちが、一六九六年（元禄九年）から翌年にかけてこの水路を村内にひきいれ、柳別府を経て免田川まで通水させた。原田川までの全長が完成したのが一七〇五年（宝永二年）というから、上流部の通水がはじまってから一〇〇年以上もかかっている。

百太郎溝が球磨川南岸の平地の中央を通って掘られているのに対し、幸野溝《こうのみぞ》は湯前上流五キロの幸野から球磨川の水をひき、だいたい平地南縁の山裾にそって引かれている。取水口は市房ダムのすぐ下流で標高二〇〇メートル。市房神社のある島根をくぐって湯前町の平地にあらわれる。そのあたりでは幅が三メートル近くあって、田んぼのなかを流れる小川の風情を見せている。多良木町に入って山のきわにへばりつき、岡原村から上村に入るころには幅も二メートル以下にせばまってしまう。免田川を渡り、白髪神社の下をくぐったあと、井上では百太郎溝とわずか七〇〇メートルまで近づく。そのあたりは免田川の支流によってつくられた扇状地の緩斜面になっているからだ。錦町に入って水無川をくぐるとふたたび山すそをたどり、百太郎溝の落ち口から水田斜面を一キロほどのぼった見晴らしのよい高台で地下に消える。高柱川に注いでいるはずだが、その落ち口を見つけることはできなかった。地下に消えたところが標高一九〇メートル。二八キロもの距離をトンネル、橋、川底の暗渠……とさまざまな工夫をつかって落差わずか一〇メートル、二八〇〇分の一、という勾配でくだってくる。見事というほかない。

須恵村から見た南岸平地部

須恵村から盆地東端を見る

昭和五〇年が開通二七〇周年で、開さく者高橋政重の二五〇年忌でもあったという。二七〇年前というと一七〇五年（宝永二年）だが、着工は八年前の元禄一〇年にさかのぼる。それは上村の農民たちが百太郎溝を免田川まで延長させた年で、藩の農地開拓の命をうけた高橋政重は、翌年までに狩所の手前まで一七キロを完成させた。しかし水は最後までとどかず、元禄年間にさらに二度まで改修したものの、そのたびに洪水で破壊されてしまったという。宝永二年の完成は、自己の面目に賭けた政重が、独力で資金を集めたものであったといわれる。この水路はいま、一九〇〇ヘクタールの水田をうるおしている。（この項、森田誠一『熊本県の歴史』を参照）

水路をたどって歩いていると、区画のきちんとした水田がつづいている。私が見たのはほとんどが春を待つ田んぼだが、これが夏だったら、秋だったらと思うと、盆地全体が稲穂の色どりに染められている光景が目にうか

幸野溝を上流に歩く。取水口までたどりきれずに日が暮れた。湯前町

ぶ。だがその風景は古くからのものではないらしい。圃《ほ》場整備と呼ばれる農業構造改善事業によって、水田の並びぐあいはガラリとかわってしまったのだ。

戦前までさかのぼって、いまの老人たちがまだ昨日のことのように思いだす風景では、畑がぐっとふえてくる。いま水田になっているところで、軍隊の演習場や狩猟地だったのも珍しくない。ではさらにそのむかし、江戸時代以前のながめはどんなものであったのか。

私にはいくつもの具体的な疑問がでてきていたので、その高ぶった気持に支えられて、人吉市内に住んでおられるという郷土史家、種元勝弘先生のお宅におしかけていった。まず、この地方が発展してきた時代ごとのありさまを知りたいと思った。耕地や集落の拡大の過程が地図におとせたらすばらしい。

だが、それはすぐに回答が得られるような簡単な問題ではなかったらしい。疑問はそのまま残ってしまったが、先生のお話から、意外な駒が飛びだしてきた。この旅のはじめに、多良木、湯前方面ゆきのバスの経由地になっている西村《にしむら》と木上《きのえ》の名が地図になくて苦労させられたが、その迷を解くことになった。

この地方は現在、人吉市と球磨郡（四町九村）にわけられているが、以前には球磨郡一町二三村であった。さらに明治初期には、四一ヶ村であったという。

さらに時代をさかのぼる。相良氏七〇〇年の……とよくいわれるが、そのあいだには動乱の時代が何度もあり、村の数より領地喪失の危機をくぐりぬけなければならなかった。鎌倉時代の守護《しゅご》・地頭《じとう》で、自領を守りぬいて明治に至ったのは伊達《だて》、島津の大藩と対馬《つしま》の宗氏《そうし》、それに相良氏だけだという。

　相良氏が鎌倉御家人《ごけにん》としてこの地にくだり、古くからの豪族たちをその支配下にくみこんで……と言ってしまえばそれまでだが、内部事情も複雑だった。多良木を中心とする上《かみ》相良と人吉の下《しも》相良が両者たがいに家を構えて、南北朝時代には敵になったり味方になったり、とにかく二四〇年にわたって並立した。七〇〇年をひとくくりにしたくはないが、とりあえず江戸時代中期に四四か村あったという。

　相良氏以前では、一一九七年（建久八年）の資料がある。肥後国球磨郡の水田は当時二〇〇〇町で、蓮華《れんげ》王院領（京都三十三間堂の寺領）が人吉荘（庄）六〇〇〇町。鎌倉殿御領（幕府が没収した平家領）が須恵荘一五〇〇町と永富荘三五〇町。公田が多良木荘九〇〇町で、村は三七あったという。

　それ以前にさかのぼると、たとえば早期縄文土器が人吉市内から出土しているとか、九州南部にひろがる弥生中期の土器に免田式土器の名がつけられているほど多量に発掘されているとか、断片的なものになる。

　こうしてわかってきた各時代の村の名をくらべてみると、時代によって集落名が村名にかかわったり、その逆になったりはしているが、堂々生きつづけたものが多い。そのもっとも伝統ある村名のなかに西村、木上村と、やはり錦町でひっかかった一武《いちぶ》村が含まれている。これら三つは現在でもこの地方の重要な地名になっている。

　途中の時代を省略して、相良氏以前の三七村を現在とくらべてみる。湯前《ゆのまえ》、多良木《たらぎ》、免田《めんだ》、上《うえ》、須恵《すえ》、深田《ふかだ》の

■地図に残った古い村名■

各時代ごとの村の発展を知るには集落や耕地のひろがりをおさえたい。しかし村名だけをくらべてみても現在の村落が古くから開かれていたことがよくわかる。

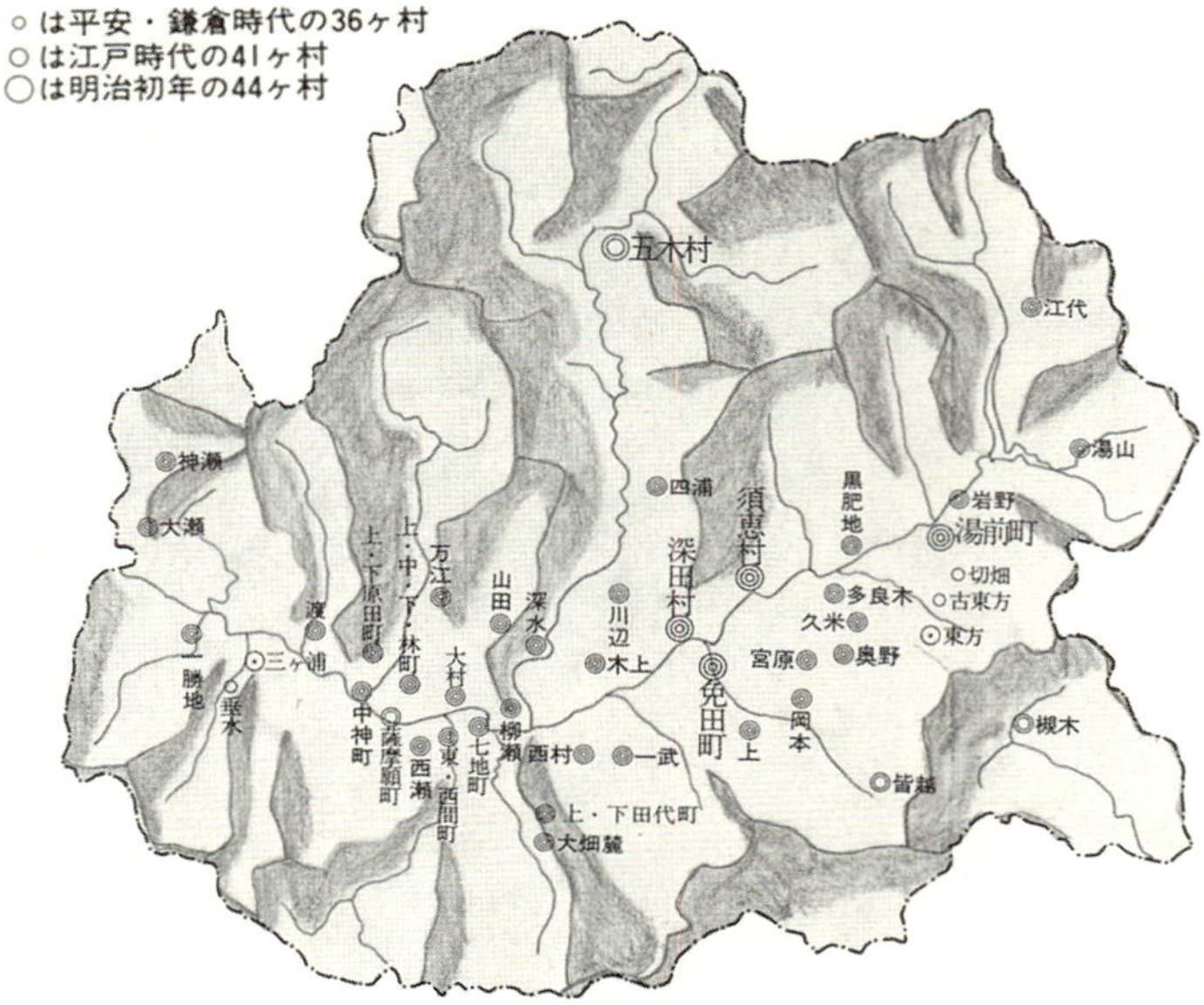

1230年創建の城泉寺阿弥陀堂

相良氏700年の墓所。人吉市

木々のざわめきの中をぬけると、谷水薬師がこつぜんと現れた。上村

六つが現在の町村名に　ひきつがれている。

そのなかで多良木と上は、多良木が大きめの明朝体で、上がそれと同じ大きさのゴシック体で五万分一地形図に記されている。地図用語で総称と呼ばれる地区名で、大字《おおあざ》であることが多い。集落（小字《こあざ》）に同じ名のものがあるときにかぎって、明朝体のまま活字を大きくしてある。

総称として地図におとされているものをさがしてみるとかなりある。岩野《いわの》、江代《えしろ》、湯山《ゆのやま》（以上水上《みずかみ》村）。黒肥地《くろひじ》、奥野《おくの》、久米《くめ》（多良木《たらぎ》町）。岡本《おかもと》、宮原《みやばる》（岡原《おかばる》村）。四浦《ようら》、川辺《かわべ》、深水《ふかみ》、柳瀬《やなせ》（相良《さがら》村）。山田《やまだ》、万江《まえ》（山江《やまえ》村）。渡《わたり》、三《さん》ヶ浦、一勝地《いっしょうち》、大瀬《おおせ》、神瀬《こうのせ》（球磨《くま》村）。球磨郡で一九ある。

人吉市では原田《はらだ》（上・下原田町）、中神《なかがみ》、大畑《おこば》（大畑麓）の三つがゴシックになっている。つまり七八〇年前の三七ヶ村の名前のうち、二八までが町村名、地区総称名として地図におとされている。人吉市ではさらに六つを追跡した。大村《おおむら》が人吉市にのみこまれて消滅し、西瀬《にしせ》が橋や学校の名に残るだけになったが、林《はやし》、間《あいだ》、七地《しちじ》、田代《たしろ》の四つは町名に残っている。

最後に残された三つが西村、木上、一武で、現在の錦町はこれら三村が合併して生まれたものだ。これは本来なら、ゴシック体で地図に記されていなければならない。

五木村は平家の落人の隠れ里であったといわれるだけに、さすがにこの時代には村名としては出てこない。しかしこの地方の平地はことごとく、村になっていたといえる。

種元先生には上村城址とその下で見た不思議な家なみについてもうかがってみた。

「そう、あそこは山城の雰囲気をいちばんよく残しているところですね。あの道は舗装工事をやっていたでしょう。拡張しようという意見もあったが、何とか舗装だけで我慢してもらえて、まちなみが保存されましてね」

先生によるとこの地方の山城は城《じょう》の字のつく地名でわかるほか、麓《ふもと》、覚井《かくい》、馬場《ばば》の地名をともなっているという。そして山城は四〇を越す。それらは大きく三つのグループにわけることができ、上村城を含めた南部のものは標高二〇〇メートルの断層線にそって山のへりにならんでいる。北岸では入りくんだ谷の奥に平安時代の遺品が多く発見されていて、城は谷の出口、丘陵の突端に構えられたという。そして最後のグループは球磨川南岸近くにまで張りだした扇状地形の舌端、たとえば免田町や錦町の台地に多くみつかっている城あとだという。

地図をひろげて先生の話をうかがっているうちに、それらの城が相良藩の外城から、それ以前にこの盆地に割拠した土着の豪族たちの時代へとつながり、さらに時代をさかのぼって、人々が山からおりて水田稲作をはじめ、そこにムラがかたちづくられていった弥生時代までもつづいていくように感じられた。

明治三九年生まれという種元先生がヒザを乗りだすように話してくださるのを聞いていると、自分の生まれ育った世界を自分の屋敷内のことのように熟知している、そういう生きかたがうらやましく思えてならない。広い地域をあるいていても、見つめるべき足元の大地をもっていない私のような根なし草の、率直なうらやましさだ。

人吉新聞を読む

イグサの田植。上村

人吉新聞という日刊の新聞があることを知ったときには、旅は終盤にかかっていた。私と同年輩の黒木記者がこころよく迎えてくれて、二時間ちかく話をうかがうことができた。そして新聞を見せていただいた。タブロイド版六頁の記事はほとんどがこの地方に関するものに限られている。あまり多くはない写真がもうひとつ鮮明さに欠けるといった外見上のつつましさはあるが、視点は高い。それも特定の思想をよりどころにしたものでなく、

風景の歴史●球磨盆地をかこむ山裾には古くから成立した村々がある。そして盆地には一面に水田がひらけ、人家がひろく点在している。それをよく見ると、南側の山地の裾が実にゆるやかに平地の中央までのびており、その緩傾斜面が低地に接するところに、人吉と日向地方を結ぶ道が通じ、道にそうて松里、免田・多良木・湯前などの町が宿場のような形でならび、その間も断続的に民家がつづいている。この街道から南は、もとはもう少し起状があり、その大半が原野であったと思われる。ところが幸野溝・百太郎溝という二つの用水路がひらかれて、水田の開発が進んだ。別府《びゅう》という地名は新田を意味する中世の言葉で、ここでは近世に入ってもこの言葉を用いたようで、水田開発と共に多くの人びとがここに住んだ。そうして平野全体に人家がちらばって明るくにぎやかな景観を作った。(宮本常一)

日々のできごとを紹介しながら保守と革新、農村と都市部を結びつけていこうとする姿勢に裏うちされている。だから、せまい地域内のことがらに記事をしぼっていても、私のようなよそ者に理解できる。親しみさえ感じられる。創刊以来一七年、現在の発行部数は六〇〇〇部で、人吉市と球磨郡の広い範囲に配達されているという。

一一月七日（昭五〇）の紙面には「ついに一二万人を割る―過疎化つづく五木、水上、球磨」の見出しがあった。国勢調査にともなう県人口の概算によると、人吉市と球磨郡全体では前回調査（昭四五）より六六〇〇人減って、盆地人口はついに一二万人を割った、という。ここで盆地人口というコトバにひっかかった。新聞を読んでいくと、これまで私がこの地方と書いてきたひろがりを郡市、人吉球磨、球磨人吉とさまざまに書きわけている。そのことを伊勢戸編集長にうかがってみると、人吉と球磨の名はそれぞれ重みをもっていて勝手にひとくくりにするわけにはいかないという。ときには人吉市と球磨郡の人たちの対立意識のようなものまであらわれているらしい。市と郡がそれぞれ別個に県とつながっている行政システムが、しだいにこの地方を二つに分割しはじめているのではないか。

年の瀬の畑仕事。湯前町

ともかく、そういう現実をも見つめたうえで、コミュニケーションによってこの地方をまとめていこうとする姿勢が、人吉新聞にはある。新聞の地味な記事によって浮かび上がってくる世界は、人びとの日々の努力が社会に反映する、いってみれば生きる手ごたえのある世界で、しかも四季の自然と生活が密着している。二日ほどかかって昭和五〇年のファイルを読みとおすと、一年サイクルのなかにこの地方のかかえるさまざまな問題が顔をだしていた。寒々とした師走《しわす》の風景に敗退していた私はここではじめて、この地方の確かな息づかいを感じとることができた。

昭和五〇年は「三三人の大量解雇」という暗いニュースで幕をあけた。この地方には三〇ほどの誘致工場があるが、前年のN繊維（五二人）、Yニット（二八人）の閉鎖があり、新たに二五年間黒字決算をつづけてきたY林業が操業を中止した。それでも六月になると電子機器N社の工場（一〇〇人）の誘致が本決まりとなる。これによって免田町はYニット（休業中）、K歯車（建設見送り）につづく第三の工場を得たことになる。

一月中旬に山江村の自然休養村計画が発表された。クリ園、タケノコ園を観光化し、道路周辺にイチゴ、トマト、サツマイモの観光農園を新設する。シイタケ、茶、ゼンマイ、ワラビの加工を増やし、ウメ、スモモ、マタタビの果実酒を製造する。ワサビ田も拡大して観光施設にくりこんでいく。村営養魚場につり堀を併設するとともに、万江川にヤマメ漁場を指定し、さらにカヌーコースも設置する。これらの観光化にともなって、民宿二〇軒とキャンプ場が登場し、温泉試掘も試みる。四ヵ年、五億円の計画である。

人吉城の急な階段

これには先発の成功例がある。自然休養村であり青少年旅行村でもある水上村では、夏、七〜八月に三五〇〇人が宿泊した。熊本から一五〇〇人、八代から六〇〇人、福岡から二〇〇人となっていて、高校生一〇〇〇人、小中学生一二〇〇人。湯山温泉と市房山を目玉商品とするだけの、健全な自然環境が好まれているのである。

農業の基本が米作であることは、昭和四八年度の農業粗収入一三〇億円のうち五〇億円を米がしめていることでわかる。以下畜産三〇億円、工芸作物一八億円、タバコ一五億円、野菜七億円、養蚕三億円、イグサ三億円、果実二億円とつづく。

米作に関する記事の中心は水田区画を大きくする農業構造改善事業にかかわるもので、昭和四二年以来の八年で一段落をむかえることもあって、反省の目が強く感じられる。

一月下旬には人吉市北部で初の反対統一集会がおこなわれた。対象一八〇戸のうち一四〇戸が訴えた反対理由七項目は、これまでに他の地区で引起こされた問題を集約したものといえそうだ。①耕土厚五〜一〇センチのところにブルを入れると農地を破壊する。②大型機械化による大農経営が目的で中小兼業農家の切り捨てにつながる。③同意書の承諾印は農家の自由意志によるものではない。④圃場《ほじょう》整備に名をかりた都市計画用地の確保も目的のひとつで農地はさらにせまくなる。⑤工費の値上りぶんは農家の負担増にはねかえる。⑥圃場整備には不適な土地事情である。⑦換地が希望どおりにできるとは思えない。

免田町を中心とする中球磨地方では一八〇〇ヘクタールの圃場整備で第一次改善事業をおえたが、そのうち八〇〇ヘクタールが湿田化して、裏作ができなくなっただけでなく、トラクターやコンバインが使えないところもでてきた。そのため、これらを二ヵ年で修繕することが九月になって決定された。工費は七二・五%を国、残りは受益者負担となる。

また一方では「機械田植・収量効率ともに減」という九州農政局の発表もあった。機械植えの収量が一〇アールあたり三四〇キロであるのに対して手植え三九〇キロ、直まき五一〇キロで、収量一〇キロあたりの生産原価も、機械植え一八〇〇円に対して手植え二〇〇〇円、直まき九〇〇円になっている。

水田稲作の機械化をめざしたのが第一次農業構造改善事業であったとすれば、第二次事業は複合的な効果をねらった高能率の生産団地化であるらしい。二月には、人吉市南部を対象にした、養蚕と畜産の複合をめざした三ヶ年、六億円の工事計画が発表された。桑園三ヘクタールの五戸を養蚕専業とし、肉豚五〇〇頭の六戸を養豚専業とする。中核になるのは桑園二ヘクタール、肉豚二五〇頭の養蚕養豚複合三〇戸で、桑園一ヘクタール、肉牛五〇頭の養蚕肉牛複合も四戸加えられている。乳牛一〇〇頭規模の酪農専業も五戸あるが、各戸三〇ヘクタールの牧草地が必要になる。この種の計画の最初のものは上村の養豚団地で、これは五〇年中に完成する。五戸で繁殖豚二五〇頭をもち、年間三〇〇〇頭の生産が予定されている。

米作の記事が設備投資的なものに限られているのに対して、水田裏作に関するものは活気がある。なかでも「黄金の葉」と呼ばれるタバコは八四〇戸、六四〇ヘクタールで、四九年の二〇億円からいっきょに三〇億円を目標にした。四九年に一〇アールあたり五〇万円以上がはじめて出現し、五〇〇万円以上三二人、六〇〇万円以上一三人も史上空前のものであった。

イグサも水田裏作であるが、こちらのほうは四九年の一九〇ヘクタールから一六〇ヘクタールに減少してしまった。価格が不安定なためもあるが、何よりも手間のかかることが最大の難点で、そのため七月の刈りとりを中心に省力化の実験がすすめられた。植えつけから刈りとって乾燥するまでの労働時間が平均三六〇時間であるのを、昨年は二九〇時間に短縮し、今年は一七〇時間にしようという普及所の実験である。

プリンスメロンが六〇アールで栽培されて一〇アールあたり六〇万円に達したため、五一年度には三七戸、五ヘクタールに急増することになった。またイチゴも水田裏作で完全露地栽培の加工用の契約栽培が順調で、二年目の今年は二六戸、二ヘクタールで一二トン。最高は一〇アールあたり三五万円をあげた。水田裏作では、農業

人吉城の対岸で見かけた地蔵さん

の企業的なセンスが要求される換金作物が中心になるだけに話題が豊富だ。そのかわり、国が六〇キロあたり約二〇〇〇円の補助をだして奨励した麦の作付けは目標を五〇〇ヘクタールも下まわる一二〇〇ヘクタールで、前年とかわらなかった。

山にかこまれたこの地方では山菜にも期待がもたれ、まずワサビが生産組合を結成して県の特殊農産物開発事業の指定を得た。ワサビ生産者は上村、須恵村、山江村、五木村、球磨村、人吉市二〇戸。全部で一四〇アールで、一〇アールあたり二〇〇万円をあげている。

正直なところ、こういう記事のひとつひとつはよくわかって読んでいるわけではないが、新聞をめくっていくうちに、この地方の基準になる生産規模がつかめるような気がしてくる。

子牛や子豚のセリ値も、年間のうごきを見通したところではじめて輪郭がつかめてきた。子牛の初セリは一月下旬におこなわれて一三〇〇頭で三億円。最高一〇一万円から最低五万円までの値幅があるが、価格の比較には平均値をつかっている。子牛の値段は四七年九月を頂点に低落し、四九年一一月に一六万円まで落ちこんでいた。それが一月のセリで二四万円までもちなおしたわけである。五月は一九万円、七月は二一万円、九月と一一月はともに二三万円となった。買い手のなかには茨城、群馬、静岡、山口からの常連がいる。

子豚のセリは毎月二日、一二日、二二日におこなわれていて、新春のセリは一二〇〇頭で二三〇〇万円を売りあげた。二万六〇〇〇円から一万一〇〇〇円で平均二万円。価格は四月に入って二万九〇〇〇円に上昇し、そのまま好況を保って一二月の最後の市は三万三〇〇〇円の高値でおわった。

球磨の褐牛は県下一という

この子豚市とは別に、毎月一八日には登記子豚市がひらかれている。登記された母豚から生まれた優良種ばかりを扱い、二月には一五万円から二万円で平均四万四〇〇〇円と、値段がひとまわりちがっている。六月に五万二〇〇〇円、九月に六万一〇〇〇円と、これも好調であった。売買頭数は毎回二〇〇頭以下にすぎないが、これが豚の品質向上に貢献する度あいは大きいという。九州ではここだけのものということだ。

この地方の畜産は一・五ヘクタールの田畑をもち三〜四頭の牛を飼う平均的な農家（統計では一戸あたり一ヘクタールを割っている）により支えられている。

四九年度は飼料の高とうで畜産危機といわれたが、肉用牛の飼育農家は一五〇戸増えて五五〇〇戸となり、繁殖牛も一七〇〇頭増えて一万二〇〇〇頭となった。このため生産頭数も前年の一二五%にあたる七六〇〇頭となったが、売上げは三億円少ない一五億六〇〇〇万円であった。一方豚のほうは前年の安値で飼育農家が二七〇戸

師走の村々を歩いていると、陽だまりの暖かさが妙にうらやましかった。錦町

減の一四〇〇戸となり、繁殖豚も七〇〇頭減って四〇〇〇頭になった。しかし価格が持ちなおしたために、売上げは一億円以上増えて六億二〇〇〇万円であった。「九州随一」と誇る伝統の畜産も、なかなか思いどおりにはゆかないらしい。

四月には、二月一五日で終わった狩猟の結果が発表された。大きな変化は、減少しつづけてきたイノシシが前年より一五〇〇頭も多い二八〇〇頭になったことだ。獣類はそのほか野ウサギ三四〇〇、タヌキ七〇〇、オスイタチ一五〇、テン一三〇、オスジカ七〇、ムササビ四〇、アナグマ四〇、キツネ六となっている。鳥類ではスズメが三万羽も減って四〇〇〇羽にとどまったが、あとはほぼ例年なみでキジバト一万七〇〇〇、コジュケイ九〇〇〇、カモ類一一〇〇、キジ一〇〇〇、シギ類二〇〇、カラス二四〇、ウズラ三〇、ゴイサギ二〇、バン八となっている。

イノシシ猟については、県全体の三分の二にあたる三〇〇人がワナの許可をもち、多い人で五〇〇本、平均二〇〇本で、計六万本のワナが山に仕掛けられているという。そのためハンターから危険で身動きできないという苦情も多く、ワナの問題がイノシシの減少とあわせて表面化しはじめてきた。

自分の足で歩いた土地に関する記事を読んでいると、それはもう単なるデータや知識ではなくなってくる。道端で話を聞いているような現実感にあふれている。

人吉の商店街についても、一二月に注目すべき記事があった。紺屋町商店街、つまり九日町商店街の裏通りにある六一店が振興組合をつくるという。大型スーパー（ミニデパート）の進出と、九日町通りの都市計画によって、とりのこされる危機に直面しているということである。

新聞記事は目先の問題に視野を限られるし、正確を期しがたいところもあるが、そのかわり、その時期のトップニュースが並んでいるために、統計や学術報告などではとても味わえない臨場感がある。新聞を読むだけのために丸二日間つぶしてしまったが、その時間はちっとも惜しいと思わなかった。

旅は終ったのか

国鉄肥薩線鉄橋と人吉のまち

一三日目が昭和五一年の元旦だった。青井神社の前のたいこ橋のたもとに腰をおろして、初詣をすませて石段をおりてくる人たちをながめていた。ハレの日の顔であり、ハレの日の服装である。ダンナふうの着こなしが目につく。土に生きている若夫婦が、赤ん坊にまだ見えぬ風景を見せている姿もある。ここ何日かのあいだに紙袋をいくつも下げて続々と帰ってきた若者たちが、都会の臭いをふりまきながら互いに友だちをさがしあっている。恋人同士らしいカップルもあれば、年老いた夫婦もいる。

それらの人がそれぞれの足どりで石段をおりてくるのを見ているうちに、私は無性に歩きたくなっていた。川村駅から川辺川の河口を吊り橋で渡って高原台地のへりを木上のほうに歩いていった。おだやかに陽のさしかける農家の縁先で男の子が三人、遊んでいるようないないような、気のぬけた顔つきでかたまっている。村は静かだ。田んぼの道にでると、チビをひとりまじえた三人組が手づくりのタコをガラガラとひきずりながら走ってきた。みんな元旦だから正月らしい遊びをやってみているのだ。私にもそんな思い出がある。正月には友だちが集まらない。みんな家にこもっているか、初詣に行っているのだ。あぶれた連中ばかりだから何でもいいけれど、うんと正月らしい遊びでなければやる気がしない。それでいて気のぬけた遊びほどつまらないものもない。正月のおかげで世の中からとり残されてしまったような気分なのだ。

青井神社にて

その日私は一八キロぶんの赤線を地図にひいた。これまでもかなりよく歩いてきたが、今日が今回の旅の最長記録になった。途中でひっかかるものもなく歩きつづけて、夕ぐれの多良木駅で人吉への列車を待っていた。改札口にさがった行先標示板に、午後七時三〇分に人吉に着いたあとの接続案内が書かれていた。一三分の待合せで特急が入ってくる。博多到着が午後一〇時五〇分。

昭和51年元旦、青井神社に詣でる人たちを私はながめていた

「これで帰ろう」と声を出さずにつぶやいてみた。

私が自分相応の居心地のよさを味わっていた小さな旅館で、初詣に福岡まで出かけるからと言われて荷物をまとめたのが大晦日。駅近くの小旅館の初詣は今朝からであった。荷物はだから、駅前の一時預かりに置いてある。

ガラ空きの特急にとびのった私は、来たときよりはるかに濃いやみのなかを、球磨川ぞいにくだっていくことになった。球磨川くだりは見ることとさえできなかった。夏のそう快な舟くだりもいいし、酒をくみかわしながらのコタツ舟もいいという。もっとも酒のダメな私には球磨の米焼酎も無縁だった。情緒なら秋の朝霧の人吉といわれるが、その片鱗も見られなかった。盆地を一望するには絶好の市房山へは快晴の日を選んでのぼったが、雪の冷たさを靴にしみこませながらながめたのは、盆地全体にひろがった野火の煙であった。今年オープンしたばかりの球泉洞鍾乳洞は、そこまで行く心のゆとりがすでになかった。つまり観光パンフレットの目玉商品はどれも知らないことになる。

ところで今日、元旦の私はどうなっていたというのだ。

人吉新聞の伊勢戸編集長は都市新聞をつくってみたくて人吉へやってきた人である。昭和三三年にはじめたときには、社長とともに配達までやったという。それ以前に二四～五もあった盆暮れ新聞のたぐいが消えて一七年、人吉新聞の誌面には伊勢戸さんのよそ者の感覚がしっかりと残っている。そのくせご本人は「ここにすっかり土着してしまった」という。

種元先生が復刻した明治三一年の「人吉繁昌記」を手

にまちをあるいてみると、現在までつづいているのは鍋屋旅館と益田呉服店の二軒しかない。明治四一年の肥薩線開通による変化が大きいが、それ以前でもその後でも、ここにはいつも人が入りこんできたという。外から資本が入ってきても、それがけっきょくは土地に根づいてしまったという。その、人びとの根づきかたは、伊勢戸編集長のようなかたちであったのではないだろうか。

「人吉、球磨というところは、胃袋だけはとてつもなく強じんでね、外から入ってくるものは何でも、いつのまにか消化してしまっているんですね。そうやって保たれてきたものを、一度完全に崩さなければならないときが、いずれくるでしょうが……」

　私がこの旅でつかまえかけたのは目の前にある具体的なモノではなく、この地方のそういった不思議な魅力であった。はじめはどうということもない土地に見えても、何となくひかれていって、ついにはとりこまれていってしまう。人が右から左へ通りすぎていく多くの町や村とちがって、ここは知らぬまに人の心をとらえてしまう袋小路のような世界であるらしいのだ。もし今日ふみとどまって明日、あさってのことを考えてみたら、そのままズルズルと長居することになってしまいそうな、そんな危ういところに私は立っていたのかもしれない。時計の振子が、ふと止まりかけたように見えたような、そんな日が今日であった。

　二週間に一日欠けた私の旅はひとまず終わった。最初と二度目の九州旅行は記憶から遠ざかっていったとしても、この三度目の旅はそう簡単には消えはしまい。ようやくいくつかの手がかりをつかんで、さてこれらというところだが、私はあせらない。一つの旅が終わったのだ。離れたところで、この旅を熟成させてみたいと思う。とりあえず、同じような別の世界を見てみるのもいいだろう。日本都市計画学会が人吉市の自然公園都市計画のために選んだ、類似性をもつ一五都市のリストがある。

　遠野、横手、米沢、沼田、大野、上田、飯田、高山、上野、竜野、津山、三次《みよし》、大洲、日田、川内《せんだい》。私が人吉盆地で見たことごとが、それらの都市との新たな出会いでどんなふうに発展していくのか味わってみたいと思う。人吉へまたもどってみたいと思うなら、それはその後になる。

自然公園への提案●球磨の自然は美しい。自然のままではなくて、人のいとなみがそこに感ぜられるからである。一木一草といえども、ただ自然のままではない。杉の植林の美しさもその一つであり、松、杉の並木も美しかった。そういう自然をさらにゆたかにしてゆく運動がおこされたらどうであろうか。かつてこの盆地にはムッソリーニポプラが植えられた。そういう並木道をはじめ、山地を有用木の団地にすることで一つの風景を作り出すことも考えられる。(宮本常一)

盆地の町●球磨盆地とおなじように盆地の中に一つの中心的な都会をもつ盆地が全国に30ほどある。そのうち城下町など政治的都市であったものが16ある。城下町は明治になると地方行政、経済、文化、交通の中心地になり、その繁栄が盆地全体の繁栄にもつながったものが多い。町と村のコンビによって一つの地域社会を形成している。(宮本常一)

日本縦断 徒歩旅行

―宗谷岬から佐多岬まで―

文・スケッチ 田中雄次郎
イラスト 富田清子

誰が歩いたのか、人の足跡が残る砂浜。
新潟県村上市上海府付近　撮影・森本 孝

昭和52年（1977）7月25日～9月29日
━━━━ あるいたコース

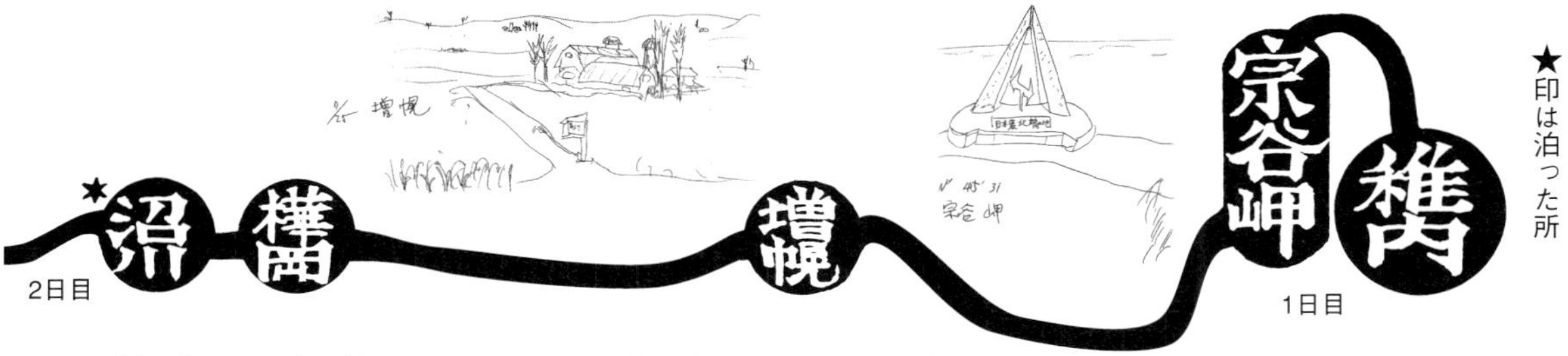

北海道を行く

七月二五日（一日目）

日本縦断徒歩旅行ただいま出発

隣に寝ている奴を揺り起こして時間を聞くと四時。軽い二日酔いか、少し頭痛と胸やけ。だが今日は大事な日、さっそく宗谷《そうや》岬にむかう。

早朝の稚内《わっかない》はカラスがいやに多く、あちこちのゴミ箱に群がっていた。曇り空で寒い。北も南も分らず看板の指示通りに進んだが、なぜか反対方向に歩いているような気がしていた。宗谷岬へのバスが来るまで二時間近くあったので、海岸で朝飯を作る。強風でマッチの火がすぐ消えて余熱用の固形燃料に点火できず、一箱すり続けた。結局ガソリンで点火。朝のみそ汁の味は最高。飯とみそ汁だけだったがかなり時間がかかり、バス停に戻ると同時に大岬（宗谷岬）行きのバスが来た。しばらく海岸と荒地の中を走る。なんとさっぱりとしたところだろう。

宗谷岬出発は九時頃。青空が見えだし、日本縦断徒歩旅行が始まった。気がのらなかったので、気分を変えるためにスタートして二kmの道の真中で短パン姿に。白い足が早く陽に焼けないかなあ。増幌川《ますほろ》を渡ったところで、朝の残りのアルファ米に梅干を混ぜた弁当。

両側の景色が変わらない道をしばらく歩いた後、オホーツク海の砂浜でバシャバシャ顔を洗う。陽ざしは暑くなっていた。荒地をぬけると牧草地ばかり。雲を吹き飛ばして空を真青にした強風で、周期的にすごい砂ぼこりが上り、まともに顔をあげられない。広がる牧場に点々とする牛、ポツリポツリと見える人家とサイロ。北海道は広くてのんびりしているなあ。幕別《まくべつ》の先の道に「この先工事中　車輌通行止め」と大きな看板があったが、よく見ると日付は二年前。

林と荒地の中の砂利道は、ジャングルの中の唯一の道のような気がした。視界が開けると五、六kmは見渡せる平地だったが、人家も電線も見えない。これが噂に聞いた道北なのか。歩いても歩いても同じ所にいるみたいで、いやになって道にしゃがみこむと、カラスが頭の上を旋回しながらギャーギャー。こんな所で暗くなったら気味が悪いと、また歩きだす。牧草地が見えてきた所で大便をしていると、遠くにトラクターに乗っている人。やっと人がいた。

樺岡《かばおか》の集落から丘陵地を過ぎて沼川《ぬまかわ》へついた時は薄暗く、半無人駅の沼川駅の待合室に寝ることにした。夕食はがまんしようと思っていたら、牛乳を飲んだ店のおばさんがカップうどんとソーセージ三本をくれた。

七月二六日（二日目）　うまい夕食を期待して

荷仕度をしていると、一番列車が来て朝刊を降ろした。朝刊の配達は小学校二、三年生のかわいい女の子だった。

荷物減量のため天気図を駅長さんに渡すと「助役につけさせます」。朝食は昨日貰ったソーセージと買った牛乳とトマト。大きな波をうつような丘陵状の地形

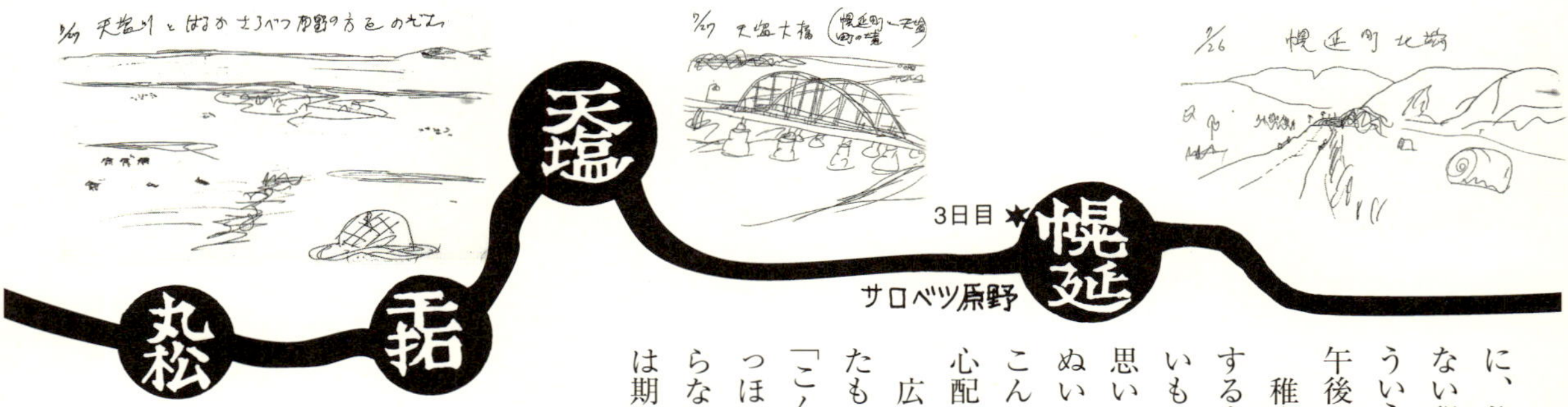

に、牧場と一、二mのクマザサや草本類が踏みこめない程に繁っている荒地や林が交互に連続する、そういう一日だった。午前中は晴れ間が見えていたが、午後には曇り、幌延《ほろのべ》まで約一〇㎞で雨。

稚内までの列車で知りあった、幌延で旅館を経営する赤松さん宅へ寄るつもりだったので、さぞうまいものが食えるだろうと朝から期待していた。その思いは幌延に近づくにつれて大きくなった。昼飯はぬいていたのだ。幌延の手前の峠は木々に包まれ、こんな所からヒグマが出てくるんではなかろうかと心配だった。

広く感じる道路から見る町の様子は、さっぱりしたものだった。赤松さんの旅館、ほろのべ館の前で「こんにちは」と言うと、おばさんが出てきて「あっほんとだ。息子に似てるわ」再びお金の心配はいらないと言われて、安心して入らせてもらう。夕食は期待した通り。赤松さんと焼酎を飲み、温かいフトンで寝かせてもらった。

七月二七日（三日目）
コンクリート管の中で眠る

外に出て空を見上げていると、近所のおばさんに「あーら、もう帰って来たの」と言われた。

弁当を貰って出発は八時。農道や県道を離れ国道二三二号を歩く。西へ天塩《てしお》にむかいながら北側を望むと濃紺のサロベツ原野。空は真青。涼しい北海道を想像していたが、嘘のように暑い。二日にして足は真赤。

天塩の町で弁当を食べようと、適当な場所を探しながら歩くうちに町を通りすぎ、再び何もない両側が牧場の国道へ。結局牧場の畜舎の陰でハエと一緒に食う。

干拓《かんたく》という無人駅の白い小屋の陰で休みながら、捨てる荷物の整理。赤チンがゆるい栓の間からドバッと漏れていた。山菜の本、赤チン、ビニール風呂敷を捨てた。仰向けになっていた間に一本も列車は来ない。廃線と決めつけ枕木の上を歩く。じきに鉄橋となり、足下一〇mの川を見ると足がカチカチしてきた。まもなく踏切で線路を離れた。「カツン、カツン…」と列車の音が聞こえてきたのは、少ししてからだった。

午後から無風状態になり、日本海側から煙のように霧が移動してきた。丸松《まるまつ》付近で寝転びながら霧が次第に流れて濃くなるのを眺めていると、すぐそばに車が止まり、若い男女が降ろされた。女の子一人のヒッチハイクは危険なので、ボディーガードとして二日前から一緒にやっていると、ヒゲをはやした男は言った。「ぼくは徒歩旅行で埼玉まで行く」と話すと、女の子が「ワァ、すごい！」と驚いてくれたので、何となく気分よかった。気をつけてと声をかけ、彼らは新たな車を見つけて行ってしまった。

霧に包まれて静かになって、また歩きだす。遠別《えんべつ》の町の食堂で玉子丼の夕食。店の人が大きなトマトを御馳走してくれた。店を出るともう暗い。遠別川を渡ると人家はまばら。北海道は集落と集落の間はほとんど何もない牧草地か荒野か林だ。コンクリート工場のコ

ンクリート管の中で寝ることにした。蚊が多く蚊取り線香の効目もたいしたことなかった。「オレは乞食じゃないぞ」とつぶやいて眠る。

七月二八日（四日目）　牛乳で昼食代を浮かす

夜明け、ビクッとして目が覚めた。カラスの大群が工場の塔状の建物でギャーギャーとわめいていた。日の出とともに少なくなり、海の方へ飛んでいった。早朝の海岸に打ちあげられるエサを、目が見えるようになるまで、工場で待っていたのだろう。襲われるのではないかと怖かった。

ほっとして一眠りした後、朝食の準備を始めると工員が出勤しだしたので出発。

歌越《うたこし》の郵便局で湯を貰い、道端でみそ汁とアルファ米で朝食。この日も暑く、進行状態悪し。豊岬《とよさき》に入ると水田が開けた。おそらく日本の稲作の北限だろう。三〇度は越すと思われる暑さで空腹感が身にこたえる。何か食おうと思うが、まわりには何もない。せっかく北海道に来て、牛乳を飲まないテはない。牧場に駆けこむなり「牛乳をコップ一杯飲ませて下さい」と頼む。「いいですよ」と当然のような返事とともに、五〇〇ccは軽くあるびんいっぱいの牛乳。「……うまい！おいしいですね！…」空腹に沁みわたるうまさ。あっという間に空けてしまう。「もう一本飲める?」と言われて「はい！」一・五リットルは飲んだようだ。かなり腹が苦しかったが、これで昼食代が浮いた。これからもこのテで節約だ。

羽幌《はぼろ》まで六kmの所で、一日半ぶりに顔と手を洗いたくなり、小学校へ入る。玄関で腰をおろして空を見上げていると、敷地内の公宅に住む教頭先生の奥さんが寄ってきた。話し方も歩き方ものんびりとしたおばさんだ。「お風呂のお湯が残っているからそれを使いなさい」リュックを残してついて行く。おばさんのすぐ横にカラスも歩いていた。「この辺はみんなのんびりしていて、鍵かける家なんかないのよ」と言う。顔と手を洗わせてもらい、茶の間で肉と野菜の鉄板焼きとビールを御馳走に。高校三年の娘さんがビールを注いでくれた。

羽幌の町を出てすぐ、もうたまらなくなって道わきの砂山に駆け上る。窪みを見つけてしゃがむなり大量の下痢便。尻を蚊に刺されながら、飲んだ牛乳分を出してしまう頃はもう暗かった。

一〇m程のホーム一つだけの無人駅でシュラフに入ると、雨が降りだす。手当りしだいにリュックにつめこみ寝場所探し。「ちくしょう、さっきまで月が見えてたのに」とぼやきながら、前方の灯りへむかう。豚小屋だった。「火は絶対に使うなよ。干藁の上で寝ればいいよ」小屋にいた人は電気を消して出ていった。藁の上に横になると、屋根に強く降りつける雨音がしていた。

七月二九日（五日目）　シラミにたかられる

夜通し蚊との戦いで、せっかく御馳走になった肉の貴重なエネルギーを消費してしまい、午前中は力が入らなかった。

朝食は上平《うえひら》でパンとソーセージとトマトジュース。

小平 6日目 留萌 大和田

昼食は鬼鹿《おにしか》で玉子丼。鬼鹿は海水浴場で多くの人出。そこを通りすぎ、寄せては返す波やはるか彼方に続く海を見ながら、いろんな歌を歌う。この日本海を隔てたむこうに中国が、ソ連が、広い広い大陸がずうっとヨーロッパへも続いているんだなあと思い、大陸の端っこでいいから見えないものかと遠くを見つめた。海はいくら見ていてもあきない。いい気分にひたっていると、服に白い小さな虫らしきものがいっぱい。「やばあい！」即座にシラミと断定。服をはたいたり爪で殺したりで懸命。原因は豚小屋か、それともさっき大便した汚いゴミ捨場か。風呂に入りたくてたまらなかった。

小平《おびら》で玉子丼の夕食。寝場所は海岸。近くに大きなテントが五つほど。どこも賑やかに、うまそうなものを食っている。負けてはならじとポンチョを広げ、シュラフやリュックの上に棒を立てて屋根を作ったが、風通しが悪いのですぐ撤去。どこからか加山雄三の歌が聞こえてくる。中華人民共和国かどこかの放送を聞きながら寝ようとすると、近くのテントの小さな子が私のそばで小便をしていた。「晩御飯おいしかった」と聞くと、「うん！」と元気の良い返事。

七月三〇日（六日目）　金儲けにはならないけれど

一番近くのテントの人たちと挨拶をかわし、いつものように飯とみそ汁の朝食を作る。

朝から気温は高く、何度も何度も水筒の水を頭からかけた。これは麻薬みたいなもので、一度かぶってじきに乾くとすぐかぶりたくなる。かぶった直後の気持よさといったらない。この日の気温は三六度だったと後で聞いた。留萌《るもい》で国道をランニングする高校のラグビー部と「がんばれよぉ！」と言いあってすれちがう。

日本海を離れ、山に囲まれた国道に。大和田《おおわだ》で三、四cmもあるハチがランニングシャツ姿の右肩にとまる。へたに払って刺されるのもいやだと思っていると、次第に肩がチクチクズキン。がまんできずに肩を振りながら手で払うと、ハチはどこかへ飛んでいったが、肩には血がボトーッ。アブだったのだろうか。山が迫り両側は見上げる緑の斜面。木々の間に目をやってヒグマを探す。出てもらっては困るが、道以外は野生的に見える景色なので、ヒグマの出現を少しは期待した。もし出てきても、走れば勝ちだと思っていた。

留萌市と北竜《ほくりゅう》町の境の峠でコーラを売っているおっさんが「そんな事して何か金儲けにでもなんのか」と言う。「何にもなんないよ」「ちっ、しゃあねぇなあ。まぁ体に気ぃつけて行けよ。無事着いたら手紙よこせ、この辺の白樺を二、三本ひっこ抜いて送ったるわ。東京あたりで買ったら高いぞぉ」

橙色《だいだい》の夕陽にあたりが染まりだした。正面から来る車の人の顔も橙色になり、私を見て笑っていたようだった。私も笑っていた。田んぼの中を真直ぐに続く道を北竜にむかっていると、一台の車が道端ぎりぎり（私は右側歩行している）に走ってきた。二〇m位に接近して助手席から二〇歳位の女の子が手を出して、キャーキャー叫び「握手してぇー」と迫ってくる。私も手を出したが、すれ違う時に危ないと思って引っこめた。車は止まらず「あぁーん、あとちょっとー」と

叫んで行ってしまった。「オレも人気あるな」と、気分悪くなかった。

碧水《へきすい》の小さくてきれいな小学校の校庭に寝ることにした。夕食用に買ったうどんを公宅の加藤校長先生が調理してくれ、家の中で食べさせてくれた。きれいな星空を見ながら眠る。

七月三一日（七日目）　学校を出て学校へ

加藤さんが「荷仕度を済ませたら、家に来て朝飯を食べて行きなさい」と言われる。甘えることにした。出発は八時近くになった。

陽焼けの足を更に黒くしている垢を取ろうと、和中《やわろ》学校の水飲み場でゴシゴシこすったが落ちなかった。虫に刺された跡も沢山あった。

札幌まであと二日、風景も内地と変わらないところが目につきだした。この日も温度は高く、何度も水をかぶる。

雨竜《うりゅう》で薬局に入り、アリナミン一回分を分けてくれと頼む。もちろんタダで。沢山分けてくれた。昼食はカップ焼そば。子供が三、四人寄ってきて、私の足をじっと見ながら「おじさん、ずい分焼けてんなあ」「これは垢だ」「きったねぇ」と言いながら手でこするので「こびりついてるから取れねぇんだ」と言うと、離れていった。

浦臼《うらうす》小学校の校庭が寝場所。これだけ飲めば腹が張るから夕食代りにと、コーラ一リットルびんを買って安心してグランドシートの上で日記をつけだす。と、公宅の青山教頭先生の高一の男の子がトマトにスイカ、パンとジャムとポテトチップスを持ってきてくれた。寝ようという時に雨が降りだし、大きく出た校舎の軒下に移動。

八月一日（八日目）
オレは何てあつかましいのだろう。だが…

青山さんが「学校の水道は湯が出るから汚い体を拭いて、朝食は家で食べて行きなさい」と言われる。家を出て一日ぶりに下着を替え、減量のため古いのは捨てた。御馳走になった朝食はうまかった。奥さんはいろいろ気遣ってくれ、弁当と野菜を貰って出ようとすると「何か不足はない」と言ってくれた。

札比内《さっぴない》で思いきってコンロとツェルトを家に送る。毎日肩が痛くて先が思いやられたからだ。この日の出費は小包郵送代六五〇円とかゆみ止め薬五〇〇円。食費はジュース一二五円だけだった。

広い水田の中の道も多かったが、町を通る道も多くなる。道北の広々とした景色が懐かしい。青山さんの弁当を月形《つきがた》で。

明るいうちに当別《とうべつ》に入り、全久禅寺という寺の世話になる。夕食を腹いっぱい食べ、敷いてもらったフトンに入って思った。「オレは遊んでいるのに、何故こんなあつかましい事ができるのだろう。何てふてぶてしいのだろう。だが実際問題としては、こんなにゆったりできる日はめったにないのだ。楽な気分で明日への英気を養おう」

夜通し一匹の蚊に悩まされ、明け方ようやくそいつを抹殺。

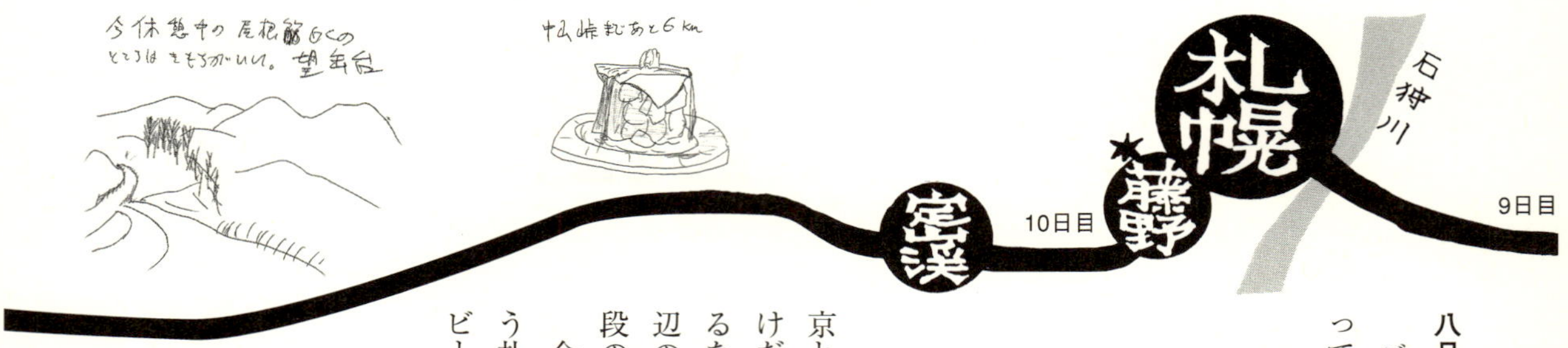

八月二日（九日目）　ビルはやっぱり東京ですね

バターをのせた温かい御飯はうまかった。弁当を貰って出発。

札幌《さっぽろ》までは牧場が多い。石狩《いしかり》川を渡る時、確かに北海道を歩いてきているという実感がした。豊平《とよひら》川の橋から札幌のビルがよく見えたが、思いばかりが先立ってビル街までが長かった。時計台は小さくて街中では少しも目立たない。札幌の食堂でみそ汁を注文して弁当を食う。

左手に藻岩《もいわ》山を見上げて町並は南へも長く続く。札幌は気分的に一つの区切りだったので、まずはとにかく札幌へと考えていたが、来てしまうと東京と何の変わりもないゴミゴミした所なので、早くぬけだしたいとまで思った。それとは別に「ビル街を見るならやはり東京だ。こんな所よりも東京駅や皇居周辺の整然と並んだビルは重量感があり貫禄がある。格段の差だ」とも思った。

全久禅寺の和尚が紹介してくれた、南区の藤野という札幌の町はずれの含笑寺《がんしょうじ》に泊めてもらう。晩飯にはビールがついた。七日ぶりに風呂に入らせてもらった。

八月三日（一〇日目）　菊地さんの生き方に感動

弁当を貰ったうえに「後々の弁当代に」と千円までも。

この日はほとんど登り道。定山渓《じょうざんけい》の温泉街を出ると更に急になった。中山峠は夏でも寒いと、含笑寺で聞かされていたが、登るにつれて気温は上がった。天気は快晴。

観光地や史跡などは見ないのか、ただ歩くだけかと、よく言われた。観光地は多くの人の足を止め、多くの目を集める。そういう所へ急ぐ車がいつも私をぬいていく。谷間に流れるかわいい小川に心を魅かれている私を、車は意識もせずにぬいていく。好きな所で休み、美しい景色を一人で見つけて見つめていられることに、何か自負心を感じた。あぁ、徒歩旅行楽しや。

定山渓から尾根筋へ登って望岳台という小さな広場へ。東側の展望がきき、この周囲と山々は野生感が身に迫る原生林だ。見える限りで人の手が入っているのは国道だけ。「いないか、いないか」と、歩きながらあちこちと目を移して原生林の中にヒグマを探す。遂に見つからなかったが、七、八m離れた草の繁茂した林から茶色の大きなキツネが出てきて、目が合った。

中山峠からは西にニセコアンヌプリなどのニセコ連峰、南西に羊蹄《ようてい》山、尻別《しりべつ》岳などが望めた。峠に三時頃着き、どこかで野宿しようと決めて、売店の前にいた菊地さんというおじさんと話すと「そうか、なら家に来たらいい。テレビもステレオもあるし」とためらいなく後に従う。

菊地さんの家は、中山峠の開発局の出張所と冬の除雪や気象観測をする建物が連なっていた。冬以外は菊地さん夫婦だけしか住んでいないという。奥さんは峠の食堂でそばを作っている。峠で人の住む所は国道の東側にユースホステルと国民宿舎、西側に菊地さんの家があるだけ。ちなみに海抜八三六m。家に入ってさっそく含笑寺で貰った弁当を。一二、三畳もある部屋

でルイ・アームストロング、サム・テイラーのＬＰを聞かせてもらう。風呂から出ると、おばさんが帰っていた。

菊地さんは若い頃スキージャンプをしていたそうで、笠谷は菊地さんを知っているそうだ。「わしはこの年になるまで理想を追い続けてきた。でもなあ……」焼酎を飲みながら共感できる話を聞かせてもらった。少しフラフラになって、除雪作業をする開発局員の部屋のベッドに、疲れとともに倒れるようにして眠った。菊地さんは、大自然を相手に働いている冬の開発局の仕事に満足していると、はっきり言っていた。

八月四日（一一日目）アイヌ犬のしつけ

ストーブに火が入っていた。朝食前、菊地さんについてアイヌ犬「ボク」の散歩へ。夜来の雨の水たまりが残り、今にも降りそうだ。

中山峠では、今年二、三度ヒグマが国道を横切ったという。菊地さんが釣りに行って、たまに足跡を見るそうだ。雨滴に濡れた緩い登り道を、草木の名前を教えてもらいながら歩いていると、白い雑種犬がボクとけんかを始めた。アイヌ犬は犬の中で唯一つ、ヒグマにたちむかう強い犬だそうだが、そのボクが劣勢になった。最初は、ほっとけばいいと言っていた菊地さんは、こぶし位の石をシロに投げつけた。「子供のうちにケンカに負けると、一生自信を失うんだ」戻りにはボクはシロを追いまわしていた。よかったと思いながらも、少しシロがかわいそうだった。

降雪量計測の最新設備が木々の間にあり、今までの最深は五ｍ七〇㎝。毎年道に迷って凍死する人が見つかるそうだ。甘い野イチゴを食べながら戻る。

出発前におばさんの働く峠の食堂でコーヒーを御馳走になる。九時頃の出発と同時に雨。不気味に流れる灰色の雲に頭を隠した尻別岳は、化け物がいそうな雰囲気だ。留寿都《るすつ》を過ぎて一時雨が止む。昼食は喜茂別《きもべつ》でカレー南ばん。三ノ原でラーメンの夕食。この日休んだのはこの二回だけ。

大原で雨が強くなり、大原小学校と隣りあわせの保育所の軒下でシュラフを広げていると、小学校の先生が教室に入らせてくれた。夜、雷鳴と雨音がすごくなった。

八月五日（一二日目）駅員に怖がられる

送ってしまったコンロの白ガソリンを、校長先生に受けとってもらう。

午前中は曇り。洞爺湖《とうやこ》を見おろすドライブインでラーメンの朝食。

成香《なるか》から県道へ入ると馬の牧場が多く、メジロムサシやメジロアサマなどが出たメジロ牧場の柵ぎわを歩く。空を見上げては「降るなよぉー」と叫ぶ。少しでも雲の切れ間が見えると「やった、晴れるぞぉ」

桜《さくら》をすぎて遂に大雨。道に川のように流れる。雨は雨でも大雨は気分

長万部—静狩—豊浦

13日目

内浦湾

がいい。じとじと雨が一番いやだ。雨で足の疲れは大きく靴もいたむ。大雨は豊浦《とようら》がピーク。海に近い山に囲まれた大岸《おおぎし》で、豚汁と飯とパンで昼食兼夕食。

静狩《しずかり》峠へかかる。長い峠だぞと脅かされていたので、峠はまだまだと言いきかせ、下をむいて歩く。ふっと前を見ると、筆をさっと流したように下り道が。「なんだ…」雨が止んで霧が出てきた。

下り道の途中からは二〇km先の山まで望め、久しぶりに夕陽が山腹を照らしていた。内浦《うちうら》湾沿いの海岸はきれいに孤を描き、荒地と牧場の緑が広がり、静狩の町は真下に小さくかたまっていた。

静狩の駅には先客がいた。同じ東京農大の拝崎さんで、彼は昆虫採集をしながらのバイクの旅だった。記念写真を二枚撮ってもらう。外は風が強く寒かった。家へ連絡しようと入ったボックスの電話は、ねじをグリグリ回して交換台を呼出す代物だった。

駅員さんに「全く怖いったらないよ。そんなヒゲ見てると、空手で脅されて駅の金持ってかれちまんじゃないかえ」と言われた。

八月六日（一三日目）　酒盛りにとびこむ

六時半、駅前でラジオ体操をする子供たちの横で拝崎さんと別れた。

長万部《おしゃまんべ》までの一三km程は海をすぐ左手に見る荒地の中の道で、全く変化なし。飯、めし…と思い浮べながら休まず歩き、一〇時頃長万部で二〇時間ぶりに腹に物を入れる。それは菓子パン。長万部は毛ガニが特産で直売所が多い。

ワイル川の河口から浜辺へ。陽ざしは強烈。ザアッパワァンと、幾重にも続いて寄せる彼のむこうを見渡すと、濃紺にそして濃緑の海が呼吸しているように動いていた。たまらない程、日本縦断へのやる気が湧いてきた。冷たい透明な水が流れこむ河口を幾つか渡り、白い砂に足跡をつけ、短パンを濡しながら海の中を歩く。静狩からはるか海を隔てた南に頭を隠して見えていた駒ヶ岳の姿が次第に近づく。黒岩《くろいわ》から道幅が狭くなり、かすめて行く車が怖かった。

八雲《やくも》の町はずれに開発局の八雲出張所が、敷地内の気持のよさそうな芝生に目をつけ、野宿の断りを入れておこうと詰所へ入ると、中で五人のおっさんが酒盛りの最中。

「全然遠慮しねぇなぁ」目の前の料理に夢中になっていると、言われてしまった。「いい時来たよ。もうそろそろお開きにするといってたんだぁ」と言いながら、まだまだ続きそうな感じでコップの日本酒をガバッと仰ぐ。真赤な夕陽がみごとに部屋にさしこんだ。

「おぉきれいだぁ」というおっさんの言葉に何か感慨深くなった。私は訳なく感動することがよくある。私が入ったために、みそ汁と御飯をわざわざ作ってくれた。みそ汁も酒も何杯飲んだろう。話がはずんでギャーワー騒いでいるうちに八時。座から一人二人と減っていく人たちが、別れぎわに激励してくれた。

ただ一人紳士的だった副局長さんに「田中さん、今から私の家に行って飲もう」と誘われた。副局長さんの家で新鮮なヤマメのフライにウイスキー、焼酎。眠

かったが、話をしていたいとも思った。

「うー、んー、今日、田中さんに、会えて、よかった。ほんとに、んー、若いってことはいい。うーんうーん、いいですねぇ」ゆっくりゆっくり間にうなり声をあげながら、何度も何度も言われた。副局長さんは、酔うとどんな人にでも共鳴して家に連れて来るのだそうだ。しかし、うれしかった。「私は森田公一とトップギャランのファンなんです」と、そのテープを酒盛りのバックに流してくれた。

　九時過ぎ、詰所で寝ていいと言われて失礼した。フラフラしながら残り物のコーラを飲みつつ日記を書くうち、目がくっついてしまった。

八月七日（一四日目）　有珠《うす》山の大噴火を見る

　朝から快晴。畳の上には前日の酒盛りの跡。一番きつい冗談を言っていたおっさんが握ってくれたでかい握り飯が三個。炎天になりそうな日に持って出ると、塩もついてないので傷むと思い、二日酔いで食欲はなかったが、してくれた好意に対して一個食べた。見かけよりうまかった。そして底にたまっていたみそ汁をすする。副局長さんの家に挨拶に行ったが、日曜だったので寝ていたようだった。玄関で頭を下げて、八時頃出発。

　快晴の天気は視界を広げる。北に、今まで歩いて来た長万部、静狩。そして室蘭《むろらん》、羊蹄山…。何度も顔を左にむけて海のむこうを見た。何度目かに、羊蹄山の東の陸地から灰色の筒状の変な雲が一番低い雲にまでつながっていた。「何だ、あれは」気にせずまた歩き続け、少ししてまた顔を上げて見ると、前の変な雲が灰色の入道雲になって、もくもくと立昇っていた。これが有珠山の大噴火だった。海岸に降りて、その立昇るのを鳥肌をたてて見いった。生つばゴクリだった。次第に火山の噴火だろうと思えてきた。

　噴煙を見ながらメモをした。「…東を見ると山と山の間に筒状の小さな煙ならぬ雲が見えた。もうしばらくすると、その筒状は積雲を貫いて入道雲のようになっていた。すると見るまに高層雲に達し、巻雲の高さにまで昇り越えてしまった。幅も高さも限りなくのび続けた。西には風の影響で噴煙はのびていないが、南のこちら側に来るかもしれない。あの麓の人たちはどうだろう。何ともなければいいが。とにかく自然のすごさを目の前に見せられ、もう驚くばかりだ。たしか拝崎さんは昨日洞爺湖にも行ってみると言っていた。だいじょうぶだろうか。まだまだ煙は広がっている。すごい！」

　この日一日有珠山を見ながらの道中だった。次第に駒ヶ岳が眼前に迫っていた。森町の手前、蛯谷《えびや》で頭の雲が飛び去って全姿を現わした。雄大だった。前日からの遠景では絶えず雲に頭を隠していたので、やっと全姿を見せてくれた駒ヶ岳に感謝の念がこみあげた。

　森の南を過ぎて朝の握り飯一個がたたり、腹がたまらなく空く。奮発

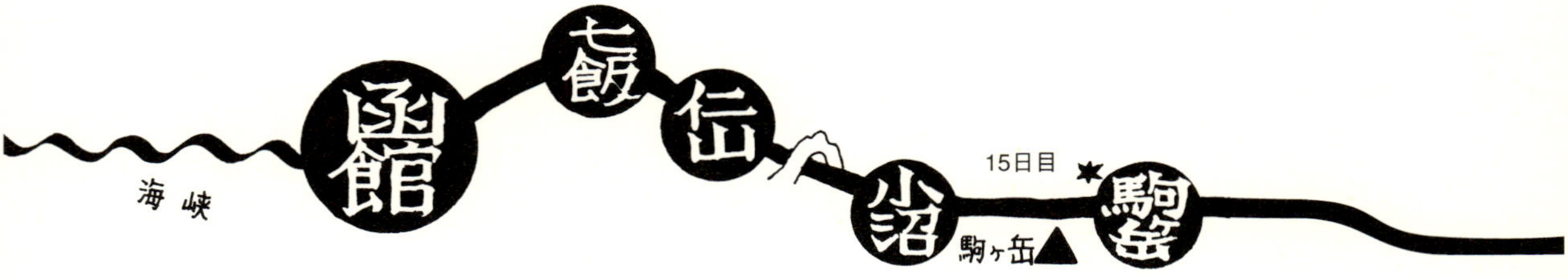

して沢山食うぞぉとドライブインに入った時と出た時の顔つきは、余りにも違ってしまった。量を期待して注文したイカメシは、なんと小さなイカ三匹とみそ汁とおなさけ程度のキャベツのサラダ、それだけ。勘定の時、笑っている女の人がざまあみろと言ってるような気がした。ウサ晴らしにでかい声で「ごっそさあん」と言おうとしたが、両肩が落ちこんで無理してもそんな声は出なかった。量だけがショックだったのではない。六〇〇円も払ったのだ。一八〇円のそば屋の前を通った時、ショックははっきり怒りに変わった。三杯食べてもおつりがくる。

林の中の国道にはスイカやメロンの直売所が多く、味見のスイカを片っ端から食べ、六〇〇円の出費の挽回に努めた。スイカで腹が満たされた頃、ようやくショックから立直る。駒ヶ岳を見上げているうちに登りたくなってきた。いつか来よう。

寝場所は駒ヶ岳の麓の駒ヶ岳小学校の運動会本部用のテント。明るいうちに愛靴「アキレス」の破れをたこ糸で修繕。愛着を持ちだした。がんばってな。夕食は一リットルのコーラとエビセン。たしか満月だった。

八月八日（一五日目）　青森港は雨だった

晴れ。寒くて衣類を全部着てシュラフを閉めきって眠っていると、山から霧が降りて冷たく湿り、朝方は目が冴えた。北海道の八月はもう秋だと聞いていたが、その通りのようだ。

飲み残しの一リットルコーラを持って出発。宗谷岬出発時は気が重かったのに、知らぬ間にそんな感じは消えていた。今日は何やら淋しい気持がつきまとい、足も重かった。北海道を離れることが、親切にしてくれた人たちとの決定的な別れになるような気がしたからだ。

小沼《こぬま》をぬけて峠のトンネルへ。約五〇〇m、換気が悪くて涙がポロポロ。息苦しい。空気？と心配になり、出口にむかって全力で走った。リュックの金具が背骨に当って、直径三cm位のこぶができた。

仁山《にやま》に出ると、函館湾へ地形は平坦にゆっくり降りていた。函館山も次第に近づいていた。北海道の夏は自転車野郎の天国で一日に何十人も見た。「オッス！」と挨拶して別れる。昼頃、七飯《ななえ》近くで日本一周徒歩旅行者に会う。二七、八歳の人だった。

昼もとっくに過ぎて空腹感が強くなる。連絡船の船賃を計算に入れると食費は一食分で抑えねばならない。ようやく桔梗《ききょう》で牛丼二八〇円を見つけて駆けこむ。満たされない分はお茶のおかわりで補ってゆっくり休む。函館まで八km位から空は灰色に。

連絡船への行列に並んでいると、周囲の新聞から「有珠山大噴火」の記事が目に入った。全滅の被害を受けた農家の深刻な記事ばかり。私は少し恥しくなった。

船が岸壁を離れた。北海道を離れ本州上陸に気重くなるが、徒歩旅行を少しも厭だとは思わなかった。むしろ北海道縦断を達成し、日本縦断への自信がようやく起きだしたのは確かだ。船は揺れ、軽い空腹感が船酔い気分を進めた。食堂で湯を貰い、座席でみそ汁とアルファ米。その後は酔いが強くなったので眠る。青

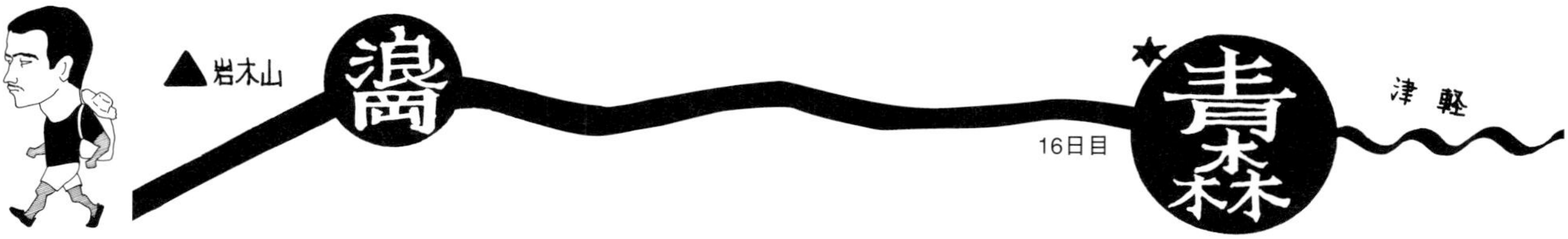

森着夜九時頃。雨に濡れた夜の青森港に溜息ばかりが出た。連絡船待合室で眠る。

本州を行く

八月九日（一六日目）　大先輩の自転車娘

五時半、待合室でかけそば。早朝のため青森の町は静かだった。なぜか稚内駅を出発した時を思い出す。違うのはカラスがゴミをあさっていないことか、が本州第一感想。

田んぼが見えだす。先入観もあって、北海道より狭く思えてならなかった。北海道では町と町の間には、はっきりした何もない間隔があった。青森ではその間隔を感じない。

通勤の人の姿が見えだす頃に雨。それも時に視界を遮断してしまうほど強かった。菓子パンを食べに入った汚い店で聞いた、おばあさんたちの津軽弁はほとんど理解できなかったが、これで本州路に入ったことを実感し、気が晴れだした。

弘前《ひろさき》までに小さな寒冷前線に何回も会ったようだった。矢のような雨が降ったかと思うと、急に止んでポッカリと口が開いたような青空が頭上を移動している。雨も風もすさまじく寒くも感じたが、止んだ後の陽ざしの暑さが強烈。

浪岡町《なみおか》は五日前の大雨で氾濫した川の泥の跡がいたる所にあった。復旧の峠は二日前に過ぎたそうで、商店街で立ち話をする大人やキャッチボールをする子供たちが見える。

津軽富士の岩木山《いわき》が見えだす浪岡町の川倉で、成田さんというおばさんがパンとコーヒーを御馳走してくれた。玄関に入る時に「うちの子は昔よく自転車で日本中を廻ってねぇ」と言うので、息子さんがいるのかと思っていたら、実は娘さんだった。コーヒーを注いでくれる顔は陽に焼けて「一〇年前っていったら、今のようなサイクリングのはしりの時分だったワ」と言う。拾ったオンボロ自転車で、一人で九州一周をしたこともあったそうだ。

昼飯を御馳走になって、東北節約の気分が高まってきた。北海道での出費は予定以上で、一日平均七八〇円。東北を五〇〇円で抑えねばならないが、これは苦痛とは思わなかった。北海道の反省から出費抑制の方法が分りだしていたからだ。

岩木山は中腹以上を雲に隠しながらも、次第に迫っていた。川を渡って弘前市へ。「貴ノ花の出身地だぁ！」またも強雨。たたんだポンチョを広げるのが面倒なので、近くのりんご畑の中のスイカ直売所の屋根下へ。パラパラ、バードーザーッ。店番のおばさんと話をしていると、飯と漬物の弁当を紙に包んでくれた。

弘前の町をすぎ、いつの間にか雲が切れて青空が広がる。傾いた夕陽が稲穂をつけはじめた田を、津軽平野の南に接する眼前の山腹を明るく照らしていた。弘前周辺の国道は東北穀倉地帯を感じる稲の中を通る。

本州第一日目は弘前の南八kmの石川の小学校が寝場所。渡り廊下にシュラフを広げていると、警備兵さん

が校長に無断で警備員室に入れてくれた。夕食は貰った飯と漬物。

八月一〇日（一七日目）　編集者がタイトルをつけるのに困る日

校長先生が来る前に急いで出発。晴れ。朝食の菓子パンを食いながら、節約の根本理念を確立した。できるだけ安いものに出費しよう！

大鰐《おおわに》への途中で一円拾い、合計拾得金額を二一一円とした。これを「拾金」と呼んでいた。

日のよく当たる山腹を見上げると、まだ青い小さな実をつけたりんご園が目につく。矢立《やたて》峠に近づくにつれて車の量が激減して静けさを感じるほどになり、北海道を思い出した。温度が昼にむかって上昇しているのがわかるほど暑くなっていった。おまけに昨日の進行距離の稼ぎ分の反動が初めの一歩から出て、バテバテ。自分の体力のなさを自覚した。

矢立峠はたいしたことなかったが、秋田県に入った喜びは大きかった。一道二県目。多くの秋田杉がみごとに聳《そび》えていた。陣場《じんば》まで、峠で杉を撮っていたカメラマンと歩く。

陣場の前から腹へりが始まり、初めに見かけた食堂を通りすぎたために、朝食から三〇kmを何も食べずに歩くはめになった。両側の山が少しずつ離れ、低くなって視野が開けてきた白沢《しらさわ》で、やっと食堂を見つけて入ったが、一瞬不安になった。営業しているとは思えない汚さ。おばさんは「献立なんてないし、何もないのよー」と言う。食いさがって飯とみそ汁を作ってもらった。おかわり付きで一五〇円。

白沢から八kmで大館《おおだて》へ。菓子パンとジュースを買って小学校の軒下へ。風向きが定まらず、蚊取り線香の煙は役立たなかった。

八月一一日（一八日目）　旅は道づれ

顔面にいくつかの蚊の跡。大館市街をすぎて空腹がたまらなくなり、ドライブインを探し続けた。やっと見つけた店の軒下にシュラフを広げて座っている男。彼と目があった。

飯とみそ汁を食べた後、この二七歳の河野さんと歩くことになった。下関で問題を起こして四年前に東京に出て、いろんな職を経験したそうだ。ところが東京でも問題を起こしてしまい「東京には当分戻れんわ」と言う。下関の家に戻って親と大ゲンカし、四万円持って出てきたまま、この日で一週間だそうだ。「旅行なんてする気分でもないのに札幌まで行ったで。そんで寝袋まで買ってしもた」問題というのは女性関係らしかった。「四人の女から結婚せがまれてなぁ、どうにもできんようになった」と言ったと思うと「いや、それは冗談」と、同じ事を四、五回繰返した。しかし話の中での知識の幅広さには驚かされた。

この日も暑く、二人とも汗だくで垢が流れるほどだった。「露天風呂でもあったらなぁ。そしたらビールおごったるで」と言ってくれたので、大いに期待した。昼飯はラーメン屋で飯とみそ汁を注文すると、河野さんは一目私を見て「またかいな。つきあうか」

米内沢《よないざわ》までの道は静かで、北海道のような景色が続

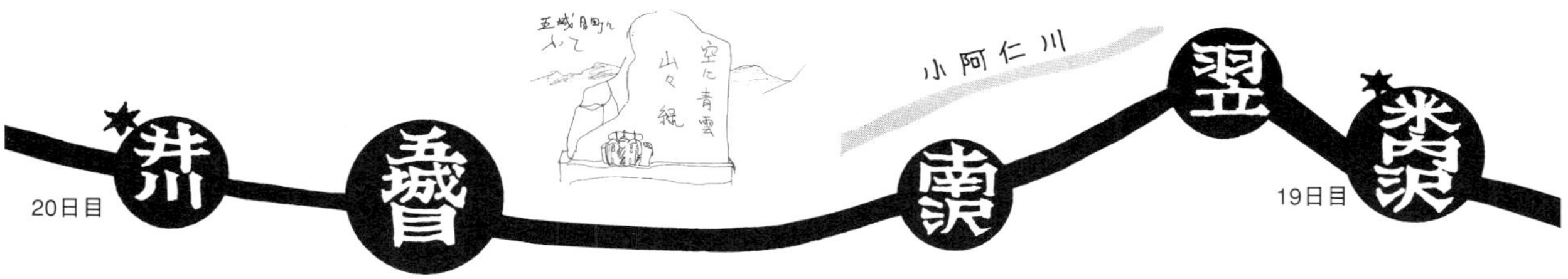

いた。松栄《まつさか》で河野さんは足を痛めて苦しそうだった。その頃は「晩飯おごったる」と言っていたので、是非ともそうしてもらうつもりだった。道端の草木をひっこ抜いてふざけあったりもしたが、次第に間隔が開いてしまい、先に行ってくれと言う。別れになってしまうのではと思いながら、先に米内沢を目ざす。

夕方、ゆっくりと米内沢に入り、河野さんを待ったが現れない。寝場所に紹介してもらった公民館へむかうと、足を痛そうにした河野さんとバッタリ。当然二人で公民館へ行き、当然食堂へ。枝豆をつまみにビール三本と親子丼とそばを御馳走してもらった。

夜の公民館前広場は、山に囲まれた小さな町の夏祭りの練習で踊りの騒ぎ。大鼓の音、人の声で一〇時まで賑やかだった。河野さんは「婦人会はまだか」と言った。

公民館の六〇畳の広間に地図を広げて日本列島を見た。「かー、広い！。まだまだ先は長い」

長く感じた一日だった。河野さんは、明日電車で秋田へ職を探しに行くとはっきり言った。広げた地図の九州の脇で、横になって煙草を吸っていた彼は、鹿児島県の南の畳を見ながら、まさに他人事のごとく「どうせなら沖縄まで歩いてけば」

八月一二日（一九日目）「非」劇的な別れ

真東の空からの太陽で目が覚めた。そのうちラジオ体操に集まる子供たちの声で河野さんも起きる。

「そこの橋の所の店で牛乳かパンでも食って別れるか」

「劇的に？」と私が言うと「チェッ、女と別れるなら劇的にいきたいが、友達と別れるのに…」と友だち扱いしてくれた。菓子パン一個を御馳走になり、握手して「いつか会おう」と互いに言って別れた。毎日がほとんど一人で、たまにどこかで一晩泊めてもらうだけでも長く楽しく感じられたのに、ほぼ一日河野さんと行動できたのだから、一日以上に長く楽しい時間だった。

この日も暑い。羽立《はだち》でイチゴ牛乳を飲んだ店で握り飯とはち蜜を買った。道は小阿仁《こあに》川沿いの谷間の道になった。何度も水をかぶる。南沢《みなみざわ》の養鯉場の食堂でみそ汁を注文し、握り飯で昼食。途中、林道の入口の木陰で昼寝。前日の国道一〇五、この日の二八八号は林道に毛のはえた程度でのんびりしていた。

相変らずたまに通る集落は小さく静かで、道わきの小川には沢山のメダカや小魚がいた。五城目《ごじょうめ》の町では、垢やなんやで黒くなった足に汚い短パン姿の私を見る大衆の目つきが一種変わっているような気がした。薄暗くなった五城目で夕食に飯とみそ汁。

思いきって井川《いかわ》町まで目ざす。真っ暗な国道は穂をつけた稲がみのる田んぼの中。寝場所は井川町の町民体育館の軒下。体育館が閉まるまで小学校二年と幼稚園の兄弟と遊んだ。

蒸し暑さと蚊の襲来で寝つきが悪く、田んぼのむこうの町の灯りを見ていた。蚊取り線香はこの夜でなくなった。

八月一三日（二〇日目）子供から貰った折づめ弁当

早朝、雷鳴を伴う強烈な雨でシュラフを飛び出す。

わずかな軒下に雨とそのはね返りは容赦なく降りこむ。グランドシートとシュラフが濡れた。

　降りも急だったが止むのも急だった。書き残しの日記をつけていると、昨晩の兄弟が来た。ラジオ体操があるからだ。体操が終った後も小二の子といろいろ話をした。私の体験談を真剣に聞いてくれた。真ん丸の黒い顔の兄貴の方は、はきはきして気持よかった。朝飯を食べに一度は帰ったがすぐやってきた。朝早く雨で起こされ、ぐずぐずと出発を遅らせているうちに腹ぺこになっていた私は「朝御飯は何だった」と聞き、思わず「そうか、うまそうだなぁ」と言ってしまった。兄貴の方が「ちょっと待ってて、何か食物持ってくる」と、折につめたまだ温かい弁当を持ってきてくれた。弁当は準備中のドライブインでお茶を貰って食べた。うまかった。店の人がトマトをくれた。

　飯田川《いいだがわ》町で食料品店の前を通ると、店のおっさんが「おおっ！休んでけなよ」甘えることにした。コーヒー四杯、ビスケット、弁当替りに五〇cmもあるパン。リュックを背負うと、四杯分一袋の即席みそ汁を三袋もくれた。

　秋田に近づくにつれて地面は砂地になった。工場企業団地の中を、いつものようにいいかげんな歌を歌いながら歩いた。貰ったデカパンと牛乳とジュースとで昼飯。

　自分にとって秋田市は、いくつ目かの大きな区切りだった。その感激はいつも目的地の端に入った時までで、真中を越す時は冷えたものだった。次はーと、新たな目的地が頭に浮かぶのだ。秋田市通過で、新潟市まであと六日の皮算用をした。

　陽が傾き滝ノ下から海岸沿いの松林の中の道。はるか前方に山形県との境に聳える鳥海《ちょうかい》山。寝場所は下浜《しもはま》の海岸。夕食は飯とみそ汁。菓子屋で蚊取り線香を一巻買う。貰える物は徹底的に貰おうと気分がのりだし、ちょっとしたものに出費するのは馬鹿らしく思えた。もっともそう思ったにしては出費が多すぎるようだ。

　夕焼けはすばらしく、興奮しながら大空の大画面を仰いだ。


八月一四日（二一日目）　幽霊を見ても怖くない日だ

　夜中から冷えこみ朝は寒かった。朝露でシュラフ等が湿って、起きると頭が痛かった。朝食は浜茶屋でかけそば。それ以後松林や、海の見渡せる道を通り、昼食は腹へりのすえ二七km後に本荘《ほんじょう》で飯とみそ汁。

　この日も暑かった。広がる海を見ながら歩くのは気も広がって、いろんな歌を歌った。毎日の足の裏や肩の痛さだけでなく、全身に疲れを感じていた。西目《にしめ》でキリンレモンを飲んだ店のおっさんは、肩を落し加減の私を見て牛乳をくれた。「うまい！」とでかい声をだした。

　鳥海山がもう間近。鳥海山の山容が一番美しいのはその西目、仁賀保《にかほ》町あたりなのだ。両前寺では右手に信号待ちの貨物列車が見えて、通りすぎるまで止っていた。それを見ながら、東京へは貨物列車に忍びこんで帰ろうと考えていた。夕陽が沈みそうになった頃、美しい山容の鳥海山をスケッチ。

　寝場所は小学校にしようとおばさんに尋ねると、近

くにあるけどまず家に寄って夕飯を食べて行きなさいと言ってくれた。腹いっぱい食べた後、ゆでたての枝豆とトマト、プリンスメロン、リポビタンD、生卵そして蚊取り線香を一巻貰った。それを持って小学校の玄関近くの石段の上にシュラフを広げた。

枝豆を貰ったことと、夜、小さな鐘を鳴らしながら列をつくって歩く老人を見て、遠くの盆踊りの音を聞いて、何日頃なのか分った。

「お盆か。それならここ二、三日は幽霊を見ても怖くないな」シュラフの中から空を見上げると、流れ星が続けて四つ流れた。

八月一五日（二二日目）　登りにくるぞ鳥海山

朝も鳥海山が見えた。枝豆を食いすぎたのか荷仕度中にもよおしてきた。場所を探す余裕がなく、イチかバチかで道からまる見えの校内の草の上で。奇蹟的に人の往来は断えていた。さっと立って出発しようとすると、用務員さんがちり取りとほうきを持ってやって来た。少し後に私の排泄物があるので、ニタニタして「寝かせてもらいました」と言いながら、足ばやに出発。朝から気持よく晴れていた。

金浦《このうら》町と象潟《きさかた》町の境の夕なぎ荘という旅館で朝食。チャンスを逃すとまた腹へりに苦しむと思った末の対応だった。飯とみそ汁の注文に、おかずが二つついてきた。値段を聞くと三百円。注文以上だったので「高い」と言ってしまったのはまずかった。掃除中のおばさん二人が百円ずつ出してくれ、私の負担は百円だった。

象潟の町をすぎて鳥海山がかなり迫る。ちらちら見上げながら歩いていると、二、三人の子供が「登山か？鳥海山か？」と聞く。「いや違うがいつか登りに来るぞ。そしたらまた会おな！」と言うと、不思議そうな顔をしていた。

県境は海沿いにもかかわらず緩い登りで、崖となって海と接しているようだった。鳥海山の裾が海に切れ落ちているのだ。なぜかアベックが多く、肩を寄せて歩いていた。景勝地となっているからだろう。私はよく背中のリュックと話をした。良き相棒に思えてならなかった。その頃の相棒はリュックだったが、日を追うにつれ歩行中に話しかける物は多くなっていった。

吹浦《ふくら》からは、はるか南に酒田の工場地帯の煙突が。道は砂浜沿いに変わっていた。昼食は吹浦川を渡った菓子屋で、持参の米を飯に取り替えてもらおうとすると、米はいらないと、塩ジャケの握り飯を七つもくれた。静かな松林の中で、即席みそ汁を飲みながら食べた。うまかった。

吹浦は仁賀保から三〇㎞は軽く越えており夕方も近かったが、思いきって一九㎞南の酒田《さかた》を目ざすことにした。十里塚《じゅうりづか》からスイカやメロンの畑の間に続く国道。私の言葉で「すっとばし」の体勢で懸命にとばした。かなりのスピードで歩いても、型にはまっていると全く疲れを感じない。しかし一㎞以上その状態を続けると、足の裏がビンビンになってくる。酒田入りした時は、何はともあれ早く寝場所を見つけて休みたかった。市内を歩きまわった結果、強い風の吹きぬける酒田西高の玄関の軒下に。夕食は貰った握り飯の残り一個。

八月一六日（二三日目）トラックを押して夕食を稼ぐ

二年前の酒田大火の跡を見た。焼けだされた商店の仮店舗が連なる通りを歩き、自分の旅の深刻さのなさを感じた。最上《もがみ》川の橋からふり返ると、仁賀保で見た山容とは全く違うでこぼこの鳥海山が見えた。朝食は宮野浦《みやのうら》のレストランで飯とみそ汁。

低木の林に囲まれた狭いでこぼこ道は、東南アジアのジャングルの道を歩いている気分にさせた。河口近くながら河岸まで林が迫る赤川新川に出て、余計に日本ではないような気がした。

湯ノ浜の温泉街で菓子パンの昼食。その頃、曇っていた空が晴れだす。湯ノ浜から磯浜の海岸道。暑くて次第にバテてきたが、こんな時休むとダレ癖がつくと思い、歩き続けた。

酒田市内を流れる最上川　撮影・森本　孝

油戸《あぶらど》で二人のおばあさんの前を通ると「にいさん、どこまで歩く」と聞く。「九州まで」と答えると「んまあ、どうしてぇ、そげなことする気になるのかねぇ」と言うのには答えようがなかったが「九州の南端まで行けば、その先は海だから歩きようがないでしょ」とかっこよく言ってしまった。いろんな話をするうち、沢山の果物と一人千円ずつの弁当代をくれた。

由良《ゆら》から国道七号に上がってすぐ、一人の自転車野郎が「オッス！」と声をかけ「元気？」と以前に会ったような言い方をする。函館でことばをかけ合った奴だった。油戸で貰った青りんごを一個分けた。夜に温海《あつみ》でまた会うことにして、先に行ってもらった。ところが時刻は夕方の四時、温海まで一六kmもあった。「すっとばし」を出せば七時頃にはと思い、徐々にペースを上げたが、七kmをすぎて夕陽が沈みかけた。何だかアホらしくなって、九時頃までに着けばと考えを変えて休んだ後、日中の暑さが風に拡散された夕方の気分をのんびりと味わって行くことにした。海水浴客が去り、楽しそうに海でふざけあっているアベックが気になった。

鈴《すず》で農家のトラックが畑に落ちかかって往生していた。後押しをかって出たが、結果後輪二つとも完全に落ちてしまった。おじさんは少しやけになったのか「ええい、そこに転がってるスイカ好きなの持ってけ！」と言い、夕飯も御馳走してくれた。「温海で友だちが待っている」と言うと、彼のために握り飯を持たせてくれ、他にも大きなプリンスメロンとトマトをくれた。スイカは持ちきれなくて「今度来た時に」と言うと、おばさんは「そうね」と言った。

重くなった荷物にかかわらず、足は「すっとばし」状態で軽快に動いた。暗くなる少し前に百円拾い、拾金は三一一円。

真っ暗になって星がきらめく中を温海入り。待合わせの場所を決めてなかったので一服どころでなかった

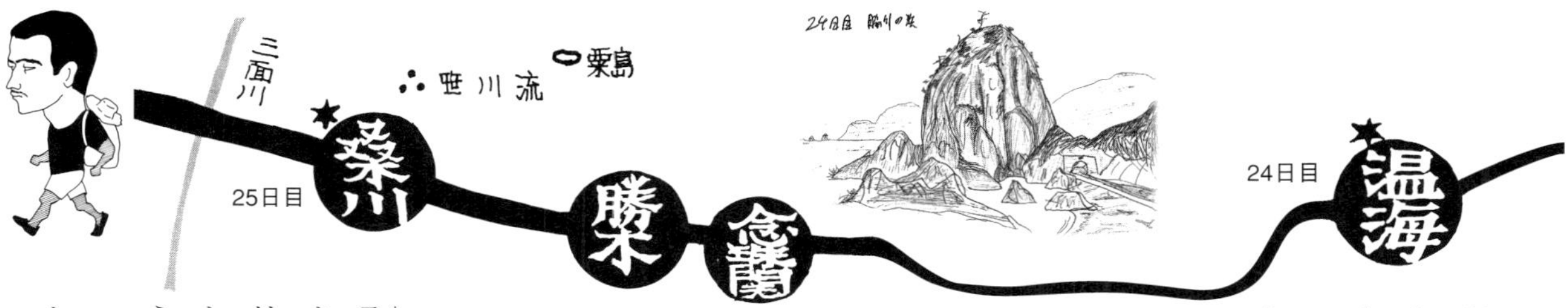

が、うまいこと駅で会えた。夕食はもう食ったと言ったが、貰ってきた食物を分けるだけ分け、バス停の待合小屋で話をしながら一二時頃寝た。

八月一七日（二四日目）　思案にくれた笹川流《ささがわながれ》

彼のいびきはすごかった。前日貰った食物を朝食に。人の往来が始まった頃出発。「じゃぁまたな」と言うと、自転車はみる間に遠く先へ行ってしまった。

新潟県境の手前の念珠関《ねずがせき》で小さなパン屋のおばさんが羊羹一本くれた。勝木《かつき》から畦道を伝って浜に降りたが、歩きにくいので海岸沿いの国道へ。間瀬で玉子丼の昼食。勢いの強い雨が降っていたが、それでも海はきれいだった。笹川流と呼ばれるこの辺の海岸は、洞窟や岩など変化に富んだ景色と海の色で全くあきなかった。沖には粟島《あわしま》が見えた。昨日の夕方、粟島のはるかむこうに島が見え、それが佐渡島だと分った時は感激した。この日は佐渡島は見えない。一時雨が止んで、堤防に寄りかかったままじっと海を見ていた。

夕方、笹川流でとびとびに出会う民宿村のような桑川《くわがわ》に出た。一度はぬけようと思ったが、雨が再び強まってきたので寝場所を見つけることにし、学校、神社、寺、駅と尋ねたが許可してくれなかった。村のほとんどが民宿なので、ただの寝場所なんて甘いのだろうか。

広くもない村を歩き回るうちに真っ暗になり、海岸からの波の音と夜の強い雨。「どうすっぺ？」と思案にくれた。村の端で思いきって民宿を訪ねて「駐車場の屋根下に一晩泊まらせて下さい」と頼む。許可を得たものの、こんなことを言った自分がみすぼらしく思えてしかたなかった。

真っ暗な小さい駐車場には、どこからか小さな光の線が二、三本さしていた。トタン屋根の雨音の下でシュラフの上に座り、蚊取り線香に点火しようとすると、民宿のおばさんが「ひとまず家にいらっしゃい」と言う。シュラフはそのままにして上がらせてもらった。

結局、風呂に入り、夕食をもらい、しまいには客室にフトンを敷いて泊めてくれた。全て無料。「人の好意は素直に受けろ」と言われて、全く頭が上がらなかった。

八月一八日（二五日目）　人の親切は素直に受けよう

「うちのみんなは、何か一つの事を一生懸命にしている人がいれば、その人の何か手伝いをするのが好きな者ばかりなんだわ。だからあんたはもっと気楽にして」と言われ、ついでに「人の親切は素直に受けなきゃ」ともう一度言われた。

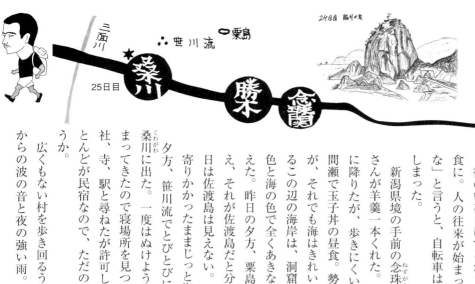

このともや民宿のみなさんは、勝手口に集まってそれぞれに激励してくれた。「今度は嫁さんを連れて来んさい！」という言葉を背に出発。昼の弁当にと高三の娘さんが握ってくれた握り飯も貰っていた。

前日で東北路は終り、この日で一〇〇〇km突破がかかっていた。続けて一〇〇〇km踏破は初めて。世界地図ではどの位の長さだろう。空は雨が降りだしそうな様子。この二、三日疲れぎみだ。三面川《みおもて》を渡る前に一

○○円拾い、計四一一円。砂の中に埋もれかけた硬貨を見逃さない自分の目に誇りを持っていたが、暗い夜には看板の字がぼけて見え、鳥目の心配をした。三面川は増水していて流れも早かった。上流の山地は灰色の雲に包まれていた。

岩船《いわふね》で缶ジュースを買って握り飯の弁当。見渡すかぎりの田んぼの中に集落が散っており、新潟平野に入っていることが歩きながらよく分った。広くない道が田の中をくねくねと、また真直に続く。胎内《たいない》川を渡って雲は遂に切れだした。

築地《ついじ》で夕陽が沈みかけ、寝場所を探しながら進む。途中、二回寺に寄ったが断られた。ふと気がつくと夕焼けが静かに西の空にあった。思わず「明日は晴れだ」という願いでそれを見た。夕焼けはいつ見てもきれいだ。

どこでも寝れると思いながらも心配になってくるうち、寺町の紫雲寺《しうんじ》に入り、昭和石油のスタンドを寝場所にすることにした。裏に持主の家があるので断りをいれると、いったんは車の出入りで危ないと言われたが、結局、この小林さん宅に泊めてもらうことになった。忘れていた夕食はなんとどじょう汁。四杯もおかわりをした。おばさんのおいしい料理と酒をつがれ、おじさんや燃料店の後を継いでいる息子の悦雄さんといろんな話をした。

気持よさそうに酔いかげんになったおじさんは「田中、雄次郎君か。しかしさっきからもう食べ続けっすな。さいすか。若いなあ」そして顔をくしゃくしゃにして声をたてて笑う。おじさんの痛快さには感激した。楽しい夢のある話を沢山聞き、一二時頃、悦雄さんの部屋にフトンを敷いてもらう。

八月一九日（二六日目）

日本の石油についての若干の感想

目を覚まして茶の間に行くと八時過ぎ。おばさんが朝早くから作ってくれた朝・昼食の弁当を持って出発。ひとまず隣の聖篭《せいろう》町にある小林さんのもう一つのガソリンスタンドへ。そこではおじさんが働いており、弁当を食べ、缶ジュース三本貰う。昨夕の夕焼けの通り、強い陽ざしの午前中だった。

途中広い空地でゆっくり休んだ。その場を発つ時、私の時計である太陽の位置は昼近かった。

新潟東港からの道は幅が狭く、大型トラックがすれ違うたびに脇の草に入ってよけねばならなかった。この道は牛ガエルの交通事故による散々たる死骸が絶え間なく続いていた。それを跳び越え、数珠つなぎの自動車をよけ、カンカン照りの稲の間の直線八kmの道はイライラし通しだった。新井郷川を渡ると「新潟八km」の看板を見つけ「やった！」

阿賀野《あがの》川河口の沖に、海底油田採油の柱に支えられた建物が見えた。秋田を通った時も企業団地の間に石油を汲上げている所を見た。中近東のそれと比べて、秋田のは三畳間ならぬ二畳間という気がしたが、新潟のは海なので大規模に見えた。空は新潟平野に近づくにつれて灰色の雲に包まれていった。港の倉庫の多い中の食堂で昼定食と小林さんからの弁当の残り。

新潟の町は新しい感じがした。東京の銀座と変わら

ない雰囲気だ。新潟大学医学部の横を通り、暗くなっても明るい町を南へ。寝場所は小針《こばり》の住宅街の空地の盆踊りの櫓の下。近くで花火をしていた女の子に「日本を縦に歩いているんだよ」と言うと「うそ、うそ、うそ」と言われた。

八月二〇日（二七日目）　新潟平野を歩く

朝から晴れ。気温高くサイダーをよく飲む。この頃から飲み物は五、六〇円のサイダーと決っていた。

新潟の町を後にすると道は黄色の稲の中。一日中大体こんな道中だった。初めのうちは佐渡島が見えた。新潟平野の中にポッポッとふくらんだような角田《かくだ》山、多宝《たほう》山、弥彦《やひこ》山、国上《くがみ》山が右に見えたり前に見えたりしたが、いつしかそれもふり返って見るようになった。

朝飯を満足に食べていなかったので、太陽の傾きから判断して二時過ぎ頃、田の中のドライブインでラーメンの昼食。

新信濃《しなの》川を渡ると田の幅が狭くなり、低い丘陵状の森が迫る。小島谷《おじまや》に出ると左側が再び広く開けた稲田に。そしてその方に傾いた夕陽がきれいになった。村役場軒下、体育館軒下、駅などに寝場所を求めたが断わられ、結局村なかを少し離れた中学校の自転車置場。

近くの文房具屋でサイダーを買い、夕食のつもりで前に貰った羊羹を食べていると、村役場の助役をしている文房具屋の久住さんが来て「疲れているだろう、家の風呂に入りなさい」と言われた。風呂から上がるとビール付の夕飯。

いろいろ話を聞かせてもらい、夜遅くなってシュラフに戻る。夜中、小便に起きて星空を見上げると大きな流れ星。久住さんの家の方にはホタルが沢山飛んでいた。

八月二一日（二八日目）　宰相の威力を見た

日の出前に目が覚めたが、太陽が出るまで寝る事にした。朝陽がシュラフにさしだすと涼しさから暖かくなりだした。朝食も久住さん宅で御馳走になった。天気はすばらしい。

国道に出るまでの稲の中をくねくね曲がる道は、静かで気持よかった。国道は前日と同じ様な観で、相変らず稲の中。刈羽《かりわ》村に入ると道幅が急に広くなり、グリーンベルトと幅の広い歩道が両側にあるすごい道路。何を隠そう田中角栄の地盤だった。

柏崎《かしわざき》に入るともう夕方。迷った末に暗くなるまで歩き続ける事にした。この日も暑く、休みながらよくサイダーを飲んだ。その出費を考えて昼食は抜いた。

柏崎からは海岸近くの道となり、左手に米山《よねやま》が見えていた。米山の麓の米山に入った頃は真っ暗。四〇km突破の手ごたえがあったので寝場所探し。夕食は汚い食堂で飯とみそ汁。小学校の水銀灯の灯を頼りに校舎の軒下に。

出発前、両親に一応一ヶ月間、直江津《なおえつ》まで許すと言われていた。その直江津は明日の行程に入っていた。その晩の自分の意志は固かった。「続けるのだ」

直江津にて

八月二二日（二九日目）
日本縦断を続行させて下さい

荷仕度をしていると、校庭に生徒と先生が集まりラジオ体操を始めた。先生に説明するまで疑いの眼で見られた。

気温はどんどん上昇、またまた暑い日。カニの直売所で準備中のおばさんに「水を一杯下さい」と言うと、腰をかがめて水の入った樽から重そうにコップに注いでくれる。それを見て、あまりうまくない水だったが「あぁうまい！」と、二杯飲んだ。

その柿崎《かきざき》まで四、五㎞の所から、雪を広く所々に残して高く聳えている山が南の方に見えた。一瞬「あれが北アルプスか！白馬か！」とゾクゾクとしたが、後で地図を見ると妙高《みょうこう》連峰らしい。

柿崎で営業開始したばかりのスーパーへ。別に買う物はなかったが、食料品を見るつもりだった。パンを指でつついたり缶詰を手にしたりして、頭の中で食事をしている気分になった。そうしているうちに一四五円の粉末ジュースを買った。七杯分と表示してあったが、うまく節約すれば二〇杯は飲めると思うと、ずい分得をした気分に満たされた。

スーパーの食堂でかけうどんの朝食。途中、たまりかねて人家の便所へ飛びこむ。いつもはレストランとか店の便所を用足しだけに借りていた。その他は町中をはずれれば野グソ。

昼食は潟町《かたまち》のパン屋で。店のおばさんが大きなスイカ半分を小さく切ってくれた。多すぎて一人じゃ食べきれないと言ったものの、全部食べてしまった。

直江津が次第に近づいてくると、日本縦断の続行をどうやって家に知らせようかと迷った。今夜、電話で話す事に決め、いつもと同じように気楽に歩こうとするが、電話の文句を考えたりして、なかなか気楽になれない。とにかく「続ける」ことに迷いはなかった。

家を出た時は直江津から電車で帰る決心をしていたが、約一ヶ月間歩き続けるうち「ここまで歩いて、どうして電車に乗れる」という気になった。進んできた道と距離が自分の唯一の財産に思えてならなかった。

直江津をぬけ、長浜《ながはま》に着き、強風吹きまくる砂浜の浜茶屋を寝場所に。夕食は浜茶屋の持主のおばさん二人がそうめんを御馳走してくれた。

暗くなり、電話にこだわる気を紛らわすために、久しぶりにラジオを聞いた。ＮＨＫでは海に関する面白い話をしていた。

電話をして戻って来た時にはホッとした気持でのびのびできたが、かなり怒った父の声を思い出すと、両親の心配を本気に申しわけなく思った。

八月二三日（三〇日目）
トラックにおびえる親不知《おやしらず》の嶮

一ヶ月前も私は歩いていた。もう自分の家はないのだという錯覚を覚えるようになっていた。

朝のうちは晴れ。糸魚川《いといがわ》に近づくまで道は海岸沿

い。きれいな海を見ながら気持よかったが、出発前にパン二つ食べたきりで腹の減りがきつくなっていった。もう一つ町を越したら、あの大きく海に突きでた所を曲ってから、次に見えた食堂で、とか思って食事をがまんして行った。そのうち昼も過ぎた糸魚川の五、六km手前の食堂で朝食から三一kmで飯と豚汁の昼食。店のおばさんが「よかったら泊めてあげるよ」と言ってくれたが、まだまだ時間があったので、とにかく距離を稼ぐため先にむかった。

　糸魚川からは妙高の山々が手前の山をはるかにしのいで高く頭を出していた。雲が徐々に多く低くなり、昨日見た雲が見えなかった。

　山容も昨日とは少し違っていたので「昨日のはやっぱし白馬だったんじゃ？」と思っていた。地図を広げると白馬岳は遠くない。もっと晴れていたらと残念だった。道は北アルプスが日本海に切り落ち、親不知、子不知の嶮のある一二、三km続く断崖にむかっていた。

　青海《おうみ》でサイダーを飲みに入った食料品店でトマト三個、ブドウ二房、生菓子、蒸しとうもろこし三本を貰う。出ようとしたら、買物に来ていたおばさんがトマト八個、水羊羹四個、生菓子四個くれた。荷が重くなったが、うれしい限りだった。

　道は徐々に狭く登りになり、断崖にへばりついているようになった。崖の中腹で道は平坦になった。大型トラックが通ると人が歩く幅がなくなる。その時はスノーセットの支柱の間に隠れるしかない。ついでに崖下を見おろすと直下数十mに浜があり、その幅も狭くなっていくばかりだった。富山県の沖合能登半島方面は黒っぽい灰色の雲で広く包まれ、行く手は雨模様なりと覚悟させられた。

　暗くなるまでに親不知の町に出ないと、他には寝場所になる所はなかった。薄暗くなって親不知の小さな町に入った。浜に降りて寝ようとしたが「今日は波が高いよ」と言われ、結局親不知駅のベンチへ。一年位前、狭い浜でテントを張っていた学生が波にさらわれてしまったそうだ。

　寝場所にはアブが多く、じっとしているとジクッ！と襲われた。手足を震わせ蚊取り線香をつけ、二、三匹のアブを追いまくりやっつけた。少し落着いて、貰った食料を食べだす。生菓子にカビがはえているのに気がついたのは、半分食べた後だった。急いで梅干三個と正露丸六個飲んだ。

八月二四日（三一日目）　黒部の山は雲の中

　前日貰った物を朝食にし、富山県入りを目ざしてスタート。

　大型車の多い崖沿いの道に入るのは交通事故に会いそうで恐ろしく、小道を見つけて浜に降りた。降りたのはよかったが、砂利浜は足がめりこんで疲れがきつくなった。前方のどんどん狭くなっていく浜を見たり、左肩側に立つ崖を徐々に高く這い登っていく道を見上げたりして「どうすっか」結局小道を登って国道に戻ったが、やっぱり怖いのでまた浜に降りた。

　浜はどんどん狭くなり、一番狭くなった所は波打ちぎわから三m程に崖が落ちていた。波しぶきを受け、

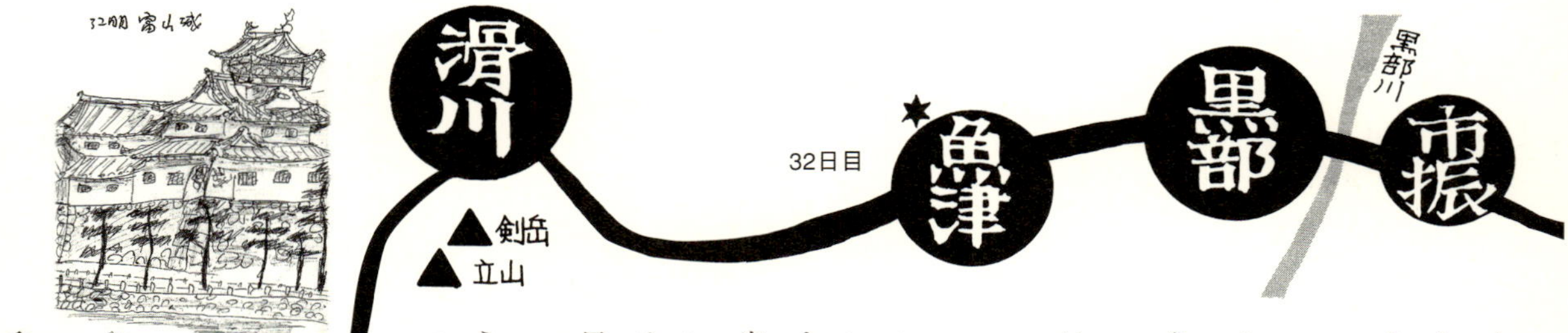

大きな石に登ったり、歩きやすそうな所を選んだりして、まだまだ先に待っている鳥取砂丘縦断の練習をした。空は朝から降りだしそうな雲がたちこめていた。

市振《いちぶり》から浜を上がり、空腹でしかたなかったのでパン屋に入り、パンの値段を片端から聞いたあげく、急に「米とご飯を交換していただけませんか」と言った。説明に時間がかかったが、店のおばさんは米はいらないと言い、握り飯を作ってくれた。

新潟と富山の県境は境《さかい》川を渡って同時に越えた。一道五県目。左手は黒々とした山が雲の中に消えていた。晴れてほしいな。高く聳えた山が見たいなという思いは、黒部川を渡ったり黒部の町を越したりするたびにあった。相変らず雲にかすんだ山がその奥に消えていた。黒部川は下流にもかかわらずきれいで青く、流れが速かった。あの雲が山で雨を降らせているな。パン屋で貰った握り飯を泊《とまり》で食べる。昼過ぎから雨になった。

雨が激しくなる片貝川《かたがい》手前で、食堂でかけうどん。うどんの熱もさめてから雨の外に出ていくのは憂うつこの上ない。暗くなってから魚津《うおづ》へ。寝場所は寺にしようと横丁へ入る。魚津は寺町で沢山の寺があった。訪ねた所全部に断られたが、初めに訪ねた時は灯が見えず、頼んでも脈なしと勝手に決めつけていた寺に時間も遅くなってから訪れ、本堂を貸してもらえた。菓子パンを夕食に。靴の踵が破れた。

八月二五日（三二日目）

あんたいったい何してる人

全コースの中間地点金沢まであと二日と計算を立てて出発。

いつものように、出費をいかに抑えるかと考えながら空腹が始まっていた。滑川《なめりかわ》市に入って「朝メシ」と看板を出す食堂で、八〇円の飯と五〇円のみそ汁を食べながら、店のおばさんと話をした。きりよく飯二〇円分追加してもらい、三個入って一五〇円のむすび弁当を普通より大きく作ってもらう。

曇っていたが東の雲が少し切れ、剣《つるぎ》岳、立山《たてやま》の姿が見えた。富山市街には昼過ぎ。午前中疲れぎみだったが休まず歩き続けた。酒屋の前でサイダーを飲み、むすび弁当を。中心街を歩いている時、多くの人に変な目で見られた。軽蔑的な目にカッときて奥歯に力が入ったことがあった。富山城の堀端で昼寝。

県道に入ってから雨が降ったり止んだり。梨の果樹園が多くなる。次第に田と果樹園の間の道になり、たまに集落のような家々の間をぬけた。パンを食べに入った酒屋では、入った瞬間から店のおばさんの目つきは懐疑的で、しまいにパンを食べている私に「あんたいったい何してる人なの?」話すと梨を三個くれたが、この問いかけはいささかショックだった。

夕方に近づくにつれて雲が切れ、緩くうねる田んぼやポツポツと散在する林が夕陽を受けてとてもきれいだった。その日の目的地の戸出《といで》まであと七、八kmで暗くなった。庄川《しょうかわ》を渡って戸出に入ると、盆踊りで商店街は人でごったがえしていた。

児童公園で寝ることに決めて、その準備をしてから、隣の空地で賑やかに踊っている盆踊りを見ていると、小さい子供を二人連れたおじさんが来てしばらく話をした。いったんはどこかへ行ってしまったが、再び来て「家で夕食を食べんか」と勧めてくれた。結局そのおじさんの家で御馳走になり、泊めてもらうことになった。

この人の本業は理容師だが、日本画家でもあり、次の展覧会に出展する作品や今までの作品を見せてくれ「おじさんは戦時中、中国大陸千二百里を三二kgの荷物を背負って戦いながら九ヶ月も歩いたもんだ」と話してくれた。

靴は踵が両方とも破れてしまった。履けなくなったら、靴ひもは遺品として道中のその場で、自分の手で荼毘《だび》に付すことを真剣に考えた。

全コースの中間 金沢へ到達

八月二六日（三三日目）

中間点突破記念のかけうどん

日本画家の富田さんの家で朝食を食べて出発。全コースの中間地点の金沢突破を目ざす。

小矢部《おやべ》を過ぎて道は山間に。先を考えて食料を買うことにしたが、店が見当らなかった。朝貰ったせんべいを空地で食べていると、向いの家からじいさん出てきて「あんた、おちらし粉知っとるか」と言う。「…というわけで、これは腹をふくらますにゃええよぉ、よかったら持って行きんさい」と二袋のおちらし粉をくれた。おちらし粉は関西でいうはったい粉で、煎《い》った大麦をひいた粉である。袋には「老人・幼児の健康食」とあった。

倶利伽羅《くりから》峠を越えてから、やっぱり腹へりが始まった。津幡《つばた》のパン屋でサイダーを買い、おちらし粉を水に混ぜて食べてみた。「むっ？何だこれ」ちっともうまくなかった。袋の裏には「お砂糖を適当にお混ぜ下さい」砂糖を入れたらさぞうまいのだろうと思いながら、じいさんの顔を思い出した。金沢にむかったが、続く腹へりに負けて食堂で飯と豚汁。店の人は何度も「おかずは？、おかずは？」と言っていた。

その店を出て金沢を越すまで約二〇km、全く止らなかった。快調だったし、とにかく中間地点を越したいという気持が大きかった。金沢はアンノン族で占領されているだろうと警戒しすぎて、兼六園《けんろくえん》には寄らなかった。

真っ暗になってようやく金沢市から野々市《ののいち》町へ。その時も腹へりでたまらなかった。雨も降りだした。夕食を食べに食堂へ。中間地点突破記念に高くて量のあるものを食べようと、メニューを両手に考えた。しかし複雑な葛藤が始まった。時間が経つうちに、客は私一人なので、店の人の期待がこれから注文するものに集中していると思うと、その圧力が焦りだす程大きくなっていった。

かけうどんを食べて出た時、雨はすごい降り。道の向いに小学校が見えたので、その渡り廊下で寝る。

八月二七日（三四日目）　熊が怖くて足踏み

昨日の石川県入りで一道六県目。

起きた時から腹へり。目は真剣に早朝食堂を探したが、道は遂に町を離れて田の中へ。数キロ先に見えるような小さい建物は何なのか。食堂か、ガソリンスタンドか？、準備中と札のかかる店の勝手口にまわり「米と飯を交換……」と言うと「いま炊いとる」と言われた。そうしているうちにパン工場が見えた。「これだ！」とばかり走って行き、三〇円払って二〇〇円位のパンを貰った。

寺井《てらい》町で五〇〇gの砂糖を買った。寺井町は九谷焼の工場や販売所があちこちにあり、その中の一つのベンチでおちらし粉に砂糖と水を混ぜて昼食。販売所の女の人がお茶をくれた。

左手は山がちになり、奥の山々は雲にかすんで消えていた。午前中の晴れから灰色の雲が一面に覆いだして、状態は悪かったが、両白《りょうはく》山地の最高峰白山《はくさん》が見たかった。

金沢平野の南部を道は通っていた。この日はなんとか福井県入りしたかった。薄暗くなりだして雨。ラーメン屋でラーメン。店で先の道を聞くと、福井県に入る牛《うし》ノ谷《や》峠には何もなく、最近熊が出ると言われた。隣に座っていた客のおっさんが「こりゃ明日の新聞絶対見なきゃなぁ。兄やんが熊に襲われたっていうん出とるぞ」とでかい声で嚇《おど》かす。怖くなって福井県には明日入ることにした。国道を離れて寝場所を探すうちに再び雨。

大聖寺《だいしょうじ》の町はずれの南郷の浄泉寺で本堂を借り、風呂と夕食をもらった。

八月二八日（三五日目）
クロよ立派な野良犬になってくれ

寺の人の声にハッとして目を覚ますと八時頃。朝飯を終り、本堂に戻ってくると「最近の子供たちは夢がない。今朝は日曜学校で子供たちが集まるから、あんたの体験談を話してやってくれ」と言われ、大いに遠慮したがやることになった。「おはようございます……北海道を歩いているとよくとんぼが肩に止りました。……みなさんも大きくなったら、したいことをやって下さい……」ことばの間に時間をとられて、こんな程度しか話せなかった。

弁当を貰って出発。牛の谷峠の登りが急になった所で一〇〇円、峠を越してじきに一〇〇円、そして福井市に入って五円と合計拾金を六八一円と大きく伸した。この時から本塁打世界記録を目ざす巨人の王との競争意識が湧いてきた。

城が見える丸岡《まるおか》のパン屋でコーラを買って弁当。道はそろそろ始まった稲刈りを両側に見ながら、のんびりした感じで南へ。丸岡で、白山はこのあたりから見えますかと聞いたら、見えないと言われた。

九頭竜川《くずりゅう》の橋から東を見ると、山の端が左右に重なるようにかなり奥の高い山も見えた。地図から推測すると一三〇〇～六〇〇 m台の山々だった。

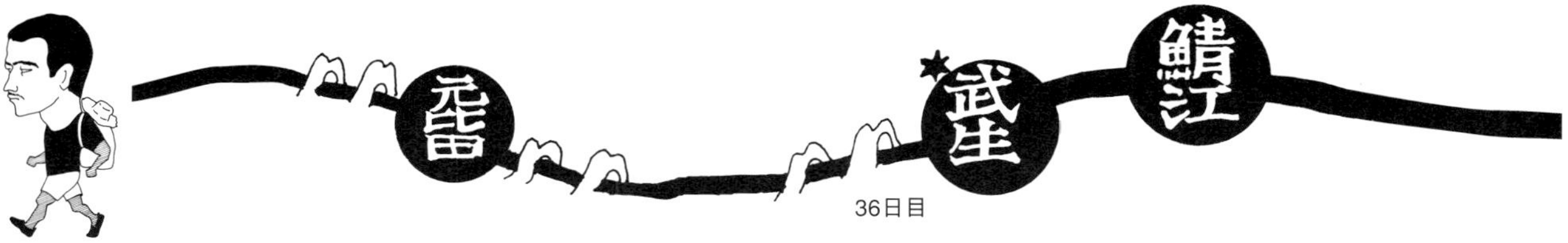

私の地図は商業用の地図だから、山地も平野も見わけがつかない。ただ黒い三角印に名前が付してある。主要な国道は黒だが地は白で、たまに河川と道とを見違うこともあった。国道沿いで地図を見るのは現在位置確認と暇つぶし程度。国道では平均五km間隔で道路案内の看板があるからだ。

福井市を過ぎると夕陽が赤く傾き、普通ならそろそろ寝場所を見つけている時間になって鯖江《さばえ》市に。

浄泉寺で昼夜二食分の弁当を貰ったが、一日中炎天下だったので夕食分の弁当の傷みが心配だった。夕食を食べることを考えながら鯖江の町はずれを行くと、やせこけた小犬が川端の草の中にいた。いったんは通りすぎたがかわいそうになって、傷んでいるかもしれない弁当をやりに戻った。草ボウボウの土堤に降りて白い小犬を「クロ」と呼びながら探した。私は犬や猫を呼び名に迷わなくていいように、いつも「クロ」と呼ぶことにしている。近くで見るとよけいにやせて見えた。握り飯をやると、あごがはずれそうになるほど大きな口をあけてかぶりついた。私は急いで道路に上るために走りだした。この犬について来てもらっては困るのだ。自分の食糧が半分になってしまう。「クロ」は鼻をならしてついてくる。やった握り飯五個をほったらかして。「ついて来んな!」と薄情にもどなって、一・五mの壁を乗り越えて後続を絶った。「立派なのら犬になるまで死なずに成長してくれよ」

夜の九時すぎまで歩き、思いもよらなかった武生《たけふ》に入った。寝たくてしかたなかったので、ガソリンスタンドのコンクリの上にシュラフを。夜中、入ってきた観光バスに危うくひかれそうになった。

八月二九日（三六日目）　関西に入ったぞ

ガソリンスタンドが開店する前にと、急いで出発。七km歩いて食堂で飯とみそ汁の朝食。

道は登りになり、武生トンネルを皮切りにトンネルの一日が始まった。武生トンネルは道幅が狭くて長く、排気ガスがひどかった。中程で大型トレーラーにひき殺されそうになった。長いのは八〇〇m前後、短いのは三〇m位のトンネルを出たり入ったり。ことごとく狭かった。良い点と言えば大いに涼しいことくらい。

この日もカンカン照り。いくつ目かのトンネルを出て更に急な登りに。その先は青空が見えていた。その頂点に達すると、眼下に青い海が広がり敦賀《つるが》半島が前方に見えた。「やった。もうはっきりと関西に足を踏み入れたのだ」

昼食はみやげ物屋で店の人と話をしながらおちらし粉を食う。初めの一杯は腹が減っているのでうまく思えた。二杯目からは、昼飯なんだからと水っぽくして流しこむ。

元比田《もとひだ》でコーラを飲んで休みながら薬の行商のおっさんと話し、靴の修理に使おうとバンソウコウを二巻買った。その使い途を話すと「ええんじゃ、こんなもん捨てたかてかまわんのや」と、バンソウコウ四巻とメンタムをくれた。

鞠山《まるやま》のトンネルを出ると敦賀の町。本屋で日本地図を見て「やったあ」と鳥肌をたてた。明らかに半分を越していたからだ。

長かった国道八号から二七号へ。敦賀市内を歩くうち腹へりが始まったので、米二合を出して「満州」という中華飯店で交換を頼んだ。ここでも米はいらないと、温かい飯をいっぱいにつめた二つの折りとおかずの折りを一つくれた。別れぎわ「今度は金出して食べに来てな」と言われた。その夕食をスーパーの食堂でお茶をもらって食べた。

寝場所は敦賀市金山の神社の舞台。近くの下野さんが風呂に入れてくれ、ふかした甘いさつまいもを御馳走してくれた。

八月三〇日（三七日目）　王選手に勝った！

朝食は下野さん宅で。もう宗谷岬に戻るより佐多岬の方が確かに近いのだ。

歩き始めてすぐドーッとばかりの雨。関《せき》峠の登り道に雨水が流れていた。峠を下りきると青空になり、この日もカンカン照り。最初からなぜかバテバテだったが、休むのを抑えて歩き続けた。

三方《みかた》町に入って一〇円拾う。これで遂に王より先に七五六号ならぬ七五六円に到達。「勝った！」と自分の偉大な功績につぶやき、千円拾金という新たな目標をたてた。

ちょうど昼頃、暑さと疲れにたまりかねて、道路沿いに見えた地蔵堂の軒下の日陰にひっくり返り、下野さんが持たせてくれた弁当を食べて、しばらく昼寝。静かで何ともいえないほどリラックスした。

三方町を離れると道は山あい。やっとみつけたドライブインでジュース。店のおばさんが「店の主人に内緒だよ」を連発しながら、せんべい、豆菓子、うどん、遂に握り飯の弁当まで作ってくれた。

そこを出て休まず歩き続けた。道が次第に平野に流れ出ようとする所で、前方二〇mに野猿二〇匹の群が道に降りているのを発見。おもしろいのでそっと近づくと、一mの所でみな山にサッと駆け登ってしまった。近づいてみたものの、接近しすぎて怖くなっていたところだったのでホッとした。二〇匹対一人じゃ殺《や》られるかもしれないと思ったからだ。駆け登っていった急な斜面を見上げて、一瞬ギョッとした。鋭い目でボスらしいでかいのが一匹、私を見ていたのだ。

小浜市街地を遠望　撮影・森本　孝

夕方になって上中《かみなか》町の神谷あたりから、はるか前方に小浜《おばま》の町のビル。平野なら一〇～一五km先が見える事があった。小浜市に入って足元が暗くなりだした頃、一〇〇円拾う。一気に八五六円に。

夕食は途中で貰った握り飯。小浜市街地のガソリンスタンドの軒下で寝る。

八月三一日（三八日目）

五〇過ぎのおっさんに走り負ける

天気良好。朝食は青井《あおい》の食堂で飯とみそ汁。「食事

一時間以上になると場所代として百円頂きます」とあった。

リアス式の若狭《わかさ》湾はとても静かだった。暑くてこの日も早くから疲れていた。前方に若狭富士の青葉山が見えていた。頂上が尖ったかっこのいい山だ。

昼頃、こんもりと茂った森の中の神社の石段でおちらし粉を昼食にし、昼寝。近くの田んぼの稲刈りの休みがてら石段を登ってきたおばあさんに「舞鶴《まいづる》は寄り合いの町だから、チンピラに気ぃつけなさいや」と言われた。

青葉山は近づくにつれて次第に形が変り、南から見る姿は東西にでこぼこして木々に深く包まれていた。

京都府入りは間近だ。

トンネルをぬけて京都府へ。一道八県目（府も県に含めることにした）。低い山あいの道を下り舞鶴市街を目ざす。疲れて空腹ばかり。レモンの沢山かかったトンカツを想像していると、四歳位の男の子が刀のつもりで棒を中段に構え、私をじっと見て行く手をふさいでいた。五m位に近づくと急に刀を下げて「おばけだぁー」と、いっさんに走り出してどっかへ行ってしまった。側にいた三歳位のかわいい女の子がニコニコして私を見ていた。なぜか楽しくて私もその子に微笑みかえした。

東舞鶴には海上自衛隊の自衛官が沢山いた。あの白い服はかっこいい。港で大砲や機関銃を装備している護衛艦を目の前に数隻見た時には、自分が社会的に全く意味のないことをしていると再認識した。それは帰途につくものすごい数の工員を見て余計に思えた。

東舞鶴のはずれでアイスキャンデーを食べた店がこの日の泊り場に。夕飯のおかずから日用品まで何でもあるようなこの店の大将は村井さんといい、一年前四〇歳過ぎから朝晩走りだした、町内のマラソンランナーだった。風呂のあとのビール二本とコップに一杯半の日本酒で、疲れた体に酔が気持よくまわる。

夕食をたらふく御馳走になってすぐ、大将の日課についていく。今日は歩きだと言うので安心していたが、やがて速足になり走りだした。五〇過ぎのおっさんに！、と思うばかりで、間隔は広がる一方。三・五km程走って止まってくれた。気がつくと雨がかなり降っていた。近くの飲屋でビールを飲み、競歩みたいに速く歩いて帰った。今日の進行距離に七kmプラスしたい気持だ。店の前で、おこった顔つきの奥さんと娘さんに「こんな夜遅くまでどこに行ってたんの！」とどなられた。一時頃床に就く。

九月一日（三九日目）情けを期待して反省

弁当を貰って出発。朝から陽ざしが強かった。

昨晩無理して走ったためか、足の筋が突っ張って痛かった。西舞鶴をすぎてのんびりと歩いた。暑い。由良川沿いに行くうち、たまりかねてラーメン屋で缶ジュースを飲んで休む。店の赤ん坊のホッペタを突っついてかまっていると、その子の若い母親が一〇〇円のソフトクリームをくれた。

この日のコースで気になっていたのは、若狭湾とのおさらばと天《あま》の橋立《はしだて》。由良《ゆら》川の河口から日本海に出て、村井さんからの弁当を。その後も気温は上り、肩

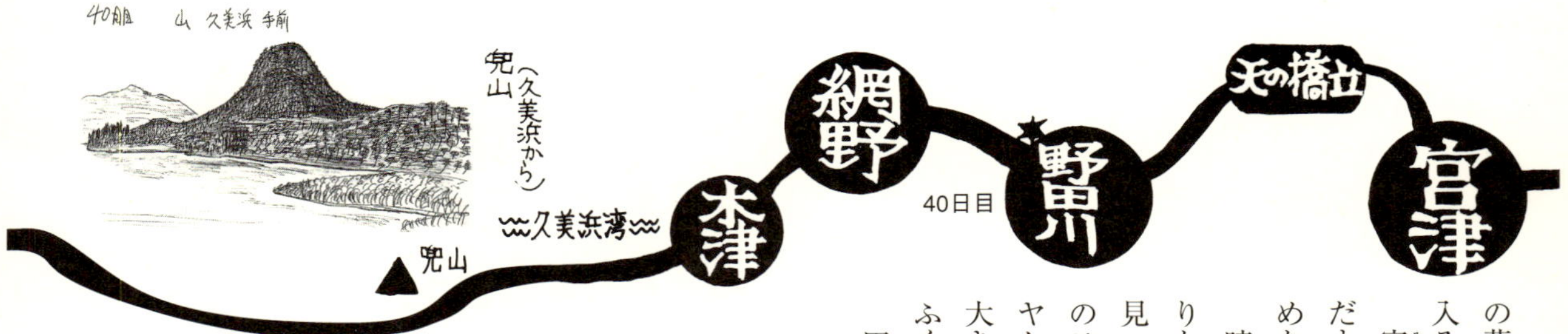

の荷を曳きずって歩いているような気がした。たまに入るトンネルはありがたい冷房室だった。

宮津《みやづ》では夕陽も沈みかけ、灰色の雲が西の空を被いだす。天の橋立は、これがそうなのかという程度のさめたものだった。

暗くなって野田川町《のだがわ》へ。夕食より早くシュラフに入りたかったが、街の灯が近づいた所で果物の直売所を見つけ、さっそく「味見のを下さい」と言うと「そこのスイカどれでも好きなの持ってけ！」売れないのでヤケになっているようだった。遠慮なく、うまそうな大きいのを貰う。こいつを夕食にすれば、だいぶ腹がふくらむだろう。

田と川にはさまれて食堂が三、四軒あった。中華料理屋の裏口にまわり、スイカを切るため包丁を貸してくれと頼むと、中からかわいい女の人が出てきて「そんななまぬるいスイカおいしいことないやろ」と、冷たいのをくれた。そのうち彼女に「夕食は？」と聞かれ「夕食はこのスイカ」と言うと、飯にみそ汁、そして明日の弁当にと握り飯をくれた。貰ってしまってから、ひょっとして自分はこんなことを期待していたんじゃないだろうかと、少しばかり自責の念にかられた。

いつの間にか雲がなくなり星のきらめく気分のいい夜、食後のお茶を飲みながら「いつも人に世話になってばかりだ」と言うと「いいじゃない、今度いつかあなたが他の人にそうしてあげるのよ」と言われ、うん、全くそうだと思った。

野田川町石川の小学校の軒下に寝ようとしたが、管理人さんが宿直室に泊めてくれた。用務員のおばさんに風呂をもらった。

九月二日（四〇日目）　警察署で飯を食う

昨晩の中華料理屋の握り飯と用務員のおばさんからのみそ汁とで朝食。このおばさんから昼の弁当も貰った。

天気良好、朝から気温上昇。山陰海岸を目ざす。午前中は一回の休みで二七km歩き、網野《あみの》でことばを交した若い中学校の先生と木津《きづ》で再び会い、中学でお茶を貰って弁当。

日本海沿いの砂地の松林の中を歩くうち、雷鳴が次第に近づく。林の中にはエノキ茸の暗い栽培小屋や、梨、ぶどうの果樹園が見えていた。梨の直売所でまだ緑色の大きな梨を三個貰った。甘くて水分がいっぱいだった。

久美浜《くみはま》湾に出て兜山《かぶと》をバックにスケッチしていると、太陽がずい分西に傾いて三原峠の方に隠れそうになった。静かな三原峠の登り道から振り返ると、波の全くない久美浜湾や兜山がとてもきれいだった。峠の下りから暗くなってきた。山に囲まれた静かな所で、山の端を曲がるとたまに数軒の家があり、夕飯を炊く青い煙が谷間に細くたなびく。その下の狭い田の黄色い稲などを見て、とても古びたのんびりさを感じた。城崎《きのさき》峠を下ってもそんなだったが、急に白いビルが林立する城崎が見えだした。

温泉街の城崎で米と交換した夕飯は、蚊と暗闇とで食っていられないので、警察署を見つけてその中で食った。食後、交通課の部屋に呼ばれて家族構成など尋問され「どんなことがあっても人の物を盗るようなことはするんじゃないぞ」と言われた。

警察署を出ると、周りの山に響きわたる雷鳴と稲妻が空をあちこち這っていた。寝場所は円山《まるやま》川河口近くの城崎港の漁業市場。

九月三日（四一日目）　自転車野郎山田君との出会い

快晴。朝飯を心配しながら但馬海岸道路に入る。この先一二kmは食堂はないと、地図から判断したからだ。

景色はさすが国立公園。道から海岸まで数十mの絶壁。波うちぎわが見えたり、木々がもくもくとして下が見えなかったり。沖の海は濃紺で、下の海は濃緑色で底まで透き通っていた。海に突きでた大きな岩の小さな半島や、円山川を出入りする船がよく見えた。諦めていた食堂があったので米を手にして入ったが、まだ準備中で飯がなく、牛乳とトーストを食べた。

白い砂と沖縄の海のような青く透明な海岸の竹野《たけの》に出て、パン屋で二〇円のアイスを手に休んでいると、店のおばさんが残ったパンのへたを二〇枚位と、この地独特の沢庵と握り飯をくれた。暑い日中を歩きだしたが、じきに雷を予測させる雲がどこからか近よってきた。

幾つ目かの大きな起伏の下りで梨の直売所に寄った。忙しく荷作りに精を出している人たちを見て頼み辛くなったが、少し傷んでいるのを二つ貰った。

やがて青い顔をした自転車野郎に会って「日本一周？」と聞くと「うん、今日はどこまで？」そこで二人で食事をすることになった。彼は立命館の理工学部三年で山岳部の山田清茂君といい、おもしろい人だった。じきに青い顔はさめて元通りの陽焼けした黒い顔になった。但馬《たじま》海岸道路は歩いていても起伏が大きいと思っていたら、自転車仲間では「血ヘドを吐く心臓破りの道」と言われているのだそうだ。彼は新潟の津川《つがわ》の実家から出発して日本一周を目ざしていた。「あと七日で前期の試験があるんやぁ」と、現実の厳しい問題をかかえていたが、顔は何も気にしていない堂々とした態度を感じさせる。そんな調子で山のことなどいろいろ話してくれた。

そのうち空は怪しく灰色になり、ゴロゴロいいだした。貰った食パンを分けて「いつかどっかでまた会おう」と別れた。山田君は下りを気持よく海岸にむかって小さくなっていった。

香住《かすみ》に入ると今にも降りそうで雷も近くなった。香住のはずれで、山越えで余部《あまるべ》にむかうかこの辺に寝場所を決めるか迷っていると、遂に降りだす。結局山越えすることにして登りにかかる頃、おっさんに余部までの距離を聞くと、峠を越えて約八kmという。雨の勢いと雷は登るにつれてすごく、すぐ上の山腹も雲に包まれ、近くでピカッ！と光ってすぐゴロゴロは怖くてしかたなかった。峠を越しても雨勢は増すばかり。風も出てきた。

ようやく下りも平坦にちかくなった時、さっき道を教えてくれたおっさんが後から軽トラックに乗ってきた。「にいさんこれん乗れ。家に来い。孫らにあんたの旅の話を聞かせてやってくれ」と言う。でも私は後に戻るにしても、どうしても車には乗りたくなかった。大切な人の好意を無にすることになったが、住所を教えてもらって、

「旅を終えたら報告します」と、また余部にむかった。雷はまだ頭の上。痛いほどに大粒の雨。ポンチョがまくられて体が脇の田んぼに落とされそうになる風。下着も何もビタビタ。余部は小さな村で東洋一の大陸橋が村を南北に見おろしていた。

　寝場所は真っ暗になるまで探した末、余部の無人駅。雨の降りこみそうなベンチで準備していると、余部駅の保線の山本さんが保線員の詰所を貸してくれ、おばさんが風呂と夕食とお菓子と着続けの濡れた服を洗濯してくれた。詰所に戻るといつの間にか雷雨は止んでいた。


九月四日（四二日目）　仲間集いて砂丘のパーティー

　朝は曇り。山本さん宅にお礼を言いに寄ると、朝と昼の弁当をくれた。

　雲が一部切れそうだったが、歩きだすと降ったり止んだりの繰り返し。山から落ちてくる沢の水が大きな音をたてていた。

　浜坂《はまさか》の町中に入って青空が広がり、カンカン照りが始まった。昼食は居組《いぐみ》の小さな漁港で弁当。鳥取県境まで海に切り立った崖の海岸。やっとという気持で鳥取県に入り、砂丘がこの日の射程距離に。そして一道一〇県目。

　気温が上って暑かったが、次第に迫る鳥取砂丘を早く見たくて足はよく動いた。牧谷《まきだに》をすぎてペースを上げていると、後から「田中くーん」と呼ぶ声。ドキッとしてふりむくと、昨日の山田君と他にもう一人、春日君という自転車野郎。夕方砂丘で会うことを約束して先に行ってもらった。

　山田君は香住の友人宅に泊ると言っていたので、今日の道中で会うだろうと思っていたが、昼をすぎても会わなかったから、さすが山岳部はデッ発が早ぇえと思っていた。彼はかわいい三人姉妹が船頭をする遊覧船に魅せられて乗っていたので、出発が遅くなったのだそうだ。三たび山田君に会うことを楽しみに砂丘へすっとばした。

　九号線との出会いで道端に大きな箱を連結している奇妙な耕運機と、それにたてかけてある二台の自転車が見えた。裏をのぞきこむと、山田君と春日君が耕運機の持主らしい老夫婦にコーヒーを御馳走になっていた。老夫婦は三〇年間も家財道具を曳いた家ならぬ自製の耕運機で走り廻っており、日本中の道は全て二、三回は走ったという。春日君は市立高崎経済大学三年で、下宿先から島根県への帰省をサイクリングしているのだ。私もコーヒーを御馳走になっていると、別の自転車野郎が座の横をゆっくり皆と目を合わせ「おっ！」と言いながらすぎて行った。

　四度目の出会いを楽しみに、山田君たちの後を追う。海岸に出て直売所で傷んだ梨を二つ貰い、夕食に食パンとサイダーを買い、砂丘まで砂浜を歩くことにした。友人の山口が鳥取砂丘にあこがれていたので

鳥取砂丘

「山口、遂に砂丘に来たぞ！」と声に出すと、まだ見えない砂丘を前に、地平線の見える砂漠を想って鳥肌がたち、笑えてしかたなかった。その思いが高まり、遂に砂浜を走りだした。走りながら声を出して笑った。釣りを楽しむ人たちが私を見ていた。やがて砂浜が急に丘状に盛りあがっている所へ。丘を越すときっと地平線だ！。止まらずに丘の急坂に取りつく。ズブズブと足が沈んで、まるで冬山のラッセルのようだ。走ってきた疲れで砂の急坂はすごく苦しく、稜線まであと二mはやっとだった。稜線に出てみてがっかり。予想に反して鳥取大砂丘の何と狭いこと。

観光客が入ってくる砂丘の入口で山田君、春日君ともう一人。さっき耕運機の横を通りすぎていった今野君。会ったとたん汗がふき出た。改めて自己紹介をしていると、山田君が「今夜金を出しあって夕食作ることになった」と言う。「あっ、どうも御馳走さん」と言うと「何か誤解しとるな、お前も出すんだぞ」出費に文句はなかったが、一日五百円以下を七日続けて平均三四三円。八日連続は成りそうになかった。

その場にいなかったが、すでにバイク日本一周中の林君が買物に行っていた。私は出費を勘弁してもらおうという意味を多少含んで、持参の食糧を全部公開した。サイダー、食パン一斤、羊羹一本、米六合、スルメ、梨二個、茶漬け一五袋、即席みそ汁八袋、黒あめ一袋、おちらし粉半袋、砂糖二〇〇g、梅干。自分で驚くほどいろんな物を持っていた。

薄暗くなった頃、ヒッチハイクで福島県からやってきた寿司屋の板前の大塚君が加わって六人。林君が戻ってくるとみなで精算した。私は水くみに行って梨の直売所を見つけ、傷んでいるのを六個貰った。その時、バイクで丹後の家から山口の下宿に戻る途中の野崎君に出会い、仲間に誘って計七人、暗い砂丘で懐中電燈を照らして動きまわった。野崎君と林君がバイクでビールを買いに。私は山田君に飯炊きのコツや缶詰をスプーンで開ける方法を教えてもらった。他の連中は砂の上に敷いたポンチョに座って話している。ビールが来ると「争い」が始まった。

あっという間の夕食が終ると、春日君が言いだした五〇Wショーの開幕。彼の懐中電燈が五〇Wで、それをスポットライトにするからだった。一人ずつ自己紹介。それまでうち解けていたのに急に改まり、意識しすぎてしーんとしてしまった。私は一九歳だと言うと、どうみても二四、五歳にしか見えないと言われたが、最年少だった。最年長は林君の二六歳。福岡の家に戻ったら親父さんの設計事務所を継ぐという。今野君は東海大学海洋学部の四年。就職について聞いても、その深刻さは全くないみたい。野崎君は山口大学の農学部三年。山口を通るなら是非寄ってくれと、みなに言っていた。ビールを飲みながら話がはずみ、笑いが絶えなかった。

ふと顔を海にむけると、真っ暗な海にはイカ釣り船の無数のいさり火が水平線にちらちらと広がり、とても詩的雰囲気があった。山田君は将来文筆業を目ざすだけあって、その光景を感慨深げに眺めていた。私はあのいさり火が大陸の町の灯だったらと、想像していた。急に稲光りがした?、と思うと、山田君が「流れ

星だ！」と叫ぶ。空を仰ぐとすばらしく明るい大きな流れ星。半球の空を三分の二近く走っていた。

一一時を過ぎて林君が最年長のリーダー格らしく「そろそろ…」その一声で片づけにかかった。二、三〇〇m離れたみやげ物店街の水場まで食器を運ぼうとすると、誰かが砂丘のすぐ近くに水道を見つけた。準備の時に水場を往復したのがアホらしくなった。水の入った漬物樽のようなのが一〇個位あり、それで洗った。山田君は風呂に入りたかったらしく「オレ水浴びするから、みんな寄ってくるなよ」と言う。終って羊羹を食べていると、一緒に皿洗いした林君が、手が生ぐさいと言っていた。翌日、皿洗いした樽の水をラクダや馬が飲んだり足を洗ったりしていた。

気がつくと夜露がすっかり降りていた。砂丘に寝ると朝露も降りるぞといって、私が四台の自転車が立てかけてある台の下にリュックと共に入り、それらの見張り役になった。皆は近くのガソリンスタンドの軒下の寝床へ。砂丘は蚊の多い所で、じっとしていると服の上からもでこぼこになるほど刺された。楽しく長く感じられた夜だった。

九月五日（四三日目）　仲間散りて宴のあと

陽が出てから皆ぞろぞろ戻ってきた。昨晩の睡眠時間のトップは私のようだ。残った食糧は全て山田君と私が半分に分けた。

記念写真を撮りながら一人減り、二人減りし、山田君は一つむこうの丘で海を見ていた女の子と話し始め、私は大塚君が乗るバスの時刻の一時まで砂丘にいることにした。やがて山田君も女の子を連れて戻って来て、最後の出発の時が来た。それまで出発した四人と同じ国道の方へ山田君と大塚君、私は東端から入った砂丘を貫抜いて西端まで行くために砂丘を歩き始めた。この日の道中五たび山田君に会うんじゃと思ってそう言うと「勘弁せぇよ、わしはもうとばして行くで。そんでも意識せえよ」と大きな声で笑って別れた。

足跡のない三つめの砂の起伏を歩いていると急に淋しくなってきた。別れ際の「意識せえよ」とは、意識して速く歩けという意味だろう。砂浜を意識してとばしたが、やがて疲れて大の字にひっくり返って海を見た。砂丘の西端は千代川《せんだい》で終り、田の畦道を伝って国道九号に出た。山田君が現われる気がしてしかたなかったが、別れてからの太陽の傾きを考えると、先に行ってしまったのだろう。

先日来た山田君の手紙には「九月五日は昼頃まで女の子とつきあって出発が遅れた」とあった。

この日も暑くなった。昼過ぎ頃パン屋でサイダーを飲んでいると、店のおばさんが「少し古いけど」と菓子パンを三個くれた。一個食べて二個目を何の気なしに見ていると、カビがあちこちに発生していた。三個目も同じ。おばさんに即それを見せると、新しいパンを三個蒸してくれた。暑くて、一時の爽快感のために食事もとらずにサイダーを三、四回飲んだ。

波が白いしぶきを上げる磯浜を見ながら西へ行くうち、暗くなりだした。日本のハワイ海岸、羽合《はわい》ではもう真っ暗。腹は減り、眠気もあった。八時頃寝場所を探していると、犬の散歩をする農家の人に会った。誘

われてついていくと、大きな甘いマスカット五房と大きな二一世紀を二個くれた。
　寝場所はバス停の小屋。マスカットを全部食べて寝たが、夜中に腹がゴロゴロピーで、小屋の裏でやってまた寝た。

九月六日（四四日目）　あわや一九の貞操の危機

　朝食に二〇世紀をうまく食おうと皮をむいていると、自転車に乗った中学生や高校生が目につきだした。

　朝からいい天気。学校は二学期だと改めて感じるほど、どこの道を見てもランドセルの子供、黒や紺の制服姿があった。

　北条《ほうじょう》をすぎて梨二個の朝飯が消えていた。梨は食った一時は腹がふくらむが、いつの間にかその感覚は全くなくなってしまうことをこの日覚えることになった。我慢はやめて食堂を探すことにし、道路工事のおばさんに尋ねた。六km位先と敢えてくれ、梨を四個くれた。少し歩いて小さな橋の上で食べた。この日も気温は上り、梨の甘さと水分の多さは何ともいえない。

　便所を借りた大きなクリーニング屋では「すっきりした」と言うと、梨を五個。食堂が見えだすと一人の自転車野郎が「オッス！」と寄ってきて「おすそ分け、がんばってな！」と梨を八個。うれしい梨攻めに声がでなかった。はっとして「ありがとう、がんばれよ」と言った時は、もう走りだしていた。食堂で「中で梨食べていいですか、外は暑いもんで」自分でも少し変だとは思ったが、店の人は二度聞き返して納得してくれた。皮をむいて五個食べた。お茶を出してくれた。

　次第にペースは上がりものすごく快調になったが、昼を過ぎて次第に腹ペコになった。たまに見えるドライブインの窓から、中の値段を見て諦めるばかり。やがて見えたお好み焼屋へ走って行って米二合を出した。初めて米を受取ってくれての交換だった。この時はこんな行為をしている自分がみっともなく思えた。近くの倒木に座って湯をかけて梅干と食べながら、佐多岬がどんな所か想像していた。

　夕方、赤碕《あかさき》付近で白い車に乗った、腕が太く体格もガッチリし、セットもバッチリの人に声をかけられた。

「どこまで行くんや、乗せてあげるよ。風呂も長いこと入っとらんだろう」「いや慣れてます」「飯もまだ食っとらんだろう」「いや米を持ってるのでもうとっくに」「無理しないで」「いやそんな。折角ですがここまで車はいっさいなしなんで、どうしても乗れません」「いいじゃないか飯と風呂ぐらい。家はそのちょっと先だ」「いや、歩く旅ですから」

　私は彼の親切を全面的に無視していることが分っていたので悪い気は少しはあったが、それより、どうしても私の気持を理解してほしかった。一分間程そうしているうち、あやふやな返事をしてとにかく歩きだした。彼は「じゃ、あとでまた迎えに来るから」と言って、あっという間に私を追い越して行った。

　その場から前よりとばしにとばした。車に乗りたいなんて思ったことは宗谷岬以来ただの一度もなかった。例えまたあの人に会っても乗らないだけだと思いながら、会わないことを願って休まずとばした。左手

にうっすら大山《だいせん》の山並みを見て名和《なわ》町に入り、暗くなりかけて大山町に。「米子まで一四km」の看板を暗闇に見つけた時、もうあの人には会わないだろうと思った。さっきの所から約一七kmを二時間ちょっとで歩いたのだ。それをあの人に分ってもらいたかった。

　と、その時、ライトを照らした車が私の前に止まった。そこで一五分程「申しわけないけど…」を連発した。どなられるかもしれない、とも思った。後に車が連なりだし、警笛が鳴っていた。彼はやっぱり次第に機嫌をそこねだした。「またここに戻してやるから。風呂も入れてきたのに誰が入るんだよ」私は挫折してしまった。

　彼の家は進行方向にあるのではなく、国道の南、大山山麓だった。さっきの場所からここまで歩いた時のことを話そうと思ったが、車の生活に慣れている人には無駄だと思って黙っていた。成行きがどうであるにせよ、私はまた人の親切を受けたのだった。風呂に入り、ウィスキーを注がれた。「疲れている時は酒が一番だ。さぁ」と。そしてまた車で食堂へ。食堂は、ひょっとしたらこの夜遅くか、少なくとも明日は間違いなく歩く淀江《よどえ》の町だった。私は複雑な思いだった。

　食欲はあまりなかった。ビール一本を全部飲めなかった。心の中ではふっきれなくて何もうまくなかった。ウィスキーとビールで眠くなって車の中でウトウトしていると、彼は「疲れて立たなくなったか」と、私の金玉に手を伸ばしてきた。ハッとしてその手をはらい「疲れてなんかいねぇよ!、いつでも立つ!」と言った。

　初めに乗せられた所へ戻るのかと思っていたら、私がとばしてきた名和町のモーテルに入る。内心すごくあわてたが、口では「こんな所、隣の部屋が気になるよ」と言った。中に入ると「フトンの方がゆっくり休めるだろ」と、彼は上着を脱いで横になってテレビを見だした。次第に変な予感がしてきた。彼が出ていくまで日記を書こうと思ったが、酔いが回ってくらくらした。

「はよ寝ちまえよ」と言うので、私は横になろうと隣の部屋に入ると、枕が二つあった。今にして思えば、私は親切にしてくれた彼に対して大変な誤解をしていたのだろうが、この時はそれどころではなかった。この体格のいい人と戦っても勝目はない。だが死にもの狂いでやれば、そうだ金玉を蹴っとばせば、うずくまっている瞬間に荷物をひっつかんで出れるだろうと、フトンに横になって眠ったふりをしながら今後の成行きと作戦を考えていた。

　するとテレビを見るのをやめた彼は「少し休むか」と言いながら、私の横に入ってきた。予感は的中しそうだった。彼は手を伸ばして再び私の金玉をさわろうとした。「よせよ!、もう立たねぇよ!」と大声を出すと、急に「明日の朝迎えに来っからな」と言って出ていった。やっぱり冗談だったのか。しかし気味が悪かった。

九月七日（四五日目）　怒りをかみしめて

　モーテルの管理人が「車が故障して来れないそうだ」という。「えっ!」と思うような、安心するような思

いだった。何となく胸がむかつき、いやな朝だった。

荷作りしようとすると、傷みの進んだ梨に集まった蟻の大群が畳を黒くしていた。梨を三個食って朝食にし、早く出発することにした。早朝連れこみモーテルから出るのは何とも面白くなかった。出てから、とめどないいらいらが始まった。「ちくしょう、ばかやろう」車に乗った自分の意志の弱さを許せなかった。その憤りが余りに大きくて涙がとまらなかった。

昨夕全力を出してぬけた道を、とても平静な気持で歩くことができなかった。暗闇の中で見た米子までの看板は、朝の明るさでよく読めた。名和から昨晩の夕食の食堂まで全力で歩いた。そのうち次第に落着き、考え直した。「オレは車で縦断の進行を稼いだんじゃないんだ。名和・大山間は二重に自分の足跡が残ることになったんだ」

その頃、所沢《ところざわ》の両親の所に富山県の戸出《といで》で世話になった日本画家の富田さんからの手紙が届いていた。それには私の食生活の事が書いてあり、両親が米子の郵便局に三万円送ってくれていた。それは家への連絡を頼んだ神戸の祖父母から聞いた。米子でその金を受け取ったが、使う気は少しもなかった。一〇月、帰宅するまで封も切らなかった。持って出た資金の残りは、帰りの交通費や雑費を引くと約一万二千円。これが今後二〇日間の生活費だった。

米子でラーメンの昼食、何度かパラつく天気の中をどじょうすくいで有名な安来《やすき》へ。そこは島根県。一道一一県目。東出雲《ひがしいずも》町で中海《なかのうみ》の堤防に座って休む。小さな魚が沢山泳いでいた。

夕方、松江《まつえ》市に。次第に家が増え車の量も増え、暗くなって松江市街に近づく。疲れをひどく感じて、昼以後食事はいつもより気にならなかった。松江は都市であり寺町だった。九時近くまで寝場所を探した結果、改築中の寺の本堂の軒下に。寺のおばさんが巻寿司を少しと菓子パンをくれた。この寺は『怪談』で有名な小泉八雲《こいずみやくも》ゆかりの寺だった。

九月八日（四六日目）台風九号ただいま接近中

夜中に雨。寺の六時の鐘の前に目が覚めた。ゴォウオオオオン。

宍道湖《しんじこ》の南岸を八km歩いて、仕出し屋で米を出して交換してもらった。初め米はテーブルの上に置いたままで、受け取らないのかと思っていたら、いつの間にかなくなっていた。神わざのようだった。焼魚を御馳走してもらった。

蒸し暑さもあって昼前頃からひどいバテ。梨の直売所を見つけて二個買う。この梨はものすごくうまく、体力が回復していくのが分った。

宍道湖に別れを告げると、徐々に西の方の視界がきかなく

松江市宍道湖の湖岸から　撮影・森本　孝

なりだす。濃い灰色の雲の下部は灰色に煙り、だんだん近づいてくる。気持の悪いものだった。降りだすまでその本体の雲を見上げていることができた。ザバアーッとすごい勢いの雨で、ガソリンスタンドで雨やどり。出雲まで一二、三kmの地点だった。ラジオのニュースでは台風九号による大雨注意報が出ていた。

この旅の計画時の心配の一つに台風があった。しかし、暴風雨の中を歩くことはあこがれの一つでもあった。台風接近の大雨ならば一時的に雨やどりしてもしかたないので、出雲にむかう。急に雨が上って晴れ間。と思うと、また降りだしたのでバス停の小屋で一休み。そこへバスに乗るばあさんがやって来た。ばあさんは出雲弁がよく理解できるなと、驚いていた。よく分らないのに返事をするのは余りよくないことだ。

「人ってのはほんとに見ただけで分る。どろぼうはどろぼうみたいな顔してるし…」と言う。最近通行人に変な目で見られることが多くなっていたので、心配になって「ぼくは人相悪く見えるかな?」と尋ねると「そんな!、あんたが人相悪く見えたら、私は話しかけますかいな。やせちゃって、家が近くだったら米を持ってきてあげるんやけどねぇ」と、やさしい笑顔を絶やさずに出雲弁で言ってくれた。ふと空を見上げるとまた青空が見えていた。

出雲に入って一〇〇円のうどんを二杯食う。夕方だったが、とにかく出雲市をぬけることにした。田んぼの広がる中に小さなパン工場を見つけ、食パンのへたを一・五斤分貰った。暗くなるうちにまた強い雨。大きなうねりのある起伏のある、木々に囲まれた暗い国道を行って湖陵《こりょう》町に入り、ブドウの集積所の吹きっさらしの屋根下にシュラフを広げる。

雨もりが多かった。台風九号はますます接近しているらしい。

九月九日(四七日目) もと京都帝大生の話を聞く

朝から雨。台風の進行状況が気になった。どうなるにせよ毎日歩き続けるつもりだったが、ふと土砂崩れの下敷になる自分を想像した。

小さな村のマーケットで即席みそ汁と缶ジュースを買い、昨日貰ったパンのへたで朝食。向いの理髪店のテレビの天気予報を聞いていると、台風九号は超大型で中国地方山陰側に来る可能性が強いと言っていた。出がけにタオル一本貰った。

田儀《たぎ》のバス停の小屋で靴の修繕。最近はバンソウコウで穴をうめていたが、それも一日たつとはがれてしまうか、磨擦で消えてしまい、足の踵が磨かれていた。この日はバンソウコウを二重三重に貼って糸で縫いつけたが、夕方にはかんじんの穴の部分が磨擦で消えていた。毎朝バンソウコウ貼りが日課だった。

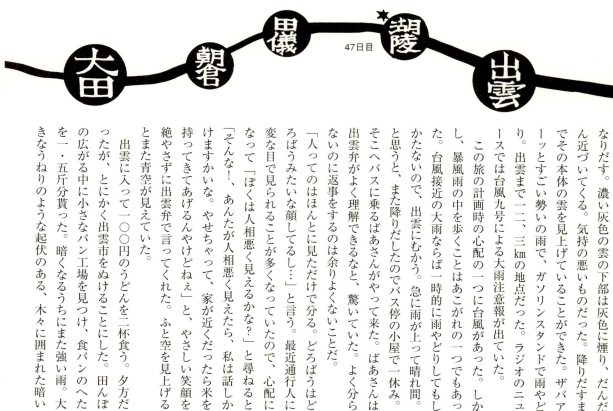

朝倉《あさくら》で自動販売のうどん。さすが西日本、自販機のうどんの汁もうす口だ。雨はたまにパラつく程度。

大田を越して五、六km、海岸沿いの林の間のカーブの先に警官をまじえた二〇人ほどの人がいた。居眠り運転防止のキャンペーンで、国道を走る車にコーヒーを配っていたのだ。走り寄って「ぼくも一杯…」一〇杯以上飲んで、水筒満タンのコーヒーとビスケット一袋を貰う。これで昼食が終った。だが小便を出すと空

48日目

福光

仁摩

腹が始まった。何日目ぐらいからだろうか、毎日考えることといったら節約のことだけになっていた。この時もそうで、ぴっとひらめいた。「そうだ！、給食だ！、一人分の給食くらいどこの小学校でも分けてくれるだろう」

しかしこの名案を実行に移せず旅を終えてしまったのは残念だった。

仁摩《にま》からはいくつかの低い峠越え。初めの峠の下りで、自転車に乗ったおっさんが私を抜いていった。登りになって自転車を押すそのおっさんに追いつく。昔の戦友に挨拶まわりをして、この日で四日目だそうだ。先に行ってくれと言うので、どんどん歩くとすぐに大きな差がついたが、下りになるとバーッと追い抜かれた。ところがまた登りになると間違いなく出会う。その度に「健脚だなあ」と言ってくれた。

やがて暗くなり、福光《ふくみつ》の手前の峠でまた会った。おっさんは顔をしかめて小さな沢の水でタオルを濡らし、ズボンの後から手をつっこんで股を開いて奇妙なかっこをしていた。「どうしたの？」と聞くと「痔」「じ？」「痔、痔なんや」と腰をかがめてしまい、ものすごく痛そうだった。痛み止めに効くと思いバッファリンを渡そうとしたが、いらないと言う。とにかく山の中じゃしかたないので、先に福光の村へ降りて落着き場所を探すことにした。泊まれる寺を見つけても、おっさんとうまく会えるだろうかと考えながら歩いていると、キュッキュウッとブレーキの音とともにおっさんが坂を下ってきて「楽んなったので江津《ごうつ》まで行く」と行ってしまった。

福光に出ると雨。教えてもらって訪ねた寺は楞厳《りゅうごん》寺といい、泊めてもらえることになった。ビール付の夕食まで御馳走になり、私は砂丘で会った野崎君から貰った但馬《たじま》栗を、慢性胃炎で食事を摂生している初物好きの七二歳の和尚に受け取ってもらった。おばさんがこの栗をすぐ湯がいて三人で食べた。甘くて喜んでくれた。

この和尚はかの有名な京都帝大の学生だった時の、一ヶ月近くの無銭旅行の話を聞かせてくれた。戦前はのんびりしたもので「広島で腹が減ったもんだから食堂に入って、いま無銭旅行をしている。すみませんが食事をさせてもらえないでしょうか、と言うと、店の主人が残飯を持ってよこしやがったんや。そんな物食えるかい、天下の京大生をバカにすんない、言うたったら、主人謝りだしよって、わざわざ御馳走してくれたことがあったよ」

おばさんは先に寝てしまい、私たちは一時頃まで話していた。面白かったのでまだ寝る気もしなかったが、フトンで寝かせてもらった。

九月一〇日（四八日目）　いいかげんな台風九号

六時起床。着つづけのTシャツの襟がさけて大きくなっていたので、修理のための針仕事。テレビは超大型台風九号がこの日の午後山陰上陸と報じていた。朝の福光は嵐の前の静けさだ。

朝食をもらい弁当を持って、バンソウコウで修繕した靴をはいて出ようとすると、おばさんが「もっとしっかりした靴をはきなさい」と、二千円くれた。暴風

江津 浜田 西浜田 折居 三隅 益田 須子

49日目

雨の始まるまでに歩けるだけ歩いて距離を稼ぐつもりだ。次第に風が出て、ちぎれる雲間から陽がさす。高台から白い砂のきれいな浜を見おろすと、高い波が打ちよせていた。

江津までの一八㎞を休まず歩く。江津で靴屋に入った。楞厳寺のおばさんには悪かったが買わなかった。この日雨が降ったら、もう明日は靴の葬式をすることになるだろうと思っていた。雨の日の歩行は靴の穴をどんどん大きくするからだ。湿った道を歩くのにも気をつかった。

昼食は江津で弁当。そこから四㎞で一回休み、その後浜田をぬけてイチジク特産の西浜田まで約二〇㎞休まなかった。手を伸ばせばイチジクの実という西浜田着は五時前頃。台風を考え、屋根、壁のある西浜田駅を寝場所に。

楞厳寺のおばさんの夕食分の弁当が日中の蒸し暑さで傷んでないか心配だったので、駅前食堂で具合をみてもらうと、火を通しておかずも作ってくれた。駅ではきれいな梨一個貰う。高校生の下校のピークがすぎて静かになった駅で、ベンチを二つ使ってベッドを作る。その頃台風は急に方向転換して中国大陸にむかっていた。いいかげんなやつだ。

一〇㎝以上の穴になった右靴の踵を修繕しながら、無理だろうなと思いながらも、何とか佐多岬まではきたいと思った。蒸し暑く寝苦しい夜、宿直の助役さんと小さな駅前に水をまきながら話をした。

九月一一日（四九日目）

おまわりさん、夜中に起さないで下さい

六時半出発で益田を楽に越せるだろうと思った。

約一〇㎞、海岸沿いの折居《おりい》のパン屋で米を出したが、朝食の時に全部食べたと言われ、ブドウパンを食っていると、おばさんが梨を五個もくれた。台風がそれてカンカン照りの快晴。

暑さも最高の日中、三隅《みすみ》町の岡見で農家の斎藤さんに冷たいカルピスを御馳走になり、この地方での激動の幕末の話を聞く。斎藤さんは物知りだった。梨を一個貰って二時間後出発。急ぐ気もせず、益田まで行ければいいと思った。今日で長いつきあいだった日本海と別れることが気にかかっていた。

西浜田で大修繕した靴は夕方になってバンソウコウがちぎれ、磨擦で消えた。足の踵が小石やガラスでチクチクする。益田まで一〇㎞の所で修繕を諦め、自分の踵にバンソウコウをはった。連日のように梨を食っていたためか、腹の具合が悪い。

益田できれいな夕焼けを見て、鉄道上にかかる跨線橋から日本海をふり返った。

暗くなる市内を南にむかい、須子《すこ》のガソリンスタンドのベンチにシュラフを広げ、近くのラーメン屋でラーメン。背後は田んぼで蚊が多い。

熟睡していると「おい！」と揺り動かされた。やっと開いた目の前に懐中電燈の灯と「なんだ、お前は？」という声。ムカッ！ときたが、説明したら納得して私服と制服のおまわりは帰っていった。どうやら誰かが不審な人がいると通報したらしい。

日本海とわかれ、山口県横断へ

九月一二日（五〇日目）　寿司は天から貰い物

朝からカンカン照り。今日は山口県入りを！、と目標をたて、朝飯に菓子パン三個食って歩き続けた。

山が迫る谷あいの道になり、腹へりもきつくなる。山の端が交互に重なり落ちる谷の、これからむかう南を望むと、がっちりした青野山が聳えていた。その麓に小京都といわれる津和野《つわの》の町があるのだ。日原《にちはら》まで四kmの所でコーラを飲んで休んでいると、店の人が津和野まで二〇分、県境まで四〇分と言う。私はあきれた。地図では津和野まで一五km、県境まで二〇kmはあったからだ。車の生活と歩きの生活とは違うことをあらためて痛感した。

空腹と暑さでバテてしかたなかったが、青野山を見上げ、道以外何もない深い谷を歩き、昼過ぎに津和野へ。二時前に三四kmを消化したので、山口県入りはゆっくり行っても手中だ。

津和野で昼食。米を持って入ったらうどん屋には飯がなく、しかたなくうどんを食ったがまだ腹が減る。別の食堂で米と飯を交換してもらい、津和野カトリック教会で食って休んでいると、近くのマーケットの配達をしている村上さんと宮内さんという二人の女の人から巻寿司二本、二〇世紀五個、ブドウ（巨峰）二房、ビニール袋、ティッシュペーパーの差しいれを貰った。教会でのでき事なので、まさしく天からの授かり物なのだと思った。

教会付属の幼稚園の園児と話をしていると雷。急いで県境へ。乙女《おとめ》峠への尾根筋近くの道を行くと、同じ高さの近くの山腹に稲妻がじぐざぐに光って、落ちる。恐かった。まさに頭上の雷だ。峠のトンネルをぬけると同時に山口県。一道一二県目。景色も一変。青空が広がり、緩い下りに黄色の田んぼが広がる。夕陽が赤く陽ざしを散らし、遠くの農家で上がる紫色の煙が陰になっている山腹にたなびく。黄色い稲の中に道が走る。陽が沈み、やがて足元まで真っ暗に。

寝場所は阿東《あとう》町鍋倉の果物直売所の軒下。近くの一軒屋の農家で熱いお茶を貰い、シュラフに横になって食った巻寿司はなんともうまかった。

九月一三日（五一日目）
どっから来たかを聞いてくれ

九州まであと一一〇km。今日、明日でこれを突破する計画だ。今日は少なくとも小郡《おごおり》までは行こう。またまたカンカン照り。

朝は少し寒かった。通学の中学生が目につきだしてからの出発だったので、小郡まで歩けないかもしれないと思った。朝食は一〇km歩いて黒パン。まわりには山が迫っていて楽しかった。昼食抜きで木戸《きど》峠を目ざす。次第に家が少なくなる。肩の痛みを我慢しながら下をむいて歩いていると、前からガガッという音。

山口
小郡
52日目

驚いたことに自衛隊の戦車。呆然として見送った。

　峠のトンネルをぬけると山口市。萩《はぎ》への道を右に見て、左の道を少し下りはじめるとはるか眼下に山口市街。砂丘で会った野崎君を想い出した。下宿を訪ねてみようかと思ったが、明日で下関！、の目標のためあくまで小郡を目ざすことにした。山に囲まれた町に入ると、下校の小・中学生に出会う。島根、山口の小学生は紺の制服を着ている。野崎君が「山口は県庁所在地では一番人口の少ない町だ」と言っていたので、すぐ町をぬけてしまうだろうと思っていたが、ずい分長く感じた。昼抜きもたたってバテたので、最後の米一合を出して飯とかけうどんを食う。米がなくなったことは、身軽になってほっとしたような、何やら感慨深いような気持だった。

　山口市内から小郡まで一二km。明治記念運動公園で、道に落ちていたデカイ紙を陸上競技場のゴミ箱に捨てに行くと、受付けの人が「何旅行だ？、どこまで行くの？」と聞く。「鹿児島県の佐多岬まで歩いて」と答えたが、本当はどこから歩いてきたかと聞いてほしく、北海道からという言葉を用意していたのだが聞いてもらえず、はがゆい思いだった。少し行くと、後から受付けの人が追ってきて「餞別というには何だけど」と、握りこぶし大の白い紙包みをくれた。瞬間的にもなか！、と喜んだ。この頃は一日の行動を終え、お茶かサイダーを飲みながら、シュラフの上で甘いものを食うのが最高の時だった。

　小郡まで五kmのあたりに女子美術短大みたいのがあり、沢山の女子学生。何人かの超ミニスカートの太股あたりにどうしても目がいってばかりで、何度かため息をついた。

　小郡の町中に入った頃はもう真っ暗。道沿いに建物があるのに、なぜこんなに暗いのか不思議だった。酒屋で熱いお茶を貰い、ガソリンスタンドで蚊取り線香を枕元において眠る。山口で貰った紙包みはブドウだった。

九月一四日（五二日目）
田町さんオレも外国へ出てみるよ

　朝から暑く、空腹。約八km歩いて雑貨屋で食パン一斤とサイダー。店の人がリポビタンDスーパーをくれたが、バテは朝から。

　カンカン照りの太陽と道路からの照り返し。靴も限界に思えた。念入りな修繕も半日ともたない。ガラスや小石が入り、足の裏の堅くなった皮膚から血が出ることもある。低い丘状の山に囲まれた宇部《うべ》市のはずれで、サイダーを飲んだ店のおっさんが靴の修繕の相談にのってくれた。三〇cm位のスポンジを五枚貰い、二枚を足の形にちぎって靴の中に入れてみた。「こりゃいける」

　夜になろうが、この日の目的地は下関《しものせき》市の長府《ちょうふ》。そこに田町さんという知人がいたからだ。彼とは三年前の東海道踏破の一二日目に知りあい、最後の一四日目の大阪府と兵庫県の境の神崎川まで歩いた。彼のおかげでその三日間で約一五七kmも歩くことができた。当時、彼は日大の理工学部二年で、千葉の下宿から姫路の実家までの徒歩旅行中だった。今は卒業して下関の

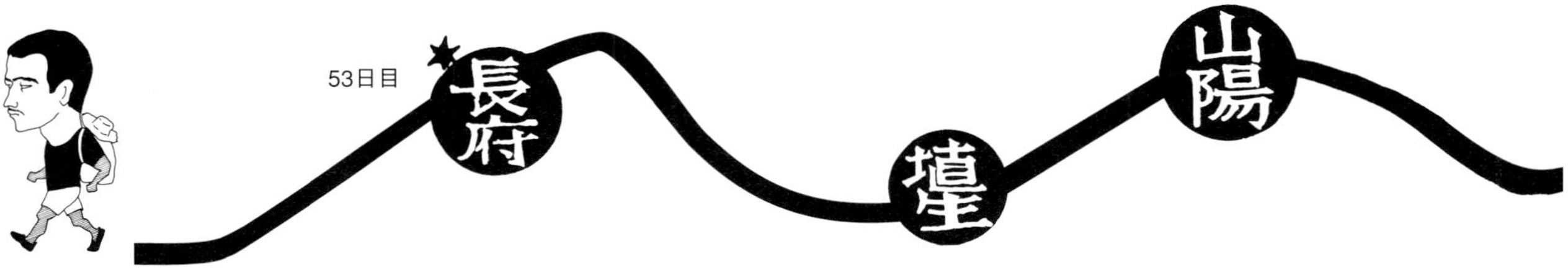

会社に勤めている。この三年間沢山の手紙を貰っていた。この旅のことも出発前に連絡してあったので、思いきって寄ってみることにした。

山陽《さんよう》町から低い山の間の道を行くと、ようやく前方眼下に夕陽でキラキラ光る瀬戸内海。三日前に日本海と別れてきたので、新しい海には感激した。「やったぁ！」と、おもいっきり叫んだら、近くの田んぼにいたおばさんが驚いてふりむいた。海のむこうは霞かそれとも下関、門司《もじ》の工場の煙か、九州がかすんで望めた。

埴生《はにゅう》の食堂で一休みした後は休まず歩き、長府の田町さんのアパートを見つけたのは九時半過ぎだった。三年前とちっとも変わりない風体と話し方だった。風呂屋に行って体重を測ると五六kg。出発前は六七kgもあったのに。そういえば今日は昼抜き、一〇時過ぎた現在も夕食抜きだ。田町さんの所へ行けばただで何か食えると思っていたのだ。

料理屋でビールで乾杯して夕食。空きっ腹に冷たいビールは毒で、アパートに戻ると下痢だった。

乾燥しているというか、さっぱりした部屋で目だつのは大きなテープレコーダー。音楽を聞きウイスキーを飲みながら話す。「三年間はがまんして今の仕事を続ける。三年たったらきっぱりやめて、ヒッチハイクかなんかで世界を歩きまわったる。大学時代もクラブの剣道や旅とかいろいろやったけど、まだまだやりたかったなぁ。お前はこれからやからええなぁ。三年後の計画もそろそろ始めるぞ」と言うのを聞いて、何とも気持よかった。

唯一のフトンを私に提供してくれ「うつ伏せになってみ」と、頭から足の指先まで、骨まで楽になるようなアンマをしてくれた。電気を消して音楽が小さく流れる中で「明日は日曜やけど中小企業やから休みなしなんや。そんでもお前は家にいろよ。ゆっくり休んであさって出ればいい。部屋に何もないから、その辺歩いとればいいやろ」私はすぐには答えなかったが、九州を目の前にして早く渡りたかった。

私は「オレも必ず外国に出てみる」と言った。田町さんは畳の上でタオルにくるまっていた。

九州へ、関門海峡をわたる

九月一五日（五三日目）　田町さんの心遣い

目覚しで起きて三〇分で、田町さんは出かけていった。

「鍵なんかかけんでええで。盗られる物なんかないからな」タイマーで炊けた飯にお茶漬けのりを混ぜたものと、ナスとピーマンとサケ缶のごった炒め。残った飯は弁当にと、握り飯を握ってくれた。

連泊はこの日までしたことなかったので、今日出発したいと言うと、「使わん方がええ」と小さな封筒を渡してくれた。部屋に一人になってから中を見ると、一万円も入っていた。しばらく声が出なかった。「使

わん方がええ」というのは「最後まで節約を続けろ。どうしようもなくなったらこれを使え」という意味だった。

置き手紙を新聞の広告に書いて出発した。ぼくも必ず外国に出ます。そしていつか必ず、お互いの旅の体験談を語り合いましょう。いろいろありがとうございました。

関門海峡。向こうが山口県下関市、手前が北九州市　撮影・森本　孝

壇《だん》ノ浦《うら》からは関門《かんもん》海峡が川のような流れなので怖くなった。源平合戦の頃はどんな景観だったのか考えていると、斜面の木々の暗がりが気味悪く思えた。約七〇〇mの海を隔てた九州はよく見えた。

関門トンネル人道入口の上には、国道二号の新しい関門橋が空中を門司に延びていた。エレベーターで地下にもぐり人道へ。遠く壁をへだてて車の走る音が聞えた。東京駅の地下鉄丸ノ内線から新幹線までの通路を歩いている気がした。エレベーターで地上に出ると、そこは福岡県門司。一道一三県目。近くのみやげもの屋で三〇円のアイスを探したがなかったので「なんだ、三〇円のアイスないのか」と残念がっていると、店のおばあさんが五〇円のを三〇円にまけてくれた。そのかわりおばあさんの息子の自慢話を聞いた。

門司の町で五〇〇ミリリットルのコーヒー牛乳を買い、うどん屋の席を借りて、田町さんの握ってくれた握り飯。門司は急な坂が多い所だ。国道三号を離れ、砂利を積んだダンプが沢山通る狭い県道を歩き、フェリーの乗場の多い新門司側に道をとった。コーラを飲んだ店で背もたれのある椅子に腰かけさせてもらったが、思わずうとうとしてしまいそうだった。出発しようとすると五〇円のアイスをくれた。

曽根《そね》で国道一〇号に出会った頃から、今日の目的地をどこにしようか迷い始めた。行橋《ゆくはし》にするつもりだったが手前の苅田《かんだ》が近づくと、そこに小学校時代からの友人がいることが甘えになってきた。五時頃、長府から約三〇km強で、苅田へ。みそ汁と飯を食った食堂

54日目

で、友人永野君の住所を言って場所を尋ねた。とても親切に教えてくれ、みそ汁に卵を入れてくれた。

暗くなり始めて永野君の家を見つけ、ブザーを押した。おばさんとは四年ぶりだったが覚えていてくれた。彼は現在法政大学社会学部の二年で、すでに東京に戻っていた。その夜はおじさん、おばさんとウィスキーを飲みながら語りあった。

九月一六日（五四日目）　何故かカンパの集まる日

起こされると八時過ぎ。

朝食を食べ弁当を貰って出ようとすると、昨夜電話で、私の両親から代りに渡してくれと言われたと三万円。そして弁当代にと、おばさんから五千円。家からは計六万円になった。しかしその場でリュックの奥に入れて、そのことは忘れてしまった。あくまでも自分で貯めた五万円を持って宗谷岬を発ったのだ。五三日目終了で残金が約一万八千円。帰りを考えると佐多岬まで八千円で行かねばならないことを、頭に焼きつけ直した。

とてもきれいに澄みきった青空。右手のでこぼこの山々がよく見えた。この日もカンカン照り。行橋のガソリンスタンドで便所を借り、日陰で休んだ。スタンドのおばさんがパンとジュースを出してくれた。それを食べていると、ガソリンを入れに来た近くの農家のおっさんが寄ってきた。彼は狭山事件のことを話し始め、私に同意を求めて迫ってきたが、予備知識が全くなかったので返事に困った。しまいには私の手をしっかりと握って、千円札を一枚出した。「がんばって歩いて下さい。私も狭山事件の運動に対して更に新たに意欲が湧いてきました。実は温泉などに寄りながら長い日数をかけるのですが、仲間と狭山事件のことを訴えながら、行橋から東京まで歩いてみようと思っているんです。これは、あんたがかわいそうに見えて渡すんじゃない。がんばって最後まで歩いてもらいたいからなんだ。遠慮しないで受けとってください」というわけで、私は貰って出発した。

築城《ついき》で航空自衛隊の飛行場の横を歩いた。離着陸するジェット機の、腹に響くものすごい音。地元住民に悪いが、楽しい時だった。椎田《しいだ》で、前から自転車でやってきたおばさんにダンプが接触しそうになった。おもわず「危ない！」と叫んだのがはじまりで、時間のロスをはっきりと感じながら、おばさんの子供の話を聞いた。別れぎわに「冷たい物でも食べて」と、千円も貰った。

交通量の多い国道一〇号を渡るのに苦労しているおばあさんと一緒に渡ると、畑の中のイチジクの木の方に歩いていく。後について行くと、案の定、イチジクを棒で突いて落としだす。「いくつか貰っていい？」「ああいいよ」あんなに甘いイチジクは初めてだ。イチジクの形をしたジャムみたいだった。一〇個近く食べ、袋にも八個貰って歩きながら食った。別れ際、うまいイチジクの作り方を教えてもらった。「こやしをあげりゃあいいのさ」

豊前《ぶぜん》でサイダーを飲み、永野君の家からの弁当。

中津《なかつ》まで五㎞の所で暑くて休んでいると、隣の病院からおっさんが出てきて、話をした。突然「死ぬなよ」

55日目

と言いだす。続けて「あれは二年位前の夏だった。ちょうどこの辺で会った二人連れのサイクリングで、日本縦断だった。毎日食物はカップラーメンとかろくなものでなくて、そんで鹿児島のどっかで佐多岬に着く前に死んだよ。二人とも日射病で。体が衰弱して。気をつけなあかんぞ」

山国《やまくに》川を渡り大分県中津市に。一道一四県。夕陽も沈みそうだった。寝場所を見つけるか歩き続けるかの葛藤を繰返すうち、真っ暗に。途中うどんを食い、田んぼの間の国道をすっとばす。できるだけ宇佐《うさ》に近づこうと思っていた。

今津《いまづ》を越して、二軒の菓子屋でチョコレートを後々の分まで五枚買った。この日はカンパがあったので出費にそれほどの決断はいらなかった。宇佐市に入り大根川で寺のあることを知った。頼んでだめならもう少し歩いてガソリンスタンドで寝ようと寺を探す。一つ目は断わられ、二つ目を探す道が分らなくなり、九時前頃近くの雑貨屋で尋ねると、座ブトンに座って焼酎をもらうことになった。

中園さんというこの家は、おじさんもおばさんも気さくな人で楽しかった。おじさんは「家に上ってもらって、風呂に入ってもらって、ビールと焼酎飲んでもらって、あんたがこんなゆっくりできる所はないと思って、この先歩くのがいやになったなんて考えるようになっちゃったんじゃあ、俺ゃあ、困るよ」と何度も言っていた。そして、時に冗談をとばして豪快に笑う。とても古く広い家で、便所や風呂場に行くのに数十歩も要したのではないだろうか。その間にいくつかの部屋があった。おばさんは「家はどういうのか、あんたみたいな人に縁があって、道を尋ねに来る旅の若い人たちが寄るのよ。多い時にゃ、一度に一七人も泊めた」という。笑いながらも尊敬の念がこみ上げた。二階には間借りの人がいて、その中の佐藤さんというのが埼玉出身だそうで、おばさんが「なつかしいだろ」と連れてこられた。鹿児島産の本場焼酎を飲むうち、冗談で佐藤さんはおじさんと口ゲンカをしていた。私はもっぱらテーブルの食物を積極的につまんでいた。

雑貨屋の店はおばさんがやり、おじさんは宇佐市議会の何かの局長をやっているそうだ。以前に巡業の力士の宿舎になったそうで、その時のおもしろい話を沢山してくれた。

酔いもまわると時間もまわり、いつしか一二時。昔、中園さんの娘さんが使っていたという部屋で寝させてもらう。一人になると「ああ、今日も疲れたぁ」と心の底で思った。

九月一七日（五五日目）　猪におびえた立石山越え

佐藤さんが、中園さん夫婦と私を写真に納めた。

おばさんに弁当と気付けに日本酒、そしてスタミナドリンクを貰って「いつかまた九州に来たら必ず寄りなさいね」の言葉を背に出発。朝から暑かった。

今日の予定は、宇佐市街地から国道一号を離れて南に山間の県道を行き、知り合いが小さな温泉旅館をやっている湯布院まで。地図上から判断した距離とはえらい違いであることを、その夜思い返すことになった。

国道を離れ、車の量と排気ガスが一変して減ったの

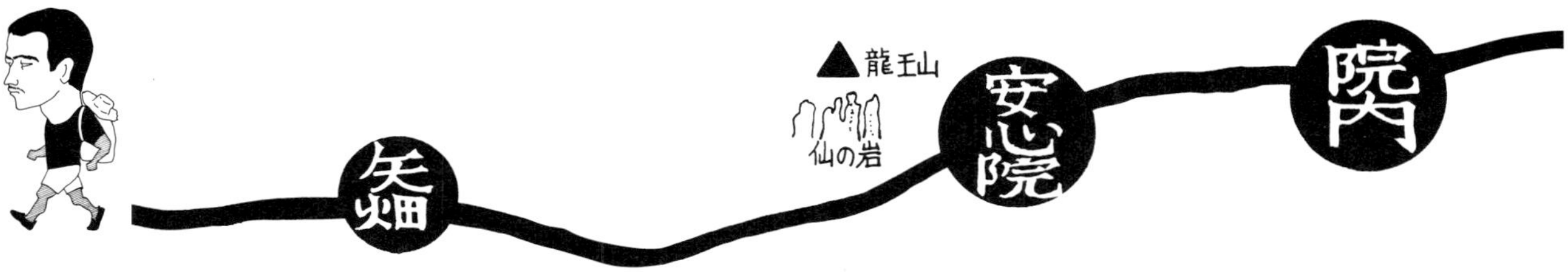

を感じた。山が近づき、その間に入っていった。両側には五〇〇m以下の山が連なる。暑く、木の陰を選んでゆっくり歩いた。

　バス停の小屋で弁当を食べ、ベンチで少し仮眠。ボワーと暑い熱気でバテ気味。山間の田んぼの間のS字の道からの景色はとても静かな感じ。院内町から峠を越えて安心院《あじむ》町へ。

　酒屋で牛乳を飲み、おやじに道を聞いたものの不注意で二km遠回り。龍王山の北側の時計店兼菓子屋でサイダー。ゆっくり休んでいるとポテトチップをくれた。そこを出たのは四時頃。龍王《りゅうおう》山の南側で、仙の岩という数十m垂直に立った岩柱群を見た。龍王山には城があったというが、南側から攻める方法はなかったろう。あごを目いっぱいに上げて見る岩の上の方に、青空と茂っている木が見えた。岩を跳び移る猿でも見えるかと思ったが見えなかった。きっと仙の岩には仙人がいたのだろう。

　次第に山が迫る道を南へむかうと、遠くに由布岳《ゆふだけ》が頭を出していた。あの下が湯布院だ。地図は正確ではなかったが、前方の山を抜けて湯布院に通ずる唯一の道を信じていた。家が少し見えてきた矢畑《やはた》の中学校の前を通過した時に、ふと校門に座っていたおっさんに道を聞く気になった。地図を広げて「この道を行くつもりなんだけれど」と言うと「こんな道ありゃせんぞ。なんだこれ、いいかげんな地図だぞ」

　彼は矢上さんという、近くのお好み焼屋のおやじで安心院町の町議会議長だった。矢上さんと話している間に、中学校の先生でまだ若い河野さんがきた。矢上さんは「湯布院までの道はちょっと行ってから林道になる。その先は灯りなしだ。林道は立石《たていし》山（一〇五九m）越えで、深見ダムに出る。そこからは舗装道路でしばらく陸上自衛隊の駐屯地を抜けていけば湯布院だ」と教えてくれた。

　五時を過ぎていたので、河野さんから貰ったぶどうを食べながら急いで出発しようとすると「待て！、焦って先をあまく見るととんでもないことになるぞ」と言われ、更に細かく教えてもらうために矢上さんのお好み焼屋に行った。陽は沈もうとしていた。普通だったらこんな場合、行動をやめてどこかの軒下へなのだが、成行きと感情から少しもやめようと思わなかった。しかし夜の山越えは必死だった。

　暗いのはともかくとして「猪、猪に気をつけろ。この辺は猪の多発地帯だ。あれは暗くなって動き出すからな。こっちが逃げたりするとむかって来るぞ。もっと悪いことにな、今この立石山の麓では猪狩りをやっとるんだ。撃ち逃した猪に会ったら最後だ。あいつら捨て身で襲いかかってくるからなぁ。今までに被害者も何人か出とるんだ」矢上さんの顔の真剣さと話の内容で、私は憶病の本性にとりつかれてきたが、会わずに山を越せば喜びも大きいだろうと、気にしないように努めた。

　林間には分れ道がいくつかあるから、絶対間違えないようにと、紙に書いてもらい、赤エンピツでなぞった。河野さんが役場まで二万五千の地図をわざわざ取りに行ってくれた。河野さんの言によれば「夜の立石山越えは道もひどいし、車でもとても通る気のしない

気味の悪いとこだよ」

ハンターに猪と間違われないように懐中電燈を手にした。「ラジオがあれば音を出していた方がいい」というので、リュックの外側にしばりつけた。スイッチを入れてみたがＮＨＫ第二の他は中国、韓国放送ばかり。

矢上さん、河野さんは真剣な顔つきで「くれぐれも気をつけて。無事湯布院に下りたら連絡してくれ」と言ってくれた。私は余裕を出して「教育放送でも聞きながら…」と御礼を言って出発。日没後だった。矢畑から湯布院までは約二五㎞。

道幅も狭くなり急な登りのくねくね道。これが最後の家の灯りかと思う家の前を通ると、急にど低い声で「ウゥーウゥーウグー」と犬の声。鼻先が腰にくっつきそうな所にいるらしいが、真っ暗で見えないし、恐くて見る気もしない。土佐闘犬みたいなでっかい奴じゃないかと思えた。逃げ腰にならないように足に力を入れ、瞬間的に作曲した歌を歌ってわざとゆっくり歩き続けると、すごい声で吠えだした。

下を見ると家の灯りがポツポツと。黒い山腹には所々に松明があって、ピカッと光ると少しして「ダーン」とまぎれもない猪狩りの銃声。思い出してラジオのスイッチを。ザーピーザーピーが震えているだけで、たまに巨人阪神戦が遠くに聞こえた。家の灯りがなくなり林道に入ると、銃声がどこからか聞こえていた。

登り道を全力ですっとばしながら、恐くなってくるので景気づけに精一杯の声で歌い続けた。たまに分れ道があった。矢上さんに会わなかったらどうなったろうかと、感謝しながら地図に懐中電燈を当てた。しだいに高度を増していくのは気温でもわかり、吐く息が白くなっていた。

大きな石のごろごろする登りを、何度もつんのめりながらとばした。

「問題は深見ダムまでの林道だ」という言葉を思いだし、ダムまでとにかく早く着きたかった。ダムまで三㎞位のところで、登り続きの声出し続けでバテてきた。懐中電燈もかなり光が弱くなってしまった。たまに消して声もたてないでいると、シーンとした中で近くでガサガサッと音がする。と、精一杯の声でその方に向かって、吠えたて、わめき、悪口をとばした。空にある沢山の星もまた気味悪く思えた。

一㎞ほど下りになったと思うと、月の姿を映した深見ダムの貯水池に。きれいな月は山に近く傾いていた。猪に会わなかったことを大いに喜んだ。星空を見上げ、かけ足をしたり、依然すっとばして歩いた。ラジオを消すとシーンと相変らずの静寂。深見ダムでもう湯布院だという意識がありすぎたため、ダムから駐屯地までの道が、静かで快適だがずい分と長く感じた。

知らぬうちに由布岳が左手にでかく聳え、少しずつ下るうち少しずつ高くなっていた。まわりが草原状の山になり、駐屯地に入ったらしかった。遠くで吠えていた自衛隊の警備犬の声がだんだん近くなってきた。猪には追いかけられなかったが、でかい犬に追いかけられるのではないだろうかと心配したが余計だった。やがて眼下はるかに湯布院の町灯りが望めた。流れ星もいくつか数えた。速足で下り続けると馬糞の臭いが

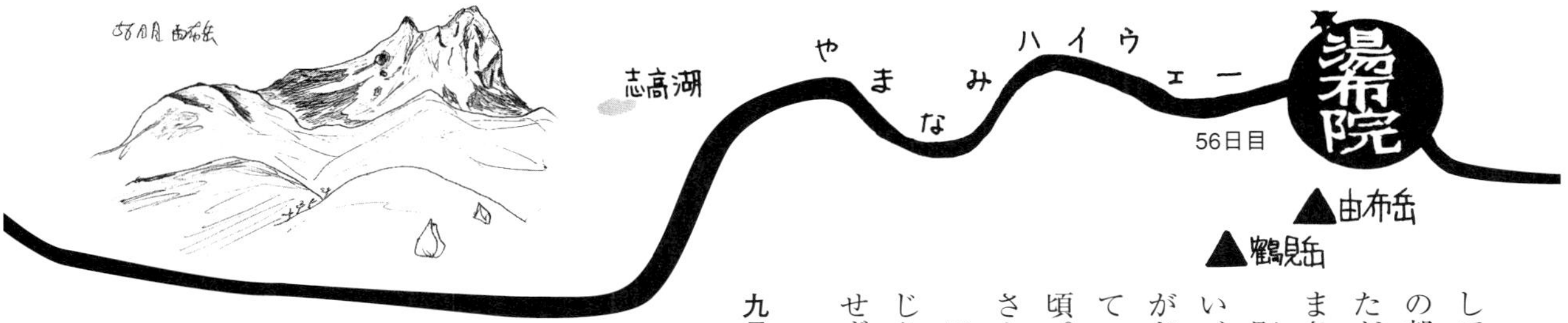

してきた。人家が近いと判断すると、思った通り若杉《わかすぎ》の部落。湯布院の夜景は徐々に広く明るくなっていったが、気がせくばかりで玉ネギの皮だった。湯布院はまさに由布岳の足元にあるようだった。

町に入ってすぐに知りあいの温泉旅館を探そうと思い、タクシー会社で場所を聞いた。荷をおろすと疲れがドッと出たような気がした。幸い一・五kmしか離れていなかった。目的の山荘山重《やましげ》に着いたのは一〇時頃。二五kmの山越えを四時間弱で歩けたことは、矢上さん河野さんのおかげだと改めて思った。

四肢を一ぱいに伸ばして温泉につかった。山重のおじさん、おばさんは急にやって来た私にいやな顔一つせず、忘れていた夕食を用意してくれていた。

九月一八日（五六日目）　車を追って全力疾走

起きて見上げた空は真青だった。まさに由布岳の足元。顔を上げると麓の斜面の杉林の上に急に頂上があった。昨夜越えた立石山の方にも青空が。朝風呂に入って朝食。草取りの手伝いをしてから出発することにしたので、久しぶりに落着いた朝食だった。

草取りを終え、ついでに裏の小さな畑の肥まきをひき受けた。それを終えてから空いている畑を耕してくれと頼まれ、浪人時代に手伝わせてもらった近所の農家の荻野さんから習った、ホウレンソウ畑の作り方を思い出して作ってみた。台状の畝を作り、おばさんに種の蒔き方、覆土の仕方を話した。

昼食を食べて再び風呂に入り、出発準備。大きな握り飯とおかずを折りに三箱も。それに缶コーラ二本、日本酒の容器に入れたおばさんオリジナルのスタミナドリンク一本をリュックに入れて荷仕度をすます。おばさんはそのリュックを背負って「じゃ、その辺歩いてくるわ。よっこいしょ。あら重いのね」と言って、どっかへ行ってしまった。私はあっけにとられて、暑い陽の当る縁側に座って見送った。すぐに、おじさんの「何しとんだおまえは。おまえがそんなことしてるから雄さん出発できんやないか。いい年して」という声を背におばさんは戻ってきた。

帰りに寄ることを告げて出発。午後三時。依然として真青な空。由布岳南麓のやまなみハイウェーを別府方面へむかいながら、まわりの草原地帯に足を止めて何度も眼下の湯布院の町や遠くの立石山、頭の上の由布岳に目をやった。この日は日曜日でハイウェーは車の切れ目がなく、道幅が狭いので怖かった。朝から変わらぬ青空と景色のきれいさに急ぐ気が起きずゆっくりと草原の中の露岩に腰をおろし、由布岳をスケッチし、昨日の立石山を思い返した。

陽もかなり傾き、影も伸びてきたので出発。やまなみハイウェーを離れ、一変して静かな道をとった。挟間《はさま》に向う道だったが、夜遅くまで歩く気がなかったので、この日のうちは着かないと思い、暗くなったら寺か神社で寝るつもりだった。しだいに暗くなるうち、地名不明の集落の雑貨屋で神社を教えてもらう。三km位下って行くと、雑貨屋の人が軽トラックで追ってきて「神社まで乗っていけよ」と言う。それを断わるの

挟間町 向原 赤野 ？

57日目

に冗談で「いや、だいじょうぶ。走って行くから車と変わらないよ」と、その場から先を走る車にピッタリついて全力で下り道を走った。よくぞあんなに速く、リュックを背負って一km位も走れたものだと、今さら自分で感心している。神社までは結局五、六〇mの差がついたものの、車の中であきれた顔していた。

　神社は小さな拝殿と小さな舞台があり、舞台にシュラフを広げた。真っ暗になると黄色い月がきれいに見え、昨夜も聞いたダーンという銃声が遠くから聞こえた。山重のおばさんからの握り飯二個と、スタミナドリンクとコーラ二本。

　この日は二二km程の進行。夜、寒くなってきた。

九月一九日（五七日目）　春を迎えるのか向原《むかいのはる》

　朝起きるとまた青空。すぐもよおし、日陰の狭い裏に廻った。シュラフで足を伸ばしきって寝ているためか、歩き続けのためか、朝しゃがむ時はいつも股、もも、ひざ、足首が固くビリビリしていた。

　荷仕度をしていると農家のおっさんが草刈りに来て、動力草刈機のビーンという音高く神社の裏に入って行った。居づらくなってリュックを背負って出発。田んぼの間の坂を登り尾根道へ。幅三m程の砂利道を歩きながらリスやイタチが横切ったり、私に気づかず道を歩いているのを見た。陽ざしが木々の葉っぱにたっぷり注ぎ、静かで何とも言えない。そんな中で、登りには肩の負担を軽くするためリュックのベルトに指をはさみ、下を向いて歩きながらリュックのきしみや息づかいを聞き、足先と地面に垂れる汗を見る。下りにはリュックの背のコップのカランチャランと鳴る音や自分の足音、山間の小さな田んぼの透き通った水がこけのある細い溝に流れる音を聞く。これぞ徒歩旅行の楽しみと思えた。

　四軒ほどの集落で挟間までの道を聞くと、その家のおばさんは茶菓子を出してくれ、縁側で赤ん坊と三人でお茶を飲んだ。その間、子犬が私の靴を不思議そうに見てじゃれついていた。そこから約三〇分で店を見つけ、コーヒー牛乳を飲みながら山重のおばさんからの弁当。店のおばあさんは「私は何もしてあげれないけど、こうして何かの縁で会ったんだから」と握り飯を作ってくれた。

　挟間の中心地、向原に出る頃はカンカン照りで暑かった。初め「むかいのはる」と聞こえて、春がそばにきているの意かと思ったが、向原《むかいのはる》と知ったときは趣がなくなってがっかりした。喉がカラカラになって飲みたいのをがまんして、時間と出費を考えて、やっと飲むサイダーの味ときたらもうたまらなくうまい。この感覚が忘れられなくて、食事も取らずに「飯よりサイダー」で歩いていたことがよくあった。夜になってチョコレートなどの甘い物があればそれ以上のことはないが、ない時は、無事どこかの軒下でシュラフに足を伸ばし、ゆっくり飲むサイダーも昼と違っていいもんだ。今日も終った、確実に進行しているぞと、満足感に包まれるのでうまく味わえる。

　昼も過ぎて腹も減ってきた。途中で作ってもらった弁当を文房具屋でお茶をもらって。そこで国道一〇号への近道を聞く。国道に出てまず思ったのは「車が怖

い」だ。宇佐からは田舎道が多かったので、のんびりさに慣れていたのだ。一〇号は気違いじみて車が多く、排気ガスで道路周辺が紫色に見えたほどだ。

「こんなところを！」と思うほど歩きたくなかった。

地図を広げると、延岡に行くには、この一〇号と、犬飼《いぬかい》から三重《みえ》を抜けて三二六号の三国峠越えの二通りあった。迷いなく三二六号。国道にもかかわらず無舗装で、幅も狭くまるで林道みたいで、詳しい地図がなきゃ迷うと言われ、立石山越えが思い出された。おまけに銀行勤めの若い人が目をまん丸に見開いて「あそこはバケ物が出るそうだ」とまで言う。これは峠を越えるまで心に大きくひっかかっていたが、三国峠さえ越えればもうこの徒歩旅行の難関はなしと判断して、分岐点の犬飼に向った。

中判田《なかはんだ》で牛乳を飲みに小さなお好み焼屋に入ると、奥からタッタッタと愛橋のいい耳の遠いおばあさんが現れた。店の南の窓に向って牛乳を飲んだ。はるか遠くにかすんで由布岳と鶴見岳が見えた。

「おばさん！」と出発前に声を出すと、奥から再びタッタッタと現れて、笑いに包まれながら「いってらっしゃい」うれしくて「行ってきます！」と出発した。

犬飼の町に入ってすぐ本屋で三国峠の五万分の一の地図を手に入れた。寝場所探しを始めた結果、暗くなって浄流寺という寺の本堂の軒下に。パンを買って夕食。このパン屋の山村さんに次の朝世話になる。寺の軒下でパンを食い終えると、寺の人が「夜は寒くなるから本堂に入りなさい」といってくれた。この晩もサイダーはうまかった。

九月二〇日（五八日目）　毎日が引越しさ

「お寺に泊めてもらったら、庭掃除か感謝の気持をこめてお布施を包むのが常識ですよ」という山重のおばさんのことばを思い出して起床。晴れていた。

お布施とまで寛大な気持になれなかったので、庭掃除にしようと和尚に申し出ると「いい、いい」と言われて、あっさり引き下がった。出発前、つい庭に小便をしてしまった。

朝食にパンを食おうと、昨晩の山村さんの店へ。食っている間におばさんが、昼の弁当にと握り飯を握ってくれ、せんべい一袋をくれた。出発してじきに犬飼の町中で一人の幼稚園児が「おじさん！、引越ししとるんかぁ」「ああそうだ。引越ししとるんだぁ」「どこまで行くんかぁ」「山を越えてずっとむこうに。遠くまで」「へーえ、ふとんも枕も持っとるんかぁ」「あぁ持っとる。何でもこの背中のリュックに入っとるんだぁ」「へーえ、何でも入ってるならどこへでも行けるなぁ」「ああどこへでも歩いて行っちゃうんだぁ」「へえー歩いていくなら遠足みたいだ。毎日が引越しと遠足だぁ。いいなあ」「ああいいぞぉ」「もう何年くらい引越しと遠足やっとるんだぁ、一〇年くらいかぁ」「五八年だ」（実際は五八日だが一〇年かと大きく聞かれたはずみでウソをついた）「五八年も！。金はかさいどるのか（稼いでいるか）」「ああかさいどる。かさいどる」「かさいで何に使うのや」この質問に何と答えたか日記にも書いてないし忘れてしまった。

車の少ない起伏のある道を三重町を目ざす。気温は

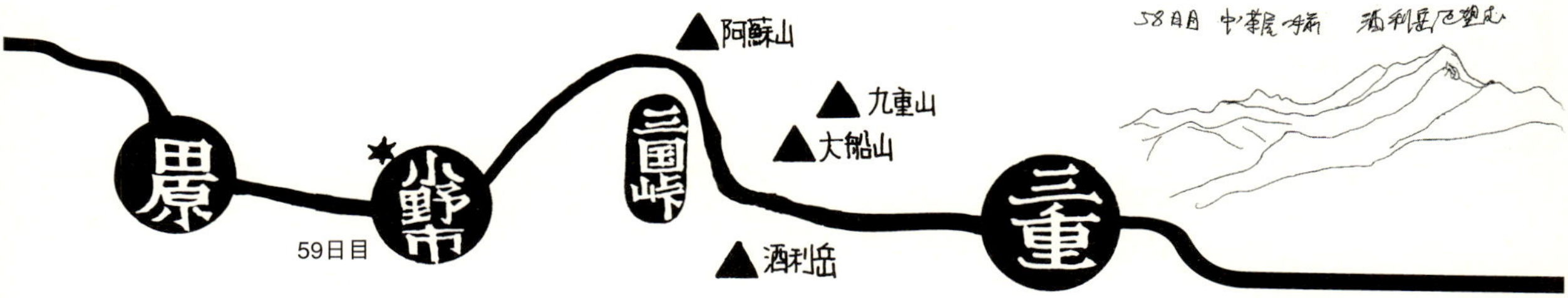

どんどん上っていった。昼までに三重に入らないとバケ物の出る三国峠で夜になってしまうので、徐々にとばした。途中パトカーに呼び止められ「身分証明書を」といわれ、尋問を受けた。

三重の町中で三国峠への入り道を聞いたガソリンスタンドで「金はあるのか。カンパしたろか」と優しい言葉を受けたが、はっきり遠慮して先へ行くと、後から追いかけてきて「ワシの弁当だ、持ってってくれ。ワシの息子もあんたと同い年なんだ」自分の弁当をくれるなんてと感傷的になると同時に、弁当が二つになったのでどっちに手をつけようかと迷った。腹が減っていても二つも食べる気がしなかった。だが、自分の弁当をと言ってくれたスタンドのおじさんのを昼にした。山村さんのは傷まなければ夜食にすればいい。スーパーで五〇〇ミリリットルのコーヒー牛乳。食事に出費すれば五、六〇円のサイダー、食費が浮けば百二、三〇円の五〇〇ミリリットルの牛乳かコーヒー牛乳と、コンピューターは働いた。

昼飯の場所を探しながら商店街を歩くついでに、靴の下敷きにするスポンジ集めをする。一日一回は取りかえなければだめだ。梨の入っていたダンボール箱があり、中に白い薄いスポンジがあった。店の人に頼むと一〇枚くれた。使途を聞かれて話すと、弁当を食べるのに奥の事務所を貸してくれた。女店員たちが集まってきて、缶ジュース三本、梨八個、袋菓子二袋をくれた。

三重から三国峠への道は山の中にくねりながら伸びていた。じきに砂利道になり、幅も狭く登りも急になって林道のようだった。尾根筋に出るとまわりの山がきれいに見えた。自分の影を見ながら登りつめて六四六mの三国峠に立つと、眼下の渓谷のかなたに別府湾。西には阿蘇の外輪山に連なって久住大船《くじゅうだいせん》山がすそ野を曳いていた。

小野市のはずれのガソリンスタンドの近くで「オレの弟が東京から宮崎まで三二日間で歩いて、去年三月に新聞に出たんや。佐多岬に着いたら大分のオレの家に電話してくれ」と言う人に会った。するつもりだったが結局忘れてしまった。陽は沈みかけていたが、小野市入りは暗くなってからだろうと思っていたので、急いだかいがあった。九月の半ばもすぎて山間《やまあい》の小さな部落はさすがに少しひんやりとした。雑貨屋で寺を教えてもらってむかう途中、ゴォウォォォンと鐘の音が響いた。

長徳寺という寺では心温かく歓迎してくれた。夕食の後「あんたはテレビでも見ていなさい」と、和尚は野球帽をかぶって出かけた。タクシー会社の留守番のアルバイトだそうだ。寺だけでは生活が間にあわないという。私は明朝お布施を用意することにした。

九月二一日（五九日目）　全く近頃の…ときたら

紙に五〇〇円包んで渡そうとしたら、手を前に出すのが一テンポ遅れただけで、千円と弁当を貰うことになってしまった。

朝からすぐにも降りそうだった。田原《たばる》の部落から先二〇kmは何もないので、そこで缶サイダーを買う。幅が狭く曲りくねった砂利道は、峠や山越えでないから

登りつめることもないし下りきることもない。急いでも距離感がつかめず長く感じた。九州全体の白地図では余計に現在地を知ることは無理で、北川ダムの貯水地は突然現われたという感じだった。そこで缶サイダーを飲み、貯水池に石を投げて爆撃隊ごっこをしながらゆっくり休む。頭を雲に隠した山々に囲まれ、濃緑色の貯水池は静まりかえっていた。

小雨が降り始めて出発。はるか眼下に道が見えるとそろそろ宮崎県入りか。下りも急になると、二日続きの砂利道のおかげで破れが広がった靴に腹がたってきた。スポンジがすり切れて、尖った石が足を刺す。「バカヤロウ、恩知らず！。ここまで捨てないでつれてきてやったのに。なんでこんなに痛いんだよ。でこぼこ道に負けないように、コンチクショウと耐えることはできねぇのかよぉ」結局は自分にもっとがまんしろということなのだが、この時は靴への叱咤激励と心の底からの悪口と責任のなすりつけに真剣だった。

ようやく砂利道を離れ、橋を渡って宮崎県入り。一道一五県目。ビリビリの紙ベラになったスポンジを取替えた。足かけ二日の国道三二六号三国峠越えの道中、車には一〇台程度会っただけ。

上赤《かみあか》の雑貨屋でサイダーを飲み、長徳寺の弁当を食べた。しばらくして下校の小学生に出会う。九州に入って、登下校中に私に挨拶してくれた小学生がかなりいた。私も返してとても楽しかった。その小学生と四kmほど歩くことになった。一年生から四、五年生の男子三人に女子八、九人。初めから慣れなれしくて圧倒されそうだ。それにしても「おじさん、おじさん」と呼ぶので「もっと若いぞ、何歳だと思ってんだ」と聞くと、まず最初にまじめな目つきで「三七歳！」と言われたのはショックだった。出てくる声は三〇以上の年齢ばかり。まちがっても二〇代の声はない。「うるせぇ一九だ！」と言うと「えー！、たけちゃんちの姉ちゃんと同い年やないか。うそやー信じられん、こんな顔で」

楽しくなってつい気が緩み、夕食のつもりの梨とキャラメルをクイズに当った子供たちに片っぱしからやってしまった。差別してからかった男の子が次第に後に離れ、女の子ばかりにとり囲まれた。近頃の小学生はませてるといっても、この中では大きくても五年生位、見わたしても色気なんかない。ただ口だけは一人前で、べちゃくちゃべちゃくちゃ。聞き流して返事をしないと「雄次郎！、聞いとんのか！」とくる。それでも私があげた梨を両手で胸の前に抱いている姿はとてもいじらしく、それだけが救いだ。別れてしまうと少し寂しくなった。

陽が沈む頃、国道一〇号との合流点へ。やっぱり車のない砂利道がいい。延岡《のべおか》まで一一kmの地点に無人の日向長井《ひゅうがながい》駅があり、そこを寝場所に決めた。駅前でカップうどんを買って湯を入れてもらうと、店のおばさんが炊きたての飯をどんぶりに山盛りとおかずをつけてくれた。今でもよくあんなに腹に入ったと思うほどの量だった。ホームの屋根つきのベンチにシュラフを広げたが、夜中に雨が強く降りだし、ふきこんできた。

60日目

九月二二日（六〇日目）
六二kmの実感は足の裏にあり

雨。シュラフが少し濡れていた。目が覚めてからずい分と長く、ベンチにぼんやり座っていた。

決心して出発。小雨になっていたのでリュックにポンチョをかけただけ。シャツは濡れても体温で乾くだろう。余程ひどい雨でない限りポンチョを着ることはなかった。朝食は延岡までがまん。延岡まで一、二kmの所で、明日鹿児島に入って日本一周を終了するという二五歳の人に会う。自転車で八四日目と言っていた。寒かったが、短パン姿の私を見て「ようしオレも」と彼も短パンになった。六〇日間着続けの私のTシャツは、初めの濃紺も色あせて説明のつかない色だったが、彼のももとは茶色だったというTシャツだ。トンネルで転んで前歯を折って中止しようと思ったが、ここまで来てしまったそうだ。ガードレールに座って話していると、寒くてガタガタしてきたので激励しあって別れた。

毎日歩いていたら九州になった。自分の後をふり返ったら秋田があり、新潟があり山口があるような気がする。佐多岬には早く立ちたいが、今のような生活が終ると考えると寂しく思えた。

延岡でパンを食う。雨もいつか上っていた。気がついてみると運動会の小中学校が多かった。歩いているうちに秋になっていたのだ。五十鈴《いすず》川の手前でさぬきうどん。注文する前はいつも時間をかけてメニューを見るが、結局は一番安いものになる。

日向に入って急に激しい雨。雨やどりついでに雑貨屋でパンを一個食う。でもなぜか腹が減ってしかたない。そんな顔をしてたのか、店のおばさんが手作りのうどんを御馳走してくれた。温まった体で雨の中へ。靴にとっては今日もさんざんな日。昨日の小さな穴がどんどん広がった。気分的にも沈みがちになる。

耳《みみ》川を渡り美々津《みみつ》をすぎて広い畑作地帯。やがて林の間の丘陵状の道になって東都農《つの》あたりで薄暗くなる。約二〇kmぶりにベンチに座る。小雨の中、二分ほど休んで出発。真っ暗になって都農の町へ。寺を探して尋ねると、酒に酔った人が出てきて五〇〇円札を私の手に握らせて「和尚がおらんで都合悪いんや」と言う。そんな形でお金を貰いたくなかった。正直言うとカッときた。押しつけられて結局受け取ったが、腹がたったので焼け食いだ!、と決め、豚汁と玉子丼を食って使ってしまった。

「とんじる」と注文すると、他の客が「ぶたじるっつうんだよ」と言う。私の経験では、どうも関東以北はとんじる、中部以西ではぶたじるのようだ。

しばらく歩いてガソリンスタンドか学校の軒下を探すことにした。町はずれのバイパスとの合流点でもよおして小道にしゃがむ。一つの危機感を脱して精神的に落着くと、真っ暗な国道をどれ位歩けばガソリンスタンドが、学校があるだろうかと心配になってくる。この日は歩きに歩いて六二km。足の裏が痛い。痛いとか弱気になるとかすると、もうそれっきりこの辺でシュラフを広げたくなった。

近くの家で小学校が近いことを教えてもらう。軒下を借りようと用務員さんの家に行くと、独断で許可で

きないと言われ、近くの校長、教頭先生宅へ行き、教頭の日高さん宅が寝場所となった。

夜一〇時頃、もう何も言えない。せめてと思い、返事だけは大きな声を出した。六二km稼いだ実感はいつもよりビンビンする足の裏にあった。

九月二三日（六一日目）

The Long and Winding Road

雨。憂うつこの上なし。日高さんたちの顔を見て出発した時は、がんばるぞと思った。この日も肌寒かった。

午後には豪雨になって最も強い時には二〇km先がやっと見えるほどだった。ひらき直ってバシャバシャ歩く。車からの泥水のプレゼントも雨が洗い流してくれた。高鍋《たかなべ》の町はずれの食堂で熱いみそ汁を注文して日高さんからの弁当を食う。

夕方になって雨は上った。国道沿いに家が多くなり、宮崎まであと八km足らずでペースをがたんと落とす。二日の峠越えと二日の雨を乗越えて、この旅もそろそろ終りだなぁと、余裕を見せつつ次の旅の計画をニヤニヤしながら考えた。

宗谷岬を出発して二八日目の快晴の朝、新潟県の小島《おじま》谷から稲の間の道を歩いている時ふと口をついて出て以来、今日まで毎日一回は口ずさむ歌があった。出だしの歌詞となんとなくメロディーを知っている程度のもので、ビートルズのザ・ロング・アンド・ワインディング・ロードだ。歌詞も知りたい、本当の曲をレコードで聞いてみたいと思っていたものの、レコード屋で試聴するのは何ともあっけなく、文明的に思えて、実践する気は全くしなかった。自販機で缶飲料を買うのを避けたのと似ている。しかし旅の終りを意識して、レコード屋で歌詞を知る気になった。

空が真っ暗になった宮崎市街で大きなレコード屋へ。入口の案内のおねえさんの側に荷物を置いて、ビートルズのLPを試聴させてもらう。B面の三曲目。今まで自分なりに歌っていたように、本物もとてもいい感じの曲だった。二回目は別紙の歌詞を訳しながら。「あっ三曲目もう一度お願いします」三回目は英語の歌詞を書写しながら。「三曲目もう一度」四回目は聴きながら口ずさむ。「すいません、もう一度」曲の流れと歌詞の流れを考えて口ずさんだ。「あの…」と言うと、さっきから何度も操作してくれていたおねえさんが、キッとした感じになったので少し迷ったが「最後にしますから三曲目もう一度」The Long and Winding Road……佐多岬でうまく歌えるように練習しよう。

大淀《おおよど》川の橋の真中からネオンの宮崎の町をしみじみと見た。街路樹は南国風のシュロやビロウばかり。

「南に来たなぁ」

交番で野宿できそうな所を尋ねると、痴漢のよく出る場所ならあると言われた。何かふんぎりがつかず、途中にあった建設中のビルの階段にシュラフを広げた。小さな物音でもコッツゥゥンと響くので、静かに静かに動くように努めた。一安心してサイダーを買いに出る。本通りから入った建物なので人はそれほど歩いていないが、それでも建物から出る時は気を使って

62日目

宮崎

大淀川

見られないようにした。通報されて夜中に不審尋問で起こされるのはかなわない。

すぐ近くの酒屋でびんのサイダーを買う。自販機で買うのは趣がないばかりか高くつく。店の人との話から得られる情報も貴重なのだ。この時は蚊取り線香を一巻貰った。蚊取り線香は一〇巻入りを二箱持って宗谷岬を出たが、一箱は汗と雨に湿って荷物減量の犠牲になった。残りの一箱がなくなってからは、晩ごとに一巻ずつ買うのが日課となった。おかげでいろんな会社の線香立てが増えて、まとめて捨てることもあった。点火用のマッチは紅茶のカンに五個ほどマッチ箱を入れていたが、使ったのは東北までで、その後は拾ったライターを使った。歩いていると百円ライターがよく落ちている。その多くは燃料切れだったが、半分以下程度で捨てられているのもあった。働く気のあるものを見殺しにするわけにはいかない。新潟あたりから拾いだした。

うまくいけばあと四日、五日あればまちがいなく佐多岬だ、シュラフの上でそう思った。北海道の道中で、北海道、東北、北陸など一つ一つの区切りが終ったら食物を奮発して「—編終了祝賀会」をやるぞと思っていたが、節約のためがまんしてきた。でも佐多岬では何かやろうと計画した。

九月二四日（六二日目）
青島にて観光のあり方を考える

曇り。日南《にちなん》海岸を歩くんだから晴れてほしい。しかし、それより佐多岬で晴れてほしいから、今のうちに降れば佐多岬では晴れてくれるだろうと思った。

二、三km歩いて大衆食堂で飯とみそ汁。飯三〇円分おかわりと頼むと、おばさんが「うちんとこの昨晩のまぜ寿司でいい？」と、それをノーカウントで。うまいまぜ寿司を食べていると、常連風のおっさんが入ってきて話し始めた。ずっと歩いてきていくら位使ったかと聞かれ、大体四万円だと言うと、おっさんは昨夜ナイトクラブで七万円使ったと言う。チンピラやくざに気をつけろと注意してくれ、飯代を払ってくれたうえに、コーヒーでも飲めやと五〇〇円くれた。

佐多岬まで二七三三円で生活しなければならない。あと四、五日。金銭的危機感は宗谷岬に立った時、五万円で佐多岬まで歩けるかと気になった程度で、その後全くなかった。両親からの送金のことは少しも頭になかったことは強調したい。

宮崎の町を離れ、みそ汁と茶わん二杯の朝飯はすぐ腹へりになった。昨晩は晩飯なしで日高さんに貰った菓子だけだったのだ。青島《あおしま》まで八kmの国道の側にポツンとあった店に入ってびんのサイダーを飲む。缶だと七〇〜一〇〇円で二五〇ミリリットル、びんのは五〇〜七〇円で三四〇〜三五〇ミリリットル。この差は大きい。旅の初めの頃は一〇〇円で五〇%以上の果汁飲料を無理して選んだが、安くて量があることは、栄養があるなんてのよりはるかに精神的にプラスになるのだ。

椅子に座って喉を潤しながら、店の主人の樺山さんに、二、三時間歩いても景色が変わらなかった北海道の広さなどを話す。樺山さんは満州にいた頃の話をし

てくれた。汽車に五、六時間乗り続けでも荒涼とした原野が変わらなかったというのは畏れいった。シベリアの話も聞いた。そして温いみそ汁とご飯とおかずを御馳走になった。飯は四杯もおかわりをし、リンゴ二個にトウモロコシ二本貰って出発。

清武《きよたけ》川を渡って子供の国、青島に近づくと小雨。青島は観光団で人人人…。自分もその中の一人だから何となく考えさせられる。人の列に埋まって小さい青島に渡り、人ごみのすきまから青島を見るより、離れて全体を見ることにした。あいにくの天気で海もきれいではない。すぐ側に熱帯植物園と温室があるので入ってみた。大きなヤシ類など大小多くの熱帯植物があり、温室への入場料一〇〇円は惜しまず出せた。トックリヤシ・アブラヤシ・ココヤシ・マンゴー・竜舌蘭・チユウインガムの木など温室いっぱいの熱帯植物。ここは青島に渡る人なら誰でも前を通るのに、入る人はほとんどない。園内のビロウやヤシの葉に肩先を触れさせながら座っている新婚さんも一カップルしか見なかった。青島が二、三千人なら植物園は一人位だ。ゴミの数もこんなだろう。

青島を出てじきに強い雨。靴が心配になる。海の見えない登り道が続き、急に眼下に波の寄せる鬼の洗濯板が見える堀切《ほりきり》峠に出て下り道になる。少し下って大きなビロウの下で雨やどり。風が強くポンチョの裾が翻って車にひっかからないように気を使った。どこの国道も町中以外は人が歩かないので歩道がなく、車をよけるのに気を使う時が多い。道端の溝には赤いはさみのカニが沢山歩いていた。

雨の中を急ぐのもめんどうになって、白く上品そうなコーヒーショップの軒下の椅子に座る。ガラスを隔てて中ではいくつかのテーブルでうまそうにコーヒーを飲んでいる。私も梨を食うことにした。都農の日高さんから五個も貰ったのがあった。梨は中国路で食べるようになり、初めは皮ごと食っていたがうまく食うには皮はない方がいい。次第に皮をむくようになった。ナイフはもっぱら梨の皮むきに使うだけだった。何日かぶりにナイフを出すと梨の汁で錆がついていた。

三個目をむいていると、大きな外車がやってきて外人三人が降りた。中の美人の女性は私をちらっと見て、敬遠の顔つきで店に入っていった。間もなくウェイトレスが「どうぞお入り下さい。濡れるでしょ」と言ってくれたので、入って梨を食べた。一つおいた隣のテーブルには、頭から足もとまでとてもきれいなクリームイエローの夜装のシスターがいた。外の小雨と店の白さに加えて実にドラマチックだった。

五個食べ終えて出発。途中、晴れ間が見え、太平洋を見ながら休んだ。海への出っぱりとへっこみをいくつか過ぎて、うどんを食った。出っぱりに集落はないが、へっこみにはいつもある。何でもないあたり前のようだが、歩く速度や目標の目安になって助かる。

暗くなりだして富士《ふと》の部落へ。寝場所をどうするか迷いだす。この日の目標の鵜戸《うど》神宮までは一〇km近く、雨足も強いの先二kmのサボテン公園へ行くことにした。公園には管理人か警備兵がいるだろうし、雨なんだから頼めば一晩仮眠くらいはさせてくれるだろう。もし誰もいず、適当な寝場所もなかったら富士に

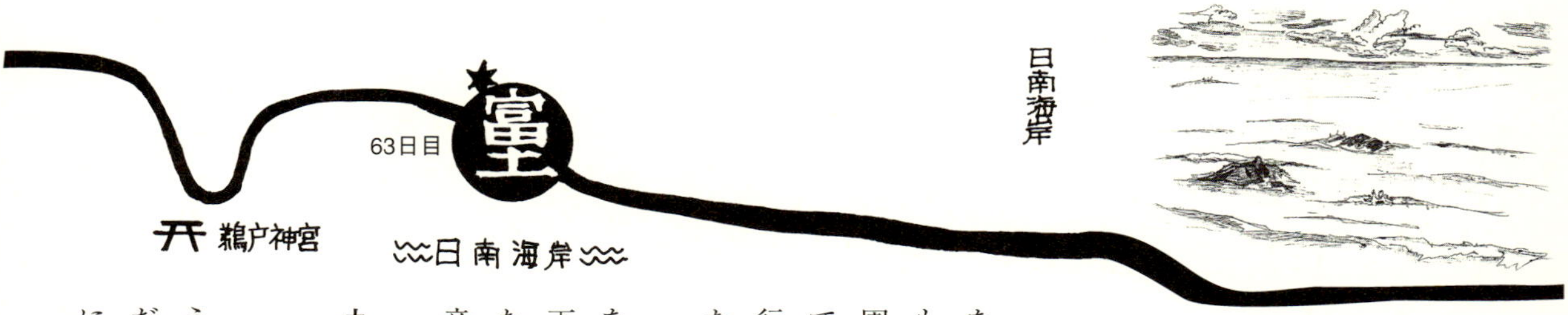

戻るのに往復四km。公園までに可能性のある場所を探しながら行くことにした。

富土の端に間隔をおいてドライブインが三軒。その軒下を頼む前に、大工さんが灯りをつけて仕事している建築中の家で頼んでみた。何と返事をしているのか分らなく、しつこく頼んでどなられるのもいやなので、ドライブインがだめだったら、大工さんが帰った後で無断で寝ればいいやと思った。

最初のドライブインはいい場所もあり脈もあったが主人がいない。一諸に心配してくれるおばあさんを背に諦め、他の二つも断られた。断られるのは無理もない、あたり前のことなのだと思った。サボテン公園に人のいないことも分った。三つめのドライブインで、公民館に行ってみたらと言われ、部落長さん宅へ行く。何の抵抗もなくOK。雨は強いし時間も遅かったので、正直いってホッとした。

公民館に荷物を置いてサイダーとパンとソーセージを買ってくる。木造のすきまだらけの公民館だが、軒下よりずっといい。靴もべたべたでみじめな姿。濡れた服を部屋に張ったリュックのひもに吊す。雨と波の音がよく聞こえていた。

九月二五日（六三日目）

牛の食うトウモロコシを食う

雲も多いが晴れ間も見えた。そういえば今日はちょうど九週間目で日曜日。日曜の雰囲気を感じさせる朝だなぁなんて思いながら、遅れるのを覚悟でシュラフに入っていた。やっぱり最近疲れている。眠りの中で自分の歯ぎしりが分ったり、その音で目が覚めたりする。

昨夜のような雨や波の音もなく静かだ。まだ湿っている靴に新しいスポンジを入れた。じきに体温で乾くだろう。一〇月は近い。近頃はTシャツの下にランニングシャツを着ていた。下半身は相変らずパンツと短パン。陽焼けと垢がなじんできた。兵庫県あたりまではよく見ると垢と陽焼けの違いが分ったが、九州前頃からはしっくりといっている。館内を軽く掃いて出る。運動会の姿をした小学生に「何時から始まるの」と聞くと「九時から」と言い「じゃ急がなきゃな」と言うと「うん」と返事していたので、この日の出発は九時近い。ずい分青空が広がっていた。

昨夜最初に訪ねたドライブインで朝食にしようと飯とみそ汁を頼むと、留守だったおかみさんが「おばちゃんにあんたのこと聞いたよ。昨日はいなくてごめんね。おかずは何にすんの」「飯とみそ汁だけ」と言うと、大きな焼魚をつけてくれた。買出しに出るおかみさんは、急いで私の横を通りながら「その朝ごはん、私んとこからの御馳走や。お金いらんよ」と、あわただしく出て行った。おばあさんは昼の弁当にと握り飯。何と言ったらいいのか分らなかった。

鵜戸神宮までには軽自動車を改良した移動式のホットドッグ屋がいくつかあった。中をのぞくと一本一五〇円と高い。だがうまそうに見えてたまらなく、宮崎の樺山さんに貰ったトウモロコシとの交換を頼もうとしたが、ホットドッグとではちょっと図々しいので、焼トウモロコシとにした。それでも私のは明らかに固

そうで売り物とは差がつきすぎた。そこで私のを焼いて味をつけてくれた。何にしても固くてあごが疲れた。おっさんは「それは牛の食うやつみたいだ」と言っていた。

鵜戸神宮は国道から二km離れている。海蝕洞内にある社を見ようとわき道に入る。五〇〇m位で小さな菓子屋があり、シミーズ姿で弁当を食べていた店のおばあさん二人に、洞窟までの時間を聞くと四五分と言う。ここで弁当食って国道に戻ろうと、急に考えを変えた。おばあさんたちはおかずを分けてくれた。日南地方特産のミカンも九月にして口にすることができた。売り物にならない小っこいミカンだったが、その甘ずっぱさといったらたまんなかった。もっと持ってけというのを一〇個でやめといた。お茶も水筒に満タンにし、出がけに缶サイダーを貰った。

国道に出るまでの道からきれいな海の南を望む。心もち灰色に見えたかと思うとみる間に濃くなり、その中に小さな半島がかすむ。国道に戻ると同時にドシャ降りだ。せっかく靴が乾いた感じなのに。日南市街に近づいて止んだが、今にも降りだしそうだ。広瀬川の河口には波が白いしぶきを上げていた。油津《あぶらつ》の港沿いを歩いているとまた雨。南郷《なんごう》町でうどんを食って出るとピカピカ光りだし、一気に降りだした雨とともに夕暮れの暗闇が近づく。寝場所のあてのないまま肩をすぼめながらすっとばした。そんな中でも忘れずにびんのサイダーを買ってリュックにつっこんだ。

やがて雨は止んだ。先を急いでいると、横道から下校の高校生の二人乗りの自転車が来た。「この先に雨をしのげる寝場所はないかな」と聞くと、少し考えて「谷之口っていう無人駅があと一km先にあります」と教えてくれた。急いでそこを目ざし、あと五〇〇m位で突風と強雨。あっという間にあたりが水の中になったようだった。暗闇の中に雨も激しくなって、瞬間的にあたりが紫色の中に浮きでて気味悪かった。

電気のついた谷之口の無人駅の待合室にとびこんでほっと一安心。リュックをおろして雨の降りこむ境目いっぱいの所に立って小便。本当のほっと一息だ。ダーッというすごい雨音は少しずつ弱まっていった。海に面した南郷の町中を離れると低い山が迫り、谷之口の北には滝《たき》ヶ平《ひら》山という山がどっしりとかまえていた。山の中腹までポツポツとついている紫色の螢光灯は、みかん畑に集まる虫の殺虫灯だろうか。

サイダーの栓を抜いてこの日の終りを感じると、あと三日だとしみじみと思った。そうなると疲れているはずなのになかなか寝つかれない。幅四〇cm長さ五m位のベンチに横になり、水分をたっぷり含んだ靴をじっと見て少しほめてやった。何とか最後まで一緒に行けそうだ。

あと三日で絶対に行けると確信した。が、嬉しくはなかった。

九月二六日（六四日目）　本場の焼酎に酔っぱらう

出発すると曇りがちの空も次第に陽がさし始めた。五km歩いて榎原《よわら》で朝食に菓子パン。山に囲まれた緩い起伏の道を行きながら、最終日の「一人祝賀会」の計画を立てた。二、三日前から佐多岬のことを佐多ケ

ープと呼んでいた。佐多ケープでの祝賀会の名称「ラスト」の実行委員兼委員長兼来賓に選ばれた。

　串間《くしま》まで四kmの所でパンを食う。店のおやじの方言は理解できなかった。長浜《ながはま》でサイダーと一〇円のエビセン。そこから四kmの高松《たかまつ》で砂浜に降り、浜に浮き立って海まで伸びている岩に登り、波しぶきを受ける所で大の字にひっくり返った。遠く南には志布志《しぶし》湾を隔てて、その末端を目ざす大隅《おおすみ》半島が見えていた。

　高松から最後の鹿児島県境まで四km。一道一六県目。志布志町に入る。志布志町が市になったら言いにくいだろうと心配した。シュロ、ビロウ、ソテツなどが続くきれいな道にドライブインが見え、五〇円のサイダーを探しに入ったがないのでしぶしぶ出ると、後からウェイトレスのおばさんが走ってきて豆菓子を二袋くれた。霞がちだったが雲一つなく暑い日だった。

　夕方、志布志町安楽《あんらく》で買物帰りの若いおばさんに声をかけられ、トマトジュース、ヤクルト、ミカン、芋カリントを貰った。芋カリントは数日前から食べたいと思っていた。「ラスト」まで食べずに持っていけるだろうか。その後徐々にペースは上った。

　菱田《ひしだ》で砂の中にほんの微かな光を発見。ハッとしてそこを軽く蹴ると案の定五〇円硬貨。それも一昔前の大きくて穴のないやつ。浸食もはなはだしく、針の通るほどの穴が沢山あって、溶けているような部分もあった。時代の経過を感じずにはいられなかった。拾金は合計一一〇五円を数え、この時のが最後だった。一円一〇枚、五円三枚、一〇円八枚、五〇円六枚、一〇〇円七枚。千円突破は大きな財産で心強かった。

　大崎《おおさき》の果物直売所で大判のスポンジを五枚貰う。あと三日の距離割りの一日目の予定通り大崎に入り、寝場所を探す。神社の場所を聞き、就寝前のサイダーを買いに店に入ろうとすると「どこまでですか。乗りませんか」と声がかかった。車に乗った人が「私の家はこの近くなんです。よかったら家に来ませんか」と言う。勝手をしてお世話になるけれど車には乗らないことにした。道順を教えてもらって歩いて行った。

　声をかけてくれた人は池田さんといい、宮崎大学農学部畜産科を卒業して、鹿児島県大崎農業改良普及所に務めている若い人だった。大学時代はワンゲル部で北、南アルプス等もかなり登ったらしい。彼の家は藤井さんという家の敷地内にある借家で、暗くなってから、藤井さんの男の子が大きなスケッチブックを持って「サインしてください」とやってきた。

　藤井さんに風呂をもらい、首を洗っていると、前から気になっていたできものが右側にずい分沢山になっていた。九州の初め頃にポツンと一つできていたもので、次第に首を曲げるのに痛みを感じだしていたのだが、リュックの重さからくる筋肉痛かと思っていた。いったい何なのだろう。

　夕食前に池田さんと焼酎を飲んでいると、藤井さんも焼酎の一升びんを持ってきた。藤井さんは四〇歳位の高校の先生。焼魚の身を可能な限りついばんでいる私を見て、池田さんは「食物に苦労している人ってのは、魚の食べ方を見ると分るんですよね」と、藤井さんに言った。「本場の焼酎をこれだけよく飲むんだから強いんだなあ」と言われ、調子にのって飲んでいる

時はじっさい平気に近かったが、コップでの四、五杯は後からクラックラ。

実に楽しい晩だった。ぼんやりしたままでシュラフを広げたのはよかったが、中に入らず腹を出して寝てしまった。

九月二七日（六五日目）　ゴール目前にしてダウン

池田さんの作った朝食をとっていると、藤井さんのおばさんが弁当とみかんを持ってきてくれた。

私より先に池田さんは出かけた。彼はあと二〇年したら恩給が出るから、普及員をやめてシルクロードを歩くつもりだと言っていた。以前からの夢だそうで、本棚にはシルクロードの本や写真集が並んでいた。

足どりは重かった。出足からバテぎみで休んで牛乳を飲むことが多かった。気温もかなりあり、体のまわりがムーッと感じられた。串良のはずれのバス停の小屋で弁当。

三時過ぎまでかかって、ようやく一六km歩いて鹿屋《かのや》へ。鹿屋はたこ焼きが比較的安いので驚いた。次の店で次の店でと思っているうちになくなってしまった。航空自衛隊基地の近くでもよおしたので、スーパーのトイレへ。排水のペダルをふむとパイプから水があふれ、外の床に置いていたリュックが濡れてしまった。

基地の前の飛行機公園、史料館は四時まで入場自由とあったので入ってみる。遅れが更に遅れになることは分っていたが、もう気にならなかった。飛行機公園では展示してある飛行様に乗ることができた。操縦席に座った気分は何ともうれしかった。史料館には日本海軍の先駆者、坂本龍馬の銅像や写真があり、龍馬の口を一文字に結び自信に満ちた顔には感激した。

史料館を出てまたしてもの便意に畑の隅で。どうも腹具合もよろしくない。基地の西側にパン工場があり、三〇円でアンパン三個分けてもらう。

薄暗くなって錦江湾沿いの高須《たかす》の小さな町へ。日中の遅れは夜遅くまで歩いて挽回すればいいと、一九km先の大根占《おおねじめ》を目標にした。夜の行動のため、懐中電燈の電池を替えるべく電気屋を訪ねた。電気屋の出口さんの若いおばさんは電池をただにしてくれ、大根占では何もないからと豚汁を御馳走してくれた。豚汁の味はよかったが腹の調子がまた悪くなりだした。汗びっしょりになって食べ終ると、一年生の男の子が気をきかせて扇風機をつけてくれた。その風を受けたとたん、はっきりとこの不調はカゼをひいているからだと悟った。体に悪寒を覚えたのだ。

大根占行きはやめにした。ちょうど近くの高い石段の上に小さな神社があった。そこに野宿することにした。石段を登りだすと左足のももが急に痛みだした。急に登ったせいかと思ったが、次第に腰、肩と痛くなってきた。神社は小さい堂がひとつあるだけだ。次第に熱っぽくなり呼吸が重苦しくなってきた。とにかくシュラフを出した。蚊が出そうなので近くの店まで下って線香を二巻分けてもらい、また神社に上るとどんどん体から力がぬけ、寒気がひどくなってきた。頭は熱っぽくフラフラする。どうしちまったんだ、どうしちまったんだと、自分の体の急変に恐怖を覚えた。

線香に点火するのもおっくうで、ようようだった。

トレパンをはいてシュラフに入り、シュラフカバーもかぶった。それでも寒くてヤッケまで着た。すると急に腹痛が始まり、今にも漏れそう。懸命にシュラフから這い出し、お堂の裏まで歩くのさえふらついた。しゃがんでもガスが出るだけ。シュラフに戻るとズキン、ズキンと頭痛。シュラフの中に縮まって、急性肺炎にでもなったのかと考えた。

昨夜池田さんの所で腹を出して寝たのが思いあたる。でもそれだけでこれほど急激な変調があるだろうか。どうみても自分に油断があったのを、何かが気を引きしめろ！と、こうさせたのに違いない。自分の油断からなのだと、頭痛と寒気と腹痛の中で考えた。

便意で二度シュラフを出てしゃがんだがガスだけ。更に吐気が加わってきた。気を紛らすためにラジオをつけたりしたが、こらえるだけで精一杯。寝返りをうつにも体の節々に痛みがはしり、おまけに右首のでき物の痛みも増して曲げることができず、頭の下に物を置いて固定した。明日は歩けまいと思った。朝には医者に行こうと思った。そして民宿に二日位泊っていこうと思った。杖を探さなければとも思った。神社の軒下に横になり、頭痛と発熱と腹痛と関節痛と筋肉痛と肩痛と首痛と吐気と寒気の中で、ここ三、四日の油断を反省した。少しでも反省の意志を表わすため、近くにあった紐を堅く結び、気を引きしめるんだ！と心に叫び続けた。寒気と吐気は増し、体がガタガタ震えだした。

「おまえ、鹿児島県の高須の神社で意識不明になっているところを地元の人に発見されて、救急車で病院に運ばれ、家に戻ってからもう一一日間もうわごとを言ったり眠り続けだったんだぞ」と、兄に事の次第を聞かされ、私は「えっ、何てことだ。あと二日で佐多岬だったというのに。何てことだ。なんで連れ戻したんだよ！、どうしてこんなことしたんだよ！」

ふと目を開けると、神社の周りの木々の間に三日月が出ていた。ああ夢だったのかと、現実の世界に戻っていた。吐気も頭痛も続いていたが、ほっとしたのは事実だった。気がつくと汗びっしょりだった。かなりうなされていたようだった。それにしても気味悪いほどはっきりしていた夢だった。

ヤッケを脱いで汗をふき、三日月を見ながら、寝ようと努めた。

九月二八日（六六日目）　苦しみの一夜があけて

吐気と同時に目を覚ますと、雨。あーっという思いでしばらくボケーッとしていた。はっきりしているのは、昨夜のピークよりはるかに回復していたことだ。

風を伴った雨はシュラフを濡らし、小さな神社の軒下には雨を避ける余裕は知れたほどしかなかった。シュラフをまくって軒下の階段を一段登る。もう後がない。要するに荷仕度、出発せよだ。

出口さんのおばさんと一年生の男の子が傘をさしてやって来て「どうだった、眠れた？」という。私は返答に迷った。「はい、まあ」と言っただけで「夕食後急に…」とは言えなかった。どうしても笑顔になれない。動作を起す前に吐気が先行するのだ。出口さんは弁当とヤクルトを持ってきてくれたのだ。傘をさして

長い石段を降りていく親子の後姿を見て、行動を前にぐったりしんどくなった。

正月に来た出口さんからの年賀状には、その男の子が私のことを書いた作文が入選したとあった。

荷をまとめて背負ってみた。歩ける！、と直感した。靴にスポンジを入れ替えて出発。五〇〇m歩いて菓子パン。風と雨のせいか寒く感じる。パン屋のおばさんは熱いお茶を出してくれ、頭がバラバラに大きく開いてしまった麦わら帽を見て新しいのをくれた。今さら新メンバーの参加は受けつけたくなかったが、なぜかいつものように意地になれない。旧人と新人を合わせてポンチョの頭のおおいの上にかぶり、ゆっくり、ゆっくり歩き続けた。

雨の勢いが強くなって大根占の町へ。役場の軒下でこの日三度目のスポンジの入れ替え。穴が一五cmにもなり、そこからペラペラになったスポンジが出入した。歩きながら今日の目的地を考える。元気のよい時なら間違いなく答は一つ佐多ケープだが、この日は佐多町の中心地の伊座敷《いざしき》。ケープまで二二km手前。大根占から二一km。明日ケープに立つことでの大きな心配は、この止みそうにない強い雨が明日も降ったらということだった。スタート時から、最後だけは快晴の空の下でと思い続けてきたことだ。しかし自分の予想も、天気予報も雨だった。

根占から空腹感が増しつつ、小さな峠越え。そしてまた右手に錦江湾《きんこうわん》、左手には山という道。根占からはずっと両側にバナナが続いていた。この道をバナナラインというが、人さし指程度で食物にはならないそうな。

途中、薩英戦争で英艦隊と砲戦を交えた砲台の跡を見た。当時の石垣が残る砲台跡としては日本で唯一だそうだ。草木の緑が雨にしめり、かつて砲声に包まれ血が流れた場所は、波が石を洗う音ばかりだった。

バナナラインの中頃にポツンとあった磯料理屋に入る。出口さんの弁当と熱いみそ汁を食べるためだ。首の痛みは昨夜に増し、右側に首がほんの少ししか曲らない。板前さんにどうなってるかと聞くと、火傷のようになっているそうで、ムヒを塗った。出発前にミカンと缶ジュースを二本くれた。

ポンチョと二重の麦わらをかぶり、雨の中を憂うつな気分で出発。しばらくして雨空の中の雲の切れ間に青空を発見。それは急速に広がり、スポットライトのような光線が近くにさしたかと思うと、こっちに近づいてきた。これを口火に雨足も弱まり、あちこちで雲が切れだす。そうなると海がいくらかでも青く見えてくる。明日の天気への期待も忘れない。ふり返った遠い北に、確かに桜島がうっすらと見えているように思えた。痛む右首を精一杯に曲げて西に薩摩半島を望むと、開聞《かいもん》岳の美しい姿。指宿《いぶすき》の町の白い建物も見えた。何と美しい景色だろう。灰色の雲はみごとに散り散りになった。喜びもはかなく、伊座敷近くになって上空に雨雲が広がり、雨。しかし開聞岳、指宿の上空は晴れて陽が照っているのが見えた。

伊座敷に入ってすぐ薬局へ。昨夜のようなめはもういやなので、風邪薬を飲みに入ったのだ。買うのではない。一回服用分を貰いに。だが断わられてしまった。

大泊　伊座敷　佐多

67日目

何とか三九kmの距離を稼げた。暗くなって寺の幼稚園の教室内が寝場所になった。教室の広い出入口には戸がなく、開けっ放し。寺のおばあさんに蚊取り線香を二巻貰う。ここへ来る前に、ラスト前夜祭の特別ゲストとして梅酒を買った。自腹を切って自主的に酒類を買うのはこの日が初めて。鳥取砂丘でビールを買ったが、あれは付合いでしかたなかった。タオルを仕入れに梅酒を買った酒屋へ。てっきりただのつもりで「タオル一本分けてもらえないですか」と頼むと、一〇〇円払うことになった。出発以来一〇本以上のタオルを新調したが、みなただだった。床屋で貰うのを知ったのはヒットだった。田町さんのやり方は、食堂や喫茶店でのおしぼりを黙って貰ってくるのだが、私の場合は周囲で一番安そうな食堂に入るせいか、おしぼりなどは出なかった。

シュラフの上に落着いて考えた。思えばこの夜がこの徒歩旅行の最後の夜なんだ。明日でこの生活が終ってしまうと思うと、悲しくなった。明日のケープでの祝賀会なんかやめよう。梅酒をもって荷物の面々と乾杯し、さえる目をつむってシュラフに入った。

夜中、猛烈な雨音と数人のくつ音に目をさました。雨にずぶ濡れになった四人、二本の傘に母親と一人の幼児、二人の小学生、いずれも女の子たち、が薄暗い教室に驚きの顔でかけこんできた。落ちついてから話をすると、酒乱の夫から逃げて福岡へ行くという。私はとっさにリュックから、缶詰とわずかを残して全財産のお金を渡した。「自分の旅はほんとに多くの人たちに助けられました。何かに使って下さい。元気で」

九月二九日（六七日目）
日本縦断徒歩旅行ただいま終了

予報を裏切って朝から快晴。

荷をまとめて写真屋へ。この快晴の下、遠く海を隔てた開聞岳をバックに自分を撮ってもらおう。あいにく伊座敷の小っこい港からは開聞岳をバックにできず、しかたなく港で一枚。写真屋のおっさんは「車で丘まで上れば撮れるよ」と言うが、佐多ケープを前にして車には乗れない。夕方戻ってきてから、雄大な夕焼けをバックに撮ってもらうことにしようと約束した。その夕方、伊座敷に戻って即写真屋に行ったが、おっさんは出かけて留守だった。翌朝再び行って一枚分だけの代金を聞くと、何と二千円！。ショックに声も出ず溜息の連発だった。

そうなるとも知らず、うどんを食って、最終日伊座敷を出発。

明け方冷えこんだが、陽が昇って暑くなってきた。一歩歩めば一歩ケープに近づく。胸がワクワクドキドキし続け。道は高度を上げ伊座敷の町が下になる。空は真青、海も青。言うことなかった。高須の神社でのことは、この日を与えてくれるためのちょっときつい教えだったのだろうか。静かな道をリュックのきしみと足音を聞きながら歩いた。靴からはいつものように白いスポンジがベロを出していた。

起伏と曲りくねった木々に囲まれた山並みの道。しばらくして下りのカーブを曲ると、歯をくいしばってペダルを踏んで登ってくる。彼、高木君は納沙布《のさっぷ》岬からの日本縦断。記念写真を撮ってくれ、送ると約束し

佐多岬

毘

大隅半島

佐多岬

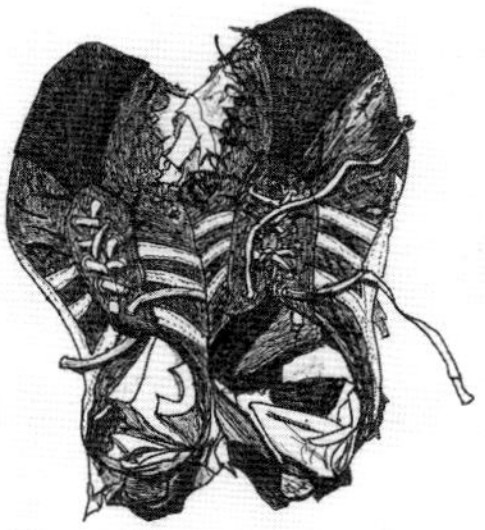

67日間履いたシューズ

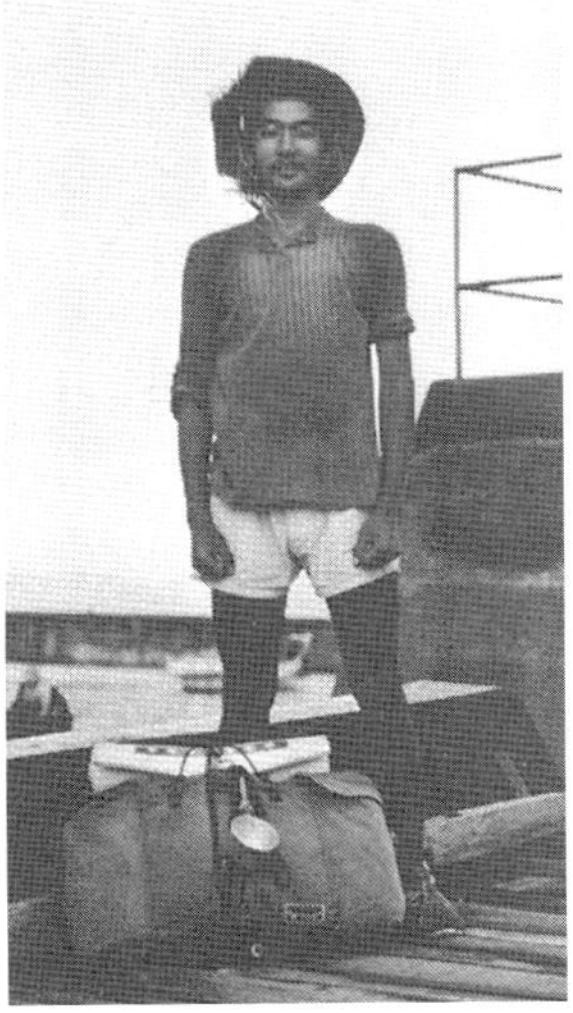

日本縦断を終えて記念の一枚
（大隅半島伊座敷にて）

てくれた。彼は東京までフェリーで戻るために、宮崎県の日向にむかって道に汗を落しながらこいで行った。あと一五kmの所だった。

大泊《おおどまり》の食堂でソーメンを食う。いよいよ六kmに迫った。大泊から岬までは民間交通の管理下のロードパークという有料道路があったが、ここは自転車や人は通行禁止だそうだ。高木君も自転車を降りてバスで行ったと言っていた。「ここまで来て。くそ！」歩いている所を発見されると、すぐに車に乗せられるのだそうだ。ところが、ロードパークより近道になる細い砂利道の公道があるのを知った。何も迷うことはなかった。

旅の終りは近いと、砂利道を信じていたらやがてまたロードパークへ。見つかったら車に乗せられる！後をふり返りふり返り歩く。やがてポツンとあった小さな磯料理屋に一時退避のつもりで入って水を貰って休み、近くの田尻《たじり》の部落内をいく近道を教えてもらう。細い道を迷いながら登りつめると、またロードパーク。あと二km位だ。見つかるな！。ところが一〇〇mほどで、後方にバスがやってきた。「やばい！」道端のヤシの木に隠れようとしたが、痩せた体は隠れても、汚いリュックはどうする。しらばっくれて歩き続けた。バスは通りすぎて行った。

ロードパークの終点から岬の灯台が見えた。灯台は岬の先端よりわずかに隔てた小島の上にあり、歩ける限りの南端はトンネルをぬけた五〇mの海蝕崖上の展望台までだった。トンネルから南へは入場料一〇〇円が必要だった。トンネルの中は真っ暗でとても涼しかった。

ケープの南端に立って、特に大きな感激もなかった。一日一日歩いてきたらここまで来たのだ。六七日間の旅の生活がここで終りなんだなあと、それだけが心に残った。

夕焼けをバックにという、写真屋との約束がある。岬を後にしてすぐヒッチハイク。樹木調査の二人のおっさんが乗った車。「…歩いて来ました」と話すと、助手席のおっさんに握手を求められた。

岬から伊座敷まで一〇分ほどで戻ったが、車にベロベロに酔ってしまった。すぐ写真屋に行ったが留守。そして夕焼けも出なかった。

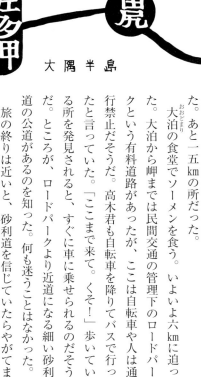

	月/日	宿泊地・場所	歩行距離(km)	使用金(円)	拾金(円)	天気
1	7/25	沼川・駅	41	553		⦶
2	/26	幌延・旅館（無料）	38	215		⦶◎
3	/27	遠別・コンクリート管	41	645		⦶⊙
4	/28	苫前町豊浦・ブタ小屋	48	170		⦶●
5	/29	小平・海岸	35	1,190		◎
6	/30	北竜・校庭	42	944		○
7	/31	浦臼・校庭	46	730		⦶●
8	8/1	当別・寺	38	1,275		◎
9	/2	札幌市藤野・寺	42	375		⦶
10	/3	中山峠・人家	34	225		○
11	/4	大原・小学校教室	39	700		●ッ
12	/5	静狩・駅	42	1,240	小計210	●ッ
13	/6	八雲・開発局建物	42	740		○
14	/7	駒ヶ岳・校庭	42	1,090		⦶
15	/8	青森・連絡船待合室	33	1,525		⦶
16	/9	弘前・小学校宿直室	48	470		●
17	/10	大館・小学校軒下	39	910	1	⦶
18	/11	米内沢・公民館	34	480		⦶
19	/12	井川・体育館軒下	46	865		⦶
20	/13	下浜・海岸	35	445		⦶
21	/14	仁賀保・校庭	39	645		⦶
22	/15	酒田・高校軒下	52	320		⦶
23	/16	温海・バス待合室	45	785	100	⦶
24	/17	桑川・民宿（無料）	36	490		●
25	/18	紫雲寺・人家	48	360	100	◎⦶
26	/19	新潟市小針・空き地	33	415		⦶◎
27	/20	小島谷・自転車置場	40	660	61	⦶
28	/21	米山・小学校軒下	43	615	2	⦶
29	/22	長浜・海岸	32	660		⦶
30	/23	親不知・駅	46	745		◎
31	/24	魚津・寺	38	725		◎●
32	/25	戸出・人家	48	670		◎
33	/26	野々市・小学校軒下	44	520	1	◎●
34	/27	南郷・寺	43	670	1	◎●
35	/28	武生・ＧＳ	51	440	205	⦶
36	/29	敦賀・神社	40	410	65	⦶◎
37	/30	小浜・ＧＳ	45	308	110	●⦶
38	/31	舞鶴・人家	39	350	10	⦶◎
39	9/1	野田川・小学校宿直室	43	320		⦶◎
40	/2	城崎・魚市場	52	220		⦶◎
41	/3	余部・保線員詰所	43	370		○◒
42	/4	鳥取砂丘・砂丘	42	840	60	⦶
43	/5	羽合・バス待合室	43	325		⦶
44	/6	名和・モーテル(無料)	43	200		⦶◎
45	/7	松江・寺軒下	50	925		⦶
46	/8	湖陵・ブドウ集積所	44	300		◎●
47	/9	福光・寺	46	416	100	◎
48	/10	西浜田・駅	40	397		◎
49	/11	益田市須子・ＧＳ	39	670		⦶
50	/12	阿東・果物直売所軒下	44	525	10	⦶
51	/13	小郡・ＧＳ	45	580	5	⦶
52	/14	長府・人家	52	395		⦶
53	/15	苅田・人家	31	580		◎⦶
54	/16	宇佐・人家	44	690		⦶
55	/17	湯布院・人家	50	555	1	○
56	/18	地名不明・神社	22	100		○
57	/19	犬飼・寺	38	810	2	○
58	/20	小野市・寺	38	607		○
59	/21	長井・無人駅	35	405		◎●
60	/22	都農・人家	61	1,130		◎●
61	/23	宮崎・建築中ビル	43	340		●◎
62	/24	富土・公民館	31	630		◎●
63	/25	谷之口・無人駅	34	513		●
64	/26	大崎・人家	47	828	50	⦶
65	/27	高須・神社	25	545		⦶◎
66	/28	伊座敷・幼稚園	39	350		●◎
67	/29	〈佐多岬〉	20	880		○
合計			2,751	40,001	1,105	

凡例　ＧＳ＝ガソリンスタンド　○＝快晴　⦶＝晴
◎＝曇　●＝雨　●ッ＝雨強し　◒＝雷雨　⊙霧

旅の道具

荷物リスト

出発当時：シュラフ・シュラフカバー・ツェルト・ツェルト張綱２本・ポンチョ・地図10枚・ボールペン２本・日記帳３冊・はがき37枚・懐中電燈・サングラス・天気図・ラジオ・タオル２本・ビニール袋大小・御守り３つ・ビニール風呂敷・ウレタンマット・水筒・マッチ５箱・コンロ・ガソリン・漏斗・三徳（フォーク・ナイフ・スプーン）・ナイフ・コップ・コッヘル・タワシ・ちり紙・缶切り・メモ３冊・つめ切り・単２電池４個・グランドシート・歯ブラシ・歯みがき・パンツ３枚・ランニングシャツ１枚・トレーニングズボン１枚・短パン１枚・Ｔシャツ１枚・ヤッケ・軍手・マフラー（小）・麦わら帽子・運動靴・針３本・木綿糸・たこ糸・はさみ・カミソリ・目薬・正露丸・バッファリン・いんきん薬・赤ちん・軟こう・消毒液・カットバン・バンソウコウ・財布２つ・身分証明書・山菜の本・蚊取り線香２箱・線香台・線香皿・ビタミンの紙（欠乏症の症状が書いてある）・固形燃料１個・輪ゴム・お金・米８合・アルファ米４袋・味噌500g・缶詰３個・梅干・チョコレート10枚・貝の紙（食用貝の本のページ）・歌の紙・54cmキスリング

到着当時：シュラフ・シュラフカバー・ポンチョ・地図８枚・ボールペン１本・日記帳３冊・はがき数枚・懐中電燈・ラジオ・タオル１本・御守り３つ・ウレタンマット・水筒・マッチ4箱・二徳（ナイフ・スプーン）・ナイフ・コップ・コッヘル・タワシ・ちり紙・缶切り・メモ２冊・つめ切り・単２電池２個・グランドシート・歯ブラシ・歯みがき・パンツ１枚・ランニングシャツ１枚・トレーニングズボン１枚・短パン１枚・Ｔシャツ１枚・ヤッケ・軍手・マフラー（小）・麦わら帽子・運動靴・針・木綿糸・たこ糸・はさみ・カミソリ・目薬・正露丸・バッファリン・軟こう・消毒液・かゆみ止め・カットバン・財布・身分証明書・線香台・線香皿・ビタミンの紙・固形燃料１個・輪ゴム・お金・梅干・即席みそ汁・アメ・歌の紙・拾金・富田さんからの一筆・54cmキスリング

百姓志願／／にしひがし

文・イラスト　山口清彦
イラスト　松村牧子
写真　森本　孝・工藤員功

石垣市於茂登岳山麓の農村　撮影・森本　孝

沖縄篇

石垣島

一九七九年二月。沖縄県石垣市字川原は、沖縄の最高峰於茂登《おもと》岳五二五・六メートルを北に望み、山麓より海岸まで続くなだらかな丘陵地帯の中心に位置するパインとサトウキビ作りの純沖縄的農村である。私の在籍した東京農業大学拓殖学科では、国内農家における一カ月以上の農業実習が必修科目となっている。大学の紹介でやって来た私は、大学の大先輩にあたる大城《おおしろ》亀次郎さん宅で沖縄の農業を実習させてもらった。

とげとげパイン味はまろやか

ガサッ、ガサッ、ガサッ、ボキッ、ゴロッ、ガサッガサッガサッ……。

パイナップルの収穫は雪山のラッセルに似ている。重い荷を背負い、絡み合うパイナップルの葉をももでかき分けて進む。放射状に広がるパイナップルの葉は細長くて堅く、テカテカと光って肉が厚い。葉先にはきまってノコギリの刃のような小さなトゲがある。パインの実はというとスッとのびた茎の頂上にひとつ、しっかりとついている。そのバランスの良さ。こんなパインの株がびっしりと植えてある。

初めてのパインの収穫は家から車で一〇分くらいの所で行なった。周りはパインの濃緑色の畑ばかり。所々白茶けているのはサトウキビ畑である。一段下がった湿地では二月というのにもう田植えをしている。

大きな竹カゴを背負っていざ出陣。親父さんにどんな実をもいだらよいのか教えてもらう。実が緑から黄色に変わってきているものからとってよい。パインの頭をおさえて、ボキッともぎとる。力はいらない。タイミングが肝心。もぎとったパインは背中のカゴへポイ。初めの一個はカサッと音をたてて大きなカゴに落ち、肩にかかるバンドに快い。

最初のうちは見分けるのに自信がなく、「これはいいですか。これは?」

といちいち親父さんに聞いていた。そのたびに「それはまだ早い。そっちはいいよ」と教えてくれる。おかげで、二、三〇分するうちに、だいたいの要領を覚えることができた。

まだあまり収穫の進んでいない畑なので、穫れる実が

とげとげパインは収穫間近

多い。握りこぶしくらいから、二キロ以上もある子供の頭ほどのものまで、大きさはさまざまだ。カゴいっぱいになると三〇～三五キロになる。これは慣れない者にとってはたいそう重い。おまけに、カゴがいっぱいになったか、まだ入る余裕があるのかわからない。最初のうちは張り切り過ぎて、カゴからこぼれるまで穫ってしまう。そしてこぼれたパインを拾おうとして腰をかがめると、また二、三個落としてしまう。これを何回かくり返しているうちに、親父さんはもうトラックにパインをあけてきている。

「山口君、いっぱいにしてこぼしてるより、ちょっと余裕があってもこぼさない方が時間が無駄にならないよ」と注意されてしまった。このパイン用の竹カゴ、慣れないうちはパインを入れる時に、つい後を見てしまう。そして、空いている所に目がけてパインを投げ入れるのだが、なかなか思ったところにおさまらない。親父さんはパインをもぎとり、後ろも見ずに、ポイとほうる。するとパインはクルクルッと回転して、空いてるところにピタッとおさまる。しばらく親父さんの動きをじっと観察し、どうにか動きをまねしてやろうと思ったが、そう簡単にうまくいくものではなかった。

パインは八月に苗を植付ける。そして肥料をやったり除草したりして、次の年の二月から収穫期に入る。二年目にしてやっと実が生るのだ。パインの実は大きくなるにつれ、薄紫、緑、黄緑、黄、オレンジ、赤と変化する。下の方から熟するので、色も下の方から変わってくる。尻に黄がさせばもう食べられる。しかし、まだ舌を刺すような酸味がある。輸入もののパインは、だいたいこの辺の熟度で入ってくる。オレンジ色を過ぎると、この舌を刺すような味が全くなくなり、甘みが一気に増してくる。

収穫されたパインはすべてトラックに積込まれ、缶詰工場へ出荷される。生食用として出荷するものはひとつもない。仕事に慣れてくると、おいしそうなパインは決してカゴに入れず、わきにかかえて車の座席か畑のすみに別にしておく。そして休憩時間に味わいながら食べるのだ。

パインの丸かじりができるのも石垣ならではだ。鎌で皮をけずり落とし、パインの横っ腹におもむろにかぶりつく。果汁がジュクジュクとしたたり落ちる。上の歯でけずりとるようにしてガブッ。顔半分をパインジュースでびしゃびしゃにしながら一人で一個パインを食べると、のどの渇きもいえるというものだ。

二月も終わりに近づくと、時おり雲間から射す日光は思ったより強い。畑で汗を流したあと、日の光を浴びて食べるパインのうまさは格別!、これは働いた者の特権だ。私はうまいを連発して腹いっぱいになるまで食べてしまう。「山口君て、ほんとうにうまそうに食べるね」とおばさんに笑われ、嬉しくなってまた食べたりした。

やらねば生《な》らぬパインかな―肥料入れ

パインは植付けて二年目に、やっと実が収穫できる。一年目にしっかりと肥料管理しておかないと、穫れる実

籠にもパイン、箱にもパインのパインの集荷

も穫れなくなってしまう。肥料入れは、植付けてから収穫までに反当り二五袋、五〇〇キロ。それを一年目に四回、二年目に一回の計五回に分けて行なう。入れる肥料はパイン用複合肥料として農協とパイン工場で売っている化学肥料である。

肥料入れとひと口にいうが、これがけっこうむずかしい。粒状の化学肥料はコロコロところげ回りやすく、地面に落ちた時によくはねる。はねた粒はパインの株の芯に入りやすい。化学肥料が芯に入ると、芯は腐って枯れてしまう。花がつかないどころか、きれいに植付けた列のところどころが歯欠けになってしまう。枯れたからといって、代りを植えるわけにもいかない。二年目にできるものだから、収穫期がずれてしまうのだ。芯には絶対に入れないようにしようと思うと、今度は丁寧になりすぎて、いっこうにはかどらない。

親父さんの手は速い。一秒に二回は手が動く。手から離れた肥料は、ザッと根元にひとかたまりになって落ちる。まわりにあまり飛びちらない。さすがプロ。私も相棒の実習生と競争しながら、一生懸命手を速く動かそうとする。速く、速く、速く、速く、と心の中でリズムをとって手に精神を集中させると、しだいに手の動きが速くなってくる。隣の列を歩いている実習生を、じわじわと引き離していく。よし、このまま差を広げて、往復の差をつけてやる。とそのとき、バラバラッ。「あ!、いけね」パインの堅い葉に肥料がまともにかかってしまった。芯には白い肥料の粒がギッシリつまっている。一度芯に肥料が入ってしまうと吸い出さないかぎり、取り出しようがない。取り出そうとすると、パインの葉はどの

葉も傾斜しているのでますます深く入っていってしまう。これは確実に枯れるなと思いながら素知らぬふりをして肥料を入れ続ける。

休憩のとき「山口君、あまり速くなくてもいいから丁寧に仕事しなさい。芯に肥料を入れたらだめだよ」と親父さん。さっきの失敗はしっかり見られていたのだ。ゴメンナサイ。

それからは、もろに芯に肥料を入れることがないよう目を配り、気を配り、パインの根元ギリギリにピタッと落ちるようにした。これに加えてスピードもつけなければならない。バケツの持ち方を変えたり、肥料の握り方を変えたり、いろいろと試行錯誤をくり返しながら、自分に合った肥料のやり方を見つけ出し、身につけていく。三日も肥料入れをやったら、親父さんと並んで歩けるまでになった。要はやる気である。

トラックの荷台から眺むれば

於茂登岳の山麓にも大城さんのパイン畑がある。ちょうど雨のあと行ったので、車がスリップして坂を登りきれない。車を下りて、深くえぐれた沢を一度下り、また登る三〇〇メートルくらいの道のりを、頭に肥料袋を二袋のせて運んだ。何往復かしただけで汗びっしょり。沖縄は夏が乾期で、冬が雨期である。この時期の石垣島は晴れが少ない。その日も曇っていて風が強く、気温は一五、六度と寒かった。そこへ汗が冷えたものだから寒さもひとしおだ。太陽が顔を出せば暑いくらいなのだが。

畑は一年目のまだ小さいパインが植えられている。除草剤をかけてあるので雑草はなく、赤い地肌が見えている。そのため、雨が降るとすぐ流れができ、小さな流れが大きい流れとなって土を削っていく。こうしてできた溝は、いたるところに走っており、ときにはパインの列を横切ってパインの株を流してしまう。傾斜のきついところでは、腰まで入ってしまうほど深い。同じパインの仕事でも、傾斜があるとないのじゃ大違い。肥料入れも収穫も、平らな方がはるかに楽だ。こんなところでも化学肥料だけに頼って、はたして立派なパインの実がつくのだろうか。

トラックの荷台に乗り、風に向かって目を細めながら見る石垣島の風景は、どこか心に染みるものがある。ところどころに琉球松が生えていて、広い荒野にポッン、ポッンと木が生えているサバンナを思わせる。それが非常に印象的で、沖縄にいるんだなあという実感が湧いてくる。山の斜面には、水はけを好むためか圧倒的にパインが多く、下りてくるにつれてサトウキビが多くなる。ふと見ると、道路より低い側のパインが二メートルあまりの帯になってほとんど腐って枯れている。おかしい。何故だろう。二、三日気になっていたがやっとわかった。その道は石垣島でとれるサンゴの砂利道で、このサンゴの石灰分が雨水に溶け出して、パイン畑に流れ込んでいたのではないか。パインは酸性を好み、アルカリにはすごく弱い。この自分なりのこじつけがおもしろかった。

トラックから見渡す風景は次々に変わっていく。山の畑から下りるとすぐ湿地帯となり、水田が広がる。あちこちの水たまりに水牛がつながれている。水田で代かきしている水牛もいる。腹まで田にもぐってしまうほどの湿田だ。水牛はめったに鳴かないものだが、この時ばかりは、クーン、クーンと悲しそうな声を出していた。湿地帯には黒色和牛も多い。水牛はすべて役用だが、黒牛は肉用にしている。しかし、狭いオリに入れて配合飼料で育てるわけでなく、だいたいがロープにつないで野草地に放っておく。この黒牛のまわりには、きまって白サギがまつわりついている。鮮緑色の草原に真黒な牛と純白のサギが、絵に描いたように美しい。

スイカとヤギの相関関係

本州では、スイカは四月中旬に苗を植付け、七月下旬から八月中旬にかけて収穫する夏作物である。それが石垣島では二月に植付けて六月に収穫する。今でも隣の畑では、トマト、キュウリ、ナス、キャベツ、カラシナなどが実っている。本州とは気候の差が二カ月ある。

スイカ苗は本葉が二、三枚生えた頃のものを、畝間二m、株間一mの間隔で植えていく。カルチベーター（中耕除草機）で畑の等高線にそって線を引いていく。次に、引かれた線上に、鍬一本、約一mの間隔で穴を掘り、そこにスイカの苗を植付ける。初めは、この株穴の横にふた回りほど大きな堆肥穴を掘り、堆肥と化学肥料を入れていたのだが、回を重ねるごとにやり方が変わった。最終的に、株穴の底に堆肥を入れ、そこへ炭カル（炭酸石灰）と化学肥料と土をよく混ぜてかけ、その上に苗を植えるということで落ちついた。ベテランの親父さんにも、試行錯誤があるのだ。

こうして植付けられた苗は、まだ雨風から守ってやらなければならない。ビニールのテントを張る。しの竹を切って四〇センチあまりの棒を作り、それを四本ピラミッド状に土に突き刺す。その骨組みにビニールをかぶせ、裾に土塊を乗せて風に飛ばされないようにする。

最後の植付けが終わる頃には、先に植えたスイカ苗はずいぶん育ち、小さなビニールテントの中できゅうくつそうにしている。ツルが伸びてくるとビニールを破って外に出してやる。すくすく育てよ、スイカ。六月には大きな実をつけて、皆を驚かせてやれ。

スイカの植付けにはヤギの糞と牛糞の堆肥を使った。牛糞は近所の農家からもらったもので、パイン畑のすみに野ざらしにされていたものだ。肥料成分はほとんど雨水に流されて、ベタベタで中まで発酵しきっていない。あまり良い状態のものではないが、ないよりはましだ。

ヤギ糞堆肥は自家製。便利で、金がかからない。肥効もよろしく、野菜作りには最高といわれている。ヤギはどの家でもあたり前のように飼っている。このヤギたち大城家では、はからずも私たち実習生の下で生活している。というよりは、実習生室はヤギ小屋の二階にある。毎朝ヤギの鳴き声で目を覚ましているので、このヤギたちには特に親しみを持っていた。親子合わせて一〇頭あまりが、六畳ほどの狭い囲いの中にいる。囲いといっても、簡単に飛び出せるくらいの高さだ。

年中青草の絶えない石垣島では、ヤギのエサ、ひいては草食獣のエサに事欠かない。おじいさんが毎日畑のあぜで草を刈ってはバイクで運んでくる。草はヤギ小屋に投げ込まれると、そのままで、食い残しを掃除することはない。もちろん、糞小便はたれっぱなし。これらが小屋に堆積していく。そのため床がどんどん高くなる。囲いが低いような錯覚をおこしていたのはそのためだ。スイカの植付け時に、このヤギ小屋の堆肥を全部トラックに積んで畑に運んだ。

　ヤギは全頭外に出して作業開始。フォークでどんどん堆肥を掘りだす。いつもはあまり気にならないヤギ小屋の臭いだが、このときばかりはまいった。狭い小屋いっぱいにアンモニア臭がたちこめ、息は苦しい、目はしみる。頭に巻いていた手拭いを急きょマスクに変えて、それでも時々外に出て、きれいな空気を吸いながら作業を続けた。出るわ、出るわ、糞と食べ残しの草で固められていた床はしだいに低くなり、やっと地面にとどいたときには、初め腰位だった囲いの高さは私の胸以上にもなっていた。結局年に二回しか出さないという堆肥は、一トン半のトラックに二台分もあった。

　ヤギは乳をとるためではなく、堆肥をとるために飼っているものが多いようだ。祭りのときなどは数匹が犠牲になり、食膳をにぎわすことになる。ああ悲運のヤギたち。でも一度はヤギ肉を食べてみたいものだ。

こっちかな？ あっちかな？

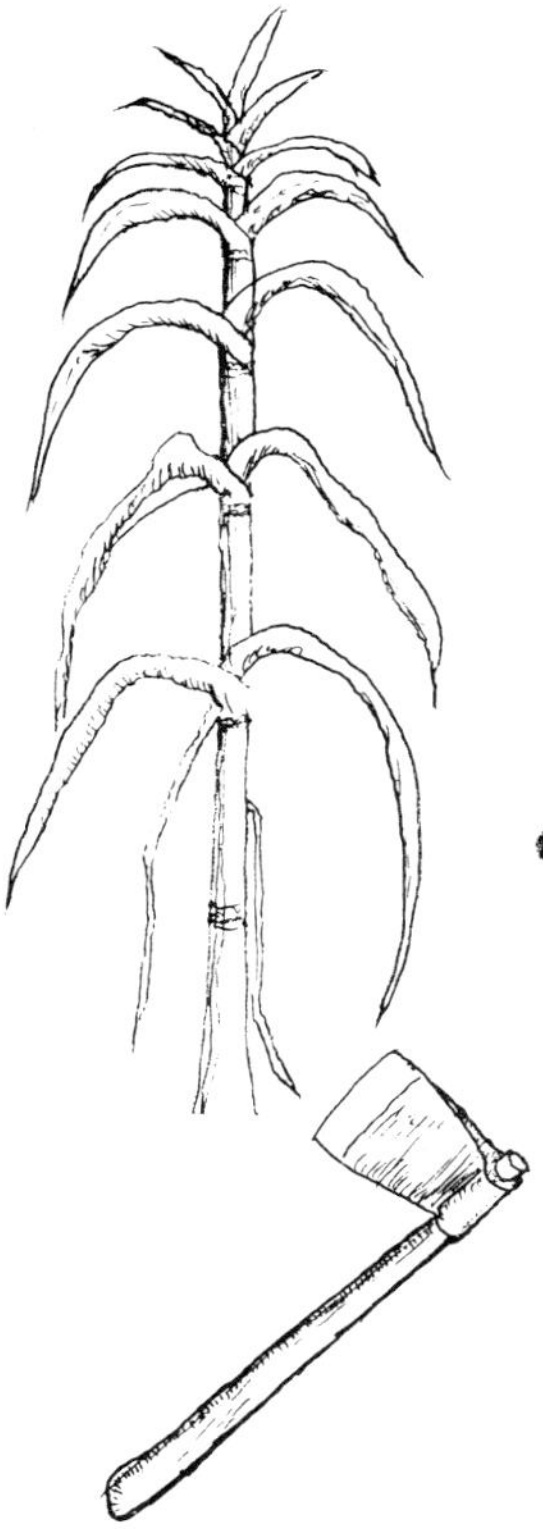

大城さんにお世話になる前に、同じ石垣島の星野という部落で、わずか三日間だがサトウキビの収穫を手伝わせてもらった。

　これが私とサトウキビの初めての出会いであり、私をサトウキビの仕事に引きつけるきっかけとなった。その親父さんの名は東《あずま》二郎。東京から来た学生が、サトウキビの収穫を手伝いたがっていると聞いて、うちでやってみないか、と言ってくれた。

　星野は、石垣島の東海岸の中ほどに位置する開拓部落だ。観文研ＯＧの原田礼子さん一家も住んでいる。沖縄本島から移り住んだ人が多いという話だ。東さんもその一人。サトウキビを作っているベテランだ。

　東さんの畑は海を望む小高い丘の上にある。「はい、これでキビの根元をこう切ればよい。刃は丸くてもタイミングで切るんだ」と実際にザッ、ザッ、と切っていく。渡されたキビ刈り用の刃物は、柄の長さ四〇センチくらいで、先に刃わたり一〇センチくらいのまさかりの刃を小さくした形の刃がついている。ここでの呼び名、クワというよりは手おのといった方がわかりやすい。

　そんなクワでサトウキビの地際をバツッと切る。手本を見せてくれた東さんの手は速く、左手でキビをおさえ、右手で大きくクワを振り上げてクワの刃が土に埋まってしまうくらいの強さで一本一本切っていく。ふだんののんびりした動作とはかけはなれた手の速さに、一瞬とまどいを感じる。仕事の手順を教えてもらい、さっそくキビ刈り開始。記念すべき第一振をソレッ！

　バンとはずんだ音がして、クワがはじかれてしまう。キビは皮一枚残してつながっている。こんなはずではないのに。一枚残った皮はなかなか切れない。石ころだらけの畑でさんざん使っているクワだけに、ずいぶん刃が丸くなっている。けがをしないようにとの親父さんのはからいだろう、と善意に解釈するが、切られるべき物が切れないのは困る。そして何回も同じ所をたたいていると、しまいにボサボサの繊維状になってようやく切れる。まるでキビにばかにされているようで腹が立つ。

初めのうちはこれの繰り返しばかりで、ちっとも仕事がはかどらない。親父さんはちょうどキビの影に隠れて見えないのだが、時々心配そうに様子を見に来て、「まだこれしかやってないのか?」とただあきれている。私は汗びっしょりかいて、一生懸命やっているつもりなのだが、プロとは比べようもない。もう一度親父さんが手本を見せてくれる。あ、そうか、フムフム。切る時には何本もまとめて切って、並べる時はクワをおいて並べることに徹すればいいのか、ナルホド。勝手に納得して、実際やってみると、先刻よりはずっと能率が上がる。習うより慣れよ、である。

キビ刈りはこの根元を探し出すのにいちばん時間がかかる。収穫期のキビ畑は枯葉のジュウタン。サトウキビもパインと同じく植付けて二年目にようやく収穫となるのだが、それまでに何十枚という葉が生えては枯れていく。そして枯葉は地面を覆いつくすまでになる。

これで茎がまっすぐ立っていてくれれば苦はないのだが、さにあらず。毎年、台風の影響を受ける石垣島のこと、年に何回も強風にみまわれる。その度にキビはあっちへ傾いたり、こっちへ倒れたり。本来天を向いて育つはずの草が、蔓草のように地に這う。ところが、これで倒れっぱなしになってはいない。倒れたキビの先端はすぐに真上に向かって成長し続けるのだ。たいした生命力。それが倒される度に頭を持ち上げてくるのだから、収穫期のキビは、茎がたいてい二段か三段に曲がっている。それも、からみ合っているから、どこから倒れてきた茎なのか、枯葉で隠されたその根元はわかるはずもない。根元を見つけられずにイライラして、それだけでもずいぶん汗をかいたものだ。

切ったキビは根元を右にして一列に並べる。これをきちんと並べておかないと、あとの掃除の時に困る。掃除とは鎌の先がU字型になったキビ掃除専用の道具で、キビにまとわりついている枯葉をきれいに落してしまうこと。でもこれはベテランの話。素人がこれを使うと、節々に出ている小さな芽にひっかかりつっかかり、何度も動かしてやっと一本掃除した、てなことになりかねない。「手の方が速い」と言われてしまう。

掃除したキビは一本一本ていねいに積まれて、四〇〇キロの大きな束にする。束の親父は四本の鉄筋を一メートル四方の四隅に立て、これを目安にして、束を積み上げる。曲りくねったキビを、空き間ができないようにうまく積むのには、かなりの熟練が必要だ。私もやらせてもらったが、どうしても大きくなりがちで、それでいて空き間が多い。

大束は手動の締めつけ機で締められ、ビニルの丈夫なひもで縛られる。四〇〇キロ近くもあるこの大束は、トラクターの後ろにつけたバックレーキというL字型の腕で持ち上げ、畑の外に出す。道端に出された大束は、製糖工場からの迎えのダンプに乗せられて、工場まで運ば

サトウキビ畑がザワワ、ザワワ…於茂登岳山麓の農村で

れる。

一段落して畑に腰を下ろす。久しぶりの快晴で気持ちがいい。眼下に広がる青い海。白く波がくだけているリーフが北から南へと続いている。海は光線のかげんで、朝から夕方まで刻々と色調を変えている。こんな眺めのいい所で仕事ができるなんて、最高だ。冬でも暖かいし、一年中緑があるし、海は美しい。できればここで百姓をやりたいと思った。

野性的でおおらかな サトウキビの食べかた

パイン畑で食べるパインとともに、キビ刈りの時のキビの味もまた、忘れられない味のひとつだ。最初食べてみろと言われた時は、さて、どうやって食べるのか困ってしまった。食べるというよりはむしろ、かじると言った方が適切かもしれない。まずうまそうな所を手頃な長さに切って右手に持つ。次に皮の固い部分を歯を使ってはがす。切口の部分の皮を歯ではさみ一気に引っぱると、縦の繊維にそってシャッと皮がむける。これを何回かくり返し、茎の周りをきれいにむくと、白っぽい糖分を充分に含んだ繊維があらわになる。ここでおもむろにかぶりつく。しかしいくら歯の強い人でも歯だけでかみ切ることはむずかしい。一回でかめる長さ、五センチくらいをぐっとかんで、豪快に折る。あとはジャリ、ジャリとかんでいると、一かみごとに、ジワッと口に広がる砂糖汁。ただ甘い、というのではなくて、うまいのだ。いくらかんでいてもあきないし、いやにならない。食べ始めはやみつきになって、仕事しながらもかじっていたものだ。繊維が強くてあごが痛くなるけど、やめられない、止まらない。最初直径三センチもあるキビも、かむにつれ砂糖汁が浸出してしまい、しまいにはガワガワした繊維だけ口に残る。これは食べられないので、ペッとはきすてる。キビの食べ方は野性的でおおらかだ。

キビの一番うまいところは、一度倒れて地面に這い、その先端から頭をもたげ、九〇度に近いカーブを描く、この曲がった部分が砂糖がいちばんたまっていてうまい。そう教わってからは、キビ刈り最中に、うまそうな所を見つけては三〇センチくらい切り、腰のバンドに二、三本差しておいて、休憩を待ったものだ。

サトウキビと出会って三日間は、あっという間に過ぎた。新しい出会いばかりで、驚きでいっぱいだった。

東の親父というと、仕事を終えて御馳走になった涙が出そうにおいしかった名も知らぬ沖縄料理と、いつもニコニコしていた親父さんの「仕事は誰でも三日あれば覚えられる。そのあと、うまくやるかやらないかは心の問題だ」という言葉を思い出す。

“剝葉”を撒くキビの植付け

星野での三日間があったおかげで、大城さんの畑のキビ刈りではおおいに張り切った。しかし、ここのやり方は東さんのと少々違っていた。

東さんのところでは先に切ってあったキビの頭（枯れていない葉がついている先端部）が切られていない。親父さんとおばさんとおじいさんが、まず、頭を切って歩く。そして実習生が倒し手となり、頭を切った分からキビを倒していく。倒したキビは一列に並べずに、大きな山にする。

昼を過ぎると頭を切っていた人は掃除にかかり、倒し手は頭を切った分だけ倒してしまう。ここでは、ふつうのカマで掃除する。それもめったに使わない。というのは、作付けしてあるキビの種類がちがうのだ。星野のは白くてやや細目で、枯葉の離れが悪かった。ここのは赤くて太く、枯葉が実によくはがれる。キビを握って一回上から下へしごくだけで、たいていの枯葉は落ちてしまう。

大束はまとめると、星野より二まわりくらい小さい。同じく手動の締めつけ機で締めて、ビニールひもで縛るのだが、ここでは真中一本で縛る。星野では、上下二カ所で縛っていた。運搬は両方ともトラクターのバックレーキだったが、工場への運搬は、これまた、ちょっと違う。星野ではクレーン付きのトラクターと大型ダンプがコンビで仕事をしていたが、川原ではクレーン付きのトラックがやってきて、キビ束を運んでいく。星野と川原は六キロしか離れていない。狭い島の中でもいろいろなやり方があるものだ。

サトウキビも残り少なくなってきた頃、今まで掃除するのに捨てていた先端部を、苗用に残すことになる。芽つきのよい先端部約四〇センチあまりを切り、葉を落として苗とする。苗というよりは、棒きれだ。その棒きれ苗を畝幅六〇センチ、株間三五～四〇センチに、一本ずつなるべく横になるように植付ける。ただななめに土に差しこむといった感じだ。はたしてこれで芽が出るのかな。

　キビ苗を植付けた畑はパイン収穫のあとの畑で、ところどころ土にもどりきれないパインの根っこが地面に露出している。耕しもせずに、いきなり畝を立てていった。そのあとアブラムシ予防のために、ダイシストン、という農薬を撒く。緑色の微粒状で、袋には「劇薬」と書いてある。注意書きには「施用の際は手袋、マスクを着用し、……」とある。しかし、おばさんもおじさんもそんなことはおかまいなしで、平気で素手で撒いている。本当に大丈夫かな、と心配したりしながら、私も素手でマスクもせずに「劇薬」を撒いた。「劇薬」を吸収した植物にアブラムシがつくと死んでしまうのだそうだ。そのアブラムシがつかなくなったサトウキビを人間が食べる。いったいどうなるのだろう。

伝票がまわってくれば、何が何でもキビを刈る

　石垣島には製糖工場は一つしかない。キビ作農家は毎年植付けの時に、工場へ作付面積を報告する。製糖工場ではこの資料をもとに、島全体のキビの作付け状況を把握し、工場の生産能力に合わせて、各地からキビを集める。いわゆる契約栽培の形をとっているわけだ。そのため、工場から伝票が回ってくれば、雨が降ろうが雷が鳴ろうが、きめられた量だけ出さなければならない。キビの収穫期は一一月から四月までで、ちょうど天気の悪い時期と重なってしまう。キビ刈りと雨合羽はつきものである。

　パイン主体の大城さんでも製糖工場から伝票が回ってくると、指定された日までに出せるように、パインは休んで、数日かけてキビ刈りをする。

　キビとパインを比べてみると、商品価値ではどうもキビの方が割に合わない。キビは一日五人働いて三トン強の収穫がある。一トン一万八七三〇円だから三トンで五万六一九〇円。パインは一日五人働いて一一トンの収穫おまけに一トン五万九千円。値がいいので合計六四万九千円。ずいぶん違うものだ。こんなにパインがいいのなら、キビをやめてパインばかりになるかと思えば、そうでもない。というのは、パインには収穫までに実に様々な作業があるので、それを敬遠するのだ。

　パインはまず植付けに手間がかかる。パイン植付けを専業にしている人があり、そこに一〇アール当り九〇円で下請けに出す。肥料入れが収穫まで五回。同じく葉面散布が二回。除草が四回。その他に細かい作業がいくつもある。

　これに比べキビは植付けたあと発芽してから土寄せと除草をし、収穫までに肥料入れを三回、あとはほっておくだけでできてしまう。あまり細かい作業がなく、昔からのんびりかまえてやってきたキビから、そう簡単に離れられないという気持ちと、わざわざめんどうなパインをやらなくても食っていけるという気持ちがあるのだ。キビの収穫が大変だと言っても、それは年に一度のこと。実際働いている者にとっては大変なのがあたりまえで、いまさらどうこう騒ぎたてることでもないのである。

だだっ広い野原で牛や水牛が放し飼い

海辺の牛の公衆浴場

石垣島の北端に、だだっ広い共同牧場がある。およそ二五〇〇ヘクタール。半島の中央は山で、いくつもの小さな谷が刻まれている。

放牧されているのは黒毛の和牛。オス牛が群れを作ってメスと仔牛を従えている。自然繁殖にまかせきりなので何頭いるのか、どのような生活をしているのか、牛の持ち主さえはっきり知らない。時々連れて帰り、肉にして現金収入を得ている。このあたりの管理がどうなっているのか、非常にわかりにくかった。

大城さんも何頭かの牛を預けている。月に一度、牛のダニ駆除のための薬浴があるというのでやってきた。私が牧場に着いたときは、すでに集められた牛たちが、次々と薬浴槽にとびこんでいる最中だった。

地域でリーダーシップをとっている大城さんは、ここでも指揮をとっている。すでに牛の持主やら手伝いが何十人も集まっているので、手わけして残りの牛を集めることになる。私もひとつの班に入れられて、山の西回りを牛を追って歩く。

沢はまさにジャングルだ。「ハブが出ませんように」と心に念じつつ、急な沢づたいを歩いていく。私の入った班は一〇人くらいいたが、途中であちこちに別れて、最後には二人になってしまった。沢づたいのすべりやすい道には、決まって牛の蹄の跡があった。時々土がほじくり返されたような所がある。「これはイノシシの跡だ」と、一緒に歩いている親父さんが教えてくれる。

沢を上りきると稜線に出た。パッとあたりが開ける。はるか眼下に人家が点々と見える。東岸の海が見える。「いたぞ」親父さんが叫ぶ。仔連れの小さな群れだ。山を回りこむようにして追う。北海道で牛には慣れているので、驚かさないように静かに追った。

　山を半周して、薬浴槽のある広場の方へ出てくると、あっちから、こっちから、追いたてられた牛達がぞくぞくと集まってくる。放しっぱなしで、人間を知らないものだから、けっして人に馴れない。それがかえっておもしろかった。西部のカウボーイか、モンゴルの遊牧民の気分にひたったりしている。

　薬浴槽の横に大きな囲いがあり、そこに牛を追い込む。そしてしだいに薬浴槽の方へ追いやり、薬浴させる。この水槽はそうとう深そうで、牛が飛び込むと、鼻と目と耳だけ出して、必死になって泳いでいるようだ。五メートルも泳ぐと底が浅くなり、ホッとした様子で水から上がる。頭から尾の先までビッショリのみじめな姿。薬浴が終わると出口がそのまま牧野の入口。飛ぶようにして方々へ散っていく。

　親牛はたいして問題はないのだが、仔牛がかわいそうだ。次々に飛び込むため、波がザワワと立っていて、もう真黒に汚れている水を前にして、足をつっ張り、必死に落ちないようにこらえている仔牛。大丈夫かな、と私の心配もよそに、「ドン」と係の人が尻をたたく。バシャッと小さな波が立ち、頭までズッポリもぐってしまった。そこへ後ろにつかえていた仔牛やら親牛が次々に飛び込んだため、浮かびかかっていた仔牛はまたもや水の中へ。「やばい、おぼれる！」とその時、係の人は少しもあわてず、大きな?型をしたカギを薬浴槽に突っ込み、ぐいと引っ張ると、ポッカリと小さな鼻が浮いてくる。ホッと一息。その仔牛は、陸に上がっても、しばらくふらふらしていた。

　ただ、ただ広い牧場に感激して、「俺もこんな牧場を持ちたいなー」と心の中でつぶやいた。

与那国島

　沖縄に来て早一カ月。すっかり気候にも馴れた三月二〇日。ところを与那国島に移す。石垣島の大城さんから与那国農協を紹介されて、理事の名前だけを頼りにやって来た私は、そこに勤めていた祁内《けない》さんの奥さんの紹介で、前楚《まえそ》さんの家で働かせてもらうことになった。

小っちゃなトマトに救われる

石垣島でのキビ刈り経験だけでは満足できず、シュガーケーンワーカーを志す私は、キビをたずねてとうとう与那国まで来てしまった。こうなったら一人前になって帰らなくては。さっそく翌日からキビ刈りをやらせてもらう。

与那国の農作業は共同ですることが多い。自分の畑を家の者だけでやることはめったにない。昔ながらの手仕事でやっているから、たいてい人を雇って大勢で仕事をする。当然島の人間だけでは手が足りなくなるので、収穫期には援農隊や、専業キビ刈り人夫が島に集まり、人口が急増する。

石垣島で最後にキビ刈りをしてから一〇日あまりがたっている。早いうちに勘を取り戻さねばと思い、ペースを上げてとりかかる。若い者が倒し手になり、根元からどんどん切り倒していく。三、四人で始めたのだが、あっという間に差がついてしまった。速い、速い。私が一生懸命手を動かしても、いっこうに追いつかない。力の差が歴然としている。ダメだこりゃ。ちょっとばかりの経験で一人前になったつもりでいた私が、なんとちっぽけで甘く、弱いものだったかを思い知らされ、極度に自信をなくしてしまった。

一緒に倒し手をやっているのは増田さん、大多さん、島さんの三人。私より三歳ほど年上の人達だ。増田さんは石垣島で三カ月ばかりキビ刈りをやってから、与那国に来たというすご腕。石垣島では「連切りの増田」と異名をとったほどの人だ。私がかなう道理がない。体つきは細いのだが、その手の動きの速いこと。地元の百姓もびっくり、といったところだ。仕事に迫力がある。物静かで無口な人だが、時々しゃべると、鋭い所をついたり、時には皆を爆笑させたりする。一風変わった人だ。

大多さんはすばらしい体格の持ち主で、めっぽう力が強い。腕の太さなど私の倍もある。それだけキビ刈りも豪快で、私の倒す倍ほどの量を一度に倒し、どんなにからまったキビでも強引に引っぱり出してしまう。しかし、体に似合わぬやさしい顔をしており、よく冗談を言っては人を笑わせる。

島さんは増田さんよりも細い人だが、どこまで続くのかわからない持久力の持ち主で、私などとうていついていけない。

次の日からは初心に返って仕事をする。与那国のキビ刈りは、また少し石垣島と違う。同じ与那国でも、いくつかの方法があり、キビ刈り方法はこうだ、と一概に言いきれるものではない。

まず大勢で畑の一角のキビを倒し、人の入れるスペースを作り、そこから仕事が進められる。若い者が倒し手になり、どんどん倒していく。倒したキビは後ろに並べられ、山にすることはない。切口は左にしておく所が、星野でやった時と全く逆だ。倒し手は一人で、二、三列にキビを並べながら倒し進んでいく。その列の後ろを、掃除をしながら追ってくるのが縛り手で、年寄りや女性の仕事になる。その畑の主は倒し手に回ったり縛り手に回ったりしながら、仕事の段取りがうまくいくよう気を配っている。

束は小束にまとめられ、一〇～一五キロくらいの重さがある。メイド・イン・コリアの荒縄で二カ所縛られる。できた小束は道端まで出され、これを製糖工場のダンプが運んでいく。

石垣島で使っていた指の半分抜けた赤い軍手をはめ、パインの葉で擦られてつやのなくなったゴム長をはいて、畑に入る。私はいつも倒し手しかやらせてもらえない。右手に持ったオノと左手を使って、根元を探し出し、一振りで切り倒す。ここのキビ畑は、まるでジャングルのようだ。根元を探すのに苦労しながらも、しだいに手が速くなってくるのが自分でもわかる。左手が枯葉をかき分けて根元が見えた瞬間、右手が動いて根元を切り倒す。このタイミングがわかってくると、今まで考えられなかったスピードで仕事がはかどるようになる。しかし、まだ増田さんや大多さんには追いつけない。

仕事は午前八時頃から始まり、午後五時半頃きりをつける。その間に午前一〇時、正午、午後三時と休憩がある。昼飯は必ず弁当だ。休憩の声をかけるのはその畑の主だけで、主の声がかからないと手を休めるわけにはいかない。体が与那国式キビ刈りになれてくると、疲れ具合でだいたいの時間がわかるようになってくる。初めのうちは「もう休憩?」なんて強がっているのだが、何日もたって疲れがたまってくると「やっと休憩だ」となる。仕事の段取りも、きりの良いところで、主が声をかける。倒しっぱなしとか、終わらないうちにトラックが来るとかはめったにない。ここをうまくやるか否かが、主の腕の見せ所だ。

倒し手は三時になると運び手に変わる。それまでに倒した分が、その日の出し分になる。縛り手が倒し手の後ろから作ってきた小束を道に出しているうちに、縛り手も倒された全部のキビを掃除して小束を縛り終え、うまい具合に全部の仕事が終わる。

この運び手の仕事、けっこう気分転換になる。それまでの腰をかがめて地面とにらめっこをしているような体勢から、今度は背筋を伸ばしてキビをかつぐ。オノを握り疲れている右手を休め腰を伸ばすと、疲労も回復するというものだ。

だいたい一人二束くらいずつかつぐのだが、中には左右の肩に二束ずつかつぐ人もいる。私もいつもの悪いくせで見栄を張って、一度に三束かついだことがある。これはかつぎ上げるのにずいぶん時間がかかったあげく、道にあがる斜面ですべってこけてしまい、皆にさんざん笑われてしまった。

広い畑では、トラックを使う。これは大変能率が良く、時間も節約できるのだが、きついきつい。ダットサンの一トントラックに鉄わくをつけたもので、一度に三〇束はかるく運べる。しかし、鉄わく越しに投げ上げなければならないので、ずいぶん力がいる。また、車から落とすのもひと苦労だ。何しろまっすぐ伸びたキビは一本としてないのだから、先がからみあい、引っかかり、すんなりと離れてくれない。投げ上げるより疲れてしまう。おまけに、ピッチが上がるため、休む間がない。

三月も終わりだというのに、東京の梅雨明け頃の暑さだった。凋れるほど汗をかき、くたくたに疲れた。

島さんも疲れている。祁内さんも疲れた顔をしている。そんな顔を見ていると、私はかえって元気そうに振舞ったりする。「山口君、あんた雑草のような人だナ。いじめられてもいじめられても、かえって元気になっていくみたいだ」と祁内さんに言われ、ちょっと照れながら、また空元気をふりまいている。どれだけ疲れているかは自分が一番良くわかる。

畑の隅に、トマトを見つけた。ピンポン球くらいの小さなトマトが、真赤に熟していくつも成っている。おそらく種が鳥に運ばれてきて生えたのだろう。あまりの喉の渇きに耐えかねて、一つ口にほうり込む。トマトの青臭い香りが口いっぱいに広がって、喉を通る時のさわやかさ。トマトの味が、体中にしみ渡る。「うまい!」こんなにうまいトマトは初めてだ。夢中になって五、六個食い二、三個ポケットに入れて再び運びを始める頃には、ずいぶん疲労が回復していた。たったあれだけのトマトで、と思うほど疲れがとれたのは驚きだ。

沖縄でいちばんくたびれた日

しかし一番疲れたのはこの日ではなく、北風強く、雨まじりの寒い日のことだった。農地整備された地域が、集落からちょっと上がった丘の上に広がっている。広い道路

近郊農家でサトイモの手伝い

……埼玉

大学一年の頃から、所沢の農家、荻野さん宅で手伝いをした。

埼玉県所沢市は、まだ、ずいぶん畑が広がっているが、すぐそばに宅地が押し寄せているという、都市近郊農業の典型的な土地である。大学の授業の合間を見てはちょくちょく畑を手伝わせてもらった。

私は主にサトイモの栽培を手伝っていたので、サトイモについてはちょっとうるさい。まず、種イモの選別から始まる。前年一一月頃掘られたサトイモは土に埋められて冬を越し、四月に掘り出されて、種イモとそうでないイモに選別される。種イモは今年分の植付けに用い、くずは市場に出す。種イモの選別はとてもむずかしい。形が良く、芽が大きいものが良いという。ただし、芽の回りに赤い点がついているものは、細菌に冒されているため、種イモとしては使えない。

種イモを選別し終わると畑作りにかかる。親父さんがトラクターで耕したあと、間隔をあけて切られたさく(畝)に、化学肥料と落葉堆肥を入れていく。

私が本格的な畑仕事をしたのはこれが初めてだった。この時気付いたのは、まっすぐ歩くことのむずかしさである。二〇センチ以上掘られて、一直線に続くさく(畝)に肥料を入れながら歩くのは、予想以上にむずかしい。何キロもある肥料のバケツを肩からひもで下げ腰のあたりで支え、右手で肥料を入れながら歩く。バランスが悪いとヨロヨロしてしまう。腰が疲れる。背筋が痛くなる。ふだん地面の上を意識せずに歩いている私が、いったん畑に入るとフラフラする。いつもいかに楽な生活をしているか、筋肉を使わないでいるかがよくわかる。

肥料をやり終わり、マルチを覆う。これは機械でするので簡単だ。そして足踏み穴開け棒で等間隔に穴を開ける。

穴を開けた所にサトイモが、芽を上にして植えられる。

自分で面倒を見たものは気になるもので、芽が出て、葉が大きく広がるまで、度々畑へ足を運んで成長を確かめた。そして収穫。トラクターで起こしたイモの株をネコ車に一杯積んで三ヵ所に集め、穴にいける。そして翌年まで保存する。

ここでは化学肥料をたくさんやり、農薬もふんだんに散布する。したがって、見た目はとてもりっぱで、すばらしいイモができる。事実それが市場でよく売れるし、ちゃんとした収入になる。しかし、味はというと、いま一つ物足りない。

何はともあれ、畑作業のつらいところは一つ。柔らかく耕された地面の上を歩いたり、ネコ車を押したりするのは、非常に疲れるということだ。腰が命。腰さえしっかりしていれば、どんな仕事もできる。

荻野さんは、帰りにはいつも決まって野菜を持たせてくれる。ダイコン、ホウレンソウ、カブ、ニンジン、ヤマイモなど、みかん箱に一杯もらって来る。これは家でも好評だった。

が碁盤目に走り、一面のキビ畑だ。この一角に祁内さんの畑がある。高台なので水はけがよく、畑が比較的乾いて締まっているため、車を入れることができる。いつものように三時頃まで倒し手をやったあと、軽トラックでキビを道まで出すことになった。畝がちょうど道に向かって垂直に切ってあるので、でき上がった畝ごとに軽トラックを入れてキビを運び出す。バックで畑に入り、縛り終えて並べてあるキビ束を、端から順にトラックに積んで、荷台がいっぱいになると、道まで出て道端にきれいに積み上げる。軽トラックは車高が低いので、あまり多く積むと、車の腹をこすってしまう。おまけにボロ車だからスプリングが弱くなっている。キビを荷台に積み終えて、私が助手席に乗って、さあ動き始めるぞ、と思った時、ガリガリガリ。腹をこすっている音がする。「あんたおりてくれ」となった。私も道まで走ることになってしまった。道端でキビを落とし、荷台に乗って畑の中までもどる。休めるのはこのわずかな荷台の上だけだ。畑は広く、遠い所では道まで五〇メートル以上ある。そのうえ雨が降っているので所々畑がぬかるみ、軽トラックの小さなタイヤが埋まりそうになる。そんな時は何も言われなくても車を後ろから押して歩く。あえぎながら軽トラックがぬかるみから抜け出ると、ホッとする間もなく走って車を追いかける。

　ふと、高校時代のサッカーの練習を思い出した。けっこう厳しい練習だった。練習が終わる頃にはクタクタになっていた。そんな練習の締めくくりは、いつも地獄のダッシュだった。自陣のペナルティエリアから敵陣のペナルティエリアまで五〇メートルあまりを、一〇秒以内で走る。これを一〇往復やる。最初のうちは楽だが、七回、八回となってくると、しだいにきつくなり、一〇秒以内で入れない者が出てくる。苦しい。しかし、時間内で走らないといつまでもやらされる。いつも苦しかった。

　あの時のことを思い出すと、こんなのはちょろい。でも何を思い出そうとつらいものは、やっぱりつらい。サッカーの練習は皆がいたから頑張れた。今は見知らぬ土地に一人だからこそ頑張らなければならない。

　さすがにこの日は疲れた。百姓になろうとしている人間が、これくらいのことでまいっていたらどうするんだ。でも、今いくら自分を責めても体力がつくわけでなし、まずは毎日の仕事をきちっとやっていく他ないじゃないか。

忘れちゃいけない焼酎を

与那国では、焼酎飲みながら仕事すると話には聞いていたが、実感がわかなかった。しかし、実際に与那国に来て、キビ刈りや田植をしながら焼酎に接してみると、たしかにこれはなくてはならないものだ。茶菓子や水を忘れることはあっても、焼酎を忘れることはまずない。

　畑の仕事も田んぼの仕事も一日三回、午前一〇時、正午、午後三時に休憩がある。そのたびに湯飲み茶碗に一杯くらい焼酎を飲む。口に含むと日本酒のような舌ざわりがする。ゴクンと飲み込む。食道の内壁からどんどんアルコールがしみてくる。胃の腑に落ちると腹全体にカーッと熱が広がっていく。最初は一杯しか飲めなかった。

私が水や茶を飲もうとすると、「えい、若い者はサケ飲め！、薬だから疲れがとれる」と親父さんにいわれる。慣れるにつれ、自分からどんどんついで飲むようになった。

実際に田植をしている時は一日中水につかっているわけだから体が冷える。休憩にこの焼酎を飲むと、いっぺんで体が暖まり、仕事がはかどる。酒なんか飲んで仕事ができるものかという人がいるかもしれない。それができるのが与那国なのだ。

沖縄だなあ与那国だなあ

キビ運びに与那国馬と水牛を使うこともある。水牛は沖縄にはごく一般的な動物で、昔はどこでも役畜として飼っていた。水牛を飼うのに金はかからない。緑の一年中絶えない沖縄では、エサの心配は全くない。川沿いとか、水田の周りの湿地につないでおけば、勝手に水を飲み、水浴びをし、草を食べて生活している。しかし、現代では機械力にとってかわられ、出番が少なくなっている。それでも、中には機械より扱いやすいと言って、今でも畜力として使っている所もある。ここ与那国では、機械と畜力が半々といったところだ。私も一度水牛を操作？したことがある。畑から物置場までのわずか三〇〇メートル程度だが。しかし、初めての私の言うこともしっかり聞き分け、おとなしくて力の強い、便利なものであることがわかった。「ハイ！」と言うとノソノソと歩き出す。低い声で「ダー、ダー」と言うと、これがピタッと止まる。左へ曲がる時は引綱を左へ引っぱり、右へ曲がる時は、水牛の左頬を引綱で軽く打つようにする。引綱は水牛の左の鼻の穴から右の鼻穴へ突き通され、右側で結び目を作って止める。だからいつも左側にだらりと引綱をたらしている。この引綱さばきひとつで、あの大きく、力の強い水牛をどうにでも動かせるのだから、人間の知恵というものはたいしたものだ。

キビ出しの時には、水牛にソリを引かせる。水田跡のキビ畑や、湿地帯などのキビ出しでは水牛のソリがおお

「ハイ！」と言えばノソノソ歩き、「ダーダー」と言えばぴたりと止まる水牛の犂耕

小柄な体で馬力は強い与那国馬

いに活躍してくれる。蹄がよく広がり、私が掌を思いきり広げたくらいの足跡がついている。道理であの体重でぬかるみでも平気で歩けるわけだ。

水牛には及ばないが、与那国で使われている畜力の一翼をになっている与那国馬は、体は小さいが、力は強い。体高一二〇～一三〇センチという細い体のどこにこんな力があるのかと思うくらい、キビをいっぱい背負って、急な坂でも平気で登っていく。この馬は扱わせてもらわなかったが、小さな与那国馬にまたがって、トコトコと畑の道を歩いている人に出会うと、沖縄だなあ、与那国だなあとしみじみと感じる。すごくのんびり、ゆったりした気分になって思わず笑みがこぼれる。日本は広い。

四月四日。キビ刈り最後の日だ。祁内さんのキビ刈りで、私の仕事も終わる。今日でキビ刈りから解放されると思うと、心がうきうきしてくる。また雨であるが現金なもので、心なしか今日の雨は暖かく感じられる。しかもこの畑は特別だ。そうとう傾いてはいるもののキビが倒れずに立っている。おまけに前日、主の祁内さんが枯葉をきれいに掃除しておいてくれたので、一列にスッキリと根元が見通せる。この日の倒し手ほどスピードの出た者は他にはいないのではあるまいか。この日初めて、増田さんと並んで仕事ができた。やっと一人前になれた、と自分で勝手に思うことにする。

楽しい時間は速く過ぎるもので、キビ刈り最終日は、アッと言う間にしまいとなり、打ち上げをやろうと、祁内さんの家に集まった。増田さん、島さん、祁内さん夫婦に私を加えて、久しぶりのスキヤキパーティだった。

田植、たうえ、タウエ

与那国では二月から三月にかけて田植をする。それがちょうどサトウキビの収穫期と重なるため、毎日大忙がしだ。キビ刈りは製糖工場に合わせてやるし、主作物なので、どうしてもそのしわ寄せは稲作に回る。田植がずれ込むこともしばしばで、おかげで、私にも田植のチャンスが回ってきた。「今日は田植だよ」と親父さんにいわれて「ハイッ、是非やらせてください」とふたつ返事で答える。

前楚の親父に借りた短パンを、ベルト代わりの荒縄で締める。久しぶりに裸足で地面を歩くと、小石や草の葉が、痛かったりくすぐったかったりして、気持ちが良い。田の水は思ったより温かかった。一歩踏むごとに、足の指間からスルスルと抜け出る泥が、何とも快い。田の土は粘土のようで、一歩踏み出しては一歩抜きといった具合に、動作を別々にしないと動きがとれない。バランスをくずして手をつこうものなら、今度はついた手がしっかり泥につかまって、ぬけなくなる。

田に苗束が投げ込まれ、田植開始となる。田植もキビ刈りと同様、共同作業だが、人夫を雇うことはしない。いつも仕事を共にする仲間か、気心の知れた近所の人に頼むくらいだ。

　私は全くの初めてなので、苗の持ち方から田植の進み方まで、手とり足とり教えてもらう。まず、左手に苗を持ち、親指で三本から四本の苗を送り、送られた苗を右手で素早く田に植える。苗は右手の親指、人差指、中指の三本で、根のからみあった苗束から引きちぎるようにして離す。そして、葉が人差指と中指に沿うようにし、根の位置は指先に持ってくる。そこに親指を添えはさむようにして、しっかりと持ち、ねじ込むようにして田に植える。この時、苗が垂直に立たなければいけない。深く植えすぎると、葉が水にもぐって窒息するか、根が深くもぐりすぎて腐ってしまう。浅すぎると、ちょっとしたことで根が泥から抜け、浮いてしまう。

「こう、こう、こうやって、このくらいの深さに植えるとよい」と親父さんは実際にやって見せてくれる。初めは説明のためにゆっくりと、そして次には「縦横一五センチ間隔で真四角になるように」といって実際のスピードでやって見せてくれた。その手の動きの速いこと。ジャブ、ジャブ、ジャブと、一秒に二回は手が動く。そしていった通りの間隔に、短い苗が三、四本ずつ、ピンと天を突いて立っている。

「ハハン、なるほど。この要領か」と頭の中でわかっても、さて実際にやってみてあせった。手が思うように動かない。まず左手に苗を持ち、親指で……などと教えられたことを復習しながら、さあ一本目を植えようと思うころ、親父さん達はすでに二歩ほど後ろに進んでいる。なんてスピードだ。人間業じゃない。あせるとただでさえ遅い手が、もつれてますます遅くなる。

　四人が並んで、一人五列ずつ後ずさりしながら植え進んでいく。「山口さん、三列でやりなさいよ」といわれて、三列にしてみた。それでも遅れをとってしまう。すると次は「山口さん、一番前行って、新しく列つくって始めな」とのけ者にされてしまう。一五センチ四方と言っても、線を引くわけではなく、自分の目分量でやるものだから、端から順に植え進まないと、列が狂ってしまうのだ。つまり、私が入ってのろのろしていると、そこだけ空間ができてしまい、うまくないのだ。だから、親父さんと間隔が開いてしまうと前へ行き、またすぐ追いつかれてしまって、再び前へ行く。手を動かすよりも、列を移動する方に時間をとられるくらい、のろまで手が動かない。

　キビ刈りに比べると、田植というものは、数倍デリケートで、むずかしいということが、実際やってみて初めてわかった。キビ刈りは収穫作業で、田植は植付け作業だ。キビ刈りをいくら下手にやったとしても、でき上がった量に大差はないが、田植をおろそかにすれば、収量に大きく影響してくる。それだけ丁寧にやらねばならない仕事なのだ。しかし、一朝一夕にできるものではない。親父さん達の動きを見ていると、とても自然で無駄がない。生まれついての百姓仕事が、一挙手一投足の中に自然に染みついている。にわか百姓の私がどうすることもできない距離が、そこにはある。

　それでも、初め私は三列、親父さん五～七列でやって、抜かされていたのが、手が慣れるにしたがって、抜かれなくなってくる。そして三列だったのが、四列、五列となり、しまいには、どうにか親父さんと並んで田植ができるようになった。この時の感激は他に例がない。田植を始めて三日目のことであった。

　たった三日間の田植だったが、様々な田に出あった。山の中の沢沿いの田は、ふくらはぎくらいまでしか潜らなかったが、中には最悪の田があった。田の二方を護岸工事のコンクリートで固められ、水の出入りがなくなって水がたまっている。いつものように苗束を投げ入れ、さあ始めようと、一歩踏み込んだとたんに、ズボーと股まで水に潜ってしまった。えらい田植になりそうだと思いながら植え進んでいくと、ザリッとガラスにでもひっかかれたような痛みを覚えた。「イタッ。何だこれ」手探りで泥の中から取り出したものは、ガラスならぬサンゴの岩片だった。一度痛い思いをすると、ここにもあるかな、あそこにもあるかなと恐る恐る歩いてしまう。まったく往生した。

　かと思うと全く潜らないで苦労する田もある。海に近い田に行ったときのこと。投げ入れられた苗束が、バチャッバチャッと音をたてて田に落ちると、落ちたままの姿でピタッと動かない。いつもなら水に浮くようにユラユラするのに、おかしいなと思いながら田に入ると、なんとこれが畔道と変わらぬ固さなのだ。水が張ってあってもくるぶしまでしか潜らない。こいつはいい、と思って田植えを始めるとこれが思惑と大違い。いつもならば泥が水に浮いているようなものだから、スッと力も入れずに植えられるのに泥が砂質で締まっているため、苗が入らない。ねじ込むようにして、ギュー、と一本一本力を込めてやっと植えた。

　他にもっと色々な田があるにちがいないし、田植の方法もたくさんあろう。もっと経験を積みたい、色々な方法を知りたい。そして、できることなら自分で田を持って稲作をしてみたい。

浜下りに二杯も食べたヤギ汁の味

　与那国島の三月三〇日は、島中が休みになる。旧暦三月三日で「浜下り」という行事が行なわれる。この日、女性が海に入ると強い子が産めるという。島中の人々が御馳走を作って浜辺に陣どり、一日中飲んだり食べたり、踊ったりして大騒ぎする。

　前楚の家では、御馳走にヤギを一頭つぶすという。一度はヤギ料理を食べてみたいと思っていたので楽しみにしていた。その日は朝早く起こされた。休みのはずなのに変だなと思っていると、ヤギをつぶしに行くから手伝ってくれという。料理は食べたいが……。しばらく考えて、手伝うことにした。いつものおもしろがり精神で、普段我々が食べているできあいの肉がどのように作られるのか、興味の方が強かったからだ。何ともいえない気持のまま、山刀と包丁を用意して親父さんと山に行く。

　真白なオスヤギは、山の放牧地にいた。放してあったが、首に長いロープが結んであったので、容易につかまえることができた。畑の入口に太い横枝を広げた木が何本か茂っており、納屋がある。そこまでわずか一〇〇メートルくらいの距離なのだが、自分の運命を本能的に察しているのか、ヤギはなかなか動かない。メェー、メェー、メェーとしきりに鳴いて足を踏んばりながら、ズルズルと納屋の方へ引かれていった。

しきりと鳴き叫ぶヤギの足を縛って倒し、太い横枝にロープをかけ、逆さにつるす。運命ここに極まったヤギは、それでもなおじたばたしていて潔しとしない。あばれるヤギを私がおさえている。前楚の親父は持ってきた包丁を取り出すと、素早く首筋に刃を入れた。ヤギは一段と大きな声で鳴き叫び、じたばたする。包丁がよく切れないので、同じ切口を何度もぐりぐりとえぐっていると、ビューと一筋の鮮血が飛び出した。親父がさっとビニール袋で受ける。初めは勢いよく、脈打つごとにドクドクと血が流れ出る。そしてしだいに流れが弱くなっていく。ヤギの目が、じっとこちらをにらんでいるようでいい気持ちがしない。それでもかわいそうとか、動物虐待とかいう思いはなかった。一種独特の緊張感につつまれて、一生懸命になるだけだった。何かの儀式に参加しているような厳粛な気持ちにさえなってくる。

流れ出る血液はビニール袋に一杯分だけとられ、あとは地面に吸われるままだ。ひとしきりあばれるとだんだん元気がなくなってくる。血液の流れもしだいに弱まり、これでおしまいだ。心の中で合掌。ときどき思い出したようにビクッと動くので、そのたびに驚かされた。木からおろすと、ロープをほどいて火のついたわらで体中の毛を焼き払う。この臭いが何とも言えぬ。毛を燃やす臭いは誰に

みかんにつられて……静岡

一九七七年一一月。東京農大一年の初冬に、静岡の学友の家で、みかんの収穫を手伝った。農大生は地方出身者が多く、農家も多い。その中の一人、佐野の家は静岡市小坂でみかんを栽培している。

小坂は東名高速道路の日本坂トンネルのあたりにある山がちの村だ。

このあたりは傾斜がきつい。山の頂上まで段々のみかん畑に開かれている。今は運搬用のケーブルがあちこちに張ってあり、切り取られたみかんはコンテナに入れられ、ケーブルを伝って下に降ろされるが、昔は何十キロというみかんをかついで、この斜面を降りたという。農道が急な斜面をジグザグに何本も走っている。山に登ると、すぐそこに駿河湾を見下ろせる。東名高速と新幹線が、田んぼのまん中に二本の線を引いている。

みかんの収穫方法も各地で様子が違うと思うが、佐野家のやり方を紹介しよう。作業着に地下たび、肩からビク（切り取ったみかんを入れる袋）を下げ、右手に鋏を持つ。鋏は握りの部分が大きくふくらんでいてゆったりしている。片方に小指、薬指、中指を入れ、もう一方は親指で支える。人差指は遊ばせておく。まず、みかんの軸に鋏の刃をあてがう。

そしてみかんの尻を遊んでいる人差指でおさえると、切ったみかんは右手に残る。ちょっと高いところの枝だと左手で手前に引き寄せ、右手だけでチョンチョンと実を切り取ることができる。黄色く色づいたみかんを、ひとつひとつ丁寧に鋏で切っては袋に入れる。

一本の木に何百という数のみかんが実っている。それをひとつひとつ取らないことには終わらない。おまけに傾斜地で足元が悪く、上を向くことの多い仕事だから、けっこう疲れる。七〇年を越える老木になると、人が木に登ってみかんを取るようになる。

鋏の先は丸まっており、みかんに傷がつくのを防いでいる。自分で傷をつけたみかんは、自分で責任を持って処理する。他のみかんと一緒に出荷したり室に入れたりすると、まっ先に腐ってしまいよろしくない。どういうわけか、おいしそうなみかんばかり傷をつけてしまい、自分の責任において、これを処理する。つまり食べてしまう。みかんは取って三日目がいちばんおいしいと聞いたことがある。酸味がとれて、甘くおいしくなるのだそうだ。しかし、みかん山から海を眺めながら食べる、とりたてのみかんの味は格別だ。コンテナに山盛りのみかんの中から、いちばんうまそうなのを選りすぐって、歯がスースーとしみるようになるまで食べる。どれもうまい。うまくないのと食べきれないみかんが出荷されるわけだ。

みかん収穫を手伝ってからというもの、家ではあまりみかんを食べなくなった。みかんは木に成っている中から選んで食べるのが最高だ。

その後、みかん収穫には同じ静岡へ大学三年のときに行った。一年間のブランクはあったものの、慣れていたため、仕事がはかどった。心にも余裕が出てくる。百姓仕事は、回を重ねないとうまくならない。

沖縄だなぁ与那国だなぁ

でも想像がつくだろう。こうして毛を焼いている時になっても時々、ビクッと動く。えぐり取られた角の跡が生々しく、目はカッと見開いてこちらをにらんでいる。成仏してくれよ、と心で念じながら、目を合わさないようにしていた。

毛を焼き終わるとトラックに乗せて持って帰り、家の庭で解体、料理する。私は釜番で、火をたきながら、横目で解体作業を眺めていた。

まず焼き残した毛を髭剃りで剃り落とし、山刀と包丁を使って、次々にバラバラにしていく。腹をさき内臓をとり出し、首を落とし、四本の足を離して胴体だけにすると、胸から背中にかけて、縦に真二つに分ける。胸、背中、四肢から肉がはがされる。それぞれの肉と頭は一度熱湯をくぐらせてから細かく切られて、ヤギ汁の材料となる。肝臓はゆがいてそのまま食べる。ヤギ料理の中で唯一あっさりしていて、おいしくあきずに食べられる。他の内臓は油と小麦粉で練って味噌汁になる。

午前一一時頃になってやっとヤギ汁のでき上がり。釜番の私は汗びっしょりだ。近所の人たちが集まってきて皆でヤギ汁を食べた。私は腹が減っていたので、熱いのを汗を流しながら二杯食べた。あの毛を焼いた時の臭いがヤギ肉の特徴なのだそうだが、屠殺からつきあっている私の鼻には一層強く感じられた。この臭いだけで食べられない人も少なくないと思う。島の人は何杯もおかわりしていた。大多さんは北海道の人で、最初はあまり食べられなかったそうだ。「初めてヤギつぶして来て、ヤギ汁二杯食ったなんて、人間じゃない」なんて言われてしまった。自分で考えても、よく食べたものだと思う。

北海道篇

阿寒郡鶴居村字幌呂

一九七八年夏、最初の実習地に北海道を選んだのは、北海道の大自然の中を自転車で走り回ろうという計画があったからだ。早く自転車に乗りたいとばかり考えていた一年目だったが、酪農はやってみると、思ったよりおもしろかった。もう一度やってみようと思った二年目には心にも余裕ができて、これだと思う何かをつかんだ気がした。そして三年目には、将来の目標としての酪農がハッキリしてきた。

酪農家の一日は搾乳で始まる。だいたい六時ごろから搾乳が始められるように準備をするので、私は五時半に起きて牛舎へ向かう。搾乳は七時半ごろ終わり、牛がエサを食べ終わると放牧地に出してやる。そのあと牛舎を掃除して糞尿を出す。八時。体がすっかり目覚め、空腹感がつのったころ朝飯となる。朝飯がすんでひと休みした後、九時ごろから午前中の作業にかかる。雨の時は牛舎内や倉庫など内回りの仕事になるが、たいていは畑に出たり牧野（放牧場）へ行ったりの外回りの仕事になる。昼には家に戻って食事をとる。外で弁当を広げることは一度もなかった。午後は一時半ごろから仕事を始め四時半にはきりをつけて、夕方の搾乳の準備にかかる。だいたい五時から搾乳を始めて七時には終わる。

毎日このパターンは崩れることはない。規則正しい生活をし、おいしい空気を胸いっぱい吸いながら一生懸命働いていると、腹が減ってしかたがない。ふだんは小食の私も、百姓仕事をする時には力いっぱい腹が減るものだから、力いっぱい食べていつも太って帰って来る。

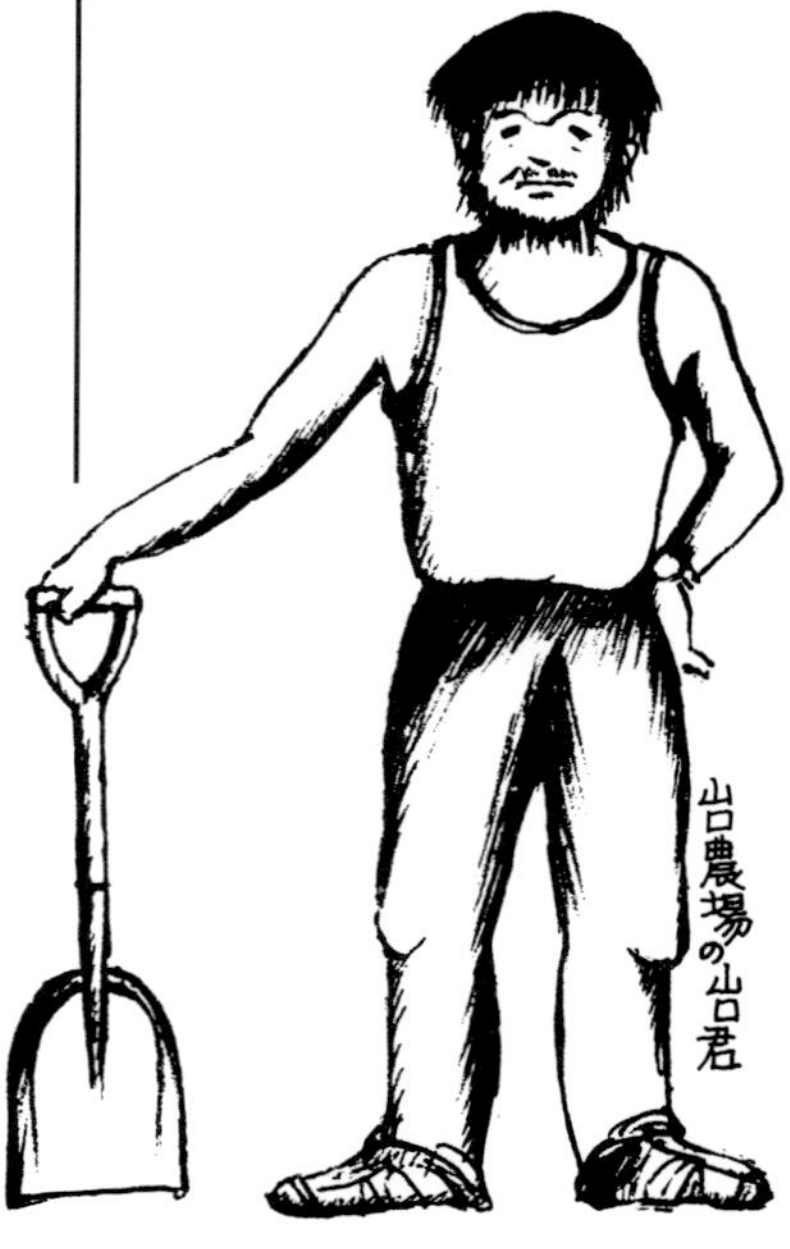

「ベーベーベ」私は牛をボう係

夏の暑い間、山口農場では夜も牛を放牧しておく。牛は昼間の暑さをきらってあまり動かない。当然食欲も落ち採食活動をひかえるようになる。そのような時には夜の涼しいうちにたくさん食べるからだ。

　私は朝五時半に起きて牧野に散っている牛たちを集めに行く。ここでは牛を追うことをボウという。いつも私が牛をボウ係だ。牛は見かけによらず賢いもので、牛舎に入る時間には必ず牧野の出入口付近に集まって、「べー、べー、べー」と大きな声をかけてやると寄ってくる。

　私が扱っていた牛はホルスタイン種で、白黒斑のごく一般的な乳用牛だ。雌は体重六五〇キロ前後、雄は一〇〇〇キロに達する大型家畜である。体高は身長一七二センチの私の肩の高さくらいある。ホルスタインは乳牛のなかでも泌乳量が多く、平均して一年に五〇〇〇キロリットルも乳を出す。なかには一万キロ以上泌乳する牛もいるという。

　こんなに図体は大きいくせに臆病で気が小さい。ちょっとの物音にも敏感で、こちらが急に動いたり、大きな音をたてたりすると、ものすごく驚く。その反面、皮膚は鈍感で、棒でつついたり、思いきり尻をひっぱたいたりしても動かない。

　牛をボウ時は走らせてはいけない。乳房を痛めてしまうからだ。これから搾乳しようという牛の乳房は乳で満たされパンパンにはっている。中には糸のように白く細い線を引いて乳が漏れている牛もいる。走ると、その大きな乳房がぶらぶらと振れてバラ線に引っかけて傷つけたり、乳房自体の重みで、乳腺細胞が切れて内出血することがある。だから、搾乳のためにボウ時にはなるべく牛のペースに合わせて、ゆっくりボウのがよろしい。

　牛は人が後ろに立てば何もしなくても逃げるように動くから、後ろ後ろと回り込むようにして歩いていくだけでボえる。広い区画で群れがまとまりにくい時は、出入口近くにいる二、三頭を最初に外に出してやると次々に先頭にならって後についていく。牛は群れで動く動物だから、まず、群れの先頭をつくってやることだ。山口牧場の搾乳牛は約五〇頭。一年目に行ったときには四二頭だったのが、順々に増えて三年目には五〇頭搾乳になった。一年目には、りっぱな角を持ち、体も人一倍大きいテオドラがボスだった。だいたい群れを動かす時にはこのテオドラを先に動かす。すると皆後について行く。さすがはボス牛だ。しかしこのボス、寄る年波のせいか、神経痛でびっこを引くようになり、二年目には群れから離れて隠居生活を送っていた。

フンだり、ケッたりの乳しぼり

　牛舎に牛が集まると壮観だ。中央通路をはさんで尻を向かい合わせるようにして片側二十数頭ずつ肩ならぬ尻を並べている。飼槽（エサを入れる溝）にはあらかじめ配合飼料（トウモロコシ、大麦、大豆などのまぜ合わされた栄養価の高いエサ）が配ってある。自分のスタンチョン（上下に細長い牛の首輪）に我先に首を突込むと、むさぼるようにして食べる。人が食べるのと同じ穀類だからさぞおいしいのだろう。この配合飼料は牛を自分の位置につかせるための誘引剤でもあるのだ。

　牛がそれぞれのスタンチョンにおさまると搾乳にかかる。バルク室（牛乳処理室、牛乳冷却器のバルククーラ

北海道旭川市の広大な牧場、のんびりと草をはむホルスタイン　撮影・工藤員功

ーが置いてある）から搾乳器、ミルカーをもってきてパイプラインにとりつける。パイプラインは二本あり、一本は搾られたミルクが流れるステンレス製のパイプで、もう一本はエアパイプで鉄製。真空圧を利用して牛乳を吸引するための空気の通り道になっている。従ってホースも二本あり、その先にミルカーがついている。牛の乳頭に合わせて四つのティトカップがついており、それぞれが一つずつ乳頭に吸いつき、緩急規則正しいリズムで乳を搾り出す。六機のミルカーを使い搾乳を始めると、シュ、シュ、シュと一秒間に二回程度のリズムでミルカーの音が広がる。

　ミルカーをつける前に、必ずしておかなければならないことがある。それは温かい湯でよく乳房をふいてやることだ。温湯に消毒液を少量入れたバケツを持って牛床

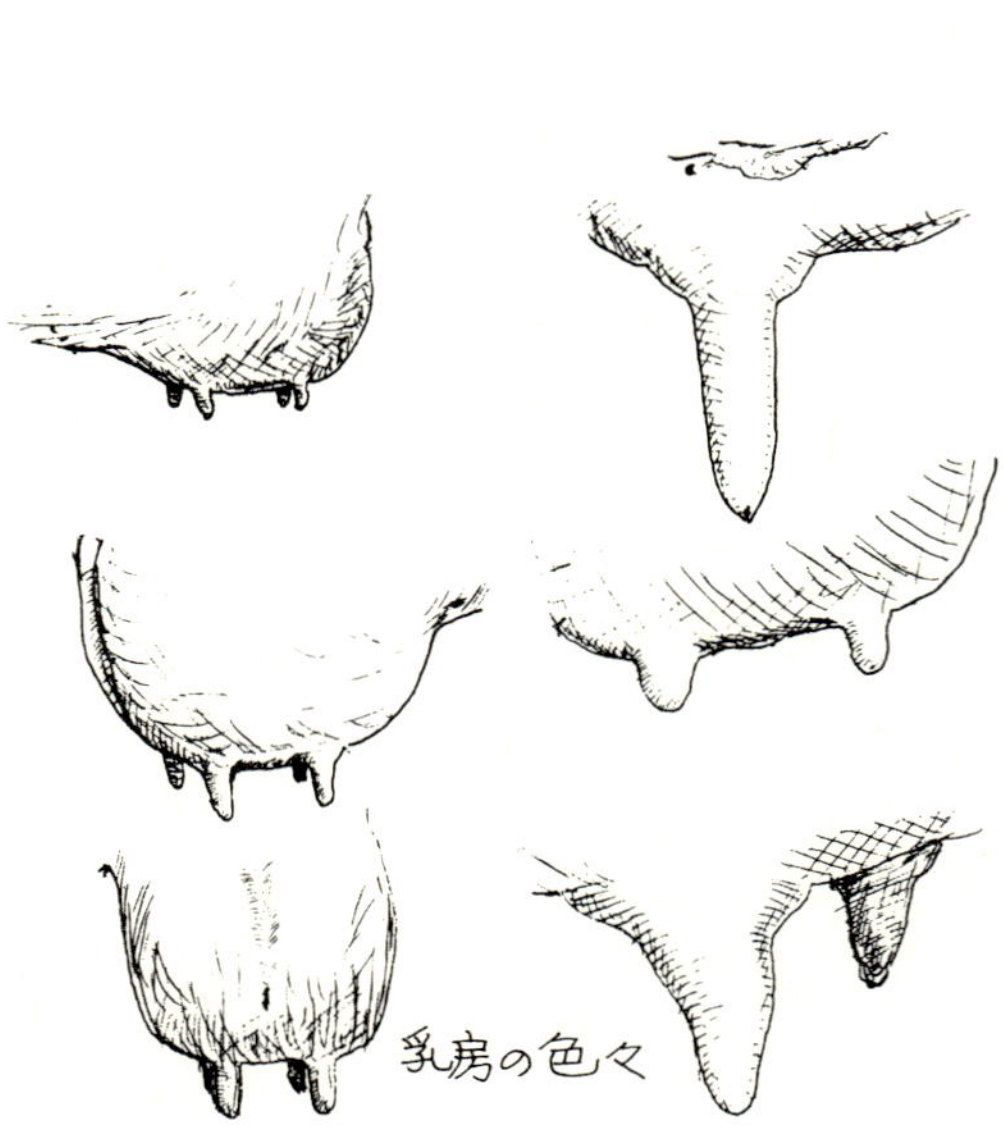

に上がり、牛の横から手を伸ばし、布で乳房全体をよくマッサージするようにふいてやる。するとその刺激で泌乳が始まり、だまっていても乳が流れ出す。だいたい二度ぶきする。一度目はたっぷり湯を含ませて、よごれを洗い流すように、二度目は布を堅く搾って空ぶきする。乳頭によごれが着いていてはいけない。洗い湯が残っていてもいけない。丁寧にきれいにする。

　乳房がきれいになるといよいよミルカーを取りつける。この時に注意することは、素早くとり付けるということだ。もし、もたもたしていると乳頭に吸い付く前に小さなゴミを吸ってしまう。時にはハエを吸い込んでしまうことがある。これではいけない。もう一つ、乳頭をまっすぐにティトカップに入れることだ。まれに乳頭を折れ曲ったまま吸い込んでしまうことがある。これは悪くすると乳房炎になってしまうので気をつけなければならない。

　一度付けたミルカーは乳を完全に搾りきるまではずしてはいけない。この搾りきりがむずかしい。乳頭からどのくらいの乳が出ているのか、直接目で見ることができないので、どうしてもビニールのホースに透けて見える乳の上がり具合を見ることになる。勢いよく出ている時にはわかりやすいのだが、量が少なくなってくると、搾りきれたのかわずかに出ているのか、区別がつかなくなってくる。慣れないうちは何度も失敗した。「その牛はまだ出るよ」「それはもう出てないからはずしなさい」としょっちゅう言われていた。

　搾乳のとき、一番厄介なのが足を上げる牛だ。これに慣れるにはそれなりの時間がかかった。とにかく人の近

づくのが気にいらない。人を横目で見ながら体を振るようにして逃げる。頭はスタンチョンに固定されているから、尻だけ隣の牛にくっつけて逃げる。こっちが慣れないころは、人の顔を見てはよく足を上げる。これで蹴られた人もけっこういる。私は蹴られはしなかったが、一度踏まれたことがある。搾乳中にミルカーのようすを見ていると、突然足を上げた。サッと顔をひいたのはいいが、ミルカーを持っていた手を上からぐっと踏まれて、そのまま牛床に下ろさせられたものだから、もろに牛の体重が乗ってきた。痛かった。六〇〇キロの四分の一の重みが一瞬加わったわけだ。顔面を蹴られて、その拍子に糞尿溝（フン尿を落とす溝）にころげ落ち、クソまみれになった実習生がいたという。まさにフンだりケッたりだ。

ひと月たって、やっと顔

この牛床（牛がいる所）は仕切りが何もなく一二頭くらいずつ一枚続きになっている。目印がないものだから、初めのうちはどの牛がどのスタンチョンなのかさっぱりわからない。何せ白黒のホルスタインで模様は似ているし、ほとんどの牛が角がないので同じ顔に見えてしまう。

　牛にもいろいろな特徴がある。私の場合、乳房とのつき合いから始まった。乳房を洗って、ミルカーをつけて、はずして、毎日続けていると四十数頭のなかでも、特徴のある乳房が記憶に残るようになる。白い乳頭、まだらの乳頭、細いの、長いの、箱型の乳房、大きなたれパイ、ペチャパイなどなど。次には、乳房のまわりの黒白模様や傷跡などを覚える。そしてやっと体型などの大きな特徴と結びつき、顔で識別するのは最終段階になる。ここまでなるのに一カ月以上かかった。

　一年目は苦労して覚えて帰るころにやっとどうにか間違えないようになった。二年目は楽だった。前年の牛の顔を覚えていたのですぐ間違わずに仕事が出来た。三年目には見なくても、と言いたいところだが、数頭の入れかえがあったため、新顔を覚えるのに再び時間がかかった。親父さんとおばさんは、決して間違えることはない。くやしい。

　無くて七癖というが、これは牛にも通ずる言葉だ。エサを散らす牛、隣のエサを横取りする牛、水をいたずらする牛もある。飼槽に水飲み用のウオーターカップがついている。牛が鼻をつっこむとレバーが下がって、水が出る仕掛けになっているのだが、これを水も飲まないのにやたらジャージャーやる牛がいる。おかげで飼槽はびしょぬれだ。

芸術的な牛舎の仕事

　牛舎の仕事はやる事が多い。私は搾乳の係だから、乳房を洗ってミルカーを見る。それでも搾っている最中はついている必要がないので、牛床に落ちたフンを掃除したり、オガクズをまいたりする。そしてタイミングを見計らって次に搾る牛の乳房を洗い、なるべくじっとしている時間を少なくするよう心がける。

おばさんは私と一緒に搾乳の係。親父さんはエサをやったり、その他気づいた事をやる。いつも一人実習生がいるので、私が行くと仕事がいつもより早く終わる。

五〇頭近くの搾乳も終わりに近づくと、使い終わったミルカーを片付けたり、食いちらかしたエサを飼槽に掃き込んだり、仔牛の牛房を掃除したりする。牛がエサをすっかり食べ終えるとスタンチョンをはずしてボい出し、その日によって違う放牧地へ連れていく。病気の牛とかけがをしている牛は外に出さない。人工授精する牛も牛舎に残す。

牛を出したあとの牛舎は清掃をする。フンをまき散らして歩く牛がいて、そこらじゅうフンだらけ。これをしこしこと尿溝に落とし、きれいにする。牛床にオガクズを

徳島

ブロイラーの床掃除（ケイフン出し）

一九八〇年三月。四国を歩いて旅行していた時のことである。

徳島県日和佐町を通り過ぎ、太陽がずいぶん西に傾いた頃、ふと下を見ると、道から三メートルほど下りた草地で、大きな鎌をふるって草を刈っている若い衆が目に止まった。牛を飼っているのだと思い、懐かしく思って声をかけた。すると牛ではなく鶏だという。これは珍しい。思わず知らず草地まで下りて、話し始めた。「にいちゃん、ヤマギシズムって知ってるか」と聞かれて、えっと思った。まさにその人は山岸会の人で、トラックにもヤマギシズムの文字が書いてある。家を出る前に、山岸会のことを友人から聞いて興味は持っていた。好奇心も手伝って、細かいことまで聞いているうちに、「どうだ、うちでアルバイトしていかんか」という話になった。その日の宿も決めていなかったので、軽トラックに便乗して、実顕地と称する本拠までついていくことにした。

ここでは丸一週間世話になってしまった。そしてその間中、ウィンドレス鶏舎のフン出しをやっていた。ウィンドレス鶏舎とは文字通り窓の無い鶏舎のことで、外からの光を完全に遮断したものだ。中には薄暗い白熱電球がともっており、この光でニワトリに昼夜のサイクルを与えている。一棟二万羽の採卵鶏が入っており、まさに卵工場といった感じを受ける。

一カ月間溜ったフンをトラクターで押し出し、それを私たちがスコップでベルトコンベアーに乗せ、ダンプに積み込む。一カ月たっているのだから、さぞ堆肥化されているだろうと思っていたら、さにあらず。ベトベトに嫌気発酵しており、アンモニアが目にしみて涙が出てしかたがない。おまけにトラクターの騒音が鶏舎の中にひびき渡り、排気ガスはのどを痛める。空気の流れがないため、しばしば手を休めて、外の新鮮な空気を吸いに顔だけ外に出したりした。

ダンプに積まれた鶏フンは休耕田に運ばれる。ここで鶏フンを肥料にして牧草を作り、それを緑餌としてニワトリにやる。ニワトリのフンは再び田に戻されて牧草を作る土づくりをする。こうして何年か使用した後に、地主の所へ返すと地力がついたと言って、非常に喜ばれるのだという。地元に根をおろす、良い手段だと思った。久しぶりのスコップに手はマメだらけ。腰は痛いし背筋は痛む。それでも見る物すべて新しく、あきることがなかったのであっという間に一週間が過ぎていた。

私は百姓仕事をしている人をみかけると、つい声をかけたくなる。たいてい仕事の手を休めて話をしてくれる。私が自分の農業体験を話すと話が具体的に広がっていき、いろいろなことを教えてくれる。そんな時にこそ、方々で実習してきた百姓仕事が無駄じゃなかったのだと思うのである。

敷いて中央通路を掃き清める。飼槽と給飼通路を掃く。あとはバーンクリーナー（尿溝に落とされたフン尿をL字鋼のついたチェーンで引っ張ってとり出す機械）を動かしてフン尿を出し、寝ワラを敷いて完了。ちょうど腹が減ってくる。

冷たい雨が降ったりすると、夏でも夜は牛を放牧しない。風邪をひかせると大変だからだ。秋口から夜が冷え込むようになると決して夜放牧することはない。二年目は九月一日から働いたので、すでに夜間放牧はしていなかった。一晩牛が牛舎にいるだけでこんなにも汚れるものかと知らされたのは、その時だった。朝牛舎に入っていくと、ムッとする生暖かさ。中央通路は夜中に排泄されたフンと尿でいっぱい。フンはあまり臭わないが、尿のアンモニア臭が鼻をつく。全く牛の排泄物の量の多さにはあきれるばかり。でもこの臭いには最初から違和感がなく、あまり臭いとは思わなかった。

やっかいなのは軟便と下痢便だ。健康な牛の便はボタボタと地面に落ちると、自重でまわりに広がりちょうど月のクレーターのように中央がへこむ形になる。しかし下痢便はそうはいかない。小便のように軟らかく、しかも小便よりずっと太い筋となってトロトローと流れ出る。これは床に落ちるとバッと飛び散り、一メートル四方くらいに広がる。搾乳をしていて気をつけなければならないのはこの軟便である。牛の横にしゃがんでミルカーを見ている時に隣の牛に軟便をやられたらたまらない。音もなしに小指の爪ほどの大きさのフンの飛沫が飛んで来たかと思うと、ピタ、ピタ、ピタ、と顔といわず手といわず、所かまわずくっつくのだ。時には口の中に入ったりもする。おいしい物ではない。何度かやられてから自衛策として、気配を感じたらサッと身を起こすことにする。顔にさえつかなけりゃ、どうってことない。牛におこるわけにもいかない。しかし逃げられないのが長距離砲だ。牛はよくゲップをする。これは生理的に見てもしかたないことなのだが、排便をしながらこれをやられると逃げようがない。最悪なのは軟便のゲップ打ちだ。これはよく飛ぶ。尻が向かい合わせの牛舎で相手まで二メートル近くある。その対する牛の尻にビタッとみごとに命中するからたまらない。たまたまそこに人がいたなら……悲劇である。

ここでのせめてもの救いは小便だ。これはまじめに美しい話。朝夕の搾乳の時にはちょうど陽射しが横から入ってくる。その光の中にキラキラとゆらめく一筋の帯が見えたと同時に、床にバッと光の噴水が広がる。ゆらめく光の帯が床に届くとそこからは小さな光の粒がキラキラと輝きながら四方へ飛んでいく。神秘的な光の芸術に一瞬我が目を疑ったくらいだ。それは全く牛の小便とは思えない作品だ。視点を低くして、朝の光に透かして見るようにとするといっそう美しく見える。

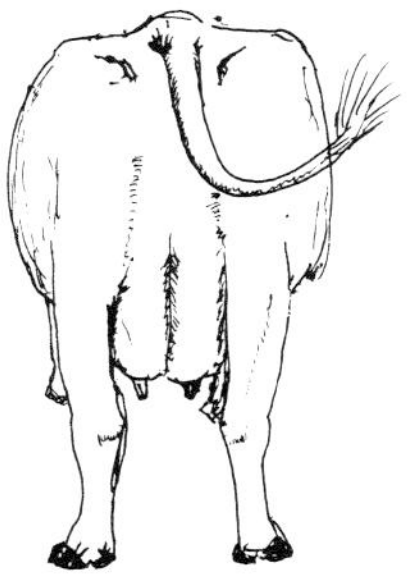

いつも間にあわない誕生の瞬間

長い間酪農の実習をやってきて、私のように未だに出産のその場に出くわしていない人間も少ないだろう。家畜の繁殖は、今では人工授精が大半を占めている。搾乳牛では一〇〇パーセントに近い普及率だ。人工授精をするには、まず牛の直腸の糞をかき出し、手をつっこむ。二の腕までまっすぐ突っこんで手探りで卵巣の状態をさぐり、よい発情だと人工授精を行なう。片手は直腸につっこんだままで、もう一方の手に注入器を持ち、子宮頸管内に精子を注入する。いとも簡単に見えるのだが、人工授精師という国家試験があり、熟練を要する。授精して受胎すると十月十日《とつきとおか》で生まれる。人間と同じくらいだ。これに前後一週間みておけばまず間違いない。

ボス牛のテオドラは、右の腹が大きく突き出て、外陰唇もずいぶんゆるみ、分娩の間近いことを物語っている。テオドラは一三産している老牛で、膝の関節を患っていた。足が悪いと分娩時の踏んばりがきかず、腰抜けになる危険があるという。テオドラが独房に移されると、今日生まれるか、今生まれるかと私は気が気ではなかった。すでに乳頭は赤く腫れ、外陰唇は大きく広がり、ゼリー状の透明な粘液が、長くたれ下がっている。私の心配をよそに親父さんは「まだ二、三日は生まれまい」といって共進会へ出かけてしまった。そしてその二、三日が過ぎた昼下がり、午前中の外の仕事を終えて帰ってみると、もう生まれているではないか！、ガツカリ。でも大きな母牛に守られて横になっている仔牛の、何と可愛いこと！、まだ乾ききらない産毛を母牛がしきりになめている。しかし、乳牛の悲哀はここからだ。心配された腰抜けにもならず、母子とも健全であったため、翌日には引き離されてしまった。仔牛は母牛の乳を同じ乳首でばかり吸うので、他の乳首が腫れたりいびつになったり乳房炎をおこしてしまうのだ。放牧に出るとき独房の前を通るたびにモーッ、モーッと呼びかけてなかなか立ち去ろうとしないテオドラを見ていると、牛飼いは罪な稼業だと思った。

生まれてくる牛もいれば、生まれるまでにいたらぬ牛もいる。一九七八年の暑い夏に、一頭の牛が流産した。朝の搾乳中だった。外陰唇がゆっくり開き、羊膜がプッとふくれ出たと思うと、白っぽい塊が透けて見えた。圧力に耐えかねたようにパッと羊膜が破れ、羊水があたりに飛び散った。五カ月にも満たぬ仔牛は、白い塊のまま糞尿溝の中にボトッと落ちた。私は搾乳の手も忘れてその光景にくぎづけにされていた。暑さだけではなかろうが、暑さに弱い北海道牛の酷暑のできごとだった。私はこの仔牛を裏山に埋め、小さな石で墓を作ってやった。

外回りの仕事

外回りの仕事は実にたくさんある。私が働いたのは七月から一〇月にかけてのわずかな期間だが、一年の大半の仕事はここに集中されている。北海道は半年間雪に閉ざされた生活を送る。私がいた道東では雪こそ少ないが、

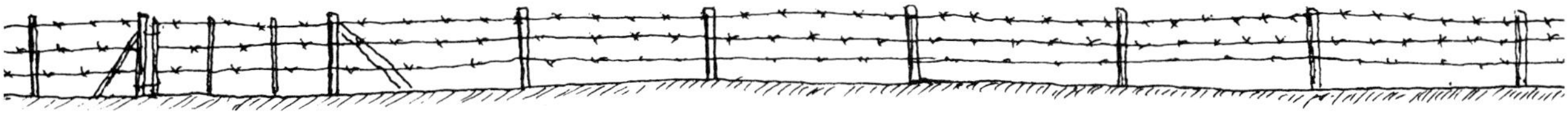

表土一メートルは完全に凍結するという。畑の仕事は五月の春起こしに始まって、一〇月の秋起こしで終わる。ちょうど六カ月だ。この間に冬用の乾草の蓄えから、サイロ用のデントコーンの栽培、家畜カブ、家畜ビートの栽培、草地の肥培管理、牧柵直し等々、外の仕事は全部すませておく。そして寒くて長い冬ごもりに備えるのだ。

牧柵を見れば農家がわかる

牧柵直しはやっかいな仕事の一つである。扱いにくいバラ線と重い杭に悩まされる。

最初の牧柵作業は、一年目のそれもまだ仕事に慣れない頃だった。その時にいた実習生は日笠さんという自衛隊出の男性と、穀内《こくない》君という酪農学園高校の生徒の二人だった。裏山の牧野の区画直しがあり、人手が集まると大がかりな手直しをする。延べ二〇〇メートルくらいの牧柵をいったん取り除き、全体を二〇メートル移動させて再び打ち直す。各人各様に腰に釘袋を下げて、片手にハンマー、片手にバールを持ち作業にかかる。

ここではこれといってむずかしい作業はない。力がいるのは杭抜き作業。これは要領と力が同じくらい備わっていないとむずかしい。杭は太さに関係なく、四〇～五〇センチは地中に埋め込まれている。おまけに地面には牧草が生い茂り、その根の量たるや大変なものだ。特にイネ科の牧草の根はシロカビのようにきめ細かく地表を覆いつくしてしまう。したがって、杭は地中から根にしっかりと包み込まれてしまう。たかが根っこと思うなかれ。この力は思ったより強い。古い牧柵ほどしっかりしておりビクともしない。大抵の杭は一本の丸太を半分か四分の一に切って使用してあったため、角の方角の方へと押したり引いたりしているうちに、少しずつズッ、ズッとずれてきて前後左右にぐらぐらになるとやっと抜ける。ところが丸太のままの杭はビクともしない。どこへもむらなく根がからみ、おし包まれているため、押してもダメなら引いてもダメ。初めの頃はどうしても一人でやるのだと、むきになっていた。しかし、一本にあまりにも時間をとられてしまうのでやむなく助人を頼む。それでも抜けない時がある。これはもう機械力に頼るしかない。トラックやトラクターで何回か押すと大抵抜けるのだが、中には地中だけ残して折れてしまうがんこものもあった。

細心の注意が必要なのは釘抜きだ。バラ線はV字形の釘によって、しっかりと杭に止められている。これをバールとハンマーで抜き取るのだが、この時にV字釘を一つでも落としてはいけない。これは牛の命にもかかわる問題なのだ。

もしこの釘を牛が踏みつけて蹄に刺されば、びっこをひいてそれ

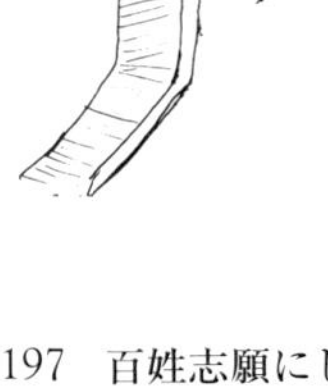

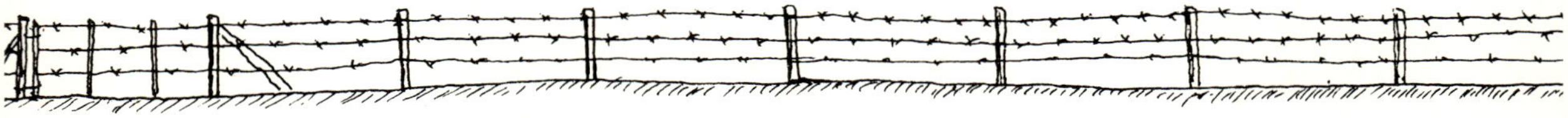

だけでもストレスがたまるだろう。傷口から病原菌が入って化膿したら歩行困難になる。そうなるとエネルギーを病原菌との闘争のために使うようになって乳量が落ちてしまう。もっと恐いのはこれを牛が食べる事だ。

　牛は臆病のくせに好奇心が強く、珍しい物には必ず寄っていく。おまけに異物嗜好が強くて常食の草とは別な物を食べたがる。おそらくこれは、草だけではまかないきれない他の栄養分を吸収せんがための自然の行為であろうが、そこらに落ちている釘などは飲み込んでしまうのが普通なのだ。レントゲン撮影によって、握り拳大の金属塊が発見されたという報告もある。つまり、飲み込まれた鉄くずや釘はその重みでしだいに下がり、第二胃にたまってしまうのだ。溜っただけでじっとしていてくれれば何の害もないのだが、この第二胃は第一胃の内容物を撹拌するためのポンプ役。第一胃の内容物を吸い込んでは勢い良く吹き出す。この吹き出す時にちぢまった第二胃の中にある釘やら鉄くずが胃壁に突き刺さることがある。第二胃の向う側は何を隠そう心臓である。ここまで言えばもう推察できるだろう。

　というわけで牧野では釘を落とさぬよう細心の注意を払わねばならないのだ。

　次に精神を落ち着かせて行わなければならないものがバラ線巻きだ。古いバラ線を取りはずすと、後始末しやすいように一本、あるいは二、三本重ねて巻いておく。こうすると長いままよりもずっと扱いやすい。ところが、これがけっこうイライラする仕事なのだ。そう感じるのは私だけかもしれないが……。取りはずしたバラ線を端から巻いていく。バラ線は錆びのためザラザラしていて手袋に着きやすい。そしてトゲがいちいち手袋にひっかかる。ひと握りして押すたびにひっかかった所を片手で加減しながら引き離す。この動作を右左代りばんこにくりかえす。おまけにバラ線のトゲは下の牧草にもからまり、容易に前進しない。慣れるまでけっこう時間がかかるが、しまいには精神的にも慣れてくることになる。

　杭打ちにも熟練を要する。打つのは私にもできるのだが、端から見通して一直線に柵を作るのは大変なことだ。親父さんは一本一本、片目をつぶったり両目で遠くから眺めたりしながら、「チョイ右、チョイ左、もっと立てて」と指図をする。慣れないうちは、チョイがどれくらいなのかわからずとまどったが、慣れてしまえばだいたい言葉の調子でわかるようになる。杭を打つ時はピタリと垂直に立たなければならない。斜めになれば何度でもやり直しだ。

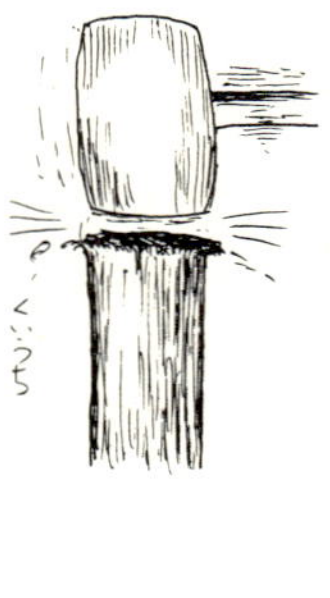

　杭は種類によってそれぞれ打ち方が違う。木の杭は大抵切り口が鋭角。これを両手で持ち何度か勢いをつけて土に突き刺す。杭自身の重みも手伝ってけっこう刺さるものだ。刺してはぐりぐりと穴を広げ、もう一度引き抜いてはまた刺す。これを何度かくり返すうちに切口がスッポリ入るくらいまで埋まってくる。ここまではすべて手で行う。けっこうしっかりするものだ。次に槌でたたいて打ち込んでいく。前もって刺してあるため、横で杭

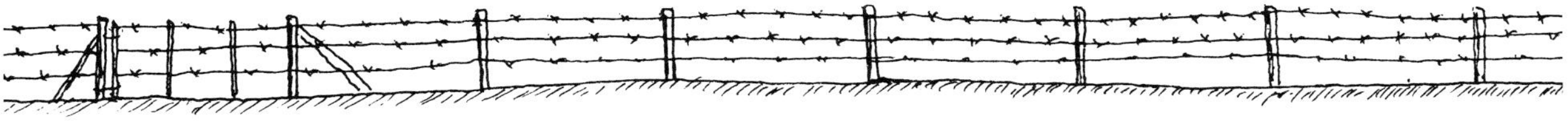

をおさえる人は必要としない。

　新しいところではトラクターのバケットいっぱいに、土や砂や肥料等を積んで重みをつけて杭打ちをする方法もある。例のごとく手で刺しこみ落ち着かせたあと、バケットで二、三回たたいてやる。するとアッと言う間にでき上がり。全く機械の力にはまいった。逆に機械がなければ、北海道の農業はやっていけない。

　鉄杭はもっと簡単だ。木の杭と同じく何度か手で刺し込んだあと槌ならぬ杭打器でたたく。これは太い筒状になっており、鉄杭にスッポリかぶせられて取手を持って上下に動かし、打ち込む。けっこう重い物で、一〇キロ以上あったと思う。この重みだけでもおもしろいように埋まっていく。大抵は五、六打すれば思ったような高さになる。鉄杭は切り口はつけてないが薄いのでそのままで充分刺さる。鉄杭は抜く時も簡単で、木製杭で見せる相撲とりのようなぶちかましはやらずにすむ。

　打ち込まれた杭の長さは四〇～五〇センチ。だいたい私の背丈程あったものが、打ち込まれると胸のあたりまで低くなる。この上端から数センチ下に上段のバラ線を張り、以下三〇センチ間隔に中、下段を張っていく。トラクターで引っ張っている間に素早く杭に打ちつける。例のV字釘を使用する。一段張り終えるとまた同じように二人でバラ線を伸ばすことから始めるわけだ。

　バラ線はただ打ちつければいいわけではなく、ピンと張らなければ意味がない。たるんでいたり、波うっていたりすれば見た目が悪いばかりではなく、脱牧の原因にもなる。バラ線自身の寿命もおのずと違ってくる。また、張る時に一様な力で張らないといけない。せっかく張った上の段が、下を強く張りすぎたためにたるんでしまったりする。これをピシッときめるには熟練を要する。

　ただ牛が逃げないように張ればいいのだからどうでもいいのではないか？ところがそうではない。「牧柵を見ればその家の経営がだいたいわかる」と親父さんに言われたことがある。牧柵を直してないということは、自分の牛が脱牧してもすぐつかまるという頭がある。人の迷惑を考えない者のすることだ。牛舎もさることながら、牧柵も農場の顔であり心の鏡なのだ。

　親父さんの打った杭はピッと一本線が通っていて見ていて気持ちが良い。仕事が終わってもやったかいがあるというものだ。この方が柵自体長持ちするし、バラ線や杭の寿命も伸びる。理想的な牧柵作りなのだ。

　牧柵の管理には思いも寄らぬ時間がかかるものだ。自分の所有地は畑であれ草地であれ必ず牧柵が張り巡らしてある。延べ何キロになるのであろうか。

　牧柵の全体を把握するのは容易なことではない。それでも一年目には家の回りの放牧地の牧柵はすべて見て歩いた。実際に歩かないとわからない。バラ線がはずれていたり切れ落ちたりしている箇所は新品と交換。古くてグラグラしている杭も交換する。点検には歩いて点検する人とトラックに機械を乗せて走る者と二人必要とする。夏のうちに故障を直しておかないと、冬の雪で必ず被害が出る。草がバラ線にかかっているといけない。雪が降ると草に積もり易くせっかく張ったバラ線をだらりと伸ばしてしまう。除草は別の仕事になるが、つるなどがバラ線にからんでいればこの時取り除く。

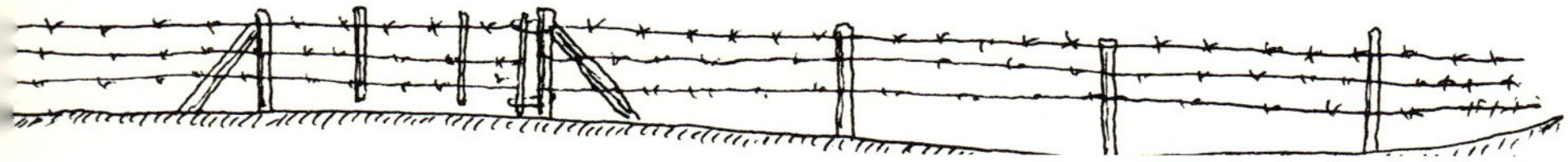

こんなのないよ シマバチの襲撃 牧柵の下草刈り

牧柵の下草刈りはブッシュクリーナーを使う。これは山林の下草刈り用の機械。肩からベルトで下げる。エンジンから長い柄が出ていて、その先に丸歯鋸が着いている。柄の途中に十字に伸びたハンドルがあり、これで機械を支持する。右手にスロットルレバーがついており、これを人差し指で操作することによってエンジンの回転が上がったり、下がったりする。

初めて親父さんにブッシュクリーナーの使い方を教わった時はビビッてしまった。以前、家の近所のおばさんが、ブッシュクリーナーを使用中、誤って自分の足首を切り落とした、という話を聞いていたからだ。しかし、目の前で使い方を説明されるともう後には引けない。一か八かだ。南無三！

簡単かと思ったこの機械の使い方はけっこうむずかしい。刃に草が当たる時にアクセルをふかし、その他の時にはアクセルをゆるめておく。刃は時計と逆回りに付いており、回転も逆である。だから左側は手前に引くようにするとよく切れるし、右側は逆に押すようにするとよい。試行錯誤をくりかえしながらも半日かかって、ようやく使いこなせるようになった。これが使えればどこへ行っても草刈りはできるぞ。心強い。

ただ使ってみてわかったのは、ひどく疲れるということだ。これはどうやらエンジンの振動に原因があるのではないか。それにえらく汗の出る仕事だ。それでなくても汗かきな私が、この機械を動かしてビーンビーンと草刈りを始めると五分もしないうちに滝のような汗、汗、汗。これも振動のせいとしか思えない。しかもこの振動がハチの好きな波長なのか、よくハチが寄ってくるのだ。逆に襲ってきているのかもわからないが。

一年目、乾草作業が終わったあと、牧柵回りの草刈りを三日続けて行なうことになった。実習生の日笠さんと二人で三〇分交代ですることにした。ブッシュクリーナーはローテーションを組んでやった方が能率が上がる。一人はクリーナーで牧柵の下と回りを広範囲に刈り取っていく。もう一人は杭のまわりの刈り残した草を鎌できれいにしていく。コンビの仕事ははかどる。一直線に何キロも続く牧柵を見ていると、いつになったら終わりが

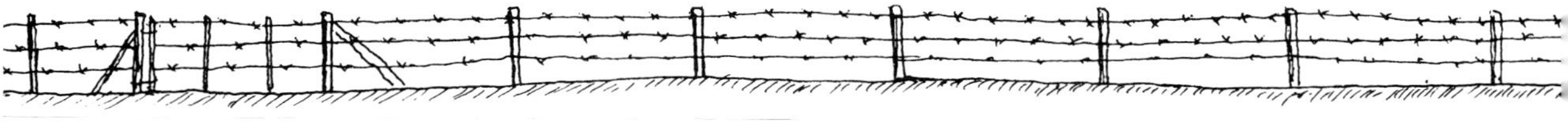

くるのか一抹の不安に襲われる私だった。ビーンビーンと続く単調なエンジン音に時々、チュンとかガキと石や鉄杭にさわる音がする。そのたびに刃がすりへるのがよくわかる。切れ味がダッと悪くなるから。汗をドッとかいて、ひとしきり疲れてくると交代だ。クリーナーは始める時も終わる時も気分がいい。疲れて交代するときの解放感がいい。鎌にあきて腰が痛くなってくると、クリーナーを動かしたくなる。やっと番がきた時の期待感がいい。

　日笠さんがクリーナーを動かしている時だ。突然「わっ、やった！」と大声が聞こえた。しまった怪我かと飛び出すと、日笠さんは手をハンドルから離して顔のあたりで振り回している。気がちがった？。でもその理由がわかるまでに時間はいらなかった。「イテッ」何のことかわからずにボケッとしていた私は飛び上がらんばかりにびっくりした。左手の小指に小さなハチがはりついている。思わず手を振ってハチを落とすと同時にバッと飛んで逃げた。その時日笠さんも機械をほっぽり出して私と同じく逃げ回っていた。先程のヤッタは、ハチの巣に行き当ったということだったのだ。確かにハチがウンウンとうなって巣とおぼしき地所の上空を飛び回って警戒している。日笠さんは背中を二カ所刺された。赤く腫れ始めている。私の小指は痛い。非常に痛い。ハチに刺されるのは何年ぶりのことだろう。

　しばらく二人で考えた。どうすればいいかを。そのうちハチも落ち着きを取り戻したので、勇気を出して再チャレンジすることにした。残りわずか五〇メートルとせまった終点からハチへ向かって。再開するとまもなくエンジンの振動を聞きつけたハチたちが寄ってきた。また逃げる。イタチごっこも回を重ねるごとに気がゆるみ、ついに「イタッ」。また私が刺された。今度は右のこめかみに一撃くらってしまった。これは小指の時より数倍痛かった。そんなこんな、ついに数メートルを残して仕事をうち切った。

　家に帰るとおじいさんもおばあさんも口をそろえて「水を飲んじゃいかんよ」という。刺されて水を飲むと腫れがひどくなるという。そんなことを言ったって家に入る前にさんざん飲んでしまっている。「後の祭だ」。

　そんなことがあった次の年には、ブッシュクリーナーをかける時にはハチの巣に注意した。案の定、ハチは現われたが、サッと身を引き様子をうかがっていた。頭だけは刺されまいと気を配っていたら、何と思いがけないひざを刺されてしまった。こんなのないよ。

　土地の人はシマバチと呼んでいるこのハチ。体長一センチくらいのごく小さいハチで、腹部に白黒の横縞がある。巣は地中にあるらしく外からは見えなかった。それにしてもこんな小さなハチに、あれだけ痛い思いをさせられたのだからくやしい。

デントコーンジャングルでの出来事

　一年目もまだ日の浅いころだった。おばさんと実習生の穀内君と私の三人で、三角刃の柄の長い「草刈り」を持って、デントコーン畑の草取りに入った。「草刈り」はどのように持ってもよいが、土も一緒に削り取るようにして草の根元を切る。刈った草に根が着いていてもよくない。地面に茎が残っていてもまずい。キチッと切らなければ除草の意味がなくなってしまう。このときは実習そのものが初めてだったし、百姓経験が浅かったこともあって、私は手が遅かった。

デントコーンの背丈は一九〇センチくらいだったろうか。隣にいたおばさんは、ずっと先に行ってしまって見えない。穀内君もすぐ近くに見え隠れしていたのが、いつの間にか見えなくなっている。空には照りつける太陽。ふと手を休めると、シーンとして物音ひとつ聞こえない。ときおり風に葉がサワサワとゆれるだけだ。おかしい。近くに人がいて草刈りをしているはずなのに。デントコーンの厚い葉が音をさえぎって通さないのだろうか。さっきまで見えていた背の高い木も見えなくなり、不安はつのる一方だ。ピッチを上げて進むが、いっこうに追いつかない。もう帰っちゃったのだろうか。デントコーンのジャングルの中で、どのくらいの時間が過ぎただろう。ようやく畑の反対側の木の頭が見えてきた。助かった、もう少しだ。やがてジャングルが疎らとなり、葉と葉の間におばさんと穀内君の姿が見えた！そのときの嬉しさ。ジャングルの中で仲間とはぐれ、やっと再会できたらこんなだろうと思った。

私は平静をよそおった。こんな気持、都会人の悲しさだと笑われそうな気がして話せなかったのだ。あのときの恐怖は何だったのだろう。何も見えない、何も聞こえない。光のシャワーを浴びながら、暗黒の世界の恐怖を抱いていたという、ウソのようでホントの話。

カブの畑で草を刈る

デントコーンに隣接して家畜用のビートとカブが植えられていた。どちらも葉をいっぱいに広げて地面を覆いつくしてはいるのだが、その緑を隠すようにして様々な雑草が所かまわず生えている。畑一面に白や黄のチョウが舞い、葉は青虫でいっぱいだ。時々長靴の中に入って来てしまい、それと知らずに、何匹かが犠牲になった。それ以上にふみつぶした方が多いだろう。

ビートもカブもここまで葉が茂ってしまうと幅の広い草刈りは使えない。根を傷つけてはまずいので一人三畝程度を腰をかがめて鎌でていねいに雑草を刈り取っていく。これは柄の長い草刈りを使うよりもずいぶんと腰が疲れる。腰が痛くなると急に手が遅くなり、一メートル進むごとに腰を伸ばして「フーッ」とため息をつくようになる。情ない話だが一年目は一生懸命やっているのだが、手がいっこうに速くならず、おばさんにずいぶん迷惑をかけた。そういえば、おばさんには一度ひどく叱られたことがある。

一年目に、日笠さんと生ビールのアルミ樽を買って来て、親父さんと三人で飲んだことがある。腹いっぱい飲んでもまだあるというので無理して飲み過ぎてしまい、翌朝二日酔いと誰にでもわかる状態だった。

そのときの仕事はカブの除草だった。いいかげんにやっちゃえという心とちゃんとやらにゃという心がどっちつかずにふらふらしていて、草取りが非常にいいかげんになっていた。自分でもわかっていたが、そ知らぬふりをして前に進む。と、うしろでおばさんが私の取り残しをきれいにしてくれている。ああこれじゃいけないと思いながらも頭と体が働かずまたいいかげんに仕事を進めていた。そのとき、

「ちょっとあんた達、自分らが仕事したあと見てごらん。草がチョビチョビ残っていてしてないのと同じでしょ。あたしがさっきから何度、うしろについてきれいにしてたかわかってるでしょ。それなのに……。

いいかげんな仕事するなら、他に土方でも何でもやりなさい。わざわざここまで農作業をやりに来たんでしょ。そしたらキチッとした仕事をしなさい！」

この時のショックは今もはっきりと覚えている。普段は親父さんもおばさんもあまり怒らない。仕事の要領だけ教えるとあとは見守っていてくれる感じが強い。あまり文句を言わず注文もつけない。これは決して甘やかしではなかった。自分で自分をコントロールしなければならなかったのだ。それ以来草取りというとおばさんに叱られたことを思い出す。

かぐわしい乾草の香り

私にとって乾草作業は楽しみの一つである。肉体的にはつらいかもしれないが、北海道を強く感じることのできる仕事である。初めて行った一九七八年は例年にない猛暑で、暑さに慣れない北海道の人間と牛はずいぶんバテていた。しかし晴天続きだったのでいい乾草を穫ることができた。

一度に二、三町しか刈らないこともあれば、五町、一〇町と刈る時もある。一〇町を越えてくると大ごとだ。作業はすべて機械化されているが、一日中トラクターに乗っての仕事は厳しいという話だ。私はトラクター操作はさせてもらえなかった。車の免許を持っていなかったし、長期の実習生がいたので、出る幕がなかったのだ。トラクターに乗ってさっそうと仕事をするのがスターなら、私は三枚目か通行人A、と言ったところだ。暑い暑いと言いながらも、毎日畑へ出て乾草作りを続ける。牧草を刈って晴れが四日続けば最高の乾草ができる。天気に左右される農業そのものだ。天気を見、牧草を見、長年の経験と勘で親父さんが作業の手順を決める。

まず親父さんが作る分だけの草をモアコンで刈る。モアコンは草を刈りながら、凸凹のついた二つのローラーの間をくぐらせて牧草の茎を割り、乾燥しやすいように

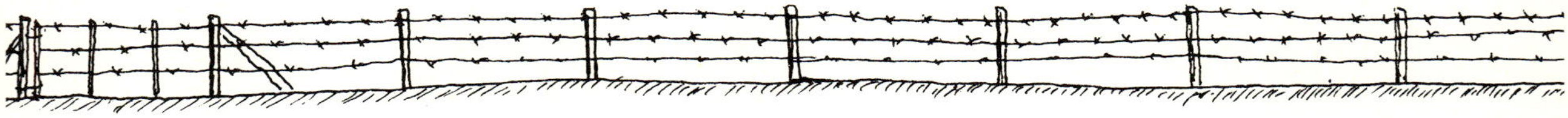

工夫された乾草作り用刈取機といったところ。次にテッターの登場。テッターは回転する爪によって草をはじき飛ばし、畑いっぱいに広げる。しかし、草がからまり団子状になると、テッターでは反転しきれない。そんな時やっと私の出番が回ってくる。フォークを持って広い畑のあちこちにできた草の盛りあがりをほぐして歩く。暑くてたまらない。裸でしたことがあるが、ブヨが多くてブヨをつぶす手がたちまち真赤になってしまった。

　刈られた牧草はテッターをかけ反転していくうちに、しだいに乾燥してくる。鮮やかな緑色がしだいに薄くて淡い緑色になり、両手いっぱいに抱えてもフワフワしている。初めはむせぶような草いきれなのだが、二日もたつとすがすがしい淡い香りで、思わず口に頬ばりたくなる。

　乾草がすっかりでき上がると次にレーキ（集草機）をかけて集草する。できた列を端から飲み込むようにベーラー（乾草梱包機）が通ると、後には点々とでき上がった乾草の梱包が並んでいる。ベーラーで縛られた梱包は九〇×四五×三〇センチくらいの長方体で、重さは一〇キロくらい。大きさはだいたい同じだが、畑によって重さが千差万別。二番乾草で葉ばかりのよく乾燥した梱包はフワフワしていて重さを感じさせない。かと思うと湿地を開いた畑ではよく乾燥しきらないために重い重い。あまりに重いのは二人がかりでやっとトラックに積み上げられる。

　平らな畑では点々と並ぶ梱包をベールローダーを使ってトラックに積み込める。しかし傾斜地や地盤の軟かい畑では使えないので、やむなく手で上げることになる。このとき、三本爪で柄の長いフォークを使う。ゆっくり動くトラックに次々と梱包をフォークで刺して投げ上げる。

　トラックの上では二人がかりでキチッとそれを積んでいく。このあたりの作業が北海道的で私は好きだ。歩き回り、投げあげ、また歩きと、乾草作業の中でも一番苦しい仕事なのだが、大空の下、広々とした牧草畑で太陽の光を全身に浴び、そよ吹く風に頬をなでられ、汗まみれ、泥まみれになって働く。この感動。これぞロマン、これぞ男の生きる道。

　トラックに六段積む。横にした時の高さがトラックのあおりと同じくらい。一段目があおりの高さでスッポリおさまると、二段目からはあおりより少し外側にはみ出るように梱包を置く。こうすると多く積むことができる。これはなかなか難しい。慣れた人でも時々片寄ってしまう。

　なにせ動くトラックの上での積込み作業だから、まず自分が車から落ちないことを考え、次にいかにしてきれいに速く積むかを考えるのであるからしかたない。下は草で、軟らかいように思われるかもしれないが、トラックがもぐらずに通るくらいなのだ。私は未だかつて落車したことはないが、実習生が落ちたという話は何回か開いた。

　全部積み終えるとロープをかける。右前から左後。左後から右後、次に左前、右前と☒印になるようにロープをかけ、力いっぱい縛る。これでどんなにスピードを出そうが荷くずれすることはない。トラックには六段以上積まない。草とはいえ相当の重量になっている。

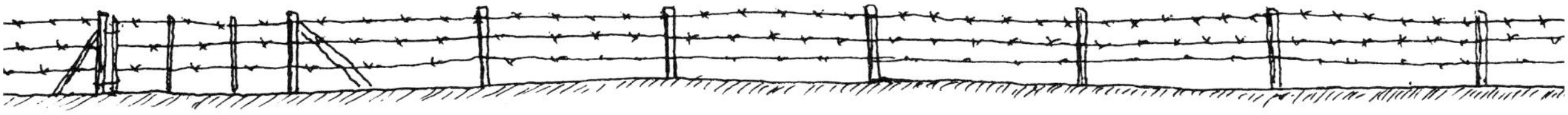

人がトラックに乗りきれないと、六段積んだ乾草の上に乗り込むことがある。昔なら、さしずめ馬車に山積みした乾草の上で、のんびりといった風情だろう。しかしスピード時代の昨今、ふり落されないように必死でロープにしがみついている。

でもこの爽快感は忘れられない。阿寒の山々を間近に見て、えんえんと続く牧草地。ところどころにポッ、ポッと現われる牛舎。まさに北海道らしさを満喫できる。が、これは残念なことに違法行為なのだ。一度パトカーにつかまって、こってりとしぼられた。

作った梱包はピストン輸送で農場に持ち帰り、二階の草（倉）舎に入れられる。

トラックからの積みおろし作業がまた大変。サウナに入っているような熱気と停滞する空気。それに乾草から出るほこりが混ざってムッとする。トラックより低い段では、ただ投げ降すだけでいいのだが、六段積んだトラックの倍もありそうな天井に届かせるには、半数以上は投げ上げなくてはならない。草まみれ、ほこりまみれで汗をかくから、体は垢でまっ黒だ。皆冗談をいったり笑ったりしながら働いている。

草にうもれてサイレージ

冬用の飼料として重要なものに乾草の他にサイレージがある　サイレージとは乳酸菌の繁殖によって生成される発酵飼料のことで、牧草やデントコーンに用いる場合が多い。北海道ではデントコーンは一〇月上旬、牧草は夏期間牧草の緑のうちにサイロに詰め込む。

山口農場には、円柱塔型サイロがふたつある。ひとつは直径六メートル、高さ六メートルくらいのコンクリート製で、デントコーン用。もうひとつは、直径六メートル、高さ二〇メートルくらいのスチール製。これは、グラスサイレージ通年給餌用である。

大学の授業の関係で、デントコーンのサイロ詰めはまだやったことがない。その代り、グラスサイレージ詰めは何回か手伝った。

スチールサイロには、水分を五〇～六〇パーセントに予乾した牧草を詰める。刈ってから畑で乾燥させ水分を調整した牧草は、ハーベスターで拾い上げられ細断され、テッピングワゴンに吹き上げられる。テッピングワゴンが満杯になると、中身は運搬用のワゴンに移される。

細断された牧草を運んできたワゴンはサイロに取付けられたブロアに横付けされ、少しずつ草を送り込む。ブロアはトラックのエンジンの力で回転しており、サイロの頂上の穴までつながっている太いパイプに草を勢いよく吹き上げる。草はサイロの頂上から中に吹き込んでいく。

私はいつもブロア番しかやらせてもらえない。ワゴンが見えるとブロアを取付けてあるエンジン、スタート。ＴＰＯを入れる。アクセル全開ブロア始動。ワゴンが横付けになるとワゴンの後ろの草出口のベルトコンベアを下ろす。あとは次々に送り出されてくる草がきちんとブロアの口に入るように見ていて、わきに落ちた草を掃き集めてブロアに入れたりする。一日中この仕事をしているわけだ。楽な仕事ではあるのだが、非常にやかましい係だ。トラクターのエンジンは全開でブロアがゴーゴーうなっているし、ワゴンは草を少しずつ動かすために、ガチガチガチと大きな金属音をたてている。一日ブロア番をすると頭がボーッとしてくる。

　ブロアで吹き上げられて草は、太いパイプを通ってサイロの頂上に達するのだが、このパイプが時々詰まる。だいたいは詰まった箇所を、棒かスコップでたたくと直るのだがそれでもダメなときは、いちいちサイロの上までハシゴを伝って登り、握り拳大の石をパイプに落してやる。あの高い所からの落下力というのは相当なもので、たいてい一発で通るようになる。

　草はサイロに吹き入れられるだけで、踏みつけたり重しをかけたりしない。大きなサイロでは草の自重で、けっこう締まる。次から次へと吹き入れていって天井から三メートルくらいの高さまでくると、再びブロアが詰まることがある。これはサイロに吹き込まれる口が固定してあるので、草が一点に集中して落ち、とんがり山状を呈するために起こる。これを防止するために、一人がロープでサイロ内に降りて、一点に集まる草を散らす。私はあと二メートルくらいで一杯になるというころにサイロに入り草を散らすのを手伝った。ブロアの吹出口は思ったよりずっと強い風が吹き出ている。下に立つと体がぐらつくくらいだ。これくらいでないと草をこの高さにまで吹き上げられないのだろう。

　ワゴンが着くと草が飛び込んでくる。三、四センチに細断されているからよく飛び散るが、やはりすぐ山になってしまう。

　散らし手も忙しい。フォークを持って船でもこぐようにかき散らす。一度かいただけではすぐ山になってしまうくらい、次から次へと草が吹きこんでくる。二人でやっているが休む間がない。ワゴンが一台終わって次のワゴンが来るまでが、ほんのわずかの休憩となる。サイロの中は蒸し風呂のようだ。汗に草がひっつき、体中草だらけ、相棒の吉岡さんは隣の大硲《おおさこ》さんの実習生。眼鏡に草がびっしり着いて何も見えないだろう。

　ワゴンが一台着くたびに天井が迫ってくる。初めはフォークを持ち上げても届かなかったのが、手でも触れるくらいになり、頭がぶつかるまでになると、あとはこっちが草の中に潜るしかない。もう少しだというのでサイロに残って仕事をしていると、腰をかがめて腹まで潜ってもまだ草が吹き上ってくる。これじゃ人間のサイレージになってしまう、と本気で心配になってきた。出よう。と二人で顔を見合わせた時、やっと草が止まって「終わりだぞぉ」という声が下から聞えた。助かった。

　牧草の収穫には機械を使う。機械は種類が多く、全てを個人で所有すると莫大な資金が必要となるため、隣近所数戸でトラクター組合を作って高価な機械は共有し、共同で作業を行なう。

　大硲さんとは乾草とサイロの仕事で一緒になる。大硲さんはとても楽しい人で、よく冗談を言っては人を笑わせる。言いたいことはズケズケいう。そのかわり、仕事はキチッとやる人で中途半端なことはしない。サイロのときもそうだった。午後一時頃から始めてどんどん運んでくる。私はいつものブロア番をしていた。何町草を刈ったのか知らなかったが刈った分だけは今日中にやってしまうとのことだった。二台のワゴンで取っかえ引っかえ草を運んでくる。やがて夕方になり冷たい風が吹いてきた。搾乳もあることだし、そろそろ終わりだろうと思っているのに、いっこうに終わる様子もなく、次々とワゴンが来る。ワゴンを引くトラクターのライトがはっきり見えるようになり、やがてライトだけしか確認できなくなった頃、ようやく大裕さんが帰ってきて「終わり。全部やった」まるで鬼のようだ。あきれて物も言えなかった。尊敬すべき根性だ。これくらいでなければ、百姓にはなれない。時計の針は七時半を回っていた。

バケツの発想見当違い

牧草を刈取った畑には、必ず肥料を入れてやる。こうしないと次の牧草の伸びが遅れてしまう。

「今日は肥料をやりに行く」といわれて、沖縄のパインの肥料入れを思い浮かべた私は、バケツを探し回ってしまった。これにも専用の機械があったのだ。一度に何町歩もの草地に肥料を入れるのだから、すぐわかりそうなものなのに、わずかな経験の中で考えてしまう自分がおかしかった。

ここでいう肥料は組合化成の牧草用という化学肥料のことだ。撒く分だけトラックに積み込む。肥料散布機はブロードキャスタといって、口径一メートル以上あるすり鉢型の機械で、これをトラクターのうしろにとりつける。ブロードキャスタの底には羽根車がついており、これで少しずつ肥料をかき取って扇状に飛ばす。粒状肥料だからサラサラしていて扱い易い。

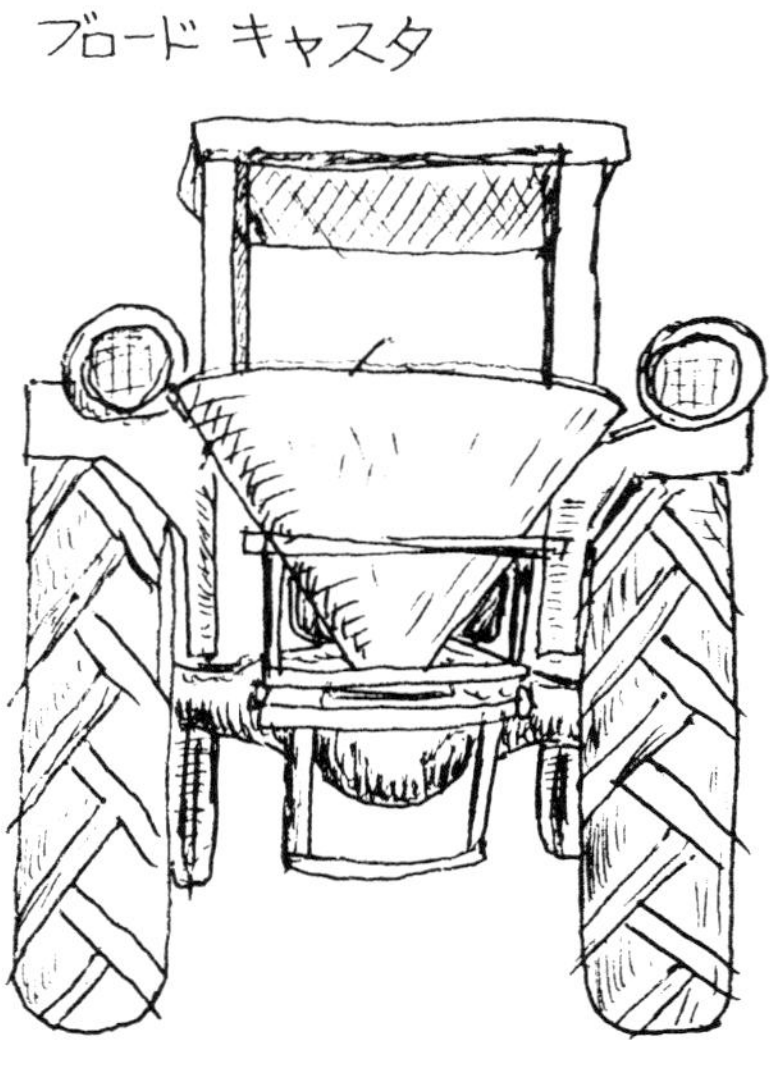

親父さんが、トラクターを運転しながら散布をする。私はトラックにいてブロードキャスタに肥料を入れる係だ。肥料散布は簡単そうな仕事だが、何町歩もある草地に平均に撒くには熟練がいる。厚く撒き過ぎたら肥料代がかさむし、薄く撒けば肥効が悪くなる。

同じ肥料でも厩肥は秋起こしの時に入れる。一年分たまった厩肥を畑に散布するが、これにはマニュア・スプレッダを用いる。トラクターのバケットやマニュアフォークといったもので厩肥をすくいとり、マニュアスプレッダに積む。これをトラクターで引っ張って、散布口にある羽根でひっかき、細かくしながら草地に撒く。一年分の厩肥は莫大な量であるが機械を使うと数日で終わってしまう。

尿溜めに溜めてある尿と家庭の糞尿は、バキュームで吸いとり、草地に散布する。夏、裏山で牧柵を直しているとき、強烈な臭いがただよってきた。姿は見えない。後で聞いてみると、一キロほど離れた草地に尿撒布していたということだった。

秋起こしをする前の畑に石灰を施用したことがある。これも私は手で撒くと思っていたのだが、やはりライムソーワという機械を使った。石灰は土壌の酸性を中和させるために施用するもので、微粉末のためブロードキャスタでは空中に漂うだけで地面に落ちてくれない。ライムソーワは、石灰を地面すれすれに撒くことによって、風でとばされるロスを少なくしている。一度に一〇袋近い石灰が入る。一〇カ所に穴が開いており、ダイヤルで出量を調節できる。グラウンドのライン引きを思い出してもらえばいい。あれはライン一本引き用、ライムソーワは一〇本引きだ。このときは、全身まっ白になった。

ひさかたぶりの都会のにぎわい

盆休みに、別の農場に入っていた友人の雄次郎と二人で釧路に出た。休みといっても、動物が相手なので朝夕の搾乳はいつもの通りだ。
バスで一時間。釧路駅に着く。久し振りに都会のにおいをかぐ。夏休みとあって子供が多い。釧路は開放的な雰囲気の街だ。女性が美しく見えてならない。ゆれる胸元や腰の曲線が気になり、目のやり場に困る。
映画を見たり、買い物をしたり、市場にも行ってみた。狭い通路の両側に、秋アジだのイカだのが山盛りにされていて、威勢のいいにいさんやおばちゃんの声が飛びかっている。通路は人でいっぱいで、流れに沿って歩かないとひどい目にあう。そんな中で、ちょっと小ぶりだが二匹八百円で毛ガニを買った。雄次郎と一匹ずつ食べる。ミがギッシリつまっており、ミソもおいしく、こんなにおいしい毛ガニを一匹まるごと食べたのは初めてだ。いい気分転換になった。都会が素晴しいと思えたのは、田舎に引っこんでいたからこそだ。

山口家の人びと

親父さんとは夜遅くまでよくウィスキーを飲んだ。酪農を語り、農業を語り、人生を語り、話はつきない。「まあ飲めや」「おじさんも」で夜はふけてゆく。

親父さんこと山口紘美さんは長男であった。家を継がなくてはならなかった。しかし、開拓二代目の苦しい時代に育った彼に、派米実習の話が舞い込んできて、彼はアメリカへ渡った。

だが、紘美さんがアメリカで触れたものは実習とは名ばかりの、過酷な農業労働だった。言葉も通じない、体力もかなわないという状況の中で、彼の根性はしだいに萎縮していき、冷めた目で故郷を考えるようになった。二年間頑張り続けたが、家のことが気になり出すと、そればかり考えるようになり、緊張の糸がプツッと切れたように、今度は一刻も早く家に帰りたくなったという。

立派な経営をしている紘美さんにも、こんな紆余曲折があったのだと思うと、急に親しみがわいてきて、今までの距離がぐっと近づいたような気分になった。

おばさんは実によく働く。家のことはすべて一人で切盛りしてしまう。食事のしたくと後片付け、買い物、末っ子の保育園の送迎等々。その他に私達と同じ仕事をするのだから大変だ。

おばさん自身一〇キロ離れた農家から嫁に来たくせに、娘には、牛飼いの嫁になるものじゃないと話している。おばさんを見るとうなずける。本当に大変だと思う。

おじいさんは体は小さいが、日焼けした顔に深く刻まれたしわが、開拓農家時代の苦労を物語っている。今は隠居して、農場の仕事には一切かかわっていない。もっぱら家の回りの仕事をしている。庭の手入れもおじいさんの仕事で、夏には様々な花がいつも咲いているし、芝はきれいに刈り込まれている。新しく魚とガチョウを飼い始め、また一つ仕事ができたとはりきっている。

おばあさんは体の大きな人で、見るからに力も強そうだが、おっとりして、やさしい人だ。自家用の野菜作りはおばあさんがやっている。時々昔の苦労話も聞かせてくれた。あれだけの体だからこそできたのだろう。

初めて山口農場を訪れたのは暑い昼下りだった。子供たちとの出会いは、よく覚えている。部屋に通され、出されたスイカを食べていると、奥から小さな女の子がタオルを手に出てきた。昼寝でもしていたのだろう。眠そうな目でこちらを見ている。しばらくして「ただいまあ」と元気な声がしてまた女の子が入って来た。私の顔を見るなり、「この人、誰。おとうさんと同じ頭している」とズケズケという。これが当時三歳のとも子と五歳の佳子との出会いである。

二人が遊んでいると、とてもにぎやかだ。「女の子はにぎやかでいいですね」とおばさんにいうと、「まだ、あと二人女の子がいるの。今キャンプに行ってるけど、四人そろったらもっとにぎやかなのよ」。二人兄弟で育った私は思わず絶句してしまった。

一日の仕事を終えて家に帰ってくると、子供たちが待ちかまえている。初めのうちは山口家にとけこむための、これも仕事のうちなどと考えていたが、八歳の典子と一一歳の紘江が加わって、毎日毎日、三人、四人がかりで来るのだからたまらない。肩車をしたり、腕を持ってぐるぐる振り回したり、まさに体力との勝負なのだ。

しかし、何といっても子供は可愛い。北海道へ行く時は子供に会うのが楽しみの一つになってしまった。

時は流れて

山口農場には、一九七八年から足かけ三年、四度通ったが、この中でも様々な変化があった。村のあちこちの山が、訪れるたびに少しずつ開かれて、草地が広がっていく。以前は雑木林だったのに。

道もずいぶん整備された。四キロほど離れたゴミ捨て場に続く道は、ひどい砂利道だったが、今はスキッと白線の引かれた舗装道路になった。農場の前の村道も舗装され、牛舎が土ぼこりにまみれることもない。

牛の入れかえも数頭ある。乳が出なかったり、しょっちゅう乳房炎にかかっていた牛は淘汰されて、代りに若い牛が入っている。私が好きだったボス牛のテオドラは、神経痛を患って群れを離れていた。

初めの年は仕事を覚えるだけで精いっぱいだったが、二年、三年目には、手や体を動かしながら頭も働かせられるようになってきた。仕事をいわれたとおりにやるだけでなく、いかに能率的に、合理的にやるかを考え、時には親父さんに進言したりした。

実習生、農場に住み込んで働いている人も何人か変わっていった。長期の実習生は日笠さんから天野さんへ。短期の実習生も何人かと仕事を共にした。しかし、三年続けて行ったのは私だけだ。その三年目、仕事ができなくなるような怪我をした。心のゆるみがあったからかもしれない。乾草梱包を草舎に入れる時のことである。四メートルほどあるトラックに積まれた梱包の上から飛び降りた。いつもなら、下にマット代わりに置いてある梱包の上にピタッと着地できるところが、飛ぶ瞬間に草につまずいてしまい、バランスを失って前のめりのままドッスーン。左足首捻挫及び靭帯断裂で丸一カ月びっこの生活を強いられることになった。ふとんに横になりながら外で忙しそうに働いている家の人たちを見るはがゆさ。この時ほど健康のありがたさを思ったことはない。

牛舎も大変貌をとげた。初めての年は、昔の牛舎と新しい牛舎をつけ足したもので、昔の牛舎は狭く入り組んでいて開拓当時に苦労して建てたものだという実感が伝わってきた。山口農場の歴史が、そこにはあった。それが二年目には全てとり壊されて跡形もなくなっていた。そして新しい牛舎を建てるべく、増築工事が始められていた。三年目には増築分を含めて今までの倍以上の立派な牛舎ができ上っていた。屋根の青いトタンがピカピカ光っている。牛舎の中もとても清潔で、古い牛舎で使いにくかった部分はことごとく改良されていて仕事もし易い。何千万円かの融資を得て、やっと完成までこぎつけた牛舎で、これから安定生産を行ない少しずつ借金を返していこうとしていた。

一二月も押し迫ったある日、用事があって東京から電話したところ、その牛舎が全焼したという。漏電が原因とか。誰が信じられようか！

牛舎全焼。牛舎の二階に入れていた乾草とトラクター二台、その他の機械類も一緒に焼いてしまった。残ったのはスチールサイロ本体と近所の人たちとではがすようにして外に出したバルククーラーとミルカーの機械類だけだった。幸い、主屋と人間と牛は無事だったというが、その話を聞いた瞬間体中の血がスーッと引いていった。自分の大切なものを失ったような気がした。酪農をとりまく数々の厳しい現状の中で、ふり出しに戻って始めなければならないとは、神も仏もないものか。何かさせてもらいたいと頼んだが、春になるまでは何もできないということだった。北海道に春が来るには、まだまだ時間がかかる。山口牧場に春が来るのはいつのことだろう。

農業って何だ

私が本格的に農業にとりくむようになったのは、大学に入ってからだ。アフリカへ行きたい！、ただそれだけの理由で入ってきた東京農大だった。卒業生は海外に出て農業指導をしているときいて、そのためには、できるだけ知識と技術を身につけなければと思い、授業にはまじめに出た。しかし、どうもピンとこない。なぜだろう。理由は簡単。農業を知らないのだ。作物をひとつも育てたことがない。ではまず自分で作ってみようと、イチゴの空パックに土を入れて、貝割大根を播いてみた。貝割大根は芽をもやしのように伸ばして食べるのだが、それさえうまくいかない。いったい私に何ができるのかと自己嫌悪に陥った。

そこで、大学の講義とは別に野菜作りの本を読み、私の住んでいる東村山市のレジャー農園一区画一〇平方メートルを借りて、サントウサイ、ダイコン、ホウレンソウ、コマツナなどを植え、独自に実践を始めた。播いた種子が全然芽を出さなかったり、出てきた芽がことごとく虫に食われたりした。ダイコンはニンジンくらいにしか太らない。

ちょうどそのころ、有吉佐和子著『複合汚染』を読んだ。この本は私が疑問に思いはじめていた農薬と化学肥料の問題を、はっきりとついていた。化学肥料を多用すると、植物の成長はめざましい。これは化学肥料が水に溶けやすく、植物の根に吸収されやすい無機物なためで、肥効がはやい。ところが、多くの化学肥料は酸性が強く、逆に酸性に強い作物は少ない。そこで石灰を撒いて酸性を中和させる。しかし、石灰を撒くと土が硬くなり、耕耘を多くせねばならなくなる。すると物理的な力により、土壌の団粒構造が破壊され、土はサラサラの単粒構造になる。そうなってくると、土は前にもましてしまってしまい、水保ち、肥保ち、水はけが悪くなり、再び耕耘しなければならない。そしてまた単粒化を促すことになる。単粒構造の土は、作物の成育に適さない。作物の成育が悪くなると化学肥料をやり、速効性のN（窒素）P（燐酸）K（加里）だけに頼ることになる。ここに、ひとつの大きな悪循環が生まれてくる。

さらに、化学肥料だけで軟弱に育った作物は、病虫害に弱く、そのため農薬をかけたりして、人工的に害を抑えなければならない。ところが病害虫にも耐性がしだいに強まり、今まで使用していた農薬では効果がなくなってくる。そこで前より強い農薬を使うと、さらにそれにも耐える病害虫が出てくる。そんな薬付け作物を人間は食べさせられる。

殺虫剤は害虫を殺すと同時に、その天敵も殺してしまう。すると自然の生態系、つまり食物連鎖がくずれて、一部の虫の大発生を見る。それにまた農薬で対処する。ここにも悪循環が生まれる。

化学肥料に頼りきって、土を忘れてしまった。農薬に頼りきって、生態系をないがしろにしてしまった。作物＝食べ物を生産する、ひいては人間を育てる農業が、経済の名のもとに内容を忘れてしまってはいないだろうか。量や外見や、出荷時期を工夫するのではなく、自然界の生態系をいかに崩さずに生産活動を行なっていくかに心を配ろう。

私のレジャー農園もそれ以来、化学肥料と農薬はいっさいやめにした。すると病気がひろがり、害虫がワッと押しよせてきて作物は壊滅状態となってしまった。やはり農薬がないと作物は育たないのかとなかばあきらめかけたが、意地をはって無化学肥料無農薬栽培を続けた。土もできてなかったので堆肥を作って、たっぷり入れてやった。

有機物をたっぷりと入れてやり表土に敷草をしてやると、作物もしだいに元気になってきた。周囲の畑では農薬を使っているので、クモなどの益虫が、私の畑に集まってしまい、入るとサーッと逃げまわる。そして敷草をそっとどけると、その下にはさまざまな小動物が動き回るようになった。虫には害をなす虫もいるが、益虫もいる。天敵と害虫がしっかりとバランスを保って生きているため、大発生は起きない。

この三年間、狭い畑で実践してきたことは、私なりの農業の尺度となり、本を読むにも人の話をきくにも、理解がしやすくなった。

大学四年の夏、五日市町に田んぼの跡地を借りられることになった。地元でも数少ない専業農家で、園芸作物を作っている石井司夫さんが、私たちに一〇〇坪を無料で提供して下さったのだ。私たちとは、高校時代の仲間が集まって作っている「沙原《さはら》」という会で、この会で農場を持とうという話が実現したわけだ。石井さんの理解を得て、私たちはここを、生態系を最大限に生かした農業の実践の場にしたいと思っている。農薬、化学肥料を使わずにどこまでできるか試してみるのが、この五日市沙原大農場なのだ。農業を全く知らない人にも気軽に立ち寄って、実際に農作業をやってもらいたい。農業に関心を持ってもらいたい。

現在は土がまだまだ未完成で土作りに励んでいる。それでも長ネギとキュウリはプロの石井さんにほめてもらえるできばえだった。農業生は土作りから。土をおろそかにすることは作物を、ひいてはそれを食べる人間をおろそかにすることだ。いつか自分の農場を持って、大地にしっかりと根をおろして生活する。その日が来るまでは勉強、勉強。

酪農をやりたい

農業をやるなら、私は酪農をやりたい。初めて実習に行ったときは、見るものすること、すべてもの珍しくおもしろかった。実際の仕事は厳しかったし、休みのない動物の世話は大変だったが、乳牛は可愛かったし、牛乳はうまかった。大自然の中での規則正しい生活は、私に合い、太って帰ってきた。二年目には仕事としての酪農に関心が移っていた。

酪農は、生態系にさからわないすばらしい農業形態だと思う。特に野芝の草地と傾斜地の生活に適合した牛を飼育する山地酪農を、四国の斉藤牧場で見学できたことは、それまでの酪農体験を一歩進めるものとして、印象の深いことだった。

大学四年の夏には、酪農をやろうという私の気持は、ほぼ決まっていた。酪農自営の話を持って実習に入った私は、何とか話を具体化して帰りたかった。しかし現実はきびしい。農場の後継者でない一個人が独立できる可能性は、場所的にも資金的にもゼロに等しかった。

しかし、これよりも大きな落し穴が、ごく身近にあることに気づかなかった。それは思いもよらぬ両親だった。事前の話には賛成してくれていたのだが、いざ卒業となって、将来の見通しがないまま実習に入ろうとした時、両親を説得する力が私にはなかった。

自分の将来を、自分でどうすることもできない自分がたまらなく情なかった。知らぬうちに涙が流れ出ていた。泣いてどうにかなるものではないことは、わかっていた。結局、どうにもならなくなるだけだった。

卒業後、即実習の道は、あきらめざるを得なかった。まずは就職して、酪農にこだわらず農業全般を静観し、その間に情報を収集整理することにした。現場からは著しく遠ざかってしまうわけだが、それも今はやむを得まい。私の酪農をやりたいという決意は、今も変わらない。少々遠回りになるかもしれないが、問題はこれからだ。何といっても、私は牛が好きだ。

「わしは、百姓になるんじゃい！。牛飼いになるんじゃい！」

山口清彦の百姓修業四年間

1977　4		東京農大拓殖学科入学 漠然とした農業感を抱く
12	静岡県静岡市	小坂の友人宅にてみかんの収穫手伝い たらふくみかんを食って大満足
1978　3 （3月1日～16日）	東海道・四国	自転車での初遠征 四国¼周高知で挫折
4	埼玉県所沢市	都市近郊農家、荻野宅にてサトイモ植付けの手伝い 農業の実態にふれる
7 （7月26日～8月25日）	北海道 阿寒郡鶴居村	幌呂の山口農場にて、初めての酪農実習。ただし、主目的は実習後の自転車北海道¾周旅行
1979　2 （2月11日～4月7日）	沖縄県石垣市	大学の必修科目として、パインとサトウキビの農業実習
	沖縄県 八重山郡与那国町	石垣島の余勢をかって、キビ刈りと田植に奮戦
9 （9月1日～9月28日）	北海道 阿寒郡鶴居村	山口農場にて、2回目の酪農実習
11	埼玉県所沢市	荻野宅にて再度サトイモ収穫の手伝い
12 （下旬）	静岡県静岡市	2回目のみかん収穫
1980　2 （下旬） ～ 3 （下旬）	四国一周 （ヒッチハイクで） その途中 徳島県日和佐町	山岸会にて鶏糞出し作業
	高知県南国市	半日のみだが、山地酪農の実践農場（斉藤牧場）を訪れる。強い印象を受ける
7 （7月11日）	東京都西多摩郡 五日市町	農地100坪を借り、サハラ農場を開設 実施訓練の場を得て、おおいに張切る
（7月24日～8月8日）	北海道 阿寒郡鶴居村	山口農場にて、3回目の酪農実習。3日目にして、左足首負傷
（10月10日～15日）	北海道 阿寒郡鶴居村	将来の道を求めて、山口農場を訪れるも、具体策なし
1981　3		大学を卒業し、全畜連に就職

山口農場のその後・火災に遇った山口農場は、復興工事も順調に進み，7月中旬には完成の予定。

琵琶・忘れられた音の世界

文・写真　村山道宣
写真　杉本喜世恵／森本 孝

荒神祓いのため荒神を祀る檀家を巡る、
五島列島宇久島平の地神盲僧 竹外源春氏
昭和54年12月24日　撮影・森本 孝

琵琶楽《びわがく》の裾野

琵琶という楽器を知らない人が、私たちの周りにいるだろうか。実物を間近で見たり、実演に直に接したりしたことのある人は少ないかもしれないが、人々の多くが、琵琶について何らかの知識を持ち、その人なりのイメージを懐いていることであろう。

もう少し踏み込んで言えば、琵琶という言葉から多くの人が連想するのは、〈祇園精舎《ぎおんしょうじゃ》〉、〈那須《なす》の与一《よいち》〉、〈横笛《よこぶえ》〉などで知られる「平家物語」を、哀しく、艶やかに語る琵琶法師の寂しげな姿であろう。中には、ラフカディオ・ハーンが小説にした、民間伝承に由来する琵琶法師が主人公の、あの「耳なし芳一」の物語を夢中で読んだ記憶を持つ人もいるかも知れない。

また、その大いに流行した時代を知る人も今では少なくなってしまったが、一昔前、薩摩琵琶や筑前琵琶に慣れ親しんだことのある老人達は、和服に身を包み端座し、含みのある独特な声と勇壮な撥《ばち》さばきで、〈城山《しろやま》〉、〈広瀬《ひろせ》中佐〉、〈壇《だん》の浦〉などの曲を弾唱する琵琶弾奏家の姿を、懐かしく思い浮かべることであろう。

しかし、このような巷間の琵琶に対する一般的なイメージは、必ずしも正確に、わが国の琵琶全体を見渡し理解したものとは言い難い。日本の琵琶楽《がく》の裾野は驚くほど広く、また深いのである。

このレポートは、未だ世人に知られていない、その琵琶楽の裾野について、私の調査ノートや収集した資料を基に、盲僧《もうそう》の音楽伝承を中心に据えまとめたものである。

日本の琵琶楽

はじめに、ここに出てくる「琵琶」の語の意味には、「楽器としての琵琶」を表しているものと、もう一つ「琵琶を用いた音楽（琵琶楽）」を表しているものの二つがあるということを、念のために記しておきたい。

日本の琵琶には、大別しておよそ二つの流れがある。一つは、雅楽の管絃合奏などで用いられる「楽《がく》琵琶」の音楽の流れであり、もう一つは、九州や中国（山口、島根の両県）地方に今なお残存する、「笹《ささ》琵琶」、「くわい形琵琶」、「地神《ぢじん》琵琶」などを用い、地神盲僧の間で宗教音楽として行われている「盲僧琵琶」の流れである。

そこで、これから、この後者の盲僧琵琶の流れを中心に、日本の琵琶について紹介してみたいと思う。

一枚のレコード

私と琵琶との出会いは突然やってきた。昭和四十一年夏、大学で民族音楽学者、小泉文夫氏の集中講義があり、その中で、先生は一枚のレコードを掛けられた。教室のスピーカーからは、ポリドールより昭和三十八年秋発売され、琵琶楽大系に収録された、北九州は小倉の盲僧、故・北田明澄氏の奏唱する〈観音経《かんのんきょう》〉が流れてきた。それを聴いた時、私は耳新しい、その余りにも特異な音の世界に驚き、体中が湧き立つ様な感動を覚えた。寂びの効いた、長年の檀家《だんか》廻りで鍛え抜かれた腰の座った音声が、淡々と経文を読誦していく。何とはなしに懐かしく、有難さや安らぎを感じさせる不思議な音声とそのリズムは、やがて甲高く艶やかな、聞いていると自然と踊り出したくなるような、陽気な琵琶の調べを引き出して来る。声の巧みな抑揚と、経声のリズム感を次第に増幅させていく琵琶の撥音《ばちおと》、それらの紡ぎ出す妖艶な音の世界は、聞く者の思いを、あたかも、遠く西方浄土へと誘うかの様であった。その折のとてつもない感動が、私をすっかり「琵琶狂い」にしてしまったのである。

心底痺れてしまったその音楽の正体がなんなのか、無性に知りたくなった私は、先ず、既に鬼籍に入られていた明澄氏が現役であった頃の話を聞くため、氏の没後、寺を継ぎ小倉で暮らしておられた奥様を訪ねた。それ以降、私はテープ・レコーダーを背負い、地神盲僧が現在も活動していると聞く、九州・中国地方を彷《さまよ》い歩くようになった。

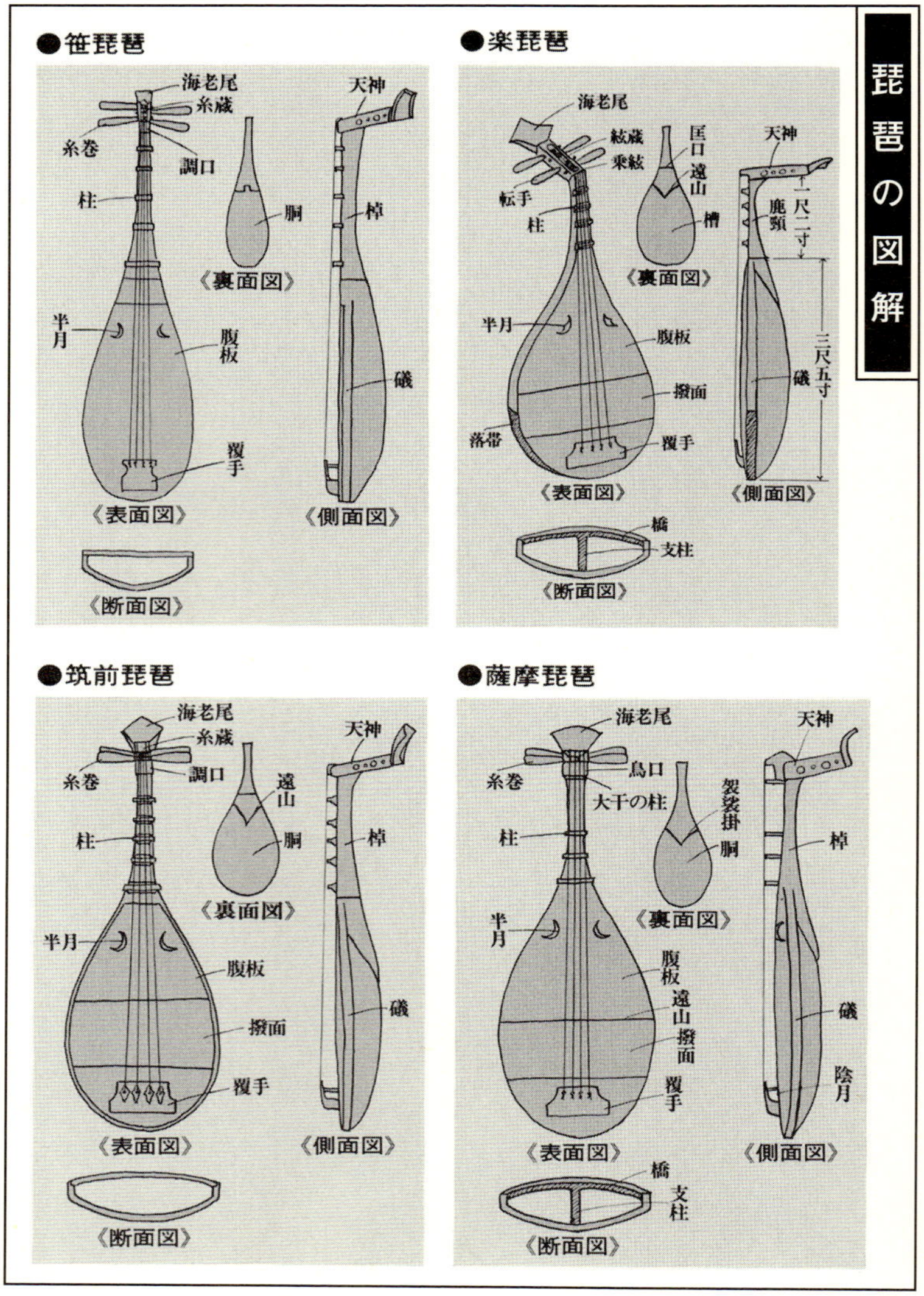

太田のぼうや

学生時より始まった琵琶探索の旅の足は、中国地方の山口県や島根県にも向かった。山口県の盲僧の一人、太田定光さんに、最初にお会いしたのは、今から五年程前、昭和四十八年春のことであった。

太田定光氏、七十八歳、山口県豊浦《とようら》郡川棚《かわたな》村に生まれ、六歳の頃より、やはり玄清《げんせい》法流（二一九頁参照）の僧侶であった父 順学氏より琵琶を習った。太田さんは晴眼であったが、その後、父の仕事を継ぎ、長年盲僧行に勤《つと》しんできた。盲僧は、本来男の盲人に限られていたようであるが、院坊の事情によって後継者は世襲されるところもあり、必ずしも盲目の者だけが後継者になるという訳ではなかった。こういった例は、近世期より少しずつ出てきたようである。

以前、太田さんは、川棚は小野部落にある、大きな樟の木が立っている丘近くのささやかな庵で、長いこと独り暮らしをしていた。七年程前、大病を患った太田さんは、一年余り病院で暮らした後、独り身の由もあって、僧侶として生活して行くことを断念し、それを機に庵を引き払った。

その後は、県内の老人ホームでひっそりと余生を送っている。

私は、何度か太田さんを訪ね話を聞いた。昭和五十一年の夏迄は、山陰線の長門二見《ながとふたみ》駅からバスで二十分程行った所に在る、海岸近くの老人ホームに住んでいた。川棚の荒れた庵の話をすると、老僧はちょっと淋しそうな顔をしたが、直ぐに笑顔を取り戻し、「私は家も信者も宗派も全部捨てて出て来たのだから…」

とさりげなく言ってのけた。私の訪問の数年前に、民俗芸能研究家の喜多慶治氏がやはり太田さんを訪ねている。氏の「脱捨てた足半草履（上）―荒神琵琶周辺の素描―」（『近畿民俗　五十号』　近畿民俗学会　昭和四十五年六月）を以前読んでいたので、私が遠慮勝ちにその話をすると、老僧は是非それを読んで聞かせて欲しいと言った。「太田のぼうや」のこの地方で有名なこと、喜多氏に酒の一升壜を提げて、江良《えら》の地神祭《じしんさい》を見に来るように言ったこと、途惑う村の婦人達に琵琶を弾かせ、自分は太鼓を叩きながら読誦して祭を行ったこと、直会《なおらい》の後の余興で村人に、酔った揚句、「〔わしが〕踊るから琵琶を弾け」と強いたことなど、私が声を出して読むのを、老僧は涙を浮かべ、時折声を立てて笑いながら、耳を澄まし、懐かしそうに聴き入っていた。

喜多氏によれば、江良の公民館での地神祭は、要約すると、次の様に行われたと言う。先ず、村の東西南北の四隅に立てる四本の幣《ぬさ》と親幣とが用意される。次に、公民館にある床の間に堅牢地神《けんろうぢじん》の掛軸を掛け、その下には、地神真言《しんごん》などが書かれた護符を挿した竹串を部落の戸数分だけ置き、さらに川柳の枝で作られた十二膳の箸、団子やお神酒などのお供物、他が置かれる。祭の準備が出来ると、公民館の屋根に備え付けられた拡声機で、村中に祭りの始まりが告げられる。村人が公民館に集まると、太田導師《どうし》は、ろうそくと線香に火を点じ、琵琶を祭壇の前に置き、鈴を振り、般若心経を読誦する。般若心経に続いて地神経が、最初は太鼓と一緒に、次に琵琶を伴奏に読誦される。堅牢地神の掛軸の前での地神経読誦が終わると、公民館の前庭での地搗《じつき》が始まる。庭にある一本の杉の木の前に莚を敷き、太鼓を傍に据えて太田氏が坐る。親幣を杉の木の根元に立て、根の間の少し窪んだ所に五穀を包んだ紙を置き、十二膳分の柳箸をその上に乗せ杵《きね》でそれを搗《つ》く。太田師は、もっぱら太鼓を叩きながら読誦する。

この喜多氏の話題がきっかけとなり、太田さんは思い出すままに、様々な面白い話をしてくれた。特に地神祭の地搗の最中に行われる、陀羅尼《だらに》とその伴奏で奏される琵琶の実演を織り混ぜた話は、実に愉快であった。

「南無や東方に提頭頼吒《だいずらた》天王、各領八方四千属、眷族《けんぞく》共の祭をしよう。……」斯様な陀羅尼を読誦しながら琵琶を弾くのだが、この弾法が何と神楽《かぐら》の太鼓を真似た太田さんのオリジナルなのである。

「タンタカ　タンタカ　タンタカ　ダーン　ダ　ダーン」、こんな勇壮な調子で太田さんは琵琶を弾いていた。この「太田式神楽琵琶」による豪快な祓いを、村人は「神官に頼むより、太田のぼうやに頼んだ方が賑やかでええ」と評したそうである。何と破天荒な創造力、自由な、逞しい感性であろうか！

太田さんは、本当に磊落《らいらく》で愉快な方だったが、そのお人柄に負けない位、彼の琵琶や経読みは大変陽気でダイナミックなものであった。

太田さんが行っていた行法は、「地神祭」、「水神祭」、「釜祭」、「星祭」、「稲荷祭」、「鎮守祭」、「お日待ち」、「古墳の追善法要」、「畜舎の祓い」などで、用いられている経文は、〈地神陀羅尼経〉、〈金光明最勝王経堅牢地神品《こんこうみょうさいしょうおうきょうけんろうぢじんぼん》第十八〉、〈地神品和讃《ぢじんぼんわさん》〉、〈水神経《すいじんきょう》〉、〈般若心経〉、〈観音経〉、〈九條錫杖《くじょうしゃくじょう》〉などであった。その他、太田さんは八卦による占いもされたようである。

小野部落の人の話では、太田さんは、檀家の人達にとって、様々な生活上の悩みや苦しみを聞き、親しく相談に乗ってくれる頼りになる友人であった。琵琶を弾く「太田のぼうや」と言えば、この地方で誰一人として知らぬ者はなかった。

老人ホームの廊下の壁には、入居者の詠んだ俳句や短歌が、並んで掛けられており、太田さんの作は、今月の入選作品に選ばれていた。私は、それらの句を何度も繰り返して読んだ。

深緑に　波打つ如く　風わたる
春の宵　関門橋は　灯を連ね
火を拝む　真心ありて　火災なし
おん涅槃《ねはん》　森羅万象《しんらばんしょう》　皆哭《こく》し

私は、太田さんの正に「市井《しせい》の聖《ひじり》」のような生き様が、そして、地神盲僧と呼ばれる宗教者達によって奏でられる、大変魅惑的な音の世界が、この世に未だ存在することを知った。その魅力に、すっかり魅せられてしまった私は、九州・中国地方各地を、その不思議な音の世界を訪ね、歩き続けることにした。

―― 九州・中国地方の盲僧琵琶 ――

三つの琵琶の流れ

その後も私の琵琶探索の旅は続き、これまでに、八十ヶ所余りの盲僧院坊を訪ねた。広大な阿蘇山、煙立つ、海に聳える桜島、山上から見た長崎市の夜景など、旅の途中で出会った各地の印象的な風景が想い起こされる。バスも余り通わない山間部や、五島、壱岐《いき》、対馬《つしま》、天草など、多くの島々へも足を延ばした。旅は三週間を超えることもしばしばであった。

さて、ここで稿を進める前に、ひとまず、九州・中国地方に於ける、地神盲僧を中心に形成されてきた琵琶楽について概括しておきたい。

これらの地域に於ける琵琶楽を分類すると、大きく三つの系統に分けられる。

一つは、北九州や中国地方の地神盲僧《ぢじんもうそう》たちによる琵琶の流れであり、もう一つは、同じ盲僧ではあるが、旧島津藩領（鹿児島県と宮崎県の西南部）の盲僧達による琵琶の流れである。また、これらとは別に、肥後《ひご》（現在の熊本県）を中心に、軍記物、端唄《はうた》などの語り物・唄物を表芸として栄えた、俗に「肥後《ひご》琵琶」と呼ばれる琵琶の流れがある。肥後琵琶については後で紹介することにして、次に、北九州の一部で「荒神《こうじん》琵琶」、南九州で「地神《ぢじん》琵琶」と俗称される、二つの盲僧琵琶の流れについて述べてみたい。

二つの法流と盲僧行

明治の初めに至るまで、各地の有力な院坊を拠点としてそれぞれ活動していた盲僧達は、明治八年七月、教部省通達により天台宗に属することになり、九州北部及び山口、島根両県の盲僧は玄清法流に、九州南部の盲僧は常楽院《じょうらくいん》法流に属することになった。玄清法流は、現在、福岡市南区西高宮にある成就院《じょうじゅいん》をその本寺としており、常楽院法流は、宮崎県日南市飫肥《おび》町にある常楽院を本寺としている。

成就院には「玄清法印芳蹤記《ほうじゅうき》」という縁起が伝えられている。これは、博多蔵本町にあった臨江山妙音寺《りんこうざんみょうおん》の縁起「盲僧由来」を基に明治期に書かれたものである。この中には盲僧の由来が詳しく記されているが、その内容は伝説的なものであり、他の宗教者や芸能者達の縁起譚と同様、全てを史実として受け入れる訳にはいかないであろう。

また、常楽院法流にも似たような内容を持つ「地神盲僧《ちじんもうそう》根元《こんげん》」という縁起が伝えられている。これを基に四十五代常楽院主 江田俊了は、昭和七年、『常楽院沿革史』を著した。

これらの縁起には、学芸の神、水の神、財福の神などとして一般に知られる弁才天《べんざいてん》が、彼等の護り神として出て来る。琵琶を抱える弁才天は、大日経《だいにちきょう》では「美音天」、「妙音天」などとされ、弁舌の神、音楽の神としての性格が強く説かれている。

また、「金光明最勝王経」には、知恵と弁舌の神、さらに、戦闘の神としての弁才天が出て来る。盲僧の奏でる琵琶とその妙音は、この弁才天に対する人々の素朴な信仰と密接に結び付いていたのであろう。これに関連して、柳田国男は「米倉法師」（『定本 柳田國男集 第八巻』 筑摩書房 昭和四十四年）の中で、古代の盲人が持っていた水の神に対する信仰と、その後の盲人の弁才天に対する信仰との関係について示唆している。

玄清法流の盲僧達は、土用行と称し檀家を廻り、「荒神祭」、「地神祭」、「水神祭」、などの行法を執り行い、檀家の人達から謝礼（金銭、米、その他）を貰い生計を立てて来た。

彼等の行法について言えば、地域による信仰風土の違いから多様なものがみられる。前記の祭り以外で行われている祭祀を紹介すると、「星祭」、「稲荷祭」、「鎮守祭」などがあり、祈祷には、「船祈祷」、「初祈祷」、「祝事の祈祷」、「病気平癒の祈祷」、「憑き物落とし」など、様々なものがある。また、祓《はら》いとしては、「不浄祓い」、「家祓い」、「畜舎の祓い」などがあり、他に、「方角見」などの占いを行う者もあった。

玄清法流の各地の盲僧が読誦する経文については、共通するものもみられるが、各々の地域に於ける信仰の特色に合わせ、色々なものが行われて来たというのが実状であろう。

「荒神祓い」の琵琶を弾く長崎県平戸島の大川真寿氏

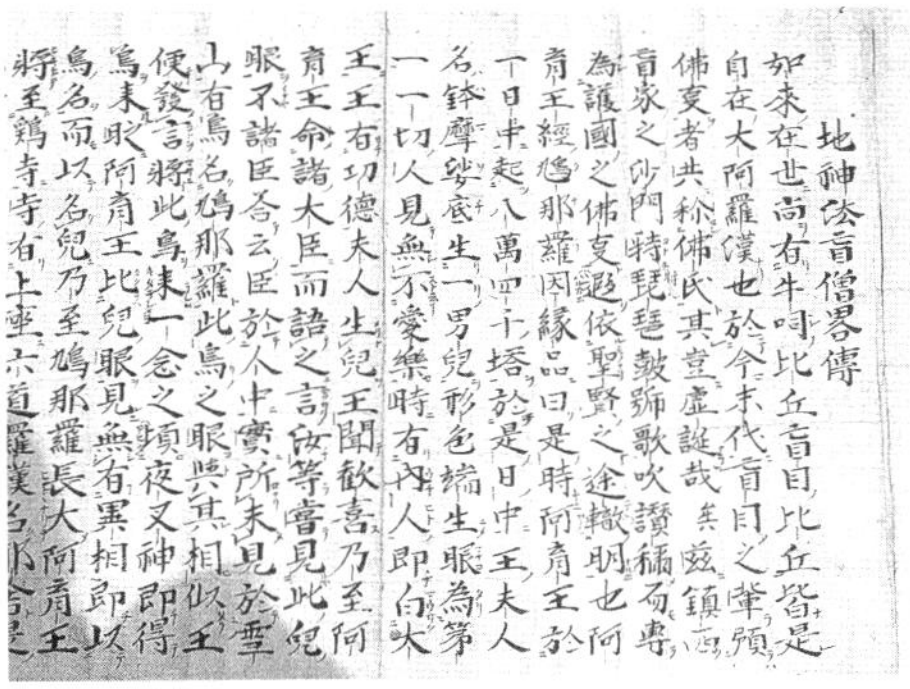

地神法盲僧畧傳
如来在世尚有牛呞比丘盲目比丘皆是自在大阿羅漢也於今末代盲目之輩頗佛変者共称佛氏其豈虚誕哉矣兹鎮西盲家之沙門持琵琶皷獅歌吹讃稱而専為護國之佛[illegible]依聖賢之途轍明也阿育王經鳩那羅因縁品曰是時阿育王於一日中起八萬四千塔於是日中王夫人名鉢摩婆底生一男兒形色端生眼為第一一切人見無不愛樂時有内人即白大王王有功徳夫人生兒王聞歓喜乃至阿育王命諸大臣而語之言汝等嘗見此兒眼不諸臣答云臣於人中實所未見於雪山有鳥名鳩那羅此鳥之眼與其相似王便發言將此鳥来一念之頃夜叉神即得鳥来取阿育王比兒眼見無有異相即以鳥名而以名兒乃至鳩那羅長大阿育王將至鶏寺寺有上座亦道羅漢名[illegible]

正安元年（1299）の奥書のある「地神法盲僧略伝」島根県津和野町盲僧 長嶺正音氏蔵

琵琶について言えば、彼等が用いている琵琶には、小型で胴の表面の形が丸味を帯び、野菜の「くわい」によく似た形状をした「くわい形琵琶」や胴の表面が笹の葉のような形をした笹琵琶などがある。また、現在では筑前琵琶を使用している例も見られる。琵琶を演奏する際は、琵琶を斜めに構え、左手の指の腹で柱《じゅう》の脇を押えたり、柱と柱の間を押えたりして音に変化を加えながら、右手に持った撥《ばち》で奏する。

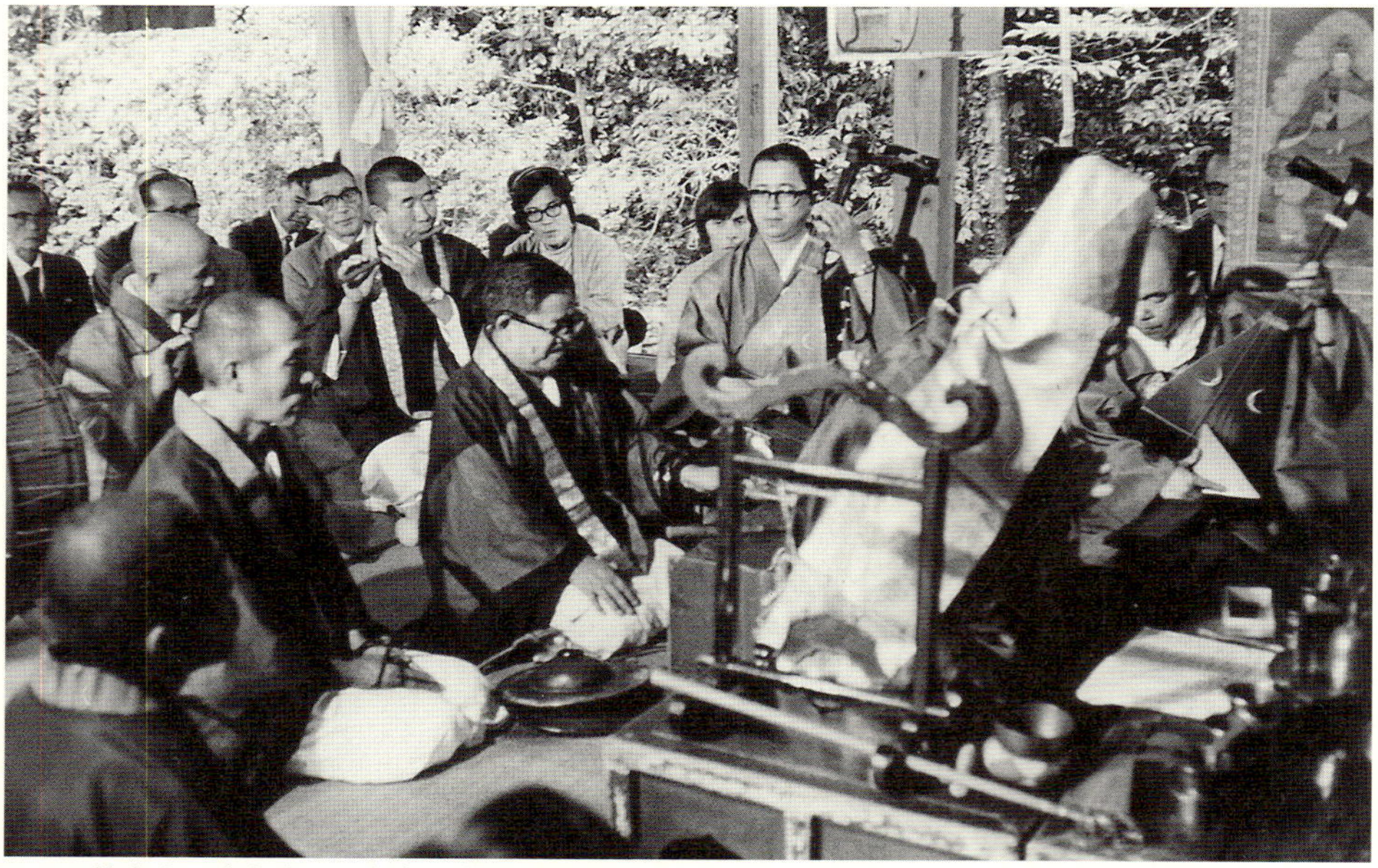
妙音十二楽を奏でる常楽院法流の僧達

　ところで、前記の「くわい形琵琶」（盲僧が実際に話す中では、「くわい形」と言う場合が多かった）の名称は、肥前《ひぜん》の盲僧が用いていたもので、笹琵琶とは別な形の琵琶の呼称として使われていたという経緯がある。それから、これとは別に、佐賀には、同様の琵琶のことを「うぐいす」と呼ぶ例がある。恐らく、これは、琵琶の形態を分類する趣旨の呼称ではなく、福岡藩主の黒田家が代々大切にしていた玄清法印縁の琵琶に「うぐいす」の名を冠していたと言う、北九州の盲僧の間に伝わる逸話に由来するものであろう。もしかすると、この逸話は、南九州の地神琵琶の権威に対抗する手立てとして、北九州の盲僧達によって考えられ流布されたものかもしれない。それらのことを踏まえ、この稿では、上記の小型の琵琶については、以後「くわい形琵琶」の名称を用いることにしたい。

　多少専門的な話になるが、琵琶の調絃《ちょうげん》（調子）についてもみておこう。地方毎に調絃は異なっており、その呼称は、「本調子」、「六調子」、「二調子」、「大三下がり」など、色々なものがある。また、演芸の場では「本調子」、行法の場では「六調子」というように、場によって用いる調子を変える例もある。それから、それらの調絃の中で私が特に興味を引かれたのは、肥前の一部地域で行法を行う際に用いられるものである。それについて、低音を発する太い糸（絃）の方から順に（一糸→四糸）説明すると、一と二の糸を同音、三と四の糸を同音にして、前者（一・二糸）と後者（三・四糸）の音程関係を五度で調える。これが、肥前の盲僧の間で「平戸の一調子」と呼ばれている調絃である。

　一方、南九州の常楽院法流の盲僧に関することであるが、主たる行法は玄清法流のものとほぼ同様であろう。ただ、常楽院法流では「地神法」が盛んに行われ、「荒神《こうじん》法」はあまり行われないようである。

　今日、廻壇《かいだん》の際には一般に薩摩琵琶が用いられるようで

鴨居の上に祀られた荒神様《こうじんさま》をご祈祷のために床の間に降ろす

荒神様　竹外源春氏宅

師走、五島列島宇久島平の地神盲僧 竹外源春氏は、荒神様を祀る檀家を巡って荒神祓いを執り行なう。
左上　荒神様に向かい琵琶を弾じつつ経文を読誦する
左下　法具で払って檀家の家族の無病息災と家内安全を願う
昭和54年12月24日
撮影・荒神様像を除き森本 孝

あるが、実際に琵琶を弾き廻壇法要をする盲僧の数は激減しており、往時の音楽の様を想像することは非常に困難な情勢になって来ている。南九州の盲僧たちは、以前は地神琵琶と俗称される琵琶を使用していたが、それに加え、小型の地神琵琶を廻檀用に持つ盲僧もあり、それらの琵琶の中には、柱にサワリ竹のついたものもあった。

行法の場で読誦される釈文《しゃくもん》（祭文《さいもん》）を含む経文は、呼称は異なるものもあるが、玄清法流で行われているものと同様のものが用いられていたようである。

それから、現在、常楽院の管轄下にある宮崎県延岡《のべおか》地方の盲僧に関しては、元来、旧薩摩藩領の盲僧達とは別個に活動していた者達であり、彼等の行う琵琶、経文、行法などに関しては、別に考察しなければならないであろう。

なお、琵琶、太鼓、笛などの鳴物を用いた合奏形式の法楽《ほうらく》法要が、かつては各地で様々に行われていたようであるが、現在では成就院の地神法楽、鹿児島県日置郡吹上町の中島常楽院の妙音十二楽、宮崎県延岡市浄満寺の三楽が僅かに残るのみとなってしまった。

ところで、九州や中国地方の盲僧は、以前、どのくらいいたのであろうか。昭和十八年の玄清法流の教師名簿には四百二十名余り、また常楽院法流の昭和二十八年の教師名簿には百二十六名の名が見られるが、その数は、現在（執筆時の昭和五十三年）では、三分の一程度に減少している。名簿に掲載されている盲僧の数は、減少期の頃のものであるから、もっと勢力の盛んであった時代には、九州から中国地方にかけてかなりの数の盲僧がいたことであろう。

対馬《つしま》の盲僧

博多から厳原《いずはら》へ

私は昭和四十八年四月、博多から船で対馬へと渡った。朝鮮半島を約五十キロメートルの北方海上に望む対馬への再訪は、周縁地に於ける琵琶伝承のひとつの型が明らかになるかもしれないという、秘かな期待を懐かせるものであった。

船は、壱岐《いき》の島の郷之浦《ごうのうら》港を経て、数時間の航海の後、目指す対馬　厳原港に着いた。船が最終便だった故か、既に辺りは暗く、波止場付近は少しばかり寂しい風情である。潮風の匂いと波止場の前方に見える街の灯は、海の持つ厳しさと疲れた船人を待つ、ささやかな盛り場の素朴なぬくもりを微かに感じさせる。もう夜の八時を過ぎた時分であろうか。土産物の店も、そろそろ閉店の時刻なのだろう。戸を閉め始めている店も何軒か見られる。

傍に柳の木の植えてある川に沿って続く街並みは、いかにも貧しい島の港町といった哀感を、ほのかに漂わせる。道路脇の「対州そば」という古い木看板の掲げてある店に入る。何となく昔の街道筋の茶屋を想い起こさせるような趣の有る店である。私は、この店の名物である「対州そば」を所望した。

昨年、対馬を訪ねた折りの事が思い出される。おばあちゃんは元気で居るだろうか。昨年、訪問した折は、驚く程大きな声で、多くの経文や語り物を私に聞かせてくれたものだが……。

多田のおばあちゃん

「おばあちゃん」と言うのは、厳原に住む地神盲僧、多田光（法名 聖代）さんのことである。御主人のショウゲンさんが昭和二十九年に五十五歳で亡くなられてから現在まで、ずっと光さんがその法流を護り伝えて来た。

ショウゲンさんは、明治三十二年、対馬の上県《かみあがた》郡峰《みね》村に生まれ、十歳で玄清法流地神盲僧 藤島ヨウジュン氏の弟子となり、十年間、厳原町宮谷の顕明院《けんみょういん》で修行した後、同町の丸山に家を構え活動していた。

光さんは、明治四十四年生まれ、六十八歳、下県《しもあがた》郡久根《くね》村の出身である。光さんは、幼少時より、目は全く見えなかった。七歳で天理教に入信したが、目が不自由だったため、天理教の踊りは上手に出来なかった。それから一年程して、お大師様の熱心な信者で、炭焼きをしていた渡辺乙五郎と言う人に導かれ、お大師様を信仰するようになった。

乙五郎さんは、〈般若心経〉、〈一心《いっしん》頂礼《ちょうらい》〉、〈十句観音経〉、〈十三仏の真言〉など、経文もいくつか教えてくれた。そして、十四歳の年、宮崎市大淀町にある今福寺という真言宗のお寺へ修行に出た。その後、一年近く、和讃《わさん》を習うなどして今福寺《いまふく》で暮した後、熊本県八代市にも一ヶ月ほどご詠歌を習うため逗留し、対馬へと帰って来た。

それから、数年後、光さんは多田ショウゲンさん（法名日芳）のもとに弟子入りした。ところが、弟子として指導し接している中に、ショウゲンさんは光さんを大層気に入ってしまい、とうとう二人は結婚することになった。

余談になるが、その折りのショウゲンさんの口説き方と言うのが全く奮《ふる》っていた。「おまえは、わしの嫁にならんか？もしそれが嫌と言うなら、わしがおまえに数年来教えて来たお経や秘法を、全部返して寄こせ！それが出来ないのなら、わしの嫁になれ！」ショウゲンさんは、こんな意味のことを光さんに言い、結婚を迫ったそうである。その時、光さんはよくよく考えてみた。ところが、いくら考えてみても一度憶えてしまったものは、狂人になるか死人にでもならなければ到底忘れることは出来ない。「狂人や死人になるくらいなら、いっそのことこの人の嫁さんになってしまえ」というようなことで、渋々承諾したそうである。ショウゲンさんの口説き方も変っているが、光さんの決断の仕方も、また型破りだ。

奇抜なだけでなく、ユーモアも感じさせるそのエピソードを聞いた時、私は思わず笑ってしまったが、実は、この話の背景には、経文や行法を憶え修得すること、それこそが、盲僧である彼等にとって、生きていくための最も重要な術であったという、切実な現実があったと推察されるのである。

さて、夜も大分遅くなってしまったが、民宿に行く前に、

琵琶を持つ対馬厳原の盲僧 多田光（聖代）さんと孫の光儀君

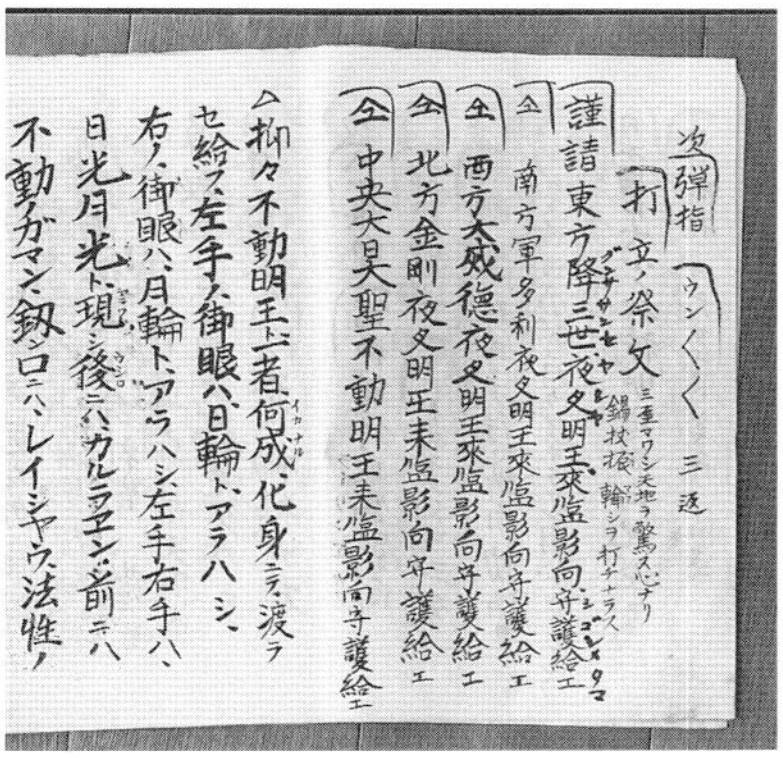

次弾指 ウンくく 三返
打立ノ祭文
謹請東方降三世夜叉明王来臨影向守護給エ
南方軍多利夜叉明王来臨影向守護給エ
西方大威徳夜叉明王来臨影向守護給エ
北方金剛夜叉明王来臨影向守護給エ
中央大日大聖不動明王来臨影向守護給エ
ム抑々不動明王ト申者何成化身ニテ渡ラセ給フ左手ノ御眼ハ日輪トアラハシ
右ノ御眼ハ月輪トアラハシ左手右手ハ
日光月光ト現シ後ニハカルラエン前ニハ
不動ガマン釼ロニハレイシャウ法性ノ

対馬の法者（神仏習合の両部神道の祈祷師）の「打立ノ祭文」

とりあえず、光さんに挨拶だけでもしておこう。

そば屋を出て、数軒の小さな飲食店が寄り添うようにして建っている小路を抜けると、光さんの住む庚申《こうしん》堂の灯りが見えた。多田のおばあちゃんは元気でいるようだ。昨年来た折りは、今にも崩れ落ちそうであったお堂に上る石段は、コンクリートできれいに改修されていた。お堂の入口と居間の入口を兼ねた灯りの漏れてくる障子戸の前で、私は声を掛《か》けた。「おばあちゃん、お元気ですか？」、「良く来られました！」。祈祷で鍛えられた、あのよく通る太い声が返って来た。

光さんは元気だった。目の不自由な光さんの世話をしている孫の光儀君もいた。二人とも私の再度の訪問を大層喜んでくれた。翌日また出直すことにして挨拶をした後、お堂を出た私は、対馬の満天の星々を見上げながら、何やら楽しく港近くの宿へと向った。

素晴しい声の世界

翌日、庚申堂を訪ねた。光さんは待っていてくれた。私は、光さんが盲僧としてどのような活動をしているのか聞いてみた。それは、次のようであった。「荒神祭」、「水神祭」、「地神経読み」（地神祭）、「地主様祭」、「星祭」、「初祈祷」、「船祈祷」、「憑きもの落し」、「家祓い」、「屋固め」・「黒不浄」（の祓い）、占い、その他。

私は、光さんに、祈祷の際、用いる経文を読んでもらい、テープに録音した。その経文を読む声は、本当に素晴らしいものであった。長年の行によって鍛えられたその声は、妖しく、多様に変化していった。ある時は、優しく語りかけ、またある時は、大声で怒りを表現するのであった。

最初に読誦してくれたのは、「オッタテのサイブン（祭文）」というものであった。

「そもそも、此の所に時ならぬ道場を飾り立て、幣帛《へいはく》を献げ、九万八千七社の御神、此の所に勧請申し奉ることを受け取り給え。今日の聞き神、たらたかんまん、そもそも、この道場と申し奉るは、仏学の道場と申す。黄金の道場と申す。いさごの道場と申す。又普門経《ふもんきょう》の道場と申す也。……」

その祭文には、数多くの不思議な言葉がちりばめられていた。それは、「生き霊落とし」に用いられるということであった。また、光さんの説明によると、病人に憑いた霊の種類や性質に合わせ、祭文の読み方も様々に変えるという。つまり、もの分かりの良い霊には、優しく、なだめるように理を説いて聞かせ、病人の体から離れてもらう。また、体からなかなか離れようとしないしぶとい霊に対しては、大きな声で叱りつけ、威嚇し、追い出すようにするということであった。光さんは、「しぶといとには、こんな風に読むっちゃけんねえ！」と言って霊を叱りつける時の声調でも読んでくれた。吊し太鼓を忙《せわ》しく叩き、叫び、喚《わめ》き散らしながら読む、祈祷の声は、実に凄まじいものであった。テープ・レコーダーの録音レベル・メーターの針は、最大まで振れ続け、私は、その声の余りの迫力に身のすくむような思いをした。光さんの言によれば、その祈祷の場に小さな子供でも居合わせようものなら、びっくりして泣き出してしまうということであった。確かに、あんな声を聞けば、どんなにしぶとい霊であろうとも「これはたまらん」と、すたこら逃げ出してしまうことは必定であった。光さんの読誦する言葉と音声には、悪霊を調伏《ちょうふく》する力が宿っていたのである。

私は、折口信夫が「古代研究」で述べている言霊《ことだま》のことを思い出していた。昔から、日本人は言葉というものに精霊を感じていた。わが国は、言霊のさきはふ国であった。神から伝えられた声を伴った詞は、空中を飛び交い、大いなる威力を持った。

ともあれ、光さんの、祈祷時の緊張した場面を演出していく演技力と声の技量は、本当に大したものであった。

抜群の記憶力

光さんは、「刈萱《かるかや》」や「しんとく丸」などの語り物も語ってくれた。これらを語る時の声は、祭文を読む時の声とはまるっきり違う声であった。祭文を読む時の声は、浪花節の声に近い、つぶれた、男声のような太い祈祷声であり、「刈萱」や「しんとく丸」を語る時の声は、裏声も混じえた、繊細な哀調を帯びた優しい声であった。

光さんは、驚くほど多くの経文や語り物などを憶えていた。私は改めてその記憶力の良さに驚かされたものであった。光さんは、盲人の語り部としての優れた能力を確かに有していたのである。

光さんは、琵琶は余り得意なようではなかった。しかし、その声のワザは正に芸術品そのものであった。

対馬盲僧の特色

それから、対馬で大変興味を覚えたのは、対馬以外の地域の地神盲僧達が伝承している経文とは別種のものを、光さんが伝えているということであった。私は、それらの別種の経文の一部が、対馬で昔から大きな勢力を持っていた、加持祈祷を行なう宗教者である法者《ほさ》のものと重なり合うことに気が付いた。法者の家系を継いでいる神官にも尋ねてみたが、やはり、間違いではなかった。また、その神官によれば、光さんや同じ厳原で活動している地神盲僧 扇徳進さんの声調は、かつて、法者が加持祈祷の際行っていたものによく似ているということであった。

また、光さんの憶えている経文や祝詞《のりと》などについては、やはり、対馬に於て、以前、勢力を得ていた修験者との関わりを考えなくてはならないだろう。恐らく

上　対馬千尋藻の旧法者家禰宜 扇福次郎氏の弓祈祷（対馬の土俗宗教が盲僧の行法に影響を与えた）

左　対馬厳原の地神盲僧 扇徳進氏の御祈祷

下　対馬と交流の深い壱岐島の盲僧 田島福玄氏（中央）と筆者（右）

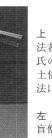

法者や修験者の行法と地神盲僧の行法とは、加持祈祷の面に於て部分的に重なり合っていたと思われる。地神盲僧達は、法者や修験者の用いていたものを、祈祷の行法を通して長い間に学び取って行ったのではないだろうか。

対馬の地神盲僧達は、彼等の法流から部分的に離れ、対馬の独得な民俗宗教の世界に、自ら分け入って行ったのであろう。彼等にとって、対馬の人々の日頃の切なる願い、すなわち、病気に対する恐れや、「ホタケ神」、「水神」、「地主様」、その他、自然界の諸々の神々に対する素朴な信仰こそが、彼等の行法の背景であり、また生活の糧を生み出す土壌でもあったのである。

この様にして、対馬の地神盲僧達は、土俗の神々と手を結び、土着し、独特な行法の世界を築き上げて行ったのである。

私は、「来年も、また是非来て下さいよ！」という、多田のおばあちゃんの声を後に、再度の来訪を約束し、名残惜しく神々の饗宴の島、対馬を離れたのであった。

——都を中心とする琵琶楽の流れ——

琵琶楽《がく》の起り

さて、ここで盲僧琵琶の世界から、少し目を転じ、都を中心に展開して行った楽琵琶の音楽の歩みについて簡単に振り返ってみることにしたい。

わが国に琵琶が伝来したのは、一体何時頃のことだったのであろうか。

白鳳《はくほう》期の建築と言われている法隆寺金堂の天蓋《てんがい》には、種々の楽器を奏でる一群の天人（楽天《がくてん》）の姿が見られ、その中に、四人の琵琶を持つ楽天が含まれている。

また、正倉院には、東大寺献物帳に天平年間の奥書のある、唐から伝来した三面の琵琶があり、その他にも五面の琵琶が所蔵されている。

それから、奈良時代前後に伝えられたと言われる、雅楽の管絃《かんげん》合奏で用いられる楽琵琶《がくびわ》がある。楽琵琶は、以降、宮廷、神社、仏閣などで行われる雅楽の管絃合奏の絃楽器

琵琶を抱く法隆寺金堂天蓋の楽天（白鳳期）

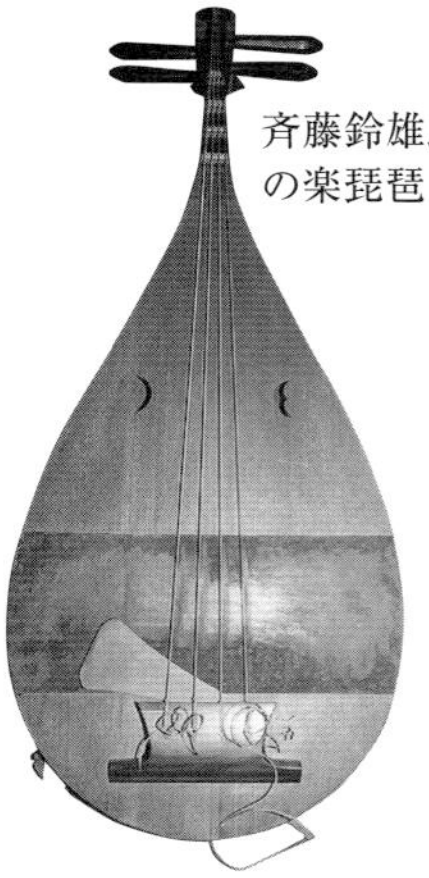
斉藤鈴雄氏所蔵の楽琵琶と撥

楽琵琶の元製作者　斉藤鈴雄氏

斉藤鈴雄●明治42年生まれ。大正11年（14歳）から昭和17年まで、宮内省出入りの御用楽器師であった竹井朝太郎の下で、主に雅楽で用いる絃楽器の製作・修理の仕事に励んだ。師の朝太郎は、京都で宮中御用達楽器匠として長く続いた、神田家最後の当主 神田重助の弟子であった。その後、昭和18年に宮内省雅楽部式部職となり昭和21年までその任にあった。

絵図に見る琵琶の世界

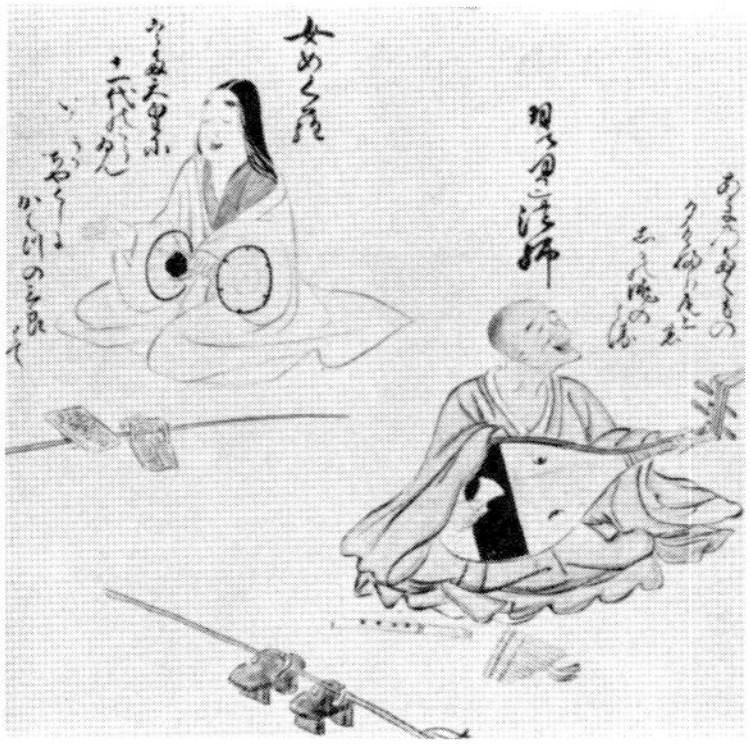
七十一番職人歌合（琵琶法師と女めくら）

餓鬼草子　（貴族の遊芸）

阿弥陀如来来迎図

人倫訓蒙図彙 巻二（検校）

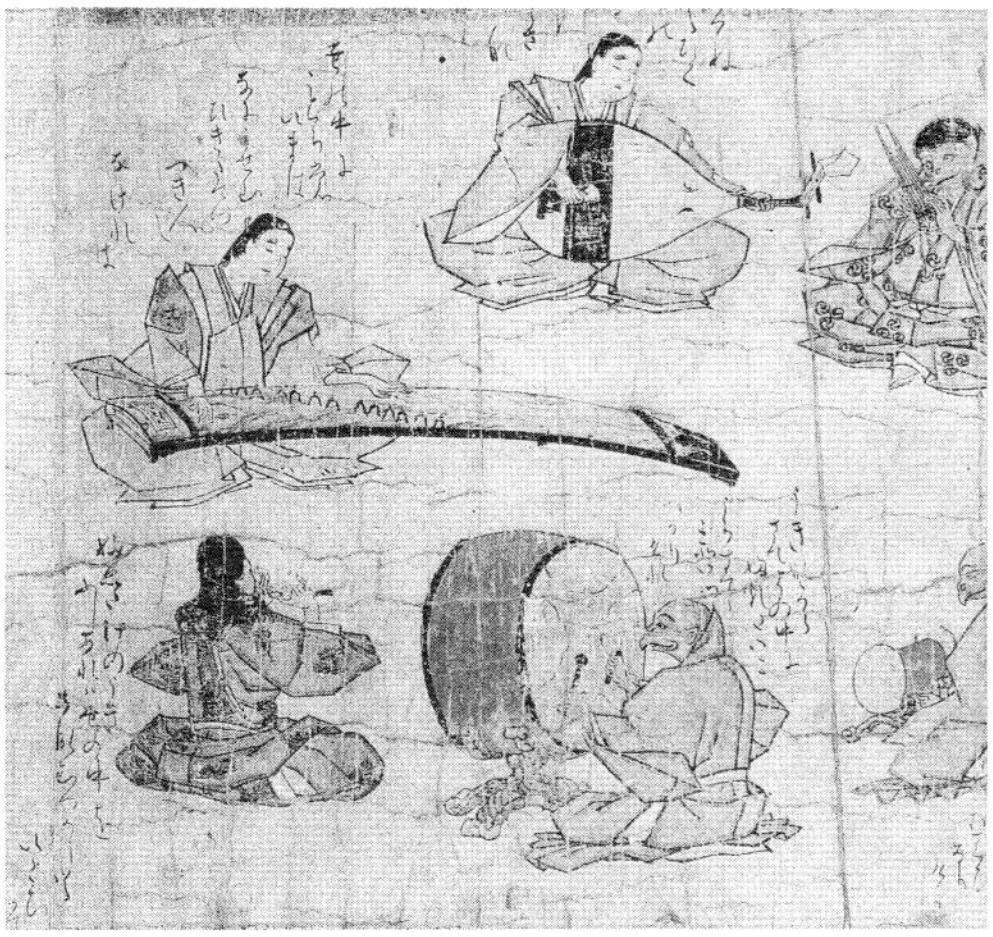
天狗草子　（天狗たちの管弦遊び）

弁財天図　（紀州宝城院）

人倫訓蒙図彙 巻六（琴師）

一遍聖絵 巻一（信州善光寺に詣でる琵琶法師主従）

一遍聖絵 巻六　（琵琶法師）

絵図複写・杉本喜代恵／村山道宣

右　『法然上人絵伝』 摂津国経の島で上人が説法している図に描かれた琵琶法師
左　『一遍聖絵』 備前国福岡の市の図に描かれた絵解法師

として、今日まで長く使用されて来ている。

その後、平安時代に入り、承和五年（八三八）には、遣唐使の一員として入唐した藤原貞敏が、唐で琵琶の演奏法を修得し帰朝している。そして、平安時代を通じ、雅楽の変遷とともに、琵琶の調子や奏法には、様々な工夫が加えられて行ったのであろう。そうした中で、平安貴族達は、雅楽の合奏以外に、独奏楽器として楽琵琶を用い、催《さい》馬楽《ばら》、東遊《あずまあそび》、風俗《ふぞく》などの俗謡を、その琵琶に合わせて歌い、遊んだと言われる。

琵琶法師

平安貴族の間で嗜まれていた琵琶は、その後、次第に庶民の手にも渡るようになっていった。中山太郎氏は、その実例として、琵琶を弾く遊び女や傀儡師《くぐつし》の例を挙げている（『日本盲人史 正篇』 八木書店 昭和五十一年）。琵琶がこのように下層芸能者の手に渡っていく中で、盲人の芸能者も琵琶を弾くようになり、所謂琵琶法師なる者が生まれて行ったのであろう。また、中山氏は前掲書で、わが国の盲人が琵琶に親しむようになった理由について、「天台・真言の新仏教によって鼓吹された『声音成仏《しょうおんじょうぶつ》』の信仰が普及され、更に『講式音楽』としての琵琶が独立するようになり、盲人もその琵琶を手にして参加するようになったと信ずるのである——」と述べている。

一般に琵琶法師の祖として知られている「蝉丸《せみまる》」についての数々の伝説も、このような世の移り変りの中で、創られて行ったのであろう。博雅の三位という貴人が、逢坂《おうさか》に住む盲人の琵琶法師 蝉丸のもとに、三年もの長きにわたり毎夜通いつめ、遂に「流泉《りゅうせん》・啄木《たくぼく》」という秘曲を伝え得たという説話は今昔物語集などにも出て来るが、そこに登場する「蝉丸」は、逢坂の関の護り神（関の神）として祭られ、琵琶法師の信仰を得たにとどまらず、後には説経・讃語《さんご》・勧化師《かんげし》など、音曲芸能者達の祖神と仰がれるに至るのである。

このように、平安時代後期には、既に、「琵琶法師」の存在は、貴賤を問わず広く世人の関心を集めるようになっていた。そして、中世に近づくとともに、下層の宗教者、芸能者などの漂泊の民は急速に増えて行った。その雑多な漂泊民の中には、祈祷をする盲目の琵琶法師や物語を語る琵琶法師の姿も見られた。「関の神」を祭る彼等は、諸国を巡り歩き、社寺の祭事などにも加わり、琵琶を弾いたり、絵解《えとき》をしたり、物語を語るなどして日々の糧を得ていた。

中世に入ると、琵琶法師達は、それまで絵解として語られていた「保元・平治の物語」、「平家物語」などを、「琵琶語り」として語るようになっていった。

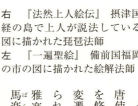

当道座《とうどうざ》の成立

「平家物語」が、鎌倉時代初め「平曲《へいきょく》」として語り出され、その後、多くの琵琶法師達を捉えるようになったのは、十四～十五世紀の時期であった。琵琶法師達は、筑紫、明石、八坂、坂東などを主な根拠地として諸国を廻り、やがて、中央に進出した有力な平曲家集団を中心に「当道座《とうどう》」が形成されて行った。このようにして、地神盲僧とは別な盲人の琵琶法師の勢力が生まれて行ったのである。

なお、元来、九州・中国地方で活動していた地神盲僧は、次第にその活動域を広げ、この頃は、大和、紀州、北陸方面にも分布していたようである。

そして、十四世紀後半には、平曲の大成者と言われ、その最古の語り本である「覚一本《かくいちぼん》」を残した明石覚一（一三七一没）が活躍する。検校《けんぎょう》の称号を得た覚一は、当道座の確立にも大きな役割を果たし、十四世紀末から十五世紀半ばにかけての平曲最盛期の基礎固めを成した。

当道の琵琶法師達は、光孝天皇の盲目の御子、天夜尊《あまよのみこと》を祖神として祀り、また、彼等の座中に於いては、年頭の礼式を初めとして、天夜尊やその母后の祭祀、守護神である山王権現《さんのうごんげん》・その他への社参など、数々の儀式が年中行事として行われた。中でも、二月十六日の積塔会《しゃくとうえ》、及び六月十九日の涼塔会《りょうとうえ》は、二季の塔とも言われ、当道座の最も重要な祭祀であった。

当道座では、官位を制定し、希望者には官金を取り位を授け、座の得た官金収入は、一部を除き座中に位階に応じ配分された。また、その官位は、検校、勾当《こうとう》、座頭《ざとう》、紫分《しぶん》、市名《いちな》、都《はん》の六つの位階に分かれ、さらに、各位階は細分され、全部で実に七十三に及ぶ位階があったという。当道座にあっては、このようにして琵琶法師の地位向上が図られたのであった。

平安時代から中世、近世に至るまで、下層の宗教者や芸能者達の活動は、多くの芸能や語り物文芸を生み出す原動力となっていった。琵琶法師の活動は、その大きなうねりの中の一翼を担っていたのである。彼等の語る語り物の背後には、時代を貫いて流れる一群の聖層の者達の文化があった。

九州にあってもそれは例外ではなかった。中世末から近世にかけて、九州各地で様々な変容を遂げる琵琶楽にもまた、聖層の巨大な文化のうねりが影を落していたのである。

次の節で、話は再び九州の琵琶楽へと戻る。

肥後《ひご》琵琶

肥後琵琶師の山鹿《やましか》さん

まだ強い日射しの残る、夏も終わり近くなった或る日、私は熊本県の北端にあり、筑後平野にも程近い玉名《たまな》郡南関《なんかん》町小原に住む琵琶師、山鹿良之さんを訪ねた。明治三十四年、同地の農家に生まれ、今年七十六歳になる山鹿さんは、私に修行時代の話や門弾《かどび》きの話など、数々の思い出話をしてくれた。

山鹿さんは二十二歳の時（大正十一年）、天草郡本《もと》村の琵琶師、江崎初太郎のもとに弟子入りし、琵琶や語り物を住み込みで習うようになった。師匠の初太郎さんは最初は石屋をしていたそうである。そして後年、三池炭坑で縦坑掘りをしていた時、ダイナマイトの爆発事故に遭い失明し、その後、肥後琵琶の創始者である堀氏（芸名　玉川教順）について琵琶を習い、琵琶師としての生活を営むようになったという。初太郎さんには、山鹿さんの他、数人の弟子があった。修行は、最初に琵琶の弾法、次に端唄を教わり、最後に段物《だんもの》を習った。琵琶は一年程習っただけで、それから後は一人で練習した。段物を修得するには、先ず、外題《げだい》の文句を師匠の言う通り繰り返し空読みして憶え、次に琵琶を入れて語ってみる。このようにして習い憶えた外題は、〈都合戦《みやこかっせん》筑紫下り〉、〈菊池くずれ〉、〈更級《さらしな》武勇伝〉、〈尾張騒動〉、〈餅酒《もちざけ》合戦〉などであった。山鹿さんは、師匠のもとで三年程修行した後、郷里へ戻って来た。以来、山鹿さんの琵琶師としての生活が始まるのである。

琵琶師への道

ところで、山鹿さんが琵琶師になったそもそものきっかけというのは、どのようなものだったのであろうか。私が尋ねると山鹿さんは当時のいきさつを話してくれた。

お父さんは、目の不自由な山鹿さんのことが、気掛かりだったのであろう。「おれが元気なうちに、自力で生活して行くための技術を早く何か身につけろよ！」といつも口癖のように言っていた。鍼灸《しんきゅう》者になることを勧める人もあったが、山鹿さんはその気にはなれなかった。「その時分までは鍼灸も現在のようには発展しちゃおらんし、村内に鍼灸をする者が一人おったけん、客が来らんとですたい。鍼灸じゃ商売にならんもんじゃけん」山鹿さんは浪花節語りになろうかなどと言い出したこともあった。すると、おじいさんは、「絶対、だめばい！」と大声で山鹿さんを叱りつけた。浪花節語りになれば各地を巡行して廻らなければならず、互に連絡を取り合うことも出来ない。「万が一、ことがあった時にはどうするんだ！」とおじいさんは言うのであった。

けれども、山鹿さんのおじいさんは浄瑠璃が大変好きであった。じいさんは門付けの浄瑠璃語りさんが来ると、「家《うち》に泊まんなはりまっせ」と言っては浄瑠璃語りさんを引き止め、夜になると近所のじいさん、ばあさんを集めて浄瑠璃を聞いたものであった。その折りにはじいさんが、浄瑠璃《じょうるり》語りさんの前座を勤めたこともあった。おじいさんは山鹿さんに「浪花節よりゃ浄瑠璃の方が良かばってんが、若かもんの好かんけんねえ！　浄瑠璃語りになっても、これから先、聴き手がなきゃどうにもならんばってん……。どうせなら琵琶ば習え。まだ間違いはなかけん」と言って琵琶師になることを勧めたのであった。こうして山鹿さんは、琵琶師としての道を選んだのである。

この話の背景には、その当時、熊本やその周辺で肥後琵琶が盛んであったという事実があるのであろうが、私には、もう一つ別なものがあるように思われる。昔から琵琶師の間には、琵琶を弾き段物を語るといった芸の他に、盲僧が行う「釜祓い」や「ワタマシ」（家の新築や転居の際に行われる固めの神事）と言った宗教的な行法が職分としてあった。「演芸が廃れても祓いがある」というような想いが、おじいさんの頭の隅のどこかにあり、山鹿さんに琵琶師になることを勧めたのではないだろうか。また、当時（大正末）の熊本の農村では、盲人にとって、按摩《あんま》や鍼灸者としての生活よりも芸能者としての生活の方がより身近であり、琵琶師になるのも容易だったのであろう。

山鹿さんは天草から帰った後、初太郎さんに習った外題が少なかったこともあり、同じ玉川流の琵琶師であった三池の森与一氏に付いて、一年程門弾きして歩いた。森氏からは、〈一の谷〉、〈小敦盛〉、〈あぜかけ姫〉、〈俊徳丸〉、〈小栗判官〉、〈山中鹿之助味方集め〉などを習った。その後、山鹿さんは独りで門弾きして歩くようになるが、次に、

熊本県八代市のホールで〈菊池崩れ〉を演じる山鹿良之氏　写真提供・宮川光義氏

山鹿さんが、初めて独りで遠方まで門弾きに行った折の話を紹介してみたい。

門弾《かどび》きの体験

山鹿さんは、福岡県は筑後平野にある山門郡瀬高町清水という部落に門弾きに行った。それまで、独りで門弾きしたことのなかった山鹿さんは、家の門口に立ってはみるが、なかなか家の中へは入れなかった。けれども、その日の宿も確保しなければならず、勇気を出してある一軒の農家へと入って行った。山鹿さんは、恥ずかしさで顔を真赤にしながら琵琶を弾いた。一曲を弾き終り、どうにか仕事をすることが出来た。そこで、家の人に「この辺にどこか泊めてくれる所はないでしょうか?」と尋ねてみた。すると家人は、近くの本吉《もとよし》という部落に琵琶弾きさんが居て、この辺に門付けに来る芸人さんが、よくその家に泊まるということを教えてくれた。本吉の家に行ってみると、丁度、家の主人である石橋福太郎と言う琵琶弾きさんが、門弾きから帰って来たところであった。宿を頼んでみると「良かですよ、泊まんなさい」と快く言ってくれた。門付けをする芸能者達は、このようにして互いに助け合っていたのであろう。

翌日、山鹿さんは溝口《みぞくち》（現筑後市）という部落に門弾きに行った。部落を廻っていると、ある農家で今晩泊まって行くようにと言ってくれた。夜になると、その農家には、近所の人が二、三十人、山鹿さんの琵琶を聴きに集まって来た。このように一軒の家の座敷に多くの人を集めて聴かせる琵琶のことを、肥後やその周辺では「座敷琵琶」といっている。

その家の主人は、まだ自分の家の「ワタマシ」をしていないので、是非、〈ワタマシ〉（「ワタマシ」で読誦される経文のこと）を語ってほしいと山鹿さんに頼んだ。山鹿さんが、今〈ワタマシ〉は稽古中で、まだ上手に出来ないからと言って断わると、「良か、何でも良か、あんたの知っとることで良かけん」と主人は言ってくれた。主人の注文は、最初に何か祝物を語ってくれということであった。山鹿さんは祝事には〈岩戸開き〉その他の目出度い語り物や、正月に唄う祝の端唄などを演ずることにしていた。

山鹿さんは、先ず、祝の端唄を唄い、そして、段物を一段語った。すると近所から聴きに来ていた一人のじいさんが、「釜さん！（筑後地方や肥後北部では、琵琶弾きさんのことを釜節と呼ぶので、じいさんは釜さんと呼んだのであろう）あんたは〈剣の巻〉を語ったこつのあるか?」と尋ねた。山鹿さんが知らないと答えると、じいさんは、「なぁん！剣の巻を知らんちゃ！〈剣の巻〉を知らんと何になる！」と居丈高に山鹿さんを叱ったのである。

その晩、山鹿さんは〈剣の巻〉のことが気になり、どうしても眠れなかった。翌朝早く暇乞いをして、山鹿さんが出掛けようとすると主人は引き止めた。「今日は九月九日の節句で栗飯も出来とるけん、早う栗飯どん食わんのう！そしてゆっくりして行ったら良か。わざわざ遠くから来とっとに、五日でも十日でも何日でも泊まって良か。この辺りは広かけん近郷を門弾きして廻らんのう！何日泊まっとっても米は貰わんばい」と親切に言ってくれた。しかし、山鹿さんは、一刻も早く本吉の石橋福太郎さんの所へ戻り、〈剣の巻〉のことを尋ねてみたかった。山鹿さんは主人に丁重に礼を言い、本吉へと向った。山鹿さんは福太郎さん方に戻り、昨日の溝口での出来事を話し、〈剣の巻〉について尋ねてみた。福太郎さんは、「〈剣の巻〉のことは知っているが、自分はまだ語れない」と言っていた。

この〈剣の巻〉というのは、平家物語の「剣の巻」に由来する北九州から熊本にかけて広く親しまれた語り物の外題のようである。恐らく琵琶師達は、「ワタマシ」の祝事の際、〈剣の巻〉などの語り物も語ったのであろう。〈剣の巻〉は、琵琶師にとって、師匠から容易に教わることの出来ない奥伝の語り物の一つであった。

初めて独りで行った門弾きの体験から、山鹿さんは多くのことを学んだのである。門弾きに行った先々で、人々は山鹿さんに多くの課題を与えてくれたのであった。

盲僧から学ぶ

その後、暫くして山門郡三橋村に門弾きに行った折り、山鹿さんは滑稽物《こっけいもの》の得意であった竹沢コウギョクと言う琵琶師に出会い、三週間程一緒に門弾きして廻ったことがあった。滑稽物のことを肥後琵琶では一般に《チャリ物》と称している。チャリ物は、出し物の最後をお笑いで締めくくる場合に語られることが多く、時には段物の合間に気分を変えるために語られることもある。山鹿さんは、竹沢さんを初め仲間の琵琶師達から機会ある毎にチャリ物も含む多くの語り物を習い憶えた。また、その代りに自分の知っている外題を教えたりもした。芸達者な素人から〈魚づくし（チャリ物）〉などを教わったり、座敷を拾って歩いていた浪曲師から浪曲を習ったりしたこともあった。こうし

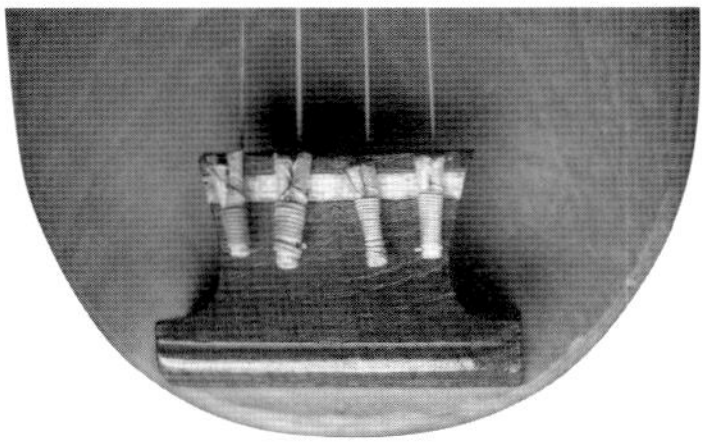

〔覆手のサオ〕
福岡県甘木市 森田勝浄氏蔵

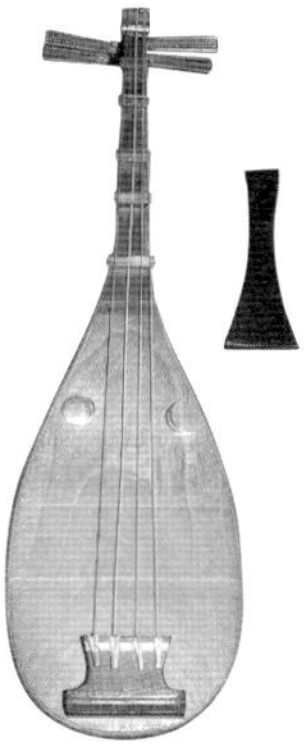

〔日月〕福岡県甘木市　森田勝浄氏蔵

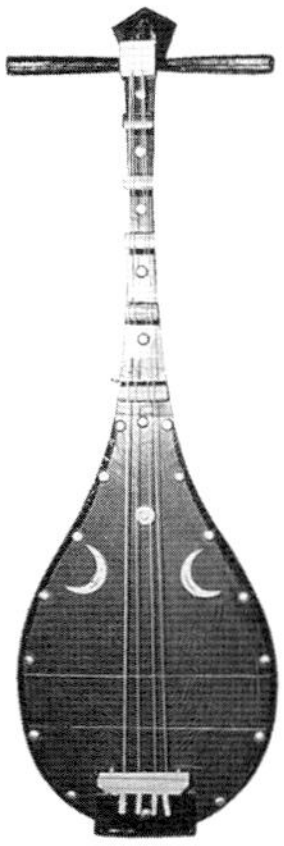

〔腹板の飾り金具〕　〔棹の飾り金具〕　〔竹ザワリ、ツンバリ〕
3点共に熊本市新町 橋口桂介氏蔵

肥後琵琶と「崩れ琵琶」

肥後琵琶には、「笹琵琶」、その変形とみられる「舟形琵琶」、「くわい形琵琶」の三種がある（私は、熊本県で琵琶の呼称として、「笹形〔琵琶〕」という名も耳にしたことがあるが、この稿では、前記のように分類した）。それから、肥後琵琶の形態の特色は、その付帯物にあると言え、それと同様の、付帯物に特色を示す琵琶は、熊本から北九州にかけて広くみられる。恐らく、その特色は、この地域に於ける「崩れ」を語る盲僧や琵琶師の間で使われてきた琵琶、すなわち、「崩れ琵琶」とでも称すべき琵琶のものと考えて良いであろう。左図にある福岡県甘木市の「崩れ」を語る森田さんや熊本市の橋口さんの琵琶は、明らかにそれを示している。

【覆手の付帯物】表側に、竹、布、神、かずら等を材料に用いた「サオ」と呼ばれる糸巻が付いている。盲人には、この方式の方が糸の補充などの作業がし易かったのであろう。裏側には「竹ザワリ」を付け、「ツンバリ」、「猫足」などと呼ばれる支柱を二本立てる。

【棹の付帯物】恐らく琵琶師の座の印であったと思われるが、棹の部分に、菊、桜、梅などの花を形取った「飾り金具」が付けられている琵琶もある。

【その他の付帯物】腹板に日月が印されているものや、棹や腹板に、吉凶を占うための星々を象徴した金具が付けられている琵琶もある。陰陽道の影響とみられ、五個の柱の各々も、木、火、土、金、水と称される。

て、山鹿さんの語り物のレパートリーは、次第に増えていったのである。

　ところで、山門郡瀬高町には、玄清法流の盲僧である坂本佐一さんがいた。山鹿さんは門弾きに出た折り、坂本さんに出会ったことがあった。山鹿さんは仲間の竹沢さんが、〈ワタマシ〉の中の「柱立て」で、「一本の柱は一天子、二本の柱は日天子《にってんし》」と言っているのを以前から不思議に思っていた。そこで、坂本さんに尋ねてみた。坂本さんは「一天子と言うのは何神さんかい？おら一天子と言うのは知らん！仏さんのことは知っとるばってんが、神さんのことは知らんぞ！その二本の柱は日天子と言うのは間違っとらんが……」と言っていた。「じゃあ、一本の柱は何さんの護り神ですか？」と尋ねると、「それはお月さんたい」と教えてくれた。また山鹿さんは坂本さんに、まだ全部憶えていなかった〈ワタマシ〉の詞章を、その折りに最後まで教えてもらった。

「先ず、一番の柱、たてぞめの柱は大黒柱と清め奉る、月天子《がってんし》の護らせ給う。第二番の柱は、日天子の護らせ給

肥後琵琶を作る佐藤 束氏

佐藤 束●盲僧琵琶の製作や修理は、大工さんをはじめ、身近な木工関係の職人に依頼して行われることが多かった。肥後琵琶の製作・修理をする仏師の佐藤束さん（熊本県阿蘇郡蘇陽町）は、正に、その伝統を体現している方である。

ワタマシ（新築儀礼）の仕事で琵琶を抱えて自宅を出る山鹿良之氏
写真提供・宮川光義氏

山鹿家の「初午さん」の祭で幣《ぬさ》を持って祓う山鹿良之氏
写真提供・宮川光義氏

う。第三番の柱は、三世《さんぜ》の諸仏《しょぶつ》、第四番の柱は、四天王宮地岳三社大権現、家内安全と護らせ給う。……」

山鹿さんには、同業の琵琶師達との付き合いばかりでなく、坂本さんのような天台宗の盲僧との付き合いもあった。山鹿さんは、このような様々な付き合いの中で、自らの仕事に必要な事柄を、次第に身に付けていったのである。

演芸と行法

山鹿さんは二十九歳で結婚した。結婚する前は筑後を中心に廻っていたが、子供が出来てからは、南関町や山鹿市など、主に家の近辺を廻るようになった。

それから、山鹿さんの琵琶師としての活動であるが、内容は大変幅広いものであった。

「座敷琵琶」、「ワタマシ」、「釜祓い」の他、「追善供養」、「観音様」〔の祭〕、「御大師様」〔の祭〕、「神社の夜篭り」等、様々な機会に招かれ琵琶を弾いた。仏事には、〈般若心経〉、〈懺悔経《ざんげきょう》〉、〈舎利経《しゃりきょう》〉、〈三十仏〉などの経文や仏名を唱えた。また、村の「敬老会」、「米寿の祝い」など、祝事の折りに琵琶を弾いたこともあった。

戦前のことになるが、夏から秋にかけての時期には廻りきれない程沢山の仕事があり、くじ引きで廻る家を決めたこともあったと言う。この様に、肥後琵琶は各地で盛んに行われ、人々が琵琶に親しむ機会も数多くあった。しかし、戦後、特に昭和三十年以降、農村の人々の生活や娯楽の質が変化し、神仏に対する信仰が薄れていくと共に、琵琶師達の活動の場は急激に少なくなっていった。そして、肥後琵琶は、人々の記憶から次第に遠ざかっていったのである。

かつて、人々にとって、琵琶師達は面白い語り物を持ってやって来てくれる芸能者であり、また、行法を行うことの出来る呪的能力者でもあった。

また山鹿さんにとって琵琶の語り物を少しでも数多く憶えるということや〈ワタマシ〉の正しい詞章を憶えるというようなことは、おろそかに出来ない問題であった。「演芸」としての語り物を面白く語るということや「行法」の権威が山鹿さんの日々の暮らしを支えていたのである。

私は、さりげなく話される山鹿さんの話の中に、半世紀にも及ぶ琵琶師としての生活の厳しさと、それに立ち向って来た旺盛な生命力とを垣間見たように思った。また、その話の内容は、肥後の琵琶師達のかつての生活を彷彿とさせるものであった。山鹿さんの内には肥後琵琶の世界が今もなお生き続けている。山鹿さんには、琵琶師として体験して来たことの全てが、昨日のことのようにありありと思い出されるのである。浄瑠璃の好きだったおじいさん、師匠の初太郎さん、一緒に門弾きして廻った仲間の琵琶師達。親切にしてくれた農家の人達……。

ボンボンと良く鳴る琵琶の音。浄瑠璃と浪花節を混ぜこぜにしたような哀感切々たる声、時折思い出したように付くひょうきんな琵琶の相の手。私は、このような素朴で暖かい音の世界を持つ肥後琵琶に、限りない愛着を覚える。

山鹿さんは昭和五十一年秋、東京の国立劇場で催された琵琶公演に、同じ琵琶師仲間の田中藤吾さんと共に出演した。大熱演であった。私は、山鹿さんの演唱が少し乗ってきたところで、思わず拍手をしていた。私には、その拍手の音が山鹿さんの耳に確かに届いたように思えた。

―盲僧派と当道派の抗争の中から―

権威を誇った検校と座頭

抗争の原因

近世の初期に、九州・中国地方の盲僧達にとって大きな問題が起った。それは、当道派が地神盲僧をその支配下に加えようとするものであった。地神盲僧達にとって、それは忍びがたい屈辱であり、彼等の行く末を決する重大事でもあった。では、一体何故にこのようなことが起ったのであろうか。

西国の盲僧達は、近世に近づくとともに、妙音講を核として、各々の地域で徐々に組織的まとまりを見せるようになっていった。そして、彼等は「釜祭」や「地神祭」などの祈祷を行うだけにとどまらず、《崩《くず》れ》（主に、合戦に敗れた後、哀切な運命を辿る武士一族の物語を記した段物の語り）を主とする段物などの演芸も行うようになり、次第に芸能的性格を強めていったのである。

一方、近世初期に至り、徳川幕府との関係を密にしていった当道座は、盲人の様々な職業者を組織する自治的集団となっていた。そして、当道派は京都四条の職屋敷《しょくやしき》を本拠とし、各地に仕置屋敷《しおきやしき》を置き、盲人の職業者を支配していった。この頃には、既にかなりの数の当道に属する座頭が各地にいたようである。そして平家座頭の下層の者達の中には、「地神経読み」をするなど、盲僧の行法を取り入れる者達が多くいた。当時の盲僧と当道座の平家座頭の所業の中には、重なり合う面があったのである。このようなことから、両者の間に縄張り争いや、盲人の弟子の奪い合いなどの争いが起きてくるのは、当然の成り行きであった。

当道座の圧力

近世初期、各地で両派の間に起った数々の争議に於いては、幕府の権力を後楯とし、組織力に勝っていた当道側に有利な裁断が下されるのが常であった。

当道側では、盲僧がかなりの勢力を持ち、地神経や祭文を読むというだけにとどまらず、平家ものまがいの物語など、いわゆる崩れを演唱するということを知り、寛永の初め（一六二〇年代中頃）、盲僧派に対し書状を出したのである。書状の内容は次の様なものであった。当道座に加わり、職検校《けんぎょう》（職屋敷の最高位の検校）の支配下に入ること、もしこれに応じない場合は、

一、袈裟《けさ》法衣を着用せざる事。

二、院号は勿論検校勾当等の官位がましき称号を用いざる事。

三、平家琵琶と荒神琵琶とを区別するため絃に絹糸を用いぬ事。

四、同じく琵琶の駒（柱）は作り付けとして取り外しせざる事。

（『日本盲人史 正篇』中山太郎・八木書店・昭和五十一年）

と、四つの条件を突きつけ、去就を迫ったのである。

自らの縁起、修法などに誇りを持ち、既に西国に於いてかなりの勢力を得ていた盲僧達にとって、この様な当道側

日本の琵琶の変遷

①〜⑤ ＝現在盲僧が使っている琵琶
＊　＝肥後琵琶師の使用する琵琶

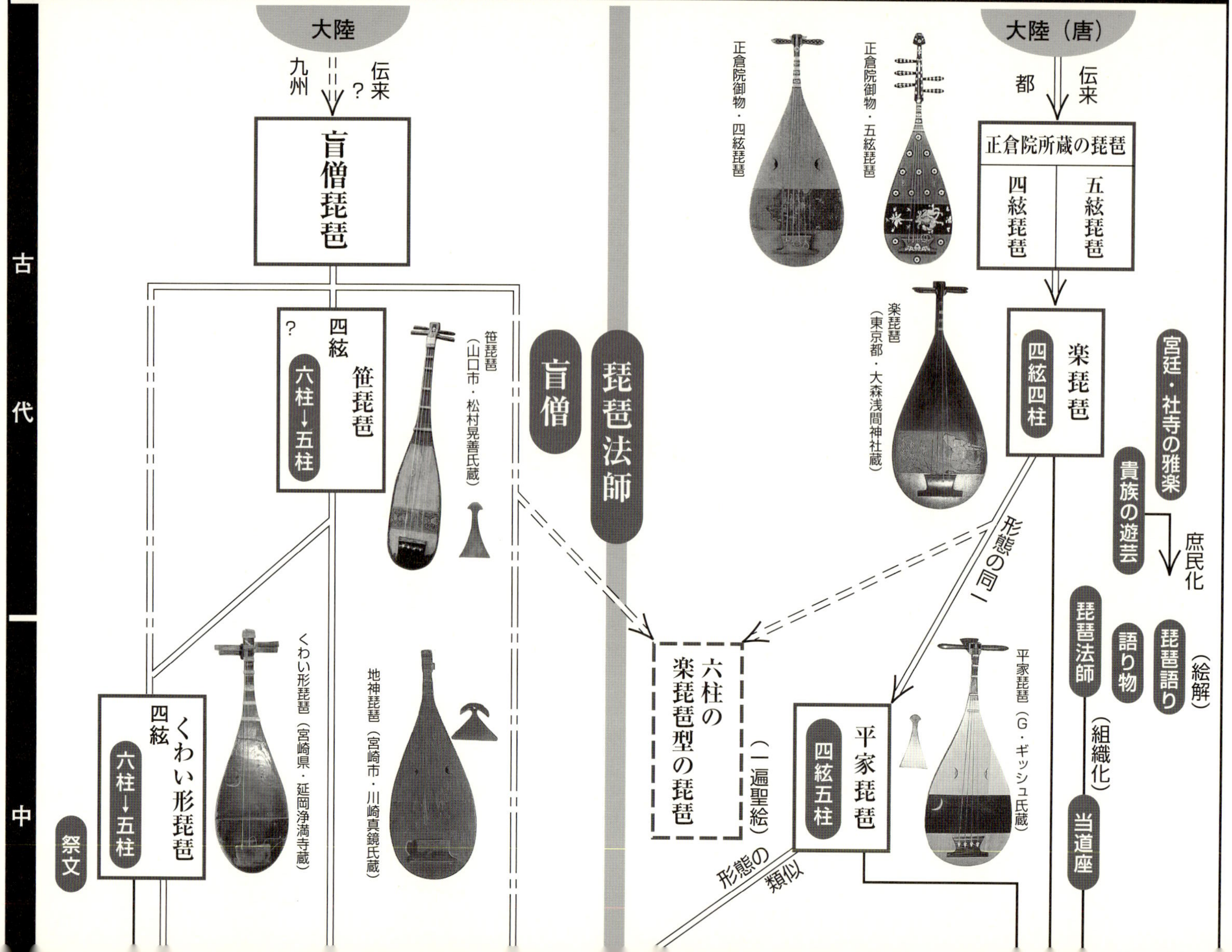

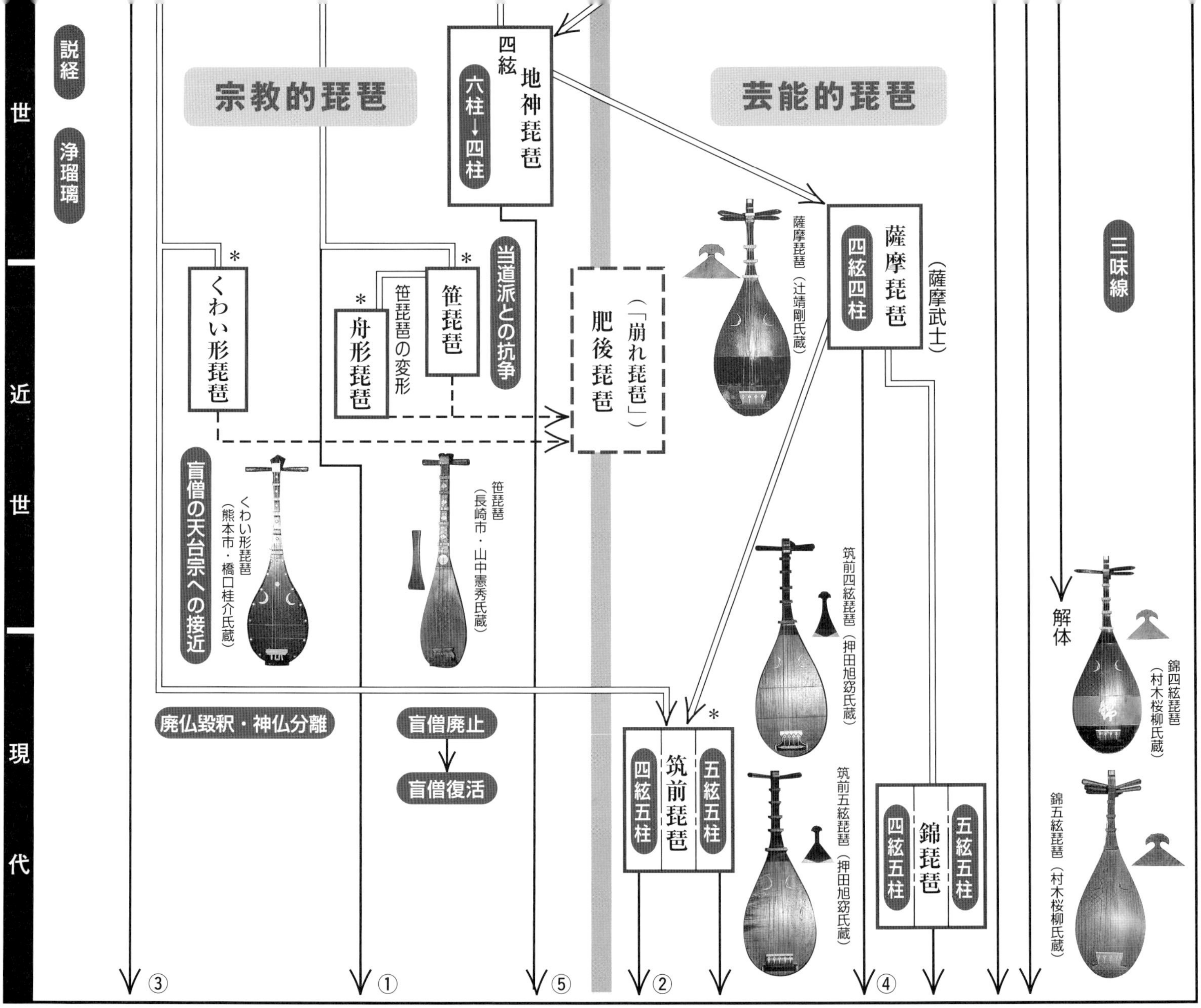

世
近世
現代
説経
浄瑠璃
宗教的琵琶
芸能的琵琶
四絃
地神琵琶
六柱→四柱
くわい形琵琶
*
笹琵琶
*
舟形琵琶
*
笹琵琶の変形
当道派との抗争
肥後琵琶
（「崩れ琵琶」）
薩摩琵琶
四絃四柱
（薩摩武士）
三味線
薩摩琵琶（辻靖剛氏蔵）
くわい形琵琶（熊本市・橋口桂介氏蔵）
笹琵琶（長崎市・山中憲秀氏蔵）
盲僧の天台宗への接近
廃仏毀釈・神仏分離
盲僧廃止
盲僧復活
筑前琵琶
四絃五柱
五絃五柱
*
筑前四絃琵琶（押田旭窈氏蔵）
筑前五絃琵琶（押田旭窈氏蔵）
錦琵琶
四絃五柱
五絃五柱
解体
錦四絃琵琶（村木桜柳氏蔵）
錦五絃琵琶（村木桜柳氏蔵）
③
①
⑤
②
④

の一方的な通達に従うのはもっての他のことであった。

なお、当道派との争いの一因となり、盲僧達が、かつて盛んに行っていた崩れというのは、合戦物を主とする余興的な琵琶説経を総称するものとみられる。さらに、崩れは、肥後琵琶の段物、豊後浄瑠璃なども共通する。この様に、盲僧達により、各地で盛んに行われていた崩れは、源平物も含んでいたため、当道派にとって、正に脅威の存在であった。西国に於ける当時の盲僧達の勢力は、時の権力に近い当道側にさえ脅威を与えるほど大きなものだったのである。

ところで、こうして当道派との対立が激しくなってくると、盲僧達は当道派に対抗し、さらには、人々に対する彼等の宗派的権威を確保するためにも、仏教宗派との組織的な支配関係を必要とするようになっていった。そして、彼等は、その後、主に天台宗へと接近していくことになる。

しかし、延宝二年(一六七四)、当道派の訴えを幕府が取り上げ、公事《くじ》となり、ついに盲僧派は完膚なきまでに敗れた。そして、この時より、盲僧達は院号、官位、袈裟衣の使用を禁じられ、さらに、音曲、遊芸を持って渡世することも禁じられたのであった。この事件について加藤康昭氏は、『日本盲人社会史研究』(未來社　昭和四十九年)の中で以下のように述べている。「政治権力に近い当道側の一方的勝訴となったこの裁決は、これまで叡山の袈裟下に入って幕権により公認された本山末寺関係に自己を再編成し、その呪術的宗教に宗派的権威を与え、さらに諸芸をも取り入れて民衆の需要にこたえ、当道側に対抗しつつ近世的脱皮を図って来た盲僧側にとっては致命的な打撃となった。(ただし領主と特別な歴史的関係を有する薩摩藩の盲僧はその影響外に置かれていた)」

その後、百年余りの長きに亙り、盲僧達には苦しい忍従の時代が続くが、その間に盲僧達は執拗に請願を続けていた。そうした努力が、天明三年(一七八三)についに効を奏し、北九州・中国地方の盲僧達は、京都の青蓮院《しょうれんいん》(天台宗)の配下となることで、当道派の攻勢から脱することができたのである。

肥後《ひご》琵琶の成立

近世の盲僧派と当道派の抗争に、ほとんど影響されなかった盲僧達もいた。それは、南九州の島津藩領の盲僧達であった。島津藩は、延宝二年に幕府より出された公事の裁決に影響されず、藩内の盲僧を保護したのである。

しかし、一方では、肥後の盲僧のように、当道座の傘下に入ったものもあった。肥後琵琶の成立を伝える歴史は、その辺のことをよく示している。伝えられるところでは、肥後琵琶は、延宝二年、肥後藩主の細川公に随行し、肥後の国に下った平家琵琶の名手、岩船検校(船橋検校とも言い、「古浄瑠璃」もよくした)が、当時、上方で盛んであった古浄瑠璃を肥後にもたらし、盲僧達に教えたのが始まりとされている。その後、肥後の盲僧達は、当道座の本所である京都の久我《くが》家より職格を与えられたという。

肥後の盲僧達も、他の地方の盲僧と同様、中世から近世にかかる頃には、崩れなどを演じ、次第に芸能的性格を強めていったのであろう。その後、当道の傘下に入り、肥後琵琶師として、崩れなどを表芸とするようになっていったと思われる。しかし、肥後の盲僧達は、当道の傘下に入った後も、平家琵琶は用いず、笹琵琶などを用いていた。そ

琵琶師や瞽女などの信仰を集めた、妙音菩薩が描かれた妙音講の掛軸

して、同時に祓いなどの行法も行なっていた。私は、「演芸」と「行法」の二つの世界を併せ持った活動をしていたところに肥後琵琶の特色があるのではないかと思う。「演芸と祓い」に生きた、あの山鹿さんは、まさにこの肥後琵琶の伝統を継承していたと言えるであろう。

ここで、妙音講について少し述べておこう。妙音講は、肥後の琵琶師達が、当道派の支配力が次第に弱まる中で、自らの組織をひきしめる基盤にしたものであるが、肥後では戦前まで続いていた地方もあった。肥後の妙音講というのは、琵琶師や瞽女《ごぜ》などが拠った講で、護り神、妙音菩薩（弁才天）を祀る祭祀を行なった。

妙音講の祭の日には、当番の家に酒、魚、米、その他、色々な物を持ち寄り精一杯の御馳走を作る。集まった者全員で妙音菩薩に般若心経を上げ、供え物をする。そして、その晩は遅くまで、それぞれの自慢の芸を出し合い演ずる。この時には村中の人達が聴きに来て大いに賑ったものであったという。

地神《ぢじん》琵琶の成り立ち

六柱《じゅう》の琵琶

盲僧の方々を訪ね、各地を廻って歩く中に、彼等にとって最も重要な法具である琵琶の形や楽器としての特徴、中でも、音律に直接関わりを持つ柱というものに、私は関心を抱くようになった。旅先では多くの琵琶を見たが、その中でも特に、各地に散在する六柱の琵琶に興味を引かれた。

この琵琶は、近年では殆ど使われなくなってしまったが、現在でも、この六柱の琵琶を使っている例は、肥前《ひぜん》や日向《ひゅうが》延岡地方などで見られる。延岡浄満寺配下の盲僧では、当時、琵琶も経読みも南九州随一と言われた菊池明徳氏が健在で、私も何度かお訪ねしたが、この菊池氏も六柱の琵琶を使用していた。また、浄満寺には、腹板の外れた一面を含めると、全部で四面の六柱の琵琶があった。

それから、私は長崎県の平戸島で、一面の古い小振りで、胴表の形が少し丸味を帯びた琵琶を見たことがある。その琵琶は、虫喰いの状態や表面に塗られている漆の様子などからして、間違いなく近代以前に作られたものと推察

琵琶を持つ宮崎県延岡市浄満寺住職の児玉定法氏

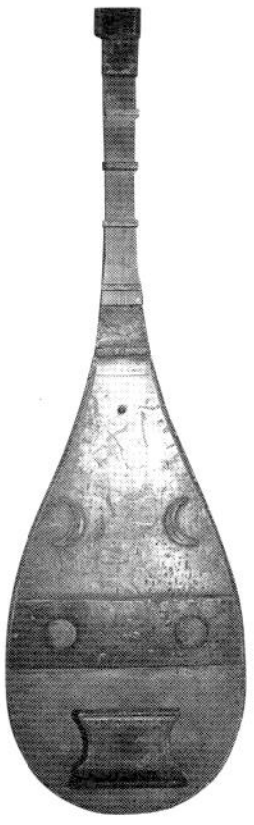

五柱の「くわい形琵琶」長崎県平戸市迎紐差町の盲僧藤田法覚氏蔵

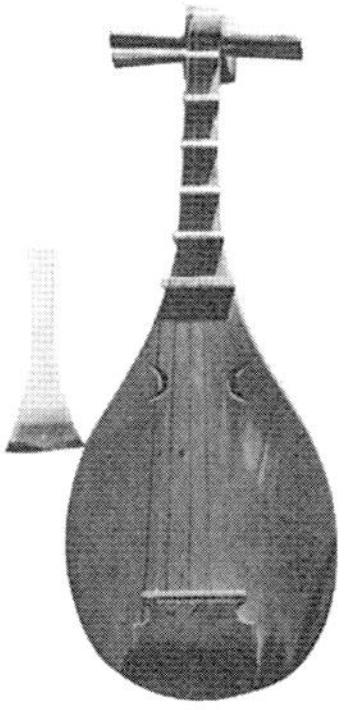

六柱の「くわい形琵琶」佐賀県佐賀郡大和町の福島正教氏蔵

くわい形琵琶

筑前四絃琵琶の祖形。四絃五柱、四絃六柱のものがある。形状は小さく丸味を帯び、胴内部に橋はなく、胴の厚みは笹琵琶ほどない。

宮崎県えびの市加久藤
三徳院の地神琵琶

された。ところが、その琵琶は、棹《さお》だけが取り換えられていた。調査当時の柱の数は五つであったが、恐らく、以前の棹には、六つの柱が付けられていたのであろう。

いずれにしても、九州各地に散在する六柱の琵琶（この六柱の琵琶のことは、盲僧の由来記や彼等が伝える経文、〈琵琶の釈〉にも少し出てくる）の形態は、盲僧琵琶の古い音律を残しているもののように思われた。私は、九州の盲僧達が用いていた琵琶の形態や音律について、さらに探ってみることにした。

三徳院《さんとくいん》の琵琶

私は熊本県の八代《やつしろ》から人吉《ひとよし》を経て、宮崎県えびの市加久藤《かくとう》にある、三徳院という天台宗常楽院法流に属する盲僧寺を訪ねた。三徳院は南九州の盲僧寺の中でも特に有力な由緒ある寺であった。この三徳院が史上に現われるのは、十六世紀半ばの永禄年間、三徳院の盲僧 菊一が、合戦の際、占いによって大手柄を立て、戦いの後、島津義弘より宅地と田禄を賜わり、旧来の三宝院の名を三徳院に改めた、という事蹟が記されているのに始まる。その後、さらに三徳院は、義弘より知行五石、日向十三地域の家督（檀徒を有する権利を持つ僧侶の位）を許され、南九州に於ける有力な盲僧寺として長く続くことになる。

三徳院には、私の期待通り相当古い立派な一面の琵琶が御堂に置かれていた。天神《てんじん》は外れ虫喰いが一部ありはしたが、素人目にも名工が贅沢な材料を使い、念入りに作ったものとひと目で判るほどの上等な品であった。三徳院の住職は、この琵琶のことを地神琵琶と呼んでいた。常楽院法流の盲僧達により、廻壇法要の際用いられる琵琶が地神琵琶と俗称されることは先に述べた。私はその見事な漆塗りの琵琶に暫く見入っていた。覆手《ふくじゅ》は大きく、腹板の上部には、装飾のない小さな半月が開けられ、側面には三～四センチメートルの礒《いそ》が取ってあった。その琵琶の形態は楽琵琶形で、凡そ平家琵琶の特徴を備えていた。しかし、残念ながら、天神や覆手は既に失われており、また、棹の表面は荒れていて柱の数は明確には分からなかった。

三徳院の御堂内部正面には、神仏が祀られ整然と並んでいた。中央には、帽子をかぶり、琵琶を抱え端座している、色付けのしてある木製の貴人像が置かれており、その左手には不動明王、右手には鏡の御神体（天照大神）が安置されていた。私は、正面の木製の貴人像にじっと目を凝らした。その上品な貴人は、斜めに琵琶を構え前方に静かな眼差しを向けていた。貴人像の持つ琵琶は、天神が取れ失われていたが、朱色で形状のはっきり解るものであった。私はその琵琶の棹に黒く描かれている柱の数に興味を持った。乗絃方より数えて三番目に当たる柱が、手で隠されていたが、その琵琶には明らかに五個の柱が描かれていた。五個という柱の数は、紛れもなく平家琵琶の特徴を示すものであった。私は嬉しかった。三徳院の一面の琵琶と貴人像の持つ琵琶は、地神琵琶の来歴を考えるための重要な手がかりを提供してくれているように思えたからである。その貴人が何者であるかや像の制作年代のことは分からない。ただ、像の表面の状態や台座の様子などからして、か

三徳院の五柱の琵琶を弾く貴人像

鹿児島県日置郡吹上町
中島常楽院の地神琵琶
写真提供・村田熙氏

なりの年月を経過したものであることは容易に推測出来た。一方の地神琵琶の制作年代も、かなり以前に遡るように思われた。いずれにしても、御堂に置かれていた地神琵琶の形態や貴人像の抱いている琵琶の柱の数などから推測して、三徳院、さらに言えば、南九州の盲僧達は、かつて、平家琵琶と何らかの関わりを持っていたのではないかという思いが私の脳裏を過《よ》ぎったのである。

景清《かげきよ》と六柱の琵琶

もう一つ別の話を紹介しよう。宮崎市の常楽院法流に属する地神盲僧 川崎真鏡氏の寺を訪ねた折りのことである。その寺は、平家の悲劇の武人 平景清（一一九六年没）が祀られている景清廟のすぐ近くにあった。そして、寺の脇にある小さな御堂には、越えて来た年月の長さを圧倒的に感じさせる、黒っぽく変色した琵琶がガラスケースに入れられ大事に保管されていた。川崎さんは、その琵琶をケースから取り出して見せてくれた。それは、三徳院にある地神琵琶と同形の楽琵琶形の琵琶、すなわち、地神琵琶と目されるものであった。なお、その琵琶には一通の由来書が付せられていた。由来書には、平景清の来歴が、また、景清が没後祀られた景清八幡宮にその琵琶が安置されていたこと等が書かれていた。恐らく、南九州の盲僧の一人が、景清の御霊鎮護のため置いていったものであろう。

　日向やその周辺地域に於ける、景清に対する信仰は大きなものがあった。それは、これらの地域に、景清にまつわる旧跡、他が、数多く見られるのを見ても明らかである。その昔、琵琶法師達は、景清にまつわる語り物を琵琶に乗せて語り、歩いたのであろう。屋島、壇の浦の合戦に於いて、平家方の侍大将として大いに奮戦し勇名をはせた景清は、戦いに敗れ日向に流された後、目を抉《えぐ》って盲目となり、琵琶法師として一生を送ったという（景清は、盲目の人や目を患う人の信仰を一心に集める宮崎県生目《いくめ》町にある生目八幡神社の祭神でもある）。この景清の伝説は、謡曲や古浄瑠璃の題材となり諸国に広まった。景清は、盲目の琵琶法師達にとって、彼等の由緒、素性を高める存在であり、シンボルだったのであろう。

　詳らかなことは分からないが、平安時代から中世の初めにかけて、恐らく九州の盲僧達の間では、六柱の、笹琵琶などの素朴な琵琶が、法具として使われていたと推測される。その後、十三世紀に入り、かなり経ってからのことであろうが、地域によっては、六柱の楽琵琶形の琵琶が、合戦物語などを演ずる場で用いられることもあったであろう。一方、鎌倉時代の初めには、頼朝の命を受け、薩摩、大隅《おおすみ》、日向、三国の守護職となった島津忠久が、僧侶　宝山検校を伴って下向し、盲僧の拠点となる中島常楽院を薩摩国日置《ひおき》郡伊作《いさく》に建立する。そして、それから、そう遠くない時期に、南九州の盲僧達は、島津氏の肝入りもあり、平家琵琶と同形の地神琵琶を法流のシンボルにしていったと推察される。三徳院にあった地神琵琶や平家琵琶を持つ貴人像の背景にあるものは、十三世紀初めの頃に、自らの法流の源を「都の貴種」に求め、その法を権威付けようとした、島津氏配下にあった当時の盲僧の指導者が考えた政略だったのではないだろうか？しかし、彼等は長く慣れ親しんだ音律から離れることはなかった。本来、五柱である平家琵琶を六柱にして用いたのである。すなわち、琵琶の形態は平家琵琶のものを取り入れながらも、音律は従来のものを用いたと考えられる。いずれにしても、六柱の琵琶の音楽的基盤は、既に相当根強いものだったと思われるのである。

　ところで、私は『一遍聖絵《いっぺんひじりえ》』の中で、六柱の楽琵琶形の琵琶を背負っている琵琶法師の絵を見たことがある。それは、相模《さがみ》の国片瀬の浜の踊り念仏図に見られるものであるが、このことは、六柱の琵琶が、鎌倉時代末、既にかなりの拡がりを持っていたことを示すものと思われる。川崎さんの寺にある六柱の琵琶、すなわち地神琵琶は、もしかすると、この一遍聖絵の中に出て来る琵琶と同種のものかも知れない。

　それから、大分後のことになるが、十六世紀末、島津家の要職にあり、当時の風流人でもあった上井覚兼の日記（『大日本

景清鎮魂のため奉納されたと伝えられる
六柱の地神琵琶　宮崎市　川崎真鏡氏蔵

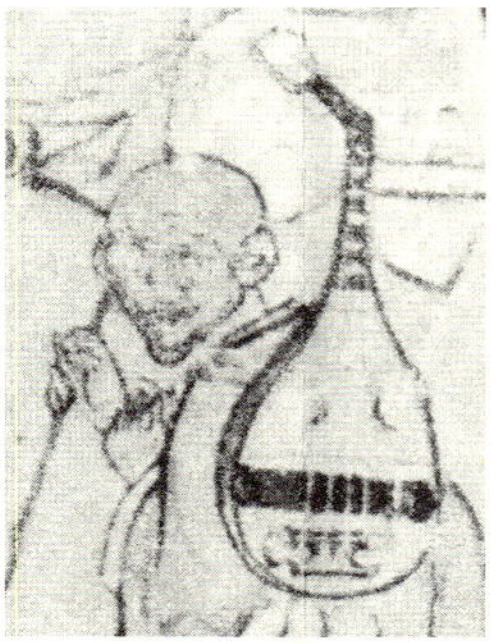
『一遍聖絵』巻六の図にみられる
六柱の琵琶を背負った琵琶法師

古記録 上井覚兼日記 三巻』 岩波書店 昭和二十九～三十二年）には、所々に平家琵琶を聴いたという記事が出て来る。この時期、既に薩摩の武士達にとって平家琵琶は、かなり親しいものだったのであろう。

　盲僧琵琶の伝来については定かなことは分からない。また、琵琶と行法が一緒に伝わったのかどうかも分からない。異なる時期に別々に渡ってきたことも十分に考えられる。

　盲僧の用いる琵琶は、中世以前、かなり遡る時代に大陸から直接九州の地に渡来したものと思われる。そしてそれは、九州に於いて盲人の民間宗教者の呪具として用いられるようになり、土俗の神々に対する人々の信仰と結び付き土着していったものであろう。その後、西国一円に拡がった盲僧琵琶は、琵琶法師を含む下層の宗教者や芸能者達によって、都を中心に形成されていった楽琵琶形の琵琶を伴奏に用いた音曲にも多大な影響を与えていったと思われるのである。

薩摩琵琶の名器甚兵衛を奏する鹿児島県伊佐郡菱刈町の福貴島順海氏

薩摩《さつま》の琵琶

薩摩武士と琵琶

　前節で私は、南九州の地神盲僧達が、中世に入ってから平家琵琶と同形の、六柱の地神琵琶を使用し始めたのではないかとの推察を述べた。そこで、次にそれ以降の地神琵琶の展開について触れてみたい。

　応仁の乱から二十数年を経た明応元年（一四九二）、鹿児島県日置郡伊作の島津家に忠良《ただよし》（日新公《にっしんこう》）が生まれる。十四代藩主勝久は、大永六年（一五二六）、忠良の長男貴久を養子として迎え、忠良に藩政を委ねた。忠良、貴久、父子と三十一代常楽院主の渕脇寿長院《じゅちょういん》との間柄は非常に親密なものであった。寿長院は島津家の祈祷僧として、祈祷、軍祭を行うのみならず、琵琶を弾奏しながら読経し、各地を廻りながら敵側の様子を探り、忠良、貴久に軍事上の建言を成し手柄を立てたこともしばしばであったという。この三十一代寿長院、三十二代大光院に始まる数代の常楽院主の時期が、薩摩に於ける地神盲僧の全盛時代であった。

　それから、仏道や儒教に精通し、武道や歌の道にも長じた英君 忠良は、儒教の教えに基づき、〈迷悟《めいご》もどき〉、〈花の香〉、〈彼岸木《ひがんぎ》〉、〈武蔵野〉など、多くの教訓的な名歌を創作した。忠良がこれらの「琵琶歌」を創作するに当たり、忠良が寿長院に琵琶弾奏に関する何らかの知恵を借りたであろうことは容易に推察できよう。この辺りの事情を、上田景二氏は『薩摩琵琶淵源録』（日本皇学館 大正元年）で、文武両道に通じ高い教養を持つ日新公と音楽の道に長じた寿長院との協力により、歌物語を琵琶に唱和する琵琶歌が創られた、と述べている。忠良は薩摩の武士の間にこの琵琶歌を普及させることにも大いに意を尽くした。この琵琶歌が基《もと》となり、後に薩摩琵琶としての形が作られていくのである。

その後、天下が次第に平穏となるにつれ、戦いに備えての日頃の精進はおろそかとなっていった。そのような平和でのどかな時代に在って、安楽な気風の起こることを恐れた薩摩の武士達は、彼等の父祖達が苦闘した合戦のありさまを常に想い起こすようにと「木崎原《きざきばる》合戦」、「庄内崩れ」、「形見の桜」のような合戦物語を歌い出すようになった。こうして薩摩琵琶は、高雅な教訓歌や祝歌などから勇壮な歌物語へと主たるレパートリーをかえて行った。また、武士達の間で琵琶が愛好されるようになると、士風と呼ばれる弾風と盲僧の間で行われる座頭風と呼ばれる弾風とが生じた。しかしその後、歌に琵琶を合せるようになると共に両者の違いは次第になくなっていった。

薩摩の琵琶にみられる特色

地神琵琶には次第に改良が加えられていった。胴はふくらみ、音量の増大が図られ、地神琵琶の表面にもともと付いていたアールは、縦、横とも拡大され、張りのある冴えた音色が出るように工夫された。柱は六柱の中《うち》、二柱が外され四柱となり、かなり丈のある柱が使われるようになった。この結果、一の柱と二の柱（鳥口より数える）の間隔が大幅に拡がり、加えて、柱の丈が高くなったことにより「押えの弾法」が効果的に使えるようになった。さらに、「サワリ」によって生ずる余韻が増し、微妙な音色や音の動きの変化が良く表現されるようになった。胴木《どうぎ》には堅木《かたぎ》が用いられ、「胴強《づつよ》い」（薩摩では俗に胆力が有るという意で用いられ、「胴《づ》の据わる」とも言う）、遠音《とうね》の効く音が重んじられた。すなわち、余韻の多い音が雅とされ、少ない音が俗とされたのである。琵琶はどこまでも雅味を保ち、俗臭を帯びぬように改造されたのであった。それから、撥《ばち》は扇形に大きく広げられ、撥面を強く叩く打音の妙を十全に発揮出来るよう改造された。また、当時の弾法は、右方《うほう》の肩上より撥を打ち込むのが士風の心得とされ、もし弾奏中に事あらば、直ちに右手の撥を以って相手の眉間に打ち込み、その間に脇差しを執って応ずるのがその心得であった。

江戸中期に入ると琵琶の弾法にも大分工夫が加えられ、〈崩れ〉（勇壮な場面を演ずる際、数本の絃を、撥でもって急速に連続でかき鳴らす奏法を言う）のようなダイナミックに奏される弾法が用いられるようになった。殊に町中では技巧もより一層艶麗になって来たので、それを町風《まちふう》琵琶と呼び、旧来の士風《しふう》琵琶とは区別するようになった。しかし、いずれも武士達の間で行われるものであり、琵琶を弾くことは一般の町人や農民には禁ぜられていた。

ところで、私は、先の〈崩れ〉の弾法に関して考えていることがある。それは薩摩の農民の間で広く用いられていた「ゴッタン」と呼ばれる板三味線《いたじゃみせん》（鹿児島県出水《いずみ》の肥後琵琶師大川進さんとその奥様は、この板三味線のことを以前は「ゴクタン」と呼んでいたと言っていた）の奏法のひとつに、この〈崩れ〉の弾法が良く似ているという点である。ゴッタンは、瞽女さん達も唄や語り物の伴奏楽器として用いていたが、恐らく〈崩れ〉のような派手な奏法が広く庶民的な拡がりを持っていたのであろう。また〈崩れ〉の弾法は平家琵琶の〈拾《ひろ》い〉（〈崩れ〉と同様に勇壮な場面

上2点、左は古い小型の薩摩琵琶、右は地神琵琶。鹿児島県肝属郡根占《ねじめ》町川北旧盲僧寺蔵

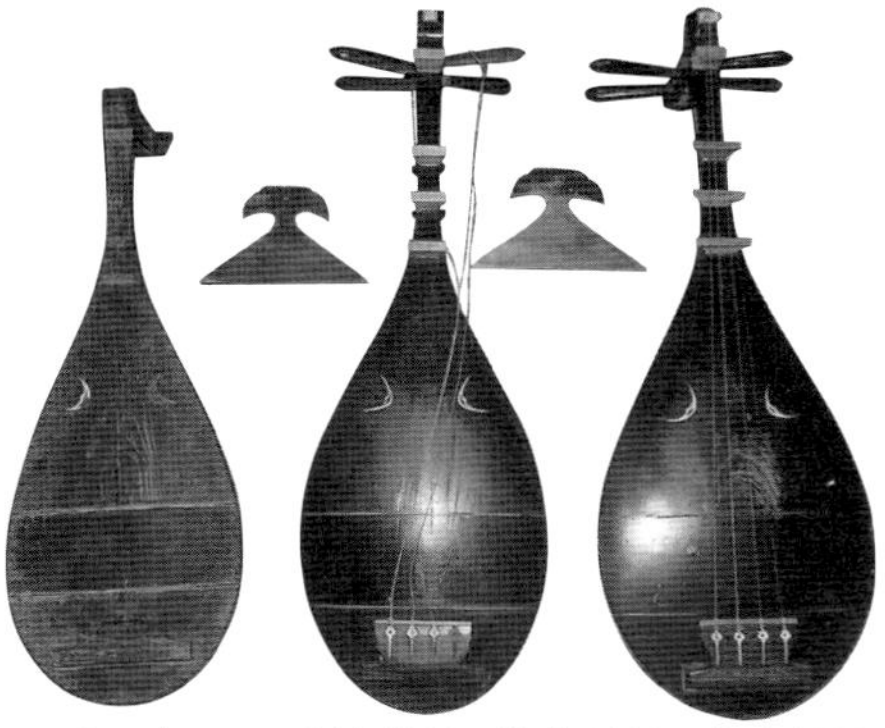

上3点、左から 地神琵琶、薩摩琵琶、薩摩琵琶。鹿児島県大口市　古畑浄寛氏蔵

に用いられる曲節）の奏法にも似ている。しかるに、この〈崩れ〉の弾法は、薩摩の武士達が平家琵琶の〈拾い〉を参考にし、さらに、盲僧を媒介者として庶民楽器の奏法を汲み上げ昇化させたものであろう。

　薩摩の琵琶には、儒学や武士道を背景とする薩摩武士の美意識や精神主義が色濃くその影を落していた。琵琶歌に於いてひたすら無常を説くのも、死生の域を脱することで安心立命の道を得させ、難に耐えさせんがためであり、また、中古義烈の悲歌を詠ずるのも、武士達の士気を鼓舞し、軽佻浮薄なることを戒めんがためであった。

　薩摩の武士達にとって琵琶は正に士気の高揚、精神力練磨のための「楽」であり「教養」であった。すなわち、琵琶は薩摩の国風育成のための強力な教育の手段だったのである。このようにして薩摩の琵琶は、士人一般の愛用物となり親しまれるようになっていった。

薩摩の琵琶の東京進出

　その後、明治維新を迎え、薩摩の多くの名士達が上京するようになる。その中には、琵琶の名手　西幸吉や吉水経和（初代錦翁）を始め多くの琵琶の弾奏者がいた。彼等の中でも琵琶の普及に特に熱心であった吉水経和は、錦水会《きんすいかい》を開き、多くの青年達に琵琶歌を教えた。また、琵琶の名手達の中でも、特に明治天皇の御寵愛を受けた西幸吉は、しばしば宮中に参候し琵琶歌の御前演奏を為した。その頃より世人は、この薩摩の名士達が演ずる琵琶を薩摩琵琶と呼ぶようになり、明治から大正にかけて薩摩琵琶は大いに流行したのである。殊に日清、日露の大戦は多くの忠勇義烈の物語を生んだが、その結果、またそれを題材にした琵琶歌も多く作られるようになり、一層の流行を招いた。その後、明治の末には永田錦心が現われる。錦心は幼少時より嗜んだ種々の芸を活かし、従来の薩摩琵琶（一般にはこれを正派と称ぶ）に自ら工夫した楽風を加え、独自の内容を持つ流派を開いた。これを錦心流と言い、その門弟は急速に全国に拡がった。さらに、昭和の初めには錦心流の琵琶家　水藤錦穣女史が、その琵琶に三味線音楽を取り入れ、五個の柱を持つ新しい型の琵琶を考案し、撥も薩摩琵琶のものよりやや小振りのものを用い、新様式の琵琶歌を創作した。

筑前《ちくぜん》琵琶

近代の創作琵琶

　盲僧琵琶の土壌から生まれ、発展していった琵琶には、薩摩琵琶の他に筑前琵琶がある。筑前琵琶は、北九州や中国地方の盲僧達が育んで来た笹琵琶や「くわい形琵琶」の音楽的土壌から生まれたものである。明治中期以降、東京を起点に次第に拡がっていった筑前琵琶は、一体どの様な

自宅のお堂で筑前四絃琵琶を弾く五島列島小値賀島の盲僧
下柳長伝氏

道を辿ったのであろうか。明治時代に入ると盲僧廃止令の影響もあったのであろうが、琵琶の達者な盲僧が芸人となり各地を巡演して歩くような例も出て来た。玄清法流の盲僧家に生まれた一丸智定（一八四八―一九一九、明治二十六年に橘と改姓）もまたその一人であった。父祖伝来の琵琶に飽きたらなくなった智定は、八人芸（釣鐘、太鼓、笛、鼓、鈴、木魚等の多くの鳴り物を琵琶を弾きながら演奏する芸）などを看板として各地を巡演して廻るようになる。しかし、そうしながらも研究熱心な智定は、巡演先の各地で、琵琶に関する見聞を広め、研究を続けた。特に薩摩琵琶に関心を持った智定はその習得に励み、それまでの彼の持ち芸に薩摩琵琶の特徴を生かし、創作琵琶を新作するようになる。

また、博多には智定の他にも創作琵琶に取り組んだ者達がいた。鶴崎賢定、今村外園、吉田竹子、加野熊次郎などであった。智定は勿論であるが、これらの人達の熱心な研究と努力とによって、明治三十年頃になり筑前琵琶と呼ばれる音楽が形を成して行ったのである。橘流を起し旭翁と号した智定は、明治三十二年に行われた御前演奏を機に人々に広く知られるようになり、筑前琵琶の普及に努め次々と新作を発表していった。

五絃琵琶と四絃琵琶

そして、旭翁（智定）は娘婿の旭宗の協力を得て、薩摩琵琶の特色を大幅に取り入れ、それまで使っていた四絃琵琶を改造し、五絃琵琶を完成する。五絃琵琶は華やかなだけに、以後、筑前琵琶の主体となっていった。しかし、この取り組みには、様々な問題点が含まれているように思われる。四絃琵琶は、それまで盲僧達に使われていた、「く

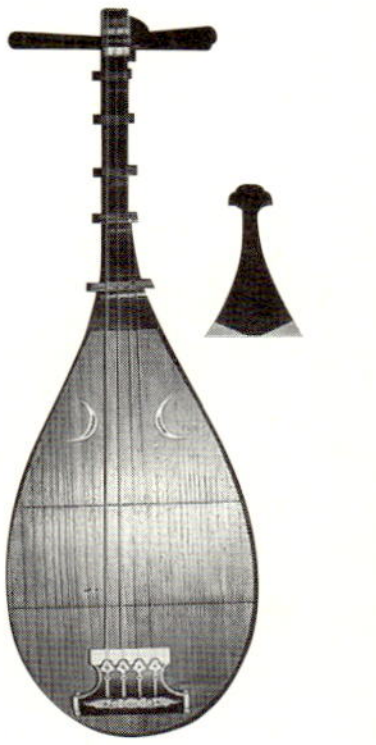

筑前四絃琵琶と撥
（押田旭窈氏蔵）

筑前琵琶の元製作者
足立喜三太氏

足立喜三太●明治31年生まれ。当時、父親の角太郎は、福岡で筑前琵琶の材料販売店を経営していた。17歳（大正3年）の時、福岡で筑前琵琶製作の仕事をしていた高野観道氏のもとに弟子入り。大正15年に独立した後は、筑前琵琶の製作・修理の店を開き琵琶職人として生活した。その後、昭和14年に日中戦争が始まると注文はほとんどなくなり、店は閉業となった。

わい形琵琶」の腹板《はらいた》の材質を檜から桐に、胴の材質を栴檀《せんだん》から桜や桑に代え、さらに、上から張られていた腹板を嵌《は》め込み式にして制作されたものであった。少なくとも、ここまではさしたる問題はなかった。ここで問題となるのは、新しく考案された五絃琵琶が、薩摩琵琶に倣い、胴内部に橋を掛け支柱を立てるように改造されたということである。こうした胴内部の改造により、笹琵琶や「くわい形琵琶」と深いつながりを持っていた筑前琵琶の独自な音色は失われ、五絃琵琶の音色は楽琵琶系の琵琶である薩摩琵琶の音色に近いものとなった。このことは、北九州や中国地方の盲僧達の間で長い時を経て育まれて来た、本来の特色ある琵琶の音色を失わせる結果を招いたのであった。

また、初代旭翁（大正八年没）、二代旭翁（昭和二十年没）、初代の娘婿、旭宗は共に作曲家として優れ、数多くの名曲を発表し人々の関心を集めていった。こうして橘の派は、吉田派、鶴崎派を圧し、全国に筑前琵琶を普及させて行ったのである。その後、橘の派は智定の死後、二代旭翁を宗家とする旭会《あさひかい》と、旭宗を宗家とする橘会《たちばなかい》の二派に分かれ対立するようになる。また、この二派の他に、博多の吉田竹子の弟子、高峰筑風は上京して高峰琵琶と称す一派を開き、さらに、橘の派から出て独立する名手達もあり、大正から昭和にかけての時期、琵琶界は正に群雄割拠の情勢であった。

琵琶の最盛期

東京中央放送局（ＮＨＫの前身）が、大正の終りに行った嗜好調査の結果を見ると、洋楽、邦楽を含めたあらゆる音楽の中、最も人気があり放送希望の多かったのは、何と「琵琶」であった。次に参考までに順を追って列挙してみる。琵琶、管弦楽、長唄、義太夫、……説教節、室内楽、謡曲、ジャズ。この調査結果を見ただけでも、琵琶がどんなに当時の人々に親しまれていたかよく解るであろう。

多数の読者がいた琵琶新聞

また、戦前、博多で「琵琶界」という琵琶専門誌を発行していた古野茂氏の調査によれば、教授で生計を立てている琵琶教師の数を、全国で何と約六千名と推定している。このようなことから考えて、最盛期の琵琶愛好家の数は恐らく数十万を数えたであろう。

東京で琵琶制作の店を営む石田琵琶店主の話では、琵琶全盛時代には、東京とその周辺だけで、七十軒もの琵琶を制作する店があったそうである。また、銭湯に入浴中、琵琶の一段を始めから終わりまでひとしきり唸り語り終わってから、意気揚々と手拭いを肩に引き揚げる若者や、そば屋の出前のお兄さんが自転車に乗り、そばを片手に琵琶歌を歌いながら走って行く様などもよく見られたそうである。その当時は「琵琶が出来なければ女性にもてない」という位、琵琶人は粋な恰好良い存在であったものらしい。

さらに、海外の邦人にも琵琶は愛好された。当時、日本の勢力圏であった朝鮮、満州、台湾の各地域に、たちまちのうちに琵琶は広がって行った。九州や中国地方に端を発する薩摩琵琶や筑前琵琶は、東京を起点に、ナショナリズム、ミリタリズムの昂揚の中、全国に普く広まったのであった。

しかし、このような琵琶の盛期は長続きせず、昭和も十年代に入ると急速に衰微していった。その原因としては色々なことが考えられるが、最も大きなものは、人々の音楽に対する嗜好の変化であろう。人々の興味は、洋楽、ポピュラー音楽、流行歌、映画などへと次第に移っていったのである。そして、洋楽、その他の輸入音楽や流行歌を中心とする大衆歌謡が、人々に好まれる音楽の主要なものとなり、琵琶は少数の愛好家が細々と伝えるものとなった。

琵琶は制作者の数もわずか数人になって来ている。勇壮で、時折寂とした無常観を漂わせる、薩摩琵琶の冴え渡った、厳しい音の世界、筑前四絃琵琶の奔放で艶やかな音の世界、それらの音の世界は、現代の簡便で享楽的な消費文化の波の中でますます孤立していくように見える。琵琶はこれから何処へ行こうとしているのであろうか。

おわりに

わが国に於ける琵琶文化の裾野の広がりは大変なものであった。特に盲僧や肥後琵琶師の活動は幅広く多岐に渡っており、また、音楽としての琵琶の内容は、多様で豊かなものであった。

ところが、戦後の急激な社会生活の変化は、それらの琵琶の存立基盤を失わしめていった。薩摩琵琶や筑前琵琶が人々の記憶から次第に遠ざかっていったように、盲僧琵琶や肥後琵琶も、また、忘れられようとしている。

しかし、少なくとも現在、私の身中には、二十年前に交通事故で亡くなられた北田明澄氏や太田さん、多田のおばあちゃん、山鹿さん、その他多くの旅先で出会った方々の豊かな音楽世界が、生き生きと、したたかに脈打っている。

〔追記〕 何度目に訪ねた折だったか、水俣の街中のひっそりとした住居で、琵琶師の上田義視さんが、「貴方が琵琶をなさるつもりじゃったら、是非《崩れ》をやって欲しい」とボソッと話されたことがあった。能天気な私は、直ぐに「稽古したいです」と気楽に答えたものだったが、この時の上田さんとの約束は、未だに果されていない。

盲僧琵琶は、近い将来、絶えてしまうかもしれない。しかし、音楽に関して言えば、それを構造的に捉え再編成することは可能だろう。私は、旅の中で出会った方々が紡いできた琵琶の魂を受け継ぎ、さらに、今に生きる琵琶を創り出すための手掛かりを見つけなければならない。それが、私に課せられた命題と思い、今後、精一杯力を尽くしていきたいと考えている。

〔主要参照文献〕
『中世芸能史の研究』林屋辰三郎　岩波書店　昭和三十五年
『日本音楽史』田辺尚雄　東京電機大学出版部　昭和三十八年
『中世芸文の研究』筑土鈴寛　東京有精堂　昭和四十一年
『我が国民間信仰史の研究』堀一郎　東京創元新社　昭和四十三年
『日本庶民生活史料集成 第十七巻』三一書房　昭和四十七年
『対馬の神道』鈴木棠三　三一書房　昭和四十七年
「肥後琵琶採訪録」何真知子『伝承文学研究 第十三号』三弥井書店
昭和四十七年
『まつり 二十六号 特集 信仰と芸能Ⅱ』まつり同好会　昭和五十年
『日本盲人史 続篇』中山太郎　八木書店　昭和五十一年
『増訂 語り物（舞・説教・古浄瑠璃）の研究』室木弥太郎　風間書房
昭和五十六年
（本文中に挙げたものは省略した）

著者あとがき

「日本縦断徒歩旅行」その後

田中雄次郎

本巻に収録された私の徒歩旅行が、北海道で酪農を営んでいる今の自分につながっているのだろうか?。まったく無関係にも思えたりするが、徒歩旅行をした時の、「ただ歩きつづけること」、それも「自然を感じつつ」という旅のテーマを振り返ると、何かはつながっているようにも思えます。

徒歩旅行自体は、はるか遠くの目的地を目指して歩き、自分の足跡をつけていくという以外にありませんでした。いつも腹を空かして歩いていたが、人の情けにすがりながら、一歩一歩を積み重ね、未知の世界に触れ、宗谷岬から目的地の佐多岬に向かって足跡をしるすのは喜びでした。それは歩き続けているだけで満足できる、羨ましいほどの若さの時代だったと思います。

そもそもこの旅は、高校時代の恩師であるどこかの惑星から現れたような三輪主彦先生との出会いに端を発しています。三輪先生は私たち生徒に、「有言、まずはその一歩を」と説き、行動するための体力作りや好奇心の育成のために様々な機会を設けてくれていました。大学に入ってからも三輪先生との付き合いは続き、宮本常一先生の観文研につれていってくれ、オートバイの冒険家・賀曽利隆さんを紹介してくれたりしました。賀曽利さんと会った時の興奮は今も忘れていません。賀曽利さんは、「純粋に続けていくことが大切」と教えてくれました。観文研の所員の方々にも、それぞれが旅や探検、民俗調査など、自分の道を歩いていて、どっしりとした雰囲気を感じました。中でも、宮本千晴兄にはなぜか怖さを感じていたことを思い出します。こうして時々観文研を訪ねるようになりましたが、私は観文研に行くと誰かが夕飯をおごってくれるから行っていた、という気もします。この頃に、日本の農山漁村に生きる人々の営みや、伝統行事の中に、後世に残し伝えるべき大事なものがあることを、私が理解できていたなら、後に酪農を始めることになった若かった自分の大きな心の支えのようなものになっていたと思います。

日本縦断の翌年の一九七八年、東京農大二年の夏、高校時代の友人山口清彦君に誘われ、北海道鶴居村で四〇日間、初めて酪農牧場体験をしました。年中無休、重労働の中にも、山・川・森の間に広がる牧草地にのんびりとしている牛たち、農家のオジサンやオバサンたちの何でも自分でやってしまう逞しくも明るい働く姿に感動し、酪農に心ひかれました。農業、酪農の歴史が長くない北海道ですが、祖先が本州の郷里から持ち寄ってきた生活・農作業の技の数々に新鮮さと安定した格好の良さも感じる日々でもありました。

翌一九七九年、三年の時には山地酪農研究会に入会しました。そこで高度成長期の中、建設・工業界をからめた近代化、大規模開発、大量輸入穀物依存の日本の酪農界にあって、自らの酪農実践をもとにして山地酪農普及を提唱していた農学博士・猶原恭爾先生と知り合いました。猶原先生の専門は日本在来牧草「ノシバ」の研究でした。その年の九月から翌年の六月まで月一回、四、五名の会員が集まり、講義を受けました。場所はいつも先生のご自宅の近くの小さな神社。それは幕末の尊王攘夷ならぬ尊農攘夷の師とその若き志士たちという雰囲気でした。欧米の近代的な輸入穀物依存による酪農批判、山国日本の気候風土とその在来植物を生かした日本型放牧酪農普及の推進という猶原先生の講義は、実は病床の身にありながらだったのですが、情熱に満ちていました。これからの若者に伝えておきたいという気持ちが情熱の源だったのでしょう。そしてこの猶原先生と観文研の宮本先生が山地酪農普及活動を通して親しい間柄であることも知りました。宮本先生にはその後、宮本先生を囲む会か何かの機会に、猶原先生との出会いと、北海道での酪農自営を目指す決心を伝えますと、喜んで激励して下さいました。

早朝、牛はのんびりしています。後ろの牛舎や住宅、右端の山も田中牧場の一部です　2012年6月

一九八一年一月初めになって、宮本千晴兄から電話があり、私と山口清彦、長崎秀昭と三人で宮本先生の入院されている府中病院に先生をお見舞いしました。激しい咳きこみが続く中で、私たちに話をしてくださる姿に、「若者たちへ伝える」という先生の一途の心を感じました。

同じ年の四月より北海道での酪農修業を丸四年積み、翌八五年四月に妻と一歳の長女を連れて、音威子府《おといねっぷ》村に酪農で新規就農しました。離農した農家の跡のつぶれた牛舎の瓦礫を素手で片づけながら、廃材で立てた柱を見上げた空の青さは今でも忘れることはありません。何もないところからの最初の一歩でした。

あれから瞬く間の二七年間。バブル崩壊直前の絶頂期、豊富《とよとみ》町移転を機に酪農の規模拡大路線を走りはじめました。それからは借金返済、過重労働に追われ、子供たちが生れる恵みに支えられながらも、妻の体調も我慢の極限、牛舎の牛たちもモー大変、という鬼の形相でもがく日々が続きました。これは私があまりに未熟な故におかした罪でした。しっかりとした酪農の基本となる観念が無かったため、大きな犠牲を払ってしまいました。

そんなある日、偶然にも牛舎に入ってきた見知らぬ人がいました。私より一七年早く北海道東部の中標津《なかしべつ》町に新規開拓就農した浅草出身の三友盛行さんでした。三友さんは私の顔を見るなり、「ひどい牛飼いしているなぁ」と口に出し、私が抱えている酪農経営の悩みをすべて言い当てました。三友さんは自らの就農当初の辛い経験から、大規模近代化穀物依路線の酪農界にあって、北海道の風土に根差した牧草主体、放牧主体、小規模経営で、無理や無駄のない中身の濃い、そして各戸のマイペースの適正規模酪農こそが、真の安定化につながることを自らの実践例を通して伝え歩いていました。

目から鱗が落ちたのは、この時でした。ようやく進む方向が見えた気がしました。毎日続ける積み重ねが徐々に酪農の基を作り、その過程が糧となり実となり、家族がやり甲斐と喜びを感じていく農業・酪農でありたいと思うようになりました。私は農業は生活と一体化していて、本来は職業とは言い切れない人の営みだと思います。この営みは生活や農作業の技の集合体のようなものです。今の農業界は農業政策、関連業界等々ひっくるめて向かう先は生産向上だけに重きが置かれています。そのために進歩、効率、発

上　左から私と長男と三男で作業場建設　2010年10月。牛と仲良しの四男。子供たちが牧草収穫を手伝ってくれました　1993年7月
下　家族がこんなに増えました　2007年1月

展をキーワードに、拡大に向かってしまいます。その結果が経営難、後継者不足、離農です。ある地点で立ち止まることができること、そしてそれを維持できること、それを伝えていくことが、農業を広く、多く、残していけることにつながると思っています。

私は私の代で酪農を始め、常に不安定感を抱きながらやってきました。子供の時から親の営農の姿を見ていない者と、見てきた者との違いを、今、我が子を見ながら感じます。子供たちは小さい時から私の酪農を手伝ってきました。私には先代から伝わる技も失敗例などの手本はありませんでした。しかし私の子供らは、私や妻を助けて働くうちに、体を使う自信を得て、酪農経営の戦力になっていることを実感するようになりました。事実、彼らは大きな力となり支えとなっています。私の失敗経験も彼らの体に入っています。そして理屈でなく感覚で牛や草とつきあっています。それは私にはないものです。

高校生以上になると、彼らは「おい、オヤジ…」と私に指図するようになりました。正直嬉しいことです。私が歩んできた悪路も実のところ私だけでなく、彼らの糧となり実となっていたのかもしれません。

そして私は今、春夏秋冬、毎日労働が続く酪農に、日本縦断で歩いていた時のような「旅」を感じるようになりました。これまで大切な事を私に伝えてくれた諸先生や先輩のように、私も子供たちや若者に、一歩一歩、一日一日を積み重ねて続けていくことの大切さを、私の毎日の農業・酪農の営みを通して伝えていきたいと思っています。

著者・写真撮影者略歴 （掲載順）

宮本常一（みやもと　つねいち）
一九〇七年山口県周防大島の農家に生まれる。大阪府立天王寺師範学校卒。柳田國男の『旅と伝説』を手にしたことから民俗学への道を歩み始め、一九三九年に上京し、渋沢敬三の主宰するアチック・ミュージアムに入る。戦前、戦後の日本の農山漁村を訪ね歩き、民衆の歴史や文化を膨大な記録、著書にまとめるだけでなく、地域の未来を拓くため住民たちと語りあい、その振興策を説いた。一九六五年、武蔵野美術大学教授に就任。一九六六年、後進の育成のため近畿日本ツーリスト（株）・日本観光文化研究所を設立し、翌年より月間雑誌「あるくみるきく」を発刊。一九八一年、東京都府中市にて死去。著書『忘れられた日本人』（岩波書店）、『日本の離島』、『宮本常一著作集』（共に未來社）など。

香月洋一郎（かつき　よういちろう）
一九四九年福岡県生まれ。一橋大学社会学部卒業。日本観光文化研究所所員を経て、一九八六年から神奈川大学経済学部助教授、日本常民文化研究所所員。一九九五年から〇九年まで同教授。専攻民俗学。著書に『景観のなかの暮らし—生産領域の民俗』、『山に棲む　民俗誌序章』（いずれも未來社）『海士のむらの夏—素潜り漁の民俗誌』（雄山閣）など。

稲垣尚友（いながき　なおとも）
一九四二年東京生まれ。二二歳から日本各地を歩き回る。歩くなかで学んだものを手書きの孔版本（『十島村の地名と民俗』他多数）にして記録し続ける。その後、活字本の『山羊と芋酎』（未來社）、『密林の中の書斎—琉球弧北端の島の日常』（梟社）他の活字本も多数上梓する。最新作は『灘渡る古層の響き—平島放送速記録を読む』（みずのわ出版・二〇一一年）。

森本　孝（もりもと　たかし）
一九四五年大分県生まれ北九州育ち。立命館大学法学部卒。日本観光文化研究所では漁村調査や『あるくみるきく』の編集を行う。平成元年から平成二一年まで水産・漁村社会経済専門家として発展途上国の水産・漁村振興計画調査に従事。この間、水産大学校教員、周防大島文化交流センター参与も務めた。著書・編著に『舟と港のある風景』（農文協）、『鶴見良行著作集フィールドノートⅠ・Ⅱ』（みすず書房）、『宮本常一写真図録Ⅰ・Ⅱ』（みずのわ出版）他がある。

荒川健一（あらかわ　けんいち）
一九四八年神奈川県横浜市生まれ。東京総合写真専門学校中退。広告代理店写真部勤務後、七三年よりフリーカメラマン。出版関係の撮影に従事しつつ、身近な風景の中に潜む独自の世界を撮り歩いている。写真集に『腥態』（現代書館）、出版物に『ブッダ—大いなる旅路—』（NHK出版）他。写真展に「ミンガラバ～ミャンマータンボウ村の人々」他。

伊藤幸司（いとう　こうじ）
一九四五年、東京生まれ。糸の会・登山コーチングシステム主催。早稲田大学文学部哲学科卒。探検部で第一次ナイル河全域踏査隊に参加後、日本観光文化研究所の探検・冒険部門「あむかす」に参加。『あるくみるきく』の執筆・編集を通してフリーのライター&エディターとなる。一九七五年、あむかす探検学校主催「東アフリカ探検学校」のリーダーとして、宮本常一をオートバイの後ろに乗せ、ケニア、タンザニアを案内した。『山の風、山の花』『軽登山を楽しむ』（いずれも 晩聲社）がある。

田中雄次郎（たなか　ゆうじろう）
一九五七年東京都生まれ。都立清瀬高校で三輪主彦先生と運命的な出会い。連れて行かれた先の観文研の宮本常一先生に、酪農業の苗を心に植えていただく。妻と子を連れ北海道に渡り、酪農を始めるも、妻をはじめ多くの人の期待の裏切りと失敗の数々を重ね、今日に至る。今年（二〇一二年）で北海道在住三二年、牛飼い歴二九年、牛飼い大好き歴三年。

富田清子（とみた　きよこ　現姓・青柳）
一九五〇年愛知県生まれ。武蔵野美術大学油絵専攻卒。イラストレーター・介護福祉士。在学中「石の会」に属し、宮本常一教授の薫陶を受ける。卒業後、日本観光文化研究所の『あるくみるきく』のイラストやレイアウトを行なう。著作に『絵暦欧羅巴』（あるくみるきく一二八号）、『白い灰』（あおやま文庫）、共著に宮本常一民族文化叢書『佐渡の石臼』（未來社）、挿絵に大橋隆著『下町賛歌』（芸術新聞社）他がある。

山口清彦（やまぐち　きよひこ）
一九五八年東京生まれ。一九八一年東京農業大学農学部農業拓殖学科卒業。一九八二年酪農を志し渡道。三年後に歌登町で酪農新規就農を果たすも、七年後に営農に終止符を打つ。以後、北海道家庭学校酪農部、藤井産業（育成牧場）、音威子府酪農ヘルパー、ひまわり学園等を経て、現在は遠軽町の牧場に勤務中。

松村牧子（まつむら　まきこ）
一九四五年北海道紋別市で生まれ、東京都新宿区で育つ。武蔵野美術大学短期大学部芸能デザイン科卒。広告代理店Fアドバタイジング勤務を経て、エレックレコード等に勤務。浪人中に宮本先生から、「観文研に手伝いにこないか」とのハガキをいただき、『あるくみるきく』のデザインやレイアウト、編集に参加した。

工藤員功（くどう　かずよし）
一九四五年北海道生まれ。武蔵野美術短期大学芸能デザイン科専攻科修了。日本観光文化研究所員、武蔵野美術大学の民俗資料室専門職を経て、現在は武蔵野美術大学非常勤講師（造形民俗学）。著書に『日本の生活と文化6　暮らしの中の竹とわら』（ぎょうせい）、共著に『民族文化双書2　琉球諸島の民具』（未來社）、『絵引　民具の事典』（河出書房新社）など。

村山道宣（むらやま　みちのぶ）
一九四八年静岡県下田市生まれ。東京学芸大学教育学部卒。編集者。民俗学。宗教者・芸能者・職人の伝承、声を主とする音や身振りの民俗、伊豆の地誌等の調査・研究を行う。観文研では民俗音楽部門を担当。説経・祭文研究会（一九八二～八四年）、南豆民俗研究会（一九九〇～二〇〇二年）を主催、例会の企画・制作を行う。二〇〇〇年一橋大学講師、二〇一〇年に退任。編著に『土の絵師 伊豆長八の世界』『伊豆の國 第一集 特集風景』『同 第二集 特集温泉』『若山牧水 伊豆・箱根紀行』（いづれも木蓮社刊）等。

杉本喜世恵（すぎもと きよえ　現姓 増見）
一九五四年静岡県浜松市生まれ。東京写真大学（現東京工芸大学）短期大学部写真技術科卒業。日本観光文化研究所が収集した民具などの写真撮影に携わる。

橋爪太作（はしづめ　だいさく）
一九八六年鹿児島生まれ。東京大学大学院相関社会科学専攻所属（社会学）。鹿児島県トカラ列島を探求の出発点とし、現在は「島」「日本」「近代」をめぐる認識論的諸問題を主な思考対象としている。主要論文に「トカラ列島平島社会の平準化／分化原理」。

監修者略歴

田村善次郎（たむら　ぜんじろう）

一九三四年、福岡県生まれ。一九五九年東京農業大学大学院農学研究科農業経済学専攻修士課程修了。一九八〇年武蔵野美術大学造形学部教授。武蔵野美術大学名誉教授。文化人類学・民俗学。

大学院時代より宮本常一氏の薫陶を受け、国内、海外のさまざまな民俗調査に従事。『宮本常一著作集』（未來社）の編集に当たる。著書に『ネパール周遊紀行』（武蔵野美術大学出版局）、『棚田の謎』（農文協）ほか。

宮本千晴（みやもと　ちはる）

一九三七年、宮本常一の長男として大阪府堺市鳳に生まれる。小・中・高校は常一の郷里周防大島で育つ。東京都立大学人文学部人文科学科卒。山岳部に在籍し、卒業後ネパールヒマラヤで探検の世界に目を開かれる。一九六六年より近畿日本ツーリスト・日本観光文化研究所（観文研）の事務局長兼『あるくみるきく』編集長として、所員の育成・指導に専念。

一九七九年江本嘉伸らと地平線会議設立。一九八二年観文研を辞して、向後元彦が取り組んでいた「（株）砂漠に緑を」に参加し、サウジアラビア・UAE・パキスタンなどをベースにマングローブについて学び、砂漠海岸での植林技術を開発する。一九九二年向後らとNGO「マングローブ植林行動計画」（ACTMANG）を設立し、サウジアラビアのマングローブ保護と修復、ベトナムの植林事業等に従事。現在も高齢登山を楽しむ。

あるくみるきく双書

宮本常一とあるいた昭和の日本 25 青春彷徨

2012年8月30日第1刷発行

監修者　田村善次郎・宮本千晴
編　者　森本　孝

発行所　社団法人　農山漁村文化協会
郵便番号　107－8668　東京都港区赤坂7丁目6番1号
電話　03（3585）1141（営業）　03（3585）1147（編集）
FAX　03（3585）3668
振替　00120（3）144478
URL　http://www.ruralnet.or.jp/

ISBN978－4－540－10243－1
〈検印廃止〉

印刷・製本　（株）東京印書館